INTERNATIONAL TRADE SPECIALIST

최두원 관세사의

국제 **1급**
무역사

2급 동시대비

최두원 편저

예문사

머리말 / 저자약력

국제무역사 자격시험 수험생 여러분을 본 문제집을 통해 만나게 되어 반갑습니다. 국제무역사 자격시험은 무역협회에서 주관하는 시험으로 무역인력의 폭넓고 깊이 있는 무역실무 지식을 함양하고 있는 자를 선발하고 있습니다.

국제무역사는 국내에서 무역 관련 실무능력을 평가하는 거의 유일한 자격시험으로 과거부터 계속적으로 그 수요가 증가하고 있습니다. 특히 본 자격증은 무역업계에 취업하고자 하는 취업준비생으로부터 높은 인지도를 지니고 있으며 필수적인 자격증으로 인식되고 있어 많은 수험생들이 취득을 시도하고 있습니다. 그렇지만 생각보다 넓은 범위와 시간의 부족으로 인하여 실제 시험 합격까지는 많은 어려움을 겪고 있으며 주변에 합격했다는 수험생들이 많지 않습니다.

따라서 본 교재는 이러한 수험생들의 요구에 부응하고자 쉽게 이해할 수 있고 최대한 적은 시간을 투자하여 합격할 수 있도록 중요한 부분을 중심으로 구성되어 있습니다. 부디 한국직업개발원의 국제무역사 강의와 함께 학습하시어 즐겁고 효율적으로 합격이 가능하다는 것을 꼭 경험하시기 바랍니다.

개인적으로 국제무역사라는 시험은 무역업계의 운전면허증과 같다는 생각을 합니다. 운전면허증을 취득했다고 해서 바로 운전을 잘 할 수는 없습니다. 그렇지만 운전면허증이 없으면 운전대를 잡을 기회조차 주어지지 않습니다. 국제무역사가 기본이 되어 여러분들께서 더 많은 무역의 세상을 경험하기를 그래서 무역의 고수로 성장하기를 기원하겠습니다.

최두원 관세사

최두원

제27회 관세사 합격
現 경인여자대학교 무역학과 겸임교수
YONSEI UNIVERSITY GSIS 국제통상 석사
現 관세법인 세주
前 삼정KPMG / KPMG 관세법인
前 무역협회 / 경기도 FTA센터

아래 기관 무역/물류/구매/SCM 대표강사

한국직업개발원(국제무역사/유통관리사/감정사 · 검량사 · 검수사), 토마토패스(원산지관리사/외환전문역2종), 웰페이스(관세사)
경제통상진흥원, 테크노파크, 한국표준협회, 한국능률협회, 건설기계산업협회, 여성인력개발센터 등 다수

시험 가이드

시험명

국제무역사 1급(International Trade Specialist)

시험내용

국제무역사 1급 자격시험은 "무역인력의 폭넓고 깊이 있는 무역실무 지식 함양"을 위하여 시행하는 자격시험입니다. 무역 전문 인력에게 요구될 수 있는 무역 업무에 다각도로 활용할 수 있는 심화된 무역 지식을 검증하는 자격시험입니다.

응시정보

- **응시자격** : 제한없음
- **시험방법** : 객관식 4지선다형
- **시험준비물** : 수험표, 신분증, 필기도구 및 일반 계산기
- **시험장소** : 매 과목을 100점 만점으로 하여 과목별 40점 이상, 평균 60점 이상 획득 시 합격

과목구성

시험시간	과목명	세부내용	배점
1교시(90분) 09:30~11:00	무역규범(40)	대외무역법 · 통상/통관/환급, FTA/전자무역	객관식 80문항 (4지선다형)
	무역결제(40)	대금결제/외환실무	
2교시(90분) 11:20~12:50	무역계약(40)	무역계약/운송보험	객관식 80문항 (4지선다형)
	무역영어(40)	무역영어/무역관련규칙/무역서식	
계 / 180분			100점

한눈에 보는 Incoterms 2020

■ : 매도인의 의무　■ : 위험　■ : 비용　■ : 부보(Insurance)

INCOTERMS® 2020	수출통관	공장	수출국	선측	수출항	수입항	수입국	양하	관세	수입통관	
EXW Ex Woks	매수인									매수인	
FCA Free Carrier	매도인									매수인	
FAS Free Alongside Ship	매도인									매수인	
FOB Free on Board	매도인									매수인	
CFR Cost and Freight	매도인									매수인	
CIF Cost, Insurance Freight	매도인									매수인	
CPT Carriage Paid To	매도인									매수인	
CIP Carriage Insurance Paid to	매도인									매수인	
DAP Delivered at Place	매도인									매수인	
DPU Delivered at Place Unloaded	매도인									매수인	
DDP Delivered Duty Paid to	매도인									매도인	

	인도조건	특 징
	공장인도	인도 : 매도인의 구내 또는 수출국내 합의한 지정 장소에서 인도 ※ 매도인의 최소, 매수인의 최대부담조건
	운송인인도	인도 : (1) 매도인의 구내 : 매수인의 운송수단에 적재 (2) 그 외 장소 : 매도인의 운송수단에 적재된 상태 ※ 매도인이 선적선하증권을 발행하도록 지시 합의 가능
	선측인도	인도 : 지정선적항의 매수인이 지정한 선박의 선측 또는 바지선에 적재
	본선인도	인도 : 선적항에서 본선에 적재가 되거나 또는 조달된 상태
	운임포함인도	인도 : 선적항에서 본선에 적재가 되거나 또는 조달된 상태 ※ 매도인 목적항까지의 운임부담
	운임 · 보험료포함도	인도 : 선적항에서 본선에 적재가 되거나 조달된 상태 ※ 매도인의 목적항까지의 운임 및 보험부보(최소담보조건 ; ICC C또는 FPA)
	운송비지급인도	인도 : 매도인과 계약을 체결한 운송인에게 물품을 교부하거나 조달한 때 ※ 매도인 목적항까지의 운임부담
	운송비 · 보험료 포함인도	인도 : 매도인과 계약을 체결한 운송인에게 물품을 교부하거나 조달한 때 ※ 매도인 목적항까지의 운임 및 보험부보(최대담보조건 ; ICC A 또는 A/R)
	도착지인도조건	인도 : 지정목적지의 합의된 지점에서 도착운송수단에 실어둔 채 양하준비된 상태로 매수인의 처분하에 놓인 때
	도착지양하인도조건	인도 : 지정목적지의 합의된 지점에서 도착운송수단에서 양하된 상태로 매수인의 처분하에 놓인 때 ※ 매도인 양하의무 조건
	관세지급인도조건	인도 : 지정목적지의 합의된 지점에서 도착운송수단에 실어둔 채 양하준비된 상태로 매수인의 처분하에 놓인 때 ※ 매도인 수입통관절차 수행 ※ 매도인의 최대, 매수인의 최대부담조건

목차

목차

최두원 관세사의 **국제무역사** 1급

Part

I

무역규범

Chapter 01. 대외무역법

제1절 대외무역법 개요

1. 대외무역법의 개요

(1) 목적

대외무역을 진흥하고 공정한 거래 질서를 확립하여 국제 수지의 균형과 통상의 확대를 도모함으로써 국민 경제를 발전시키는 데 이바지함을 목적으로 한다.

(2) 자유공정 무역 원칙

우리나라의 무역은 헌법에 따라 체결·공포된 무역에 관한 조약과 일반적으로 승인된 국제법규에서 정하는 바에 따라 자유롭고 공정한 무역을 조장함을 원칙으로 한다.

(3) 최소한의 제한

정부는 이 법이나 다른 법률 또는 헌법에 따라 체결·공포된 무역에 관한 조약과 일반적으로 승인된 국제 법규에 무역을 제한하는 규정이 있는 경우에는 그 제한하는 목적을 달성하기 위하여 필요한 최소한의 범위에서 이를 운영하여야 한다.

2. 대외무역법의 구성

대외무역법은 법, 령 및 대외무역관리규정을 포함한 고시로 구성되어 있으며, 수출입제한, 금지, 승인, 신고, 한정 및 이의 절차를 규정하고 있는 수출입공고, 기타 법률에서 정한 물품의 수출입 요건 및 절차 등을 통합하여 공고하는 통합공고, 전략물자에 대한 수출입 통제를 규정하고 있는 전략물자수출입고시, 그리고 국제평화와 안전유지 등의 의무이행을 위한 수출ㆍ수입에 관한 특별조치에 대한 사항을 규정한 무역에 관한 특별조치 고시 등으로 구성되어 있다.

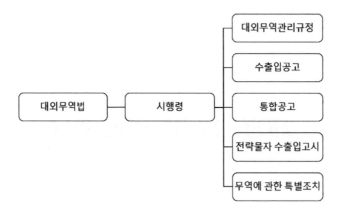

제2절 대외무역법 총칙

1. 용어의 정의

(1) 무역의 정의

"무역"이란 다음 각 목의 어느 하나에 해당하는 것의 수출과 수입을 말한다.

물품	외국환거래법에서 정하는 지급수단, 증권, 채권을 화체한 서류를 제외한 동산	
용역	(1) 특정업종	다음 각 목의 어느 하나에 해당하는 업종의 사업을 영위하는 자가 제공하는 용역 가. 경영 상담업 나. 법무 관련 서비스업 다. 회계 및 세무 관련 서비스업 라. 엔지니어링 서비스업 마. 디자인

용역	(1) 특정업종	바. 컴퓨터시스템 설계 및 자문업 사. 따른 문화산업에 해당하는 업종 아. 운수업 자. 관광사업에 해당하는 업종 차. 그 밖에 지식기반용역 등 수출유망산업으로서 산업통상자원 　부장관이 정하여 고시하는 업종
	(2) 지식재산권	국내의 법령 또는 대한민국이 당사자인 조약에 따라 보호되는 특허 권 · 실용신안권 · 디자인권 · 상표권 · 저작권 · 저작인접권 · 프 로그램저작권 · 반도체집적회로의 배치설계권의 양도(讓渡), 전용 실시권(專用實施權)의 설정 또는 통상실시권(通常實施權)의 허락
전자적 형태의 무체물		① 소프트웨어산업 진흥법 제2조 제1호에 따른 소프트웨어 ② 부호 · 문자 · 음성 · 음향 · 이미지 · 영상 등을 디지털 방식으로 제작하거나 처리한 　자료 또는 정보 등으로서 산업통상자원부장관이 정하여 고시하는 것 ③ 제1호와 제2호의 집합체와 그 밖에 이와 유사한 전자적 형태의 무체물로서 산업통 　상자원부장관이 정하여 고시하는 것

(2) 무역거래자

무역거래자란 수출 또는 수입을 하는 자, 외국의 수입자 또는 수출자에게서 위임을 받은 자 및 수출과 수입을 위임하는 자 등 물품 등의 수출행위와 수입행위의 전부 또는 일부를 위임하거나 행하는 자를 말한다.

2. 수출입 개념과 범위

(1) 수출의 개념

"수출"이란 다음 각 목의 어느 하나에 해당하는 것을 말한다.

① 매매, 교환, 임대차, 사용대차, 증여 등을 원인으로 국내에서 외국으로 물품이 이동하는 것(우리나라의 선박으로 외국에서 채취한 광물 또는 포획한 수산물을 외국에 매도하는 것을 포함)

② 보세판매장에서 외국인에게 국내에서 생산(제조 · 가공 · 조립 · 수리 · 재생 · 개조)된 물품을 매도하는 것

③ 유상으로 외국에서 외국으로 물품을 인도하는 것으로서 산업통상자원부장관이 정하여 고시하는 기준에 해당하는 것

④ 거주자가 비거주자에게 용역을 제공하는 것

⑤ 거주자가 비거주자에게 전자적 형태의 무체물을 인도하는 것

(2) 수입의 개념

"수입"이란 다음 각 목의 어느 하나에 해당하는 것을 말한다.

① 매매, 교환, 임대차, 사용대차, 증여 등을 원인으로 외국으로부터 국내로 물품이 이동하는 것

② 유상으로 외국에서 외국으로 물품을 인수하는 것으로서 산업통상자원부장관이 정하여 고시하는 기준에 해당하는 것

③ 비거주자가 거주자에게 용역을 제공하는 것

④ 비거주자가 거주자에게 전자적 형태의 무체물을 인도하는 것

(3) 수출실적 인정범위

1) 유상수출

인정범위	인정금액	인정시점
유상으로 거래되는 수출 (대북한 유상반출실적 포함)	수출통관액(FOB기준)	수출신고수리일

2) 특정거래형태 등의 수출

인정범위	인정금액	인정시점
중계무역	수출금액(FOB) – 수입금액(CIF)	입금일
외국인도수출	외국환은행의 입금액	
원양어로 수출 중 현지경비 사용분	외국환은행의 확인분(금액)	
용역의 수출	외국환은행을 통해 입금 확인한 금액	입금일
전자적 형태의 무체물의 수출	외국환은행을 통해 입금 확인한 금액	

3) 국내거래의 수출실적 인정

인정범위	인정금액	인정시점
내국신용장에 의한 공급	외국환은행의 결제액 또는 확인액	외국환은행의 결제일 또는 당사자간 대국결제일
구매확인서에 의한 공급		
수출물품 포장용 골판지상자의 공급		

4) 외국인으로부터의 대금영수

인정범위	인정금액	인정시점
외국인으로부터 대금을 영수하고 외화획득용 시설기재를 외국인과 임대차계약을 맺은 국내업체에 인도하는 경우	외국환은행의 입금액	입금일
외국인으로부터 대금을 영수하고 「자유무역지역의 지정 및 운영에 관한 법률」 제2조의 자유무역지역으로 반입 신고한 물품 등을 공급하는 경우		
외국인으로부터 대금을 영수하고 그가 지정하는 자가 국내에 있음으로써 물품 등을 외국으로 수출할 수 없는 경우 「관세법」 제154조에 따른 보세구역으로 물품 등을 공급하는 경우		

(4) 수입실적

인정범위	인정금액	인정시점
유상수입	수입통관액(CIF기준)	수입신고수리일
외국인수수입	외국환은행의 지급액	지급일
용역의 수입		
전자적형태의 무체물의 수입		

(5) 수출입실적의 확인 및 증명발급기관, 증명신청

수출·수입 실적의 확인 및 증명 발급기관은 다음과 같다.

물품의 외국인수수입의 경우에는 외국환은행의 장, 구매확인서에 의한 공급에 따른 수출실적 인정금액의 확인 및 증명 발급기관은 대금을 영수한 외국환은행의 장, 당사자 간에 대금을 결제한 경우에는 그 구매확인서를 발급한 외국환은행의 장 또는 전자 무역기반사업자로 하며, 이 경우 외국환은행의 장 또는 전자무역기반사업자는 당사자 간에 대금 결제가 이루어졌음을 증빙하는 서류를 확인하여야 한다.

용역의 수입의 경우에는 해당 기관의 장, 용역의 수출입 사실의 확인 및 실적증명 발급을 받으려는 자는 발급기관의 장에게 신청하여야 한다.

① 한국무역협회장
② 한국선주협회장(해운업의 경우만 해당한다.)
③ 한국관광협회중앙회장 및 문화체육관광부장관이 지정하는 업종별 관광협회상(관광사업의 경우만 해당한다.)

전자적 형태의 무체물의 수입의 경우에는 해당기관의 장, 전자적 형태의 무체물의 수출입 사실의 확인 및 실적증명 발급을 받으려는 자는 한국 무역협회장 또는 한국소프트웨어산업협회장에게 신청하여야 한다.
이외의 경우에는 한국무역협회장 또는 산업통상자원부장관이 지정하는 기관의 장

제3절 통상의 진흥 등

1. 무역의 진흥을 위한 조치

(1) 의의

산업통상자원부장관은 무역의 진흥을 위하여 필요하다고 인정되면 물품 등의 수출과 수입을 지속적으로 증대하기 위한 조치를 할 수 있다. 산업통상자원부장관은 다음 각 호의 어느 하나에 해당하는 자에게 필요한 지원을 할 수 있다.

① 무역의 진흥을 위한 자문, 지도, 대외 홍보, 전시, 연수, 상담 알선 등을 업(業)으로 하는 자
② 무역전시장이나 무역연수원 등의 무역 관련 시설을 설치 · 운영하는 자
   ㉠ 무역전시장
     실내 전시 연면적이 2천 제곱미터 이상인 무역견본품을 전시할 수 있는 시설과 50명 이상을 수용할 수 있는 회의실을 갖출 것
   ㉡ 무역연수원
     무역전문인력을 양성할 수 있는 시설로서 연면적이 2천 제곱미터 이상이고 최대수용 인원이 500명 이상일 것
   ㉢ 컨벤션센터
     회의용 시설로서 연면적이 4천 제곱미터 이상이고 최대 수용 인원이 2천명 이상일 것

③ 과학적인 무역업무 처리기반을 구축 · 운영하는 자(전자무역기반사업자 중에서 과학적인 무역업무 처리기반을 구축 · 운영하고 있는 사업자)

(2) 협조요청

산업통상자원부장관은 무역의 진흥을 위한 다음 각 호의 조치를 하거나 관계 행정기관의 장에게
필요한 조치를 하여 줄 것을 요청할 수 있다.
① 수출산업의 국제경쟁력을 높이기 위한 여건의 조성과 설비 투자의 촉진
② 외화가득률(外貨稼得率)을 높이기 위한 품질 향상과 국내에서 생산되는 외화획득용 원
　료·기재의 사용 촉진
③ 통상협력 증진을 위한 수출·수입에 대한 조정
④ 지역별 무역균형을 달성하기 위한 수출·수입의 연계
⑤ 민간의 통상활동 및 산업협력의 지원
⑥ 무역 관련 시설에 대한 조세 등의 감면
⑦ 과학적인 무역업무 처리기반을 효율적으로 구축·운영하기 위한 여건의 조성
⑧ 무역업계 등 유관기관의 과학적인 무역업무 처리기반 이용 촉신
⑨ 국내기업의 해외 진출 지원
⑩ 해외에 진출한 국내기업의 고충 사항의 조사와 그 해결을 위한 지원
⑪ 그 밖에 수출·수입을 지속적으로 증대하기 위하여 필요하다고 인정하는 조치

2. 전문무역상사의 지정 및 지원

(1) 의의

산업통상자원부장관은 신시장 개척, 신제품 발굴 및 중소기업·중견기업의 수출확대를 위하
여 수출실적 및 중소기업 제품 수출비중 등을 고려하여 무역거래자 중에서 전문무역상사를
지정하고 지원할 수 있다.
여기서 지원이란 전문무역상사를 통한 신시장의 개척, 신제품의 발굴 및 중소기업 또는 중견
기업의 수출 확대 등을 위하여 필요하다고 인정되는 경우에는 전문무역상사의 국내외 홍보,
우수제품의 발굴, 해외 판로개척 등에 필요한 사항을 지원할 수 있다.

(2) 지정기준

전문무역상사로 지정받을 수 있는 자는 다음 각 호의 어느 하나에 해당하는 자로서 신용등급
이 산업통상자원부장관이 정하여 고시하는 기준을 충족하는 자로 한다.

1) 다음 각 목의 요건을 모두 갖춘 무역거래자

① 전년도 수출실적 또는 직전 3개 연도의 연평균 수출실적이 미화 100만달러 이상의 범위에
　서 산업통상자원부장관이 정하여 고시하는 금액 이상일 것

Ⅰ

Ⅱ

Ⅲ

Ⅳ

② 가목에 따른 수출실적 중 다른 중소기업(「중소기업기본법」 제2조에 따른 중소기업을 말한다. 이하 이 조 및 제12조의3에서 같다)이나 중견기업(「중견기업 성장촉진 및 경쟁력 강화에 관한 특별법」 제2조 제1호에 따른 중견기업을 말한다. 이하 이 조 및 제12조의3에서 같다)이 생산한 물품 등의 수출실적 비율이 100분의 20 이상의 범위에서 산업통상자원부장관이 정하여 고시하는 비율 이상일 것

2) 신시장의 개척, 신제품의 발굴 및 중소기업 또는 중견기업에 대한 효과적인 수출 지원 등을 위하여 산업통상자원부장관이 농업·어업·수산업 등 업종별 특성과 조합 등 법인의 조직 형태별 수출 특성을 고려하여 고시하는 기준을 갖춘 무역거래자

(3) 지정취소

산업통상자원부장관은 제1항에 따라 지정을 받은 전문무역상사가 제2항에 따른 지정기준에 적합하지 아니하게 된 때에는 그 지정을 취소할 수 있다. 다만, 거짓이나 그 밖에 부정한 방법으로 지정을 받은 경우에는 그 지정을 취소하여야 한다.

제4절 무역의 관리

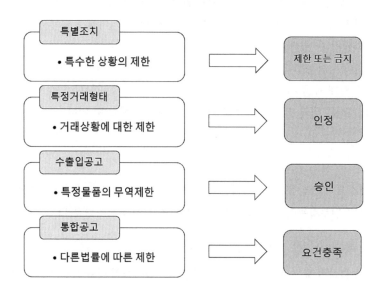

1. 무역에 관한 특별조치

산업통상자원부장관은 다음 각 호의 어느 하나에 해당하는 경우에는 대통령령으로 정하는 바에
따라 물품 등의 수출과 수입을 제한하거나 금지할 수 있다.

① 우리나라 또는 우리나라의 무역 상대국(이하 "교역상대국"이라 한다)에 전쟁 · 사변 또는
　천재지변이 있을 경우

② 교역상대국이 조약과 일반적으로 승인된 국제법규에서 정한 우리나라의 권익을 인정하지
　아니할 경우

③ 교역상대국이 우리나라의 무역에 대하여 부당하거나 차별적인 부담 또는 제한을 가할 경우

④ 헌법에 따라 체결 · 공포된 무역에 관한 조약과 일반적으로 승인된 국제법규에서 정한 국
　제평화와 안전유지 등의 의무를 이행하기 위하여 필요할 경우

⑤ 국제평화와 안전유지를 위한 국제공조에 따른 교역여건의 급변으로 교역상대국과의 무역에
　관한 중대한 차질이 생기거나 생길 우려가 있는 경우

⑥ 인간의 생명 · 건강 및 안전, 동물과 식물의 생명 및 건강, 환경보전 또는 국내 자원보호를
　위하여 필요할 경우

2. 특정거래 형태의 수출입인정

수출입이 원활하게 이뤄질 수 있도록 다음의 거래형태들을 특정거래 형태의 수출입으로 인정
하고 있다.

① 수출 또는 수입의 제한을 회피할 우려가 있는 거래

② 산업보호에 지장을 초래할 우려가 있는 거래

③ 외국에서 외국으로 물품 등의 이동이 있고, 그 대금의 지급이나 영수가 국내에서 이루어지는
　거래로서 대금 결제 상황의 확인이 곤란하다고 인정되는 거래

④ 대금 결제 없이 물품 등의 이동만 이루어지는 거래

[One more] **특정거래형태**

　대외무역법상 특정거래형태의 무역의 종류를 규정하여 해당하는 경우 별도의 인정절차를 통하
여 무역을 하도록 규정하였다. 그러나 현재 무역자유화로 인해 더 이상 해당거래에 대해 인정을 받
는 것이 의미가 없어졌으며, 해당 규정은 사문화되었다.

　그러나 특정거래 형태의 무역의 개념이 대외무역법에 남아있다. 따라서 수험목적상 개념에 대
한 정리를 해둘 필요가 있다

<특정거래형태의 범위>

위탁판매수출	물품 등을 무환으로 수출하여 해당 물품이 판매된 범위 안에서 대금을 결제하는 계약에 의한 수출을 말한다.
수탁판매수입	물품 등을 무환으로 수입하여 해당 물품이 판매된 범위 안에서 대금을 결제하는 계약에 의한 수입을 말한다.
위탁가공무역	가공임을 지급하는 조건으로 외국에서 가공(제조, 조립, 재생, 개조를 포함한다. 이하 같다.)할 원료의 전부 또는 일부를 거래 상대방에게 수출하거나 외국에서 조달하여 이를 가공한 후 가공물품 등을 수입하거나 외국으로 인도하는 수출입을 말한다.
수탁가공무역	가득액을 영수(領收)하기 위하여 원자재의 전부 또는 일부를 거래 상대방의 위탁에 의하여 수입하여 이를 가공 한 후 위탁자 또는 그가 지정하는 자에게 가공물품 등을 수출하는 수출입을 말한다. 다만, 위탁자가 지정하는 자가 국내에 있음으로써 보세공장 및 자유무역지역에서 가공한 물품 등을 외국으로 수출할 수 없는 경우「관세법」에 따른 수탁자의 수출·반출과 위탁자가 지정한 자의 수입·반입·사용은 이를「대외무역법」(이하 "법"이라 한다.)에 따른 수출·수입으로 본다.
임대수출	임대(사용대차를 포함한다. 이하 같다.) 계약에 의하여 물품 등을 수출하여 일정기간 후 다시 수입하거나 그 기간의 만료 전 또는 만료 후 해당 물품 등의 소유권을 이전하는 수출을 말한다.
임차수입	임차(사용대차를 포함한다. 이하 같다.) 계약에 의하여 물품 등을 수입하여 일정기간 후 다시 수출하거나 그 기간의 만료 전 또는 만료 후 해당 물품의 소유권을 이전받는 수입을 말한다.
연계무역	물물교환(Barter Trade), 구상무역(Compensation trade), 대응구매(Counter purchase), 제품환매(Buy Back) 등의 형태에 의하여 수출·수입이 연계되어 이루어지는 수출입을 말한다.
중계무역	수출할 것을 목적으로 물품 등을 수입하여「관세법」제154조에 따른 보세구역 및 같은 법 제156조에 따라 보세구역 외 장치의 허가를 받은 장소 또는「자유무역지역의 지정 등에 관한 법률」제4조에 따른 자유무역지역 이외의 국내에 반입하지 아니하고 수출하는 수출입을 말한다.
외국인수수입	수입대금은 국내에서 지급되지만 수입 물품 등은 외국에서 인수하거나 제공받는 수입을 말한다.
외국인도수출	수출대금은 국내에서 영수하지만 국내에서 통관되지 아니한 수출 물품 등을 외국으로 인도하거나 제공하는 수출을 말한다.
무환수출입	외국환 거래가 수반되지 아니하는 물품 등의 수출·수입을 말한다.

3. 수출입공고 통합공고

(1) 수출입의 원칙

물품 등의 수출입과 이에 따른 대금을 받거나 지급하는 것은 대외무역법 목적의 범위에서 자유롭게 이루어져야 한다. 무역거래자는 대외신용도 확보 등 자유무역질서를 유지하기 위하여 자기 책임으로 그 거래를 성실히 이행하여야 한다.

(2) 수출입공고(수출입제한)

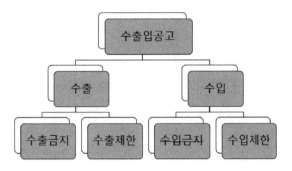

산업통상자원부장관은 아래 각 호의 어느 하나에 해당하는 이행 등을 위하여 필요하다고 인정하여 지정·고시하는 물품 등의 수출 또는 수입 을 제한하거나 금지할 수 있다.
① 헌법에 따라 체결·공포된 조약과 일반적으로 승인된 국제법규에 따른 의무의 이행
② 생물자원의 보호
③ 교역상대국과의 경제협력 증진
④ 국방상 원활한 물자 수급
⑤ 과학기술의 발전
⑥ 항공 관련 품목의 안전관리에 관한 사항

[One more]

현재 수출입공고에서는 수입금지 물품에 대해서는 아무것도 열거하고 있지 않다. 따라서 규정은 남아 있지만, 실제 수입금지에 해당하는 물품은 없다고 볼 수 있다.

---

(3) 수출입승인 면제

1) 수출입제한 · 금지 물품 등을 수출 · 수입하려는 자는 산업통상자원부장관의 승인을 받아야 한다. 다만, 긴급히 처리하여야 하는 물품 등과 그 밖에 수출 또는 수입 절차를 간소화하기 위한 물품 등으로서 대통령령으로 정하는 아래의 기준에 해당하는 물품 등의 수출 또는 수입은 그러하지 아니하다.

① 외교관이나 그 밖에 산업통상자원부장관이 정하는 자가 출국하거나 입국하는 경우에 휴대하거나 세관에 신고하고 송부하는 물품 등

② 다음 각 목의 어느 하나에 해당하는 물품 등 중 산업통상자원부장관이 관계 행정 기관의 장과의 협의를 거쳐 고시하는 물품 등

    ㉠ 긴급히 처리하여야 하는 물품 등으로서 정상적인 수출 · 수입 절차를 밟아 수출 · 수입하기에 적합하지 아니한 물품 등

    ㉡ 무역거래를 원활하게 하기 위하여 주된 수출 또는 수입에 부수된 거래로서 수출 · 수입하는 물품 등

    ㉢ 주된 사업 목적을 달성하기 위하여 부수적으로 수출 · 수입하는 물품 등

    ㉣ 무상(無償)으로 수출 · 수입하여 무상으로 수입 · 수출하거나, 무상으로 수입 · 수출할 목적으로 수출 · 수입하는 것으로서 사업목적을 달성하기 위하여 부득이하다고 인정되는 물품 등

    ㉤ 산업통상자원부장관이 정하여 고시하는 지역에 수출하거나 산업통상자원부장관이 정하여 고시하는 지역으로부터 수입하는 물품 등

    ㉥ 공공성을 가지는 물품 등이거나 이에 준하는 용도로 사용하기 위한 물품 등으로서 따로 수출 · 수입을 관리할 필요가 없는 물품 등

    ㉦ 그 밖에 상행위 이외의 목적으로 수출 · 수입하는 물품 등

③ 외국환 거래 없이 수입하는 물품 등으로서 산업통상자원부장관이 정하여 고시하는 기준에 해당하는 물품 등

④ 해외이주자가 해외이주를 위하여 반출하는 원자재, 시설재 및 장비로서 외교부장관이나 외교부장관이 지정하는 기관의 장이 인정하는 물품 등

2) 산업통상자원부장관은 필요하다고 인정하면 승인 대상 물품 등의 품목별 수량 · 금액 · 규격 및 수출 또는 수입지역 등을 한정할 수 있다.

(4) 수출입승인 변경

수출 · 수입승인의 유효기간은 1년이다(1년을 초과하지 않는 범위 내에서 연장 가능). 다만, 국내의 물가안정, 수급 조정, 물품 등의 인도 조건 및 거래의 특성에 따라 유효기간을 달리 정할 수 있다. 승인을 받은 자가 승인을 받은 사항 중 중요한 사항(수량, 가격, 수출 또는 수입의 당사자에 관한 사항)을 변경하려면 변경승인을 받아야 하고, 그 밖의 경미한 사항(원산지, 규격, 용도, 승인조건 등)을 변경하려면 신고하여야 한다.

(5) 통합공고

통합공고는 대외무역법 이외의 다른 법령에서 해당물품의 수출입 요건 등을 정하고 있는 경우, 수출입 요건확인 및 통관업무 간소화와 무역질서 유지를 위해 다른 법령이 정한 물품의 수출입 요건 및 절차에 관한 사항을 조정하고 통합 규정함을 목적으로 한다.

수출입공고와 통합공고의 관계

통합공고상 요건 확인품목이라 하더라도, 수출입공고상 제한품목이 아닌 경우 수출입승인 대상에 포함하지 않는다. 이런 경우 개별법에서 정하는 요건을 확인 받은 후에 수출입을 이행하면 된다. 수출입공고에 따른 수출승인에도 불고하고, 통합공고 상에 별도로 정한 것이 있는 경우 해당요건을 충족해야 한다.

즉 수출입공고, 통합공고는 서로 독립적인 관계로서, 해당제한이 있는 경우 이를 모두 충족해야 한다.

제5절 전략물자수출입고시

전략물자라함은 이중용도품목 및 군용물자품목에 해당하는 물품 등을 말하며, 이중용도 품목이란 무기로도 사용될 수 있고, 상업적인 용도로 사용될 수 있는 물품 등을 의미한다. 수출입 되는 물품이 국제평화와 국가안보 등에 영향을 미치는 경우에는 국가가 그 물품의 수출입에 대하여 일반물품의 상거래와는 다른 조치를 취하는데 특히 전략물자의 수출입 등, 그 이동에 관하여는 국가적으로 관리 할 수 있도록 대외무역법 및 전략물자 수출입고시에 규정을 두고 있다.

<전략물자 정리표>

	요구되는 사항	결정·통지기간	유효기간	서류보관
수출	수출허가 상황허가	15일	1년	5년
수입	수입허가 수입목적확인서	7일	1년	5년
중개	허가	15일	1년	5년
전략물자판정	신청	15일	2년	5년
환적	허가	15일		5년

1. 전략물자수출입고시

산업통상자원부장관은 관계 행정기관의 장과 협의하여 대통령령으로 정하는 국제수출통제 체제의 원칙에 따라 국제평화 및 안전유지와 국가안보를 위하여 수출허가 등 제한이 필요한 물품 등(대통령령으로 정하는 기술을 포함한다)을 지정하여 고시하여야 한다.

[One more]

"대통령령으로 정하는 국제수출통제체제"란 다음 각 호를 말한다.
1. 바세나르체제(WA)
2. 핵공급국그룹(NSG)
3. 미사일기술통제체제(MTCR)
4. 오스트레일리아그룹(AG)
5. 화학무기의 개발·생산·비축·사용 금지 및 폐기에 관한 협약(CWC)
6. 세균무기(생물무기) 및 독소무기의 개발·생산·비축 금지 및 폐기에 관한 협약(BWC)
7. 무기거래조약(ATT)

[One more]

"대통령령으로 정하는 기술"이란 국제수출통제체제에서 정하는 물품의 제조·개발 또는 사용 등에 관한 기술로서 산업통상자원부장관이 관계 행정기관의 장과 협의하여 고시하는 기술을 말한다. 다만, 다음 각 호의 어느 하나에 해당하는 기술은 제외한다.
1. 일반에 공개된 기술
2. 기초과학연구에 관한 기술
3. 특허 출원에 필요한 최소한의 기술
4. 법 제19조 제2항에 따라 수출허가를 받은 물품 등의 설치, 운용, 점검, 유지 및 보수에 필요한 최소한의 기술

---

2. 수출허가

전략물자를 수출하려는 자는 산업통상자원부장관이나 관계 행정기관의 장의 허가 즉, 수출 허가를 받아야 한다. 다만, 방위사업법에 따라 허가를 받은 방위산업물자 및 국방과학 기술이 전략물자에 해당하는 경우에는 그러하지 아니하다.

3. 상황허가

전략물자에는 해당되지 아니하나 대량파괴무기와 그 운반수단인 미사일(대량파괴무기 등)의 제조·개발·사용 또는 보관 등의 용도로 전용될 가능성이 높은 물품 등을 수출하려는 자는 그 물품 등의 수입자나 최종 사용자가 그 물품 등을 대량파괴무기 등의 제조·개발·사용 또 는 보관 등의 용도로 전용할 의도가 있음을 알았거나 그러한 의도가 있다고 의심되면 상황허 가를 받아야 한다.

[One more] 상황허가의 대상

1. 수입자가 해당 물품 등의 최종 용도에 관하여 필요한 정보 제공을 기피하는 경우
2. 수출하려는 물품 등이 최종 사용자의 사업 분야에 해당되지 아니하는 경우
3. 수출하려는 물품 등이 수입국가의 기술수준과 현저한 격차가 있는 경우
4. 최종 사용자가 해당 물품 등이 활용될 분야의 사업경력이 없는 경우
5. 최종 사용자가 해당 물품 등에 대한 전문적 지식이 없으면서도 그 물품 등의 수출을 요구하는 경우
6. 최종 사용자가 해당 물품 등에 대한 설치·보수 또는 교육훈련 서비스를 거부하는 경우
7. 해당 물품 등의 최종 수하인(受荷人)이 운송업자인 경우
8. 해당 물품 등에 대한 가격 조건이나 지불 조건이 통상적인 범위를 벗어나는 경우 등

---

4. 전략물자의 수출입

(1) 수입목적확인서의 발급

1) 의의

수입목적확인서라 함은 수입자가 해당 전략물자를 수입하여 사용하고자 하는 목적과 그 전략 물자를 제3국으로 전송, 환적 또는 수출하지 않을 것임을 서약한 사실을 정부가 확인해 주는 서류를 말한다.

2) 절차

신청을 받은 산업통상자원부장관이나 관계 행정기관의 장은 7일 이내에 전략물자 수입목적확 인서를 발급하여야 한다. 전략물자 수입목적확인서의 유효기간은 1년으로 한다.

(2) 전략물자 판정

1) 신청

전략물자나 상황허가 판정을 받으려는 자는 판정신청서에 물품 등의 용도 · 성능 · 기술적 특성에 관한 서류를 구비하여 산업통상자원부장관이나 관계 행정기관의 장에게 판정신청을 할 수 있고, 그들은 전략물자관리원장 또는 한국원자력통제기술원에 판정을 위임하거나 위탁할 수 있다.

2) 절차

신청을 받은 산업통상부장관이나 관계행정기관의 장은 15일 이내에 신청한 물품 등이 전략물자 또는 상황허가 대상인 물품 등에 해당하는지를 판정하여 신청인에게 알려야 한다. 전략물자판정의 유효기간은 2년이다.

(3) 전략물자 등에 대한 이동중지명령

전략물자 등이 허가를 받지 아니하고 수출되거나 거짓이나 그 밖의 부정한 방법으로 허가를 받아 수출되는 것을 막기 위하여 필요하면 적법한 수출이라는 사실이 확인될 때까지 전략물자 등의 이동중지명령을 할 수 있다.

(4) 환적허가

1) 의의

전략물자 등을 국내 항만이나 공항을 경유하거나 국내에서 환적(換積)하려는 자로서 대통령령으로 정하는 자는 대통령령으로 정하는 바에 따라 산업통상자원부장관이나 관계 행정기관의 장의 허가를 받아야 한다.

[One more]

대통령령으로 정하는 자란 다음에 해당하는 자를 말한다.
1. 대량파괴무기 등의 제조 · 개발 · 사용 또는 보관 등의 용도로 전용되거나 전용될 가능성이 있다고 인정되는 전략물자나 상황허가 대상인 물품 등(이하 "전략물자 등"이라 한다)을 경유하거나 환적하려는 자
2. 산업통상자원부장관 또는 관계 행정기관의 장으로부터 법 제23조 제3항에 따른 경유 또는 환적 허가를 받아야 하는 것으로 통보받은 자

---

2) 절차

산업통상자원부장관이나 관계 행정기관의 장은 15일 이내에 경유 또는 환적 허가 여부를 결정하고 그 결과를 신청인에게 알려야 한다.

(5) 전략물자 등의 중개 등

1) 의의

전략물자 등을 제3국에서 다른 제3국으로 이전하거나 매매를 위하여 중개하려는 자는 산업통상자원부장관이나 관계 행정기관의 장의 허가를 받아야 한다. 무역거래자는 전략물자 판정에 관한 서류와 수출허가, 상황허가, 환적허가, 중개허가에 관한 서류 등을 5년간 보관하여야 한다.

2) 절차

산업통상자원부장관이나 관계 행정기관의 장은 15일 이내에 중개허가 여부를 결정하고 그 결과를 신청인에게 알려야 한다.

5. 자율준수무역거래자

산업통상자원부장관은 기업, 대통령령으로 정하는 대학, 연구기관의 자율적인 전략물자 관리능력을 높이기 위해 전략물자 여부에 대한 판정능력, 수입자 · 최종 사용자에 대한 분석능력 등 능력을 갖춘 무역거래자를 자율준수무역거래자로 지정할 수 있고 전략물자에 대한 수출 통제업무 일부를 자율적으로 관리하게 할 수 있다. 자율준수무역거래자는 자율적으로 관리하는 전략물자 수출실적 등을 산업 통상자원부장관에게 보고해야 한다. 능력을 유지하지 못할 때나 수출허가(상황허가)를 받지 않고 전략물자(상황허가대상 물품)를 수출한 경우 등에 해당될 때 그 지정을 취소할 수 있다.

제6절 외화획득용 원료 · 기재

외화획득용 원료 · 기재란 외화획득용 원료, 외화획득용 시설기재, 외화획득용 제품, 외화획득용 용역 및 외화획득용 전자적형태의 무체물을 말하며 이에 대해서는 수출입공고에 의해 제한이 걸린 물품 등이라도 별도의 승인을 받아 자유롭게 수입할 수 있게 한 규정이다.

Ⅰ

Ⅱ

Ⅲ

Ⅳ

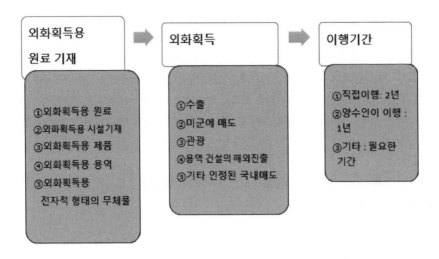

외화획득용 원료 기재에 대한 지원내용

① 수출입공고 등에서 수입제한 품목이더라도 제한요건 충족하지 않은 상태로 수입허용

② 수입통관 시 납부한 관세 등 환급

③ 원자재 수입대금 등을 무역금융 융자지원

④ 수입 시 원산지표시 면제

⑤ 부가가치세 영세율 적용

⑥ 연지급 수입대상 품목 및 연지급 기간의 차등적용

1. 외화획득용 원료 기재의 수입 승인 등

1) 수출입공고 적용제외

산업통상자원부장관은 원료, 시설, 기재(機材) 등 외화획득을 위하여 사용되는 물품 등(이하 "원료·기재"라 한다)의 수입에 대하여는 승인 대상 물품 등의 품목별 수량·금액·규격 및 수출 또는 수입지역 등에 대한 한정을 적용하지 아니할 수 있다. 다만, 국산 원료·기재의 사용을 촉진하기 위하여 필요한 경우에는 그러하지 아니하다.

2) 외화획득의 범위, 이행 기간, 확인방법, 그 밖에 필요한 사항은 대통령령으로 정한다.

2. 외화획득의 범위

외화획득의 범위는 다음 각 호의 어느 하나에 해당하는 방법에 따라 외화를 획득하는 것으로 한다.

1) 수출

2) 주한 국제연합군이나 그 밖의 외국군 기관에 대한 물품 등의 매도

3) 관광

4) 용역 및 건설의 해외 진출

5) 국내에서 물품 등을 매도하는 것으로서 다음 각 호의 어느 하나에 해당하는 것

① 외국인으로부터 외화를 받고 국내의 보세지역에 물품 등을 공급하는 경우
② 외국인으로부터 외화를 받고 공장건설에 필요한 물품 등을 국내에서 공급하는 경우
③ 외국인으로부터 외화를 받고 외화획득용 시설·기재를 외국인과 임대차계약을 맺은 국내
   업체에 인도하는 경우
④ 정부·지방자치단체 또는 정부투자기관이 외국으로부터 받은 차관자금에 의한 국제 경쟁
   입찰에 의하여 국내에서 유상으로 물품 등을 공급하는 경우(대금 결제통화의 종류 불문)
⑤ 외화를 받고 외항선박(항공기)에 선(기)용품을 공급하거나 급유하는 경우
⑥ 절충교역거래(off set)의 보완거래로서 외국으로부터 외화를 받고 국내에서 제조된 물품 등을
   국가기관에 공급하는 경우

또한 무역거래자가 외국의 수입업자로부터 수수료를 받고 행한 수출 알선은 외화획득행위에
준하는 행위로 본다.

3. 외화획득용 원료의 범위

① 수출실적으로 인정되는 수출 물품 등을 생산하는 데에 소요되는 원료(포장재, 1회용 파렛트 포함)
② 외화가득률(외화획득액에서 외화획득용 원료의 수입금액을 공제한 금액이 외화획득액에
   서 차지하는 비율)이 30퍼센트 이상인 군납용 물품 등을 생산하는 데에 소요되는 원료
③ 해외에서의 건설 및 용역사업용 원료
④ 외화획득용 물품 등을 생산하는 데에 소요되는 원료
⑤ ①~④의 규정에 따른 원료로 생산되어 외화획득이 완료된 물품 등의 하자 및 유지보수용
   원료

4. 외화획득의 이행 기간

다음 각 호의 구분에 따른 기간의 범위에서 산업통상자원부장관이 정하여 고시하는 기간으로 한다. 기간 내에 외화획득의 이행을 할 수 없으면 기간연장을 신청하여야 한다.

1) 외화획득용 원료 · 기재를 수입한 자가 직접 외화획득의 이행을 하는 경우

   수입통관일 또는 공급일부터 2년

2) 다른 사람으로부터 외화획득용 원료 · 기재 또는 그 원료 · 기재로 제조된 물품 등을 양수한 자가 외화획득의 이행을 하는 경우

   양수일부터 1년

3) 외화획득을 위한 물품 등을 생산하거나 비축하는 데에 2년 이상의 기간이 걸리는 경우

   생산하거나 비축하는 데에 걸리는 기간에 상당하는 기간

4) 수출이 완료된 기계류의 하자 및 유지 보수를 위한 외화획득용 원료 · 기재인 경우

   하자 및 유지 보수 완료일부터 2년

5. 외화획득용 원료 · 기재의 사후 관리

(1) 사후 관리

사후 관리기관의 장은 원료 등에 대하여 사후 관리를 하여야 한다. 다만, 사후 관리를 할 필요성이 없어진 것 등으로 인정하는 경우는 하지 않을 수 있다.

1) 수입승인을 받아 수입한 품목이 수입승인 대상에서 제외되는 원료 등

2) 외화획득의 이행을 위하여 보세공장 및 보세창고 또는 자유무역지역에 반입되는 원료 등

(2) 자율관리기업

기업 자율성과 경비절감을 위해 업계가 자율적으로 사후 관리를 할 수 있도록 기술표준원장이 수시로 기업을 선정하는데 그 요건은 다음과 같다.

1) 전년도 수출실적이 미화 50만 달러 상당액 이상인 업체, 수출 유공으로 포상(훈장 · 포장 및 대통령표창)을 받은 업체(84년도 이후 포상 받은 업체만 해당) 또는 중견 수출기업

2) 과거 2년간 미화 5천 달러 상당액 이상 외화획득 미이행으로 보고된 사실이 없는 업체

6. 외화획득용 원료 · 기재의 목적을 벗어난 사용

(1) 용도외 승인

원료 · 기재를 수입한 자는 그 수입한 원료 · 기재 또는 그 원료 · 기재로 제조된 물품 등을 부득이한 사유로 인하여 당초의 목적 외의 용도로 사용하려면 대통령령으로 정하는 바에 따라 산업통상자원부장관의 승인을 받아야 한다. 다만, 대통령령으로 정하는 원료 · 기재 또는 그 원료 · 기재로 제조된 물품 등에 대하여는 그러하지 아니하다.

(2) 양도

수입한 원료 · 기재 또는 그 원료 · 기재로 제조된 물품 등을 당초의 목적과 같은 용도로 사용하거나 수출하려는 자에게 양도(讓渡)하려는 때에는 양도하려는 자와 양수(讓受)하려는 자가 함께 산업통상자원부장관의 승인을 받아야 한다. 다만, 대통령령으로 정하는 원료 · 기재 또는 그 원료 · 기재로 제조된 물품 등에 대하여는 그러하지 아니하다.

7. 외화획득용 원료 · 기재의 사용목적 변경승인

부득이한 사유로 인하여 당초의 목적 외의 용도로 사용하려면 산업통상자원부장관의 승인을 받아야 한다. "부득이한 사유"란 다음을 말한다.
① 우리나라나 교역상대국의 전쟁 · 사변, 천재지변 또는 제도 변경으로 인하여 외화획득의 이행을 할 수 없게 된 경우
② 외화획득용 원료 · 기재로 생산된 물품 등으로서 그 물품 등을 생산하는 데에 고도의 기술이 필요하여 외화획득의 이행에 앞서 시험제품을 생산할 필요가 있는 경우
③ 외화획득 이행의무자의 책임이 없는 사유로 외화획득의 이행을 할 수 없게 된 경우
④ 불가항력으로 외화획득의 이행을 할 수 없다고 인정된 경우
⑤ 다만, 평균 손모량에 해당하는 외화획득용 원료 · 기재 또는 그 원료 · 기재로 생산한 물품 등, 외화획득용 원료 · 기재는 승인을 받지 않아도 된다.

8. 구매확인서

(1) 개념

구매확인서는 물품 등을 외화획득용 원료·용역·전자적 형태의 무체물 또는 물품으로 사용하기 위해서 국내에서 구매하려는 경우에 외국환은행의 장 또는 산업통상부장관이 지정한 전자무역기반사업자가 내국신용장에 준하여 발급하는 증서이다. 즉, 내국신용장을 개설할 수 없는 상황에서 외화획득용 원료 등의 구매를 촉진하기 위한 것이다.

(2) 발급

1) 신청

국내에서 외화획득용 원료·기재를 구매하려는 자 또는 구매한 자는 구매확인서의 발급을 신청할 수 있다. 구매확인서를 발급받으려는 자는 구매확인신청서를 작성하여 외국환은행의 장에게 또는 전자무역기반사업자에게 전자무역문서로 작성하여(서면으로 ×) 제출하여야 한다.

발급 신청 시 구비서류

(1) 구매자·공급자에 대한 서류
(2) 외화획득용 원래·기재의 가격·수량 등에 관한 서류
(3) 외화획득용 원료 기재라는 사실을 증명하는 서류
   ① 수출신용장
   ② 수출계약서(품목·수량·가격 등에 합의하여 서명한 수출계약 입증서류)
   ③ 외화매입(예치)증명서(외화획득 이행 관련 대금임이 관계 서류에 의해 확인되는 경우만 해당)
   ④ 내국신용장
   ⑤ 구매확인서
   ⑥ 수출신고필증(외화획득용 원료·기재를 구매한 자가 신청한 경우에만 해당)
   ⑦ 외화획득에 제공되는 물품 등을 생산하기 위한 경우임을 입증할 수 있는 서류

---

2) 2차 구매확인서

외국환은행의 장 또는 전자무역기반사업자는 신청하여 이미 발급된 구매확인서에 의하여 2차 구매확인서를 발급할 수 있으며, 외화획득용 원료·기재의 제조·가공·유통(완제품의 유통을 포함)과정이 여러 단계인 경우에는 각 단계별로 순차로 발급할 수 있다.

3) 변경

구매확인서를 발급한 후 신청 첨부 서류의 외화획득용 원료·기재의 내용 변경 등으로 이미 발급받은 구매확인서와 내용이 상이하여 재발급을 요청하는 경우에는 새로운 구매확인서를 발급할 수 있다. 즉, 차수에 제한 없이 여러 번 발급할 수 있다.

[별지 제13호 서식]

외화획득용원료·기재구매확인신청서

① 구매자   (상호)
               (주소)
               (성명)
               (사업자등록번호)
② 공급자   (상호)
               (주소)
               (성명)
               (사업자등록번호)

1. 구매원료·기재의 내용

③ HS부호	④ 품명 및 규격	⑤ 단위 및 수량	⑥ 구매일	⑦ 단가	⑧ 금액	⑨ 비고

2. 외화획득용 원료·기재라는 사실을 증명하는 서류

⑩ 서류명 및 번호	⑪ HS부호	⑫ 품명 및 규격	⑬ 금액	⑭ 선적기일	⑮ 발급기관명

3. 세금계산서(외화획득용 원료·기재를 구매한 자가 신청하는 경우에만 해당)

⑯ 세금계산서 번호	⑰ 작성일자	⑱ 공급가액	⑲ 세액	⑳ 품목	㉑ 규격	㉒ 수량

㉓ 구매원료·기재의 용도명세 : 원자재구매, 원자재 임가공위탁, 완제품 임가공위탁, 완제품구매, 수출대행 등 해
     당용도를 표시하되, 위탁가공무역에 소요되는 국산원자재를 구입하는 경우는 "(위탁가공)" 문구를 추가표시
* 한국은행 총액한도대출관련 무역금융 취급절차상의 용도표시 준용

위의 사항을 대외무역법 제18조에 따라 신청합니다.

                                  신청일자   년   월   일
                                  신 청 자
                                  전자서명

* ⑳ 내지 ㉒은 1. 구매원료·기재의 내용과 금액이 다른 경우에는 반드시 기재하여야 합니다.

제7절 원산지표시 제도

1. 개요

원산지(Origin)란 특정물품이 성장, 생산, 제조 또는 가공된 지역이나 국가 또는 물품의 국적을 의미한다. 산업통상자원부장관이 공정한 거래 질서의 확립과 생산자 및 소비자 보호를 위하여 원산지를 표시하여야 하는 대상으로 공고한 물품 등(이하 "원산지표시대상물품")을 수출하거나 수입하려는 자는 그 물품 등에 대하여 원산지를 표시하여야 한다.

2. 원산지의 표시

〈원산지 표시 방법 정리〉

	표시원칙
일반물품	해당물품에 직접표시
예외적인 물품	포장 또는 용기에 표시하거나 표시생략가능
단순가공물품	완성가공품에 표시
재포장물품	재포장용기에 표시
분할판매물품	스티커, 꼬말 등으로 개별물품에 표시
결합상품	결합된 상태에서 표시
수입세트물품	• 원산지 모두 동일 : 포장에 표시 • 원산지 상이 : 개별물품 및 포장에 모두 표시
수입용기(별도분류)	• 용기에 표시 • 1회용인 경우 최소판매단위에 표시

(1) 수출입 물품 등의 원산지표시

1) 단순가공에 따른 원산지 변경금지

수입된 원산지표시대상물품에 대하여 대통령령으로 정하는 단순한 가공활동을 거침으로써 해당 물품 등의 원산지표시를 손상하거나 변형한 자는 그 단순 가공한 물품 등에 당초의 원산지를 표시하여야 한다. 이 경우 다른 법령에서 단순한 가공 활동을 거친 수입물품 등에 대하여 다른 기준을 규정하고 있으면 그 기준에 따른다.

2) 금지행위

무역거래자 또는 물품 등의 판매업자는 다음에 해당하는 행위를 하면 안 된다.

① 원산지를 거짓으로 표시하거나 원산지를 오인(誤認)하게 하는 표시를 하는 행위

② 원산지의 표시를 손상하거나 변경하는 행위

③ 원산지표시대상물품에 대하여 원산지 표시를 하지 아니하는 행위(무역거래자의 경우만 해당)

④ ①~③에 위반되는 원산지표시대상물품을 국내에서 거래하는 행위

3) 검사

산업통상자원부장관 또는 시·도지사는 규정을 위반하였는지 확인하기 위하여 필요시 수입한 물품등과 관련 서류를 검사할 수 있다. 그 서류는 다음을 의미한다.

① 수입한 물품 등의 무역거래자 및 판매업자의 정보에 관한 서류

② 수입한 물품 등의 가격, 수량, 품질 및 제조 또는 가공 공정에 관한 서류 등

4) 처벌

산업통상자원부장관 또는 시·도지사는 원산지 표시 규정을 위반한 자에게 판매중지, 원상복구, 원산지 표시 등 시정조치를 명할 수 있다. 그리고 위반한 자에게 3억원 이하의 과징금을 부과할 수 있다.

(2) 수입물품 원산지표시방법 일반원칙

① 수입물품의 원산지는 다음과 같이 한글, 한자 또는 영문으로 표시할 수 있다.

> **예** "원산지 : 국명" 또는 "국명 산(産)"(원산지 : 한국, 한국산), "Made in 국명" 또는 "Product of 국명", "Made by 물품 제조자의 회사명, 주소, 국명", "Country of Origin : 국명"

② 최종구매자가 해당물품의 원산지를 용이하게 판독할 수 있는 크기의 활자체로 표시하여야 한다.

③ 최종구매자가 정상적인 물품구매과정에서 원산지표시를 발견할 수 있도록 식별하기 용이한 곳에 표시하여야 한다.

④ 표시된 원산지는 쉽게 지워지지 않으며 물품(또는 포장·용기)에서 쉽게 떨어지지 않아야 한다.

⑤ 수입물품의 원산지는 제조단계에서 인쇄(printing), 등사(stenciling), 낙인(branding), 주조(molding), 식각(etching), 박음질(stitching) 등의 방식으로 원산지를 표시하는 것을 원칙으로 하나, 부적합·곤란·물품훼손 우려가 있으면 날인(stamping), 라벨(label), 스티커(sticker), 꼬리표(tag)를 사용하여 표시할 수 있다.

⑥ 최종구매자가 수입물품의 원산지를 오인할 우려가 없는 경우에는 통상적으로 널리 사용되고 있는 국가명이나 지역명 등을 사용하여 원산지를 표시할 수 있다.

> **예** United States of America를 USA로, Switzerland를 Swiss로, Netherlands를 Holland 로, United Kingdom of Great Britain and Northern Ireland를 UK 또는 GB로, UK의 England, Scotland, Wales, Northern Ireland 등

(3) 수입물품 원산지표시의 예외 등

원산지를 표시하는 것이 곤란하거나 원산지를 표시할 필요가 없다고 인정하여 산업통상자원부장관이 정하여 고시하는 기준에 해당하는 경우에는 산업통상자원부장관이 정하여 고시하는 바에 따라 원산지를 표시하거나 원산지 표시를 생략할 수 있다.

1) 용기나 포장 등에 표시

① 해당 물품에 원산지를 표시하는 것이 불가능한 경우
② 원산지표시로 인하여 해당 물품이 크게 훼손되는 경우
> **예** 당구공, 콘택트렌즈, 포장하지 않은 집적회로 등

③ 원산지표시로 인하여 해당 물품의 가치가 실질적으로 저하되는 경우
④ 원산지표시의 비용이 해당 물품의 수입을 막을 정도로 과도한 경우
> **예** 물품 값보다 표시비용이 더 많이 드는 경우 등

⑤ 상거래 관행상 최종구매자에게 포장, 용기에 봉인되어 판매되는 물품 또는 봉인되지는 않았으나 포장, 용기를 뜯지 않고 판매되는 물품
> **예** 비누, 칫솔, Video tape 등

⑥ 실질적 변형을 일으키는 제조공정에 투입되는 부품 및 원재료를 수입 후 실수요자에게 직접 공급하는 경우
⑦ 물품의 외관상 원산지의 오인 가능성이 적은 경우 등
> **예** 두리안, 오렌지, 바나나와 같은 과일·채소 등

2) 표시면제 대상

① 외화획득용 원료 및 시설기재로 수입되는 물품
② 개인에게 무상 송부된 탁송품, 별송품 또는 여행자 휴대품
③ 수입 후 실질적 변형을 일으키는 제조공정에 투입되는 부품 및 원재료로서 실수요자가 직접 수입하는 경우(수입 대행 포함)
④ 판매 또는 임대목적에 제공되지 않는 물품으로서 실수요자가 직접 수입하는 경우. 다만, 제조에 사용할 목적으로 수입되는 제조용 시설 및 기자재는 수입을 대행하는 경우 인정 할 수 있음

⑤ 연구개발용품으로서 실수요자가 수입하는 경우(수입 대행 포함)

⑥ 견본품(진열·판매용이 아닌 것에 한함) 및 수입된 물품의 하자보수용 물품

⑦ 우리나라를 단순히 경유하는 통과 화물

⑧ 재수출조건부 면세 대상 물품 등 일시 수입물품

⑨ 우리나라에서 수출된 후 재수입되는 물품

⑩ 외교관 면세 대상 물품

⑪ 개인이 자가소비용으로 수입하는 물품으로서 세관장이 타당하다고 인정하는 물품 등

3) 특수물품에 대한 원산지 표시

① 단순가공물품의 원산지표시

㉠ 단순가공

원산지표시대상물품이 수입된 후, 최종구매자가 구매하기 이전에 국내에서 단순 제
조·가공처리되어 수입 물품의 원산지가 은폐·제거되거나 은폐·제거될 우려가 있
는 물품의 경우에는 제조·가공업자(수입자가 제조업자인 경우를 포함한다)는 완성
가공품에 수입 물품의 원산지가 분명하게 나타나도록 원산지를 표시하여야 한다.

㉡ 재포장 또는 분할판매상품

원산지표시대상물품이 대형 포장 형태로 수입된 후에 최종구매자가 구매하기 이전에
국내에서 소매단위로 재포장되어 판매되는 물품인 경우에는 재포장 판매업자(수입자
가 판매업자인 경우를 포함한다)는 재포장 용기에 수입 물품의 원산지가 분명하게 나
타나도록 원산지를 표시하여야 한다. 재포장되지 않고 낱개 또는 산물로 판매되는 경
우에도 물품 또는 판매용기·판매 장소에 스티커 부착, 푯말부착 등의 방법으로 수입
품의 원산지를 표시하여야 한다.

㉢ 결합상품

원산지표시대상물품이 수입된 후에 최종구매자가 구매하기 이전에 다른 물품과 결합
되어 판매되는 경우(㉍ 바이올린과 바이올린케이스, 라이터와 라이터케이스 등)에는
제조·가공업자(수입자가 제조업자인 경우를 포함한다)는 수입된 해당 물품의 원산
지가 분명하게 나타나도록 "(해당 물품명)의 원산지 : 국명"의 형태로 원산지를 표시
하여야 한다.

② 세트물품의 원산지표시

수입 세트물품의 경우 해당 세트물품을 구성하는 개별 물품들의 원산지가 동일하고 최종 구매
자에게 세트물품으로 판매되는 경우에는 개별 물품에 원산지를 표시하지 아니하고 그 물품의
포장·용기에 원산지를 표시할 수 있고, 수입세트물품을 구성하는 개별 물품들의 원산지가 2
개국 이상인 경우에는 개별 물품에 각각의 원산지를 표시하고, 해당 세트물품의 포장·용기에
는 개별 물품들의 원산지를 모두 나열·표시하여야 한다.(㉍ Made in China, Taiwan, …)

③ 수입용기의 원산지표시

관세율표에 따라 용기로 별도 분류되어 수입되는 물품의 경우에는 용기에 "(용기명)의 원산지 : (국명)"에 상응하는 표시를 하여야 한다(**예** "Bottle made in 국명"). 그러나 1회 사용으로 폐기되는 용기의 경우에는 최소 판매단위의 포장에 용기의 원산지를 표시할 수 있으며, 실수요자가 이들 물품을 수입하는 경우에는 용기의 원산지를 표시하지 않아도 무방하다.

3. 원산지 판정

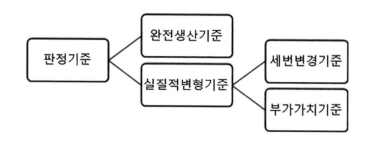

〈원산지판정기준 정리〉

	원산지국가
완전생산기준	해당 생산국가
실질변형기준	HS 6단위 변경국가
국내생산물품	HS 6단위 변경 및 51% 부가가치 부여국가 또는 85% 부가가치 부여국가
천일염	100% 국내산일 경우에만 인정
함께 수입되는 부속품	해당 물품과 동일한 원산지
포장용품	해당물품과 동일한 원산지
영화용 필름	영화제작자의 국적

(1) 수입물품의 원산지 판정 기준

① 수입 물품에 대한 원산지 판정은 다음 기준에 따라야 한다.

㉠ 수입 물품의 전부가 하나의 국가에서 채취되거나 생산된 물품("완전생산물품")인 경우에는 그 국가를 그 물품의 원산지로 할 것

㉡ 수입 물품의 생산 · 제조 · 가공 과정에 둘 이상의 국가가 관련된 경우에는 최종적으로 실질적 변형을 가하여 그 물품에 본질적 특성을 부여하는 활동("실질적 변형")을 한 국가를 그 물품의 원산지로 할 것

㉢ 수입 물품의 생산 · 제조 · 가공 과정에 둘 이상의 국가가 관련된 경우 단순한 가공활동을 하는 국가를 원산지로 하지 아니할 것

② 완전생산물품, 실질적 변형, 단순한 가공활동의 기준 등 원산지 판정 기준에 관한 구체적인 사항은 관계 중앙행정기관의 장과 협의하여 산업통상자원부장관이 정하여 고시한다.

③ 수출 물품에 대한 원산지 판정은 제1항 및 제2항에 따른 기준을 준용하여 판정하되, 그 물품에 대한 원산지 판정기준이 수입국의 원산지 판정기준과 다른 경우에는 수입국의 원산지 판정기준에 따라 원산지를 판정할 수 있다.

1) 완전생산물품

수입물품의 전부가 하나의 국가에서 채취되거나 생산된 물품(완전생산물품)인 경우에는 그 국가를 그 물품의 원산지로 한다.

① 해당국 영역에서 생산한 광산물, 농산물 및 식물성 생산물

② 해당국 영역에서 번식, 사육한 산동물과 이들로부터 채취한 물품

③ 해당국 영역에서 수렵, 어로로 채포한 물품

④ 해당국 선박에 의하여 해당국 이외 국가의 영해나 배타적 경제수역이 아닌 곳에서 채포한 어획물, 그 밖의 물품

⑤ 해당국에서 제조, 가공공정 중에 발생한 잔여물

⑥ 해당국 또는 해당국의 선박에서 ①부터 ⑤까지의 물품을 원재료로 하여 제조 · 가공한 물품

2) 실질적 변형

수입물품의 생산 제조 가공 과정에 둘 이상의 국가가 관련된 경우에는 최종적으로 실질적 변형을 가하여 그 물품에 본질적 특성을 부여하는 활동을 한 국가를 그 물품의 원산지로 한다. 실질적 변형은 해당국에서의 제조 · 가공과정을 통하여 원재료의 세번과 상이한 세번(HS 6단위 기준)의 제품을 생산하는 것을 말한다.

① 세번변경 기준 : HS 6단위가 변하는 것

② 부가가치 기준

부가가치 비율은 원산지별 가격누계가 해당물품의 수입가격에서 점하는 비율

③ 주요부품 기준

㉠ 해당 주요 부품의 원료 및 구성품의 부가가치생산에 최대로 기여한 국가가 해당 완제품의 부가가치비율 기준 상위 2개국 중 어느 하나에 해당하는 경우는 해당 국가

㉡ 해당 주요 부품의 원료 및 구성품의 부가가치생산에 최대로 기여한 국가가 해당 완제품의 부가가치비율 기준 상위 2개국 중 어느 하나에 해당하지 아니하는 경우는 해당 완제품을 최종석으로 세조한 국가

3) 단순한 가공활동

수입물품의 생산·제조·가공 과정에 둘 이상의 국가가 관련된 경우 단순한 가공활동을 하는 국가를 원산지로 하지 않는다. 다음은 단순한 가공활동으로 본다.

① 운송 또는 보관 목적으로 물품을 양호한 상태로 보존하기 위해 행하는 가공활동

② 선적 또는 운송을 용이하게 하기 위한 가공활동

③ 판매목적으로 물품의 포장 등과 관련된 활동

④ 제조·가공결과 HS 6단위가 변경되는 경우라도 다음에 해당되는 가공과 이들이 결합되는 가공은 단순한 가공활동의 범위에 포함된다.

    ㉠ 통풍, 건조 또는 단순가열(볶거나 굽는 것을 포함), 냉동, 냉장

    ㉡ 손상부위의 제거, 이물질 제거, 세척

    ㉢ 기름칠, 녹방지 또는 보호를 위한 도색, 도장

    ㉣ 거르기 또는 선별(sifting or screening), 정리(sorting), 분류 또는 등급선정(classifying, or grading)

    ㉤ 시험 또는 측정, 표시나 라벨의 수정 또는 선명화

    ㉥ 가수, 희석, 흡습, 가염, 가당, 전리(ionizing), 펴기(spreading out), 압착(crushing) 등

    ㉦ 각피(husking), 탈각(shelling or unshelling), 씨제거 및 신선 또는 냉장 육류의 냉동, 단순 절단 및 단순 혼합

(2) 수입 원료를 사용한 국내생산물품 등의 원산지 판정 기준

다음은 우리나라를 원산지로 하는 물품으로 본다.

① 우리나라에서 제조·가공과정을 통해 수입원료의 세번과 상이한 세번(HS 6단위 기준)의 물품(세번 HS 4단위에 해당하는 물품의 세번이 HS 6단위에서 전혀 분류되지 아니한 물품을 포함한다)을 생산하고, 해당 물품의 총 제조원가 중 수입원료의 수입가격(CIF가격 기준)을 공제한 금액이 총 제조원가의 51퍼센트 이상인 경우

② 제조·가공과정을 통해 제1호의 세번 변경이 안 된 물품을 최종적으로 생산하고, 해당 물품의 총 제조원가 중 수입 원료의 수입가격(CIF 가격 기준)을 공제한 금액이 총제조원가의 85퍼센트 이상인 경우

③ 천일염은 외국산 원재료가 사용되지 않고 제조되어야 우리나라를 원산지로 본다.

(3) 원산지의 확인

대외무역법령 등의 규정에 따라 원산지를 확인하여야 할 물품을 수입하는 자는 수입신고 전까지 원산지증명서 등의 자료를 제출하고 확인을 받아야 한다. 수입 시 원산지증명서를 제출하여야 하는 경우는 다음과 같다.

① 통합공고에 의하여 특정지역으로부터 수입이 제한되는 물품

② 원산지 허위표시, 오인·혼동표시 등을 확인하기 위하여 세관장이 필요하다고 인정하는 물품

③ 그 밖에 법령에 따라 원산지 확인이 필요한 물품

(4) 원산지증명서 등의 제출면제

다음에 해당하는 물품은 원산지증명서 등의 제출을 면제한다.

① 과세가격이 15만원 이하인 물품

② 우편물

③ 개인에게 무상 송부된 탁송품, 별송품 또는 여행자의 휴대품

④ 재수출조건부 면세 대상 물품 등 일시 수입 물품

⑤ 보세운송, 환적 등에 의하여 우리나라를 단순히 경유하는 통과화물

⑥ 물품의 종류, 성질, 형상 또는 그 상표, 생산국명, 제조자 등에 의하여 원산지가 인정되는 물품 등

(5) 원산지 판정 절차

① 수출 또는 수입 물품의 원산지 판정을 받으려는 자는 대상 물품의 관세·통계통합품목분류표상의 품목번호·품목명, 요청 사유, 요청자가 주장하는 원산지 등을 명시한 요청서에 견본 1개와 그 밖에 원산지 판정에 필요한 자료를 첨부하여 산업통상자원부장관에게 제출하여야 한다. 다만, 물품의 성질상 견본을 제출하기 곤란하거나 견본이 없어도 그 물품의 원산지 판정에 지장이 없다고 인정되는 경우에는 견본의 제출을 생략할 수 있다.

② 제출된 요청서 등이 미비하여 수출 또는 수입 물품의 원산지를 판정하기 곤란한 경우에는 기간을 정하여 자료의 보정을 요구할 수 있으며, 그 기간 내에 보정하지 아니하면 요청서 등을 되돌려 보낼 수 있다.

③ 원산지 판정의 요청을 받은 경우에는 60일 이내에 원산지 판정을 하여 그 결과를 요청한 사람에게 문서로 알려야 하며, 원산지 판정의 결과가 요청인의 주장과 다른 경우에는 판정의 근거 등을 적어야 한다.

(6) 원산지 확인에 있어서의 직접운송원칙

수입 물품의 원산지는 그 물품이 원산지 국가 이외의 국가(=비원산국)를 경유하지 않고 원산지 국가로부터 직접 우리나라로 운송반입 된 물품에만 해당 물품의 원산지를 인정한다. 단, 다음에 해당하는 경우에는 해당 물품이 비원산국의 보세구역 등에서 세관 감시 하에 환적 또는 일시장치 등이 이루어지고, 이들 이외의 다른 행위가 없었음이 인정되는 경우에만 이를 우리나라로 직접 운송된 물품으로 본다.

① 지리적 또는 운송 상의 이유로 비원산국에서 환적 또는 일시장치가 이루어진 물품의 경우
② 박람회, 전시회 그 밖에 이에 준하는 행사에 전시하기 위하여 비원산국으로 수출하였던 물품으로서 해당 물품의 전시목적에 사용 후 우리나라로 수출한 물품의 경우

(7) 원산지 판정 절차

① 수출 또는 수입 물품의 원산지 판정을 받으려는 자는 대상 물품의 관세 · 통계통합품목분류표상의 품목번호 · 품목명(모델명을 포함한다), 요청 사유, 요청자가 주장하는 원산지 등을 명시한 요청서에 견본 1개와 그 밖에 원산지 판정에 필요한 자료를 첨부하여 산업통상자원부장관에게 제출하여야 한다. 다만, 물품의 성질상 견본을 제출하기 곤란하거나 견본이 없어도 그 물품의 원산지 판정에 지장이 없다고 인정되는 경우에는 견본의 제출을 생략할 수 있다.
② 제출된 요청서 등이 미비하여 수출 또는 수입 물품의 원산지를 판정하기 곤란한 경우에는 기간을 정하여 자료의 보정(補正)을 요구할 수 있으며, 그 기간 내에 보정하지 아니하면 요청서 등을 되돌려 보낼 수 있다.
③ 산업통상자원부장관은 원산지 판정의 요청을 받은 경우에는 60일 이내에 원산지 판정을 하여 그 결과를 요청한 사람에게 문서로 알려야 한다. 다만, 그 판정과 관련된 자료수집 등을 위하여 필요한 기간은 이에 산입하지 아니한다.
④ 원산지 판정의 결과가 요청인의 주장과 다른 경우에는 판정의 근거 등을 적어야 한다. 원산지 판정의 요청 방법과 그 밖에 판정에 필요한 사항은 산업통상자원부장관이 정하여 고시한다.

(8) 이의제기

① 원산지 판정에 이의를 제기하려는 자는 대상 물품의 관세통계통합품목분류표상의 품목번호, 품목명, 이의제기 사유, 신청자가 주장하는 원산지 등을 명시한 이의신청서에 원산지 판정에 필요한 자료를 첨부하여 산업통상자원부장관에게 제출하여야 한다.
② 산업통상자원부장관은 신청서 등이 미비하여 이의제기에 대한 결정을 하기 곤란한 경우에는 기간을 정하여 자료의 보정을 요구할 수 있으며, 그 기간 내에 보정하지 아니하면 신청서 등을 되돌려 보낼 수 있다.

③ 산업통상자원부장관은 이의제기에 대한 결정을 하기 위하여 관계 전문가에게 자문하거나 이해관계자 등의 의견을 들을 수 있다.

(9) 과징금의 부과 및 납부

산업통상자원부장관 또는 시·도지사는 과징금을 부과하려면 그 위반행위의 종류와 과징금의 금액을 명시하여 과징금을 낼 것을 서면으로 알려야 한다. 통보를 받은 자는 납부 통지일부터 20일 이내에 과징금을 내야 한다.

제8절 수입수량 제한조치

1. 수입수량 제한조치

(1) 의의

산업통상자원부장관은 특정 물품의 수입 증가로 인하여 같은 종류의 물품 또는 직접적인 경쟁 관계에 있는 물품을 생산하는 국내 산업이 심각한 피해를 입고 있거나 입을 우려(=심각한 피해 등)가 있음이 무역위원회의 조사를 통하여 확인되고 심각한 피해 등을 구제하기 위한 조치가 건의된 경우로서 그 국내 산업을 보호할 필요가 있다고 인정되면 그 물품의 국내 산업에 대한 심각한 피해 등을 방지하거나 치유하고 조정을 촉진하기 위하여 필요한 범위에서 물품의 수입수량을 제한하는 조치를 시행할 수 있다.

(2) 절차 등

① 산업통상자원부장관은 무역위원회의 건의, 해당 국내산업 보호의 필요성, 국제통상 관계, 수입수량제한조치의 시행에 따른 보상수준 및 국민경제에 미치는 영향 등을 검토하여 수입수량제한조치의 시행 여부와 내용을 결정한다.

② 정부는 수입수량제한조치를 시행하려면 이해 당사국과 수입수량제한조치의 부정적 효과에 대한 적절한 무역보상에 관하여 협의할 수 있다.

③ 수입수량제한조치는 조치 시행일 이후 수입되는 물품에만 적용하고 적용기간은 4년을 넘어서는 안 된다. 대상 물품, 수량, 적용기간 등을 공고해야 한다.

④ 산업통상자원부장관은 수입수량제한조치의 시행 여부를 결정하기 위하여 필요하다고 인정하면 관계 행정기관의 장 및 이해관계인 등에게 관련 자료의 제출 등 필요한 협조를 요청할 수 있다.

(3) 적용기간

산업통상자원부장관은 수입수량제한조치의 대상이었거나 긴급관세 또는 잠정 긴급관세의 대상이었던 물품에 대하여는 그 수입수량제한조치의 적용기간, 긴급관세의 부과기간 또는 잠정긴급관세의 부과기간이 끝난 날부터 그 적용 기간 또는 부과기간에 해당하는 기간(적용기간 또는 부과기간이 2년 미만인 경우에는 2년)이 지나기 전까지는 다시 수입수량제한조치를 시행할 수 없다. 다만, 다음 각 호의 요건을 모두 충족하는 경우에는 180일 이내의 수입수량제한조치를 시행할 수 있다.

① 해당 물품에 대한 수입수량제한조치가 시행되거나 긴급관세 또는 잠정긴급관세가 부과된 후 1년이 지날 것
② 수입수량제한조치를 다시 시행하는 날부터 소급하여 5년 안에 그 물품에 대한 수입 수량제한조치의 시행 또는 긴급관세의 부과가 2회 이내일 것

(4) 수입수량제한조치에 대한 연장

① 산업통상자원부장관은 무역위원회의 건의가 있고 필요하다고 인정하면 수입수량제한조치의 내용을 변경하거나 적용기간을 연장할 수 있다. 이 경우 변경되는 조치 내용 및 연장되는 적용기간 이내에 변경되는 조치 내용은 최초의 조치 내용보다 완화되어야 한다.
② 적용기간을 연장하는 때에는 수입수량제한조치의 적용기간과 긴급관세 또는 잠정긴급 관세의 부과기간 및 그 연장기간을 전부 합산한 기간이 8년을 넘어서는 아니 된다.

Chapter 02. 관세법

제1절 관세법 개요

1. 개요

관세란 관세선을 통과하는 상품에 대해 부과하는 조세를 말하며, 관세선은 일국의 경제적 경계로써 관세가 부과되는 경계선으로 반드시 국경선과 동일한 개념이 아니다. 즉, 관세는 국가가 국내산업의 보호 및 재정수입을 확보하기 위하여 관세영역을 출입하는 물품에 대하여 법률이나 조약에 의거 강제적으로 징수하는 세금을 말한다.

2. 과세방법에 따른 관세의 분류

(1) 종가세(Ad valorem duties)

수입물품의 가격을 관세액 산정의 기초로 하여 '관세액＝과세가격×관세율'로 계산한다. 우리나라는 대부분 종가세를 적용한다.

(2) 종량세(Specific duties)

과세표준을 수입물량의 수량을 기초로 하여 '관세액＝수량×단위수량당 가격'으로 계산한다. 대상물품은 영화용 필름과 비디오테이프가 있다.

3. 정의

수입	외국물품을 우리나라에 반입(보세구역을 경유하는 것은 보세구역으로부터 반입하는 것을 말한다)하거나 우리나라에서 소비 또는 사용하는 것. 우리나라의 운송수단 안에서의 소비 또는 사용을 포함 ※ 수입으로 보지 않는 소비, 사용으로 보기 때문에 다음은 제외됨 　① 선용품 · 기용품 또는 차량용품을 운송수단 안에서 그 용도에 따라 소비하거나 사용하는 경우 　② 선용품 · 기용품 또는 차량용품을 세관장이 정하는 지정보세구역에서 출국심사를 마치거나 우리나라에 입국하지 아니하고 우리나라를 경유하여 제3국으로 출발하려는 자에게 제공하여 그 용도에 따라 소비하거나 사용하는 경우 　③ 여행자가 휴대품을 운송수단 또는 관세통로에서 소비하거나 사용하는 경우 　④ 이 법에서 인정하는 바에 따라 소비하거나 사용하는 경우
수출	내국물품을 외국으로 반출하는 것
반송	국내에 도착한 외국물품이 수입통관절차를 거치지 아니하고 다시 외국으로 반출되는 것
외국물품	① 외국으로부터 우리나라에 도착한 물품으로서 수입신고가 수리되기 전의 것 ② 수출의 신고가 수리된 물품
내국물품	① 우리나라에 있는 물품으로서 외국물품이 아닌 것 ② 우리나라의 선박 등이 공해에서 채집하거나 포획한 수산물 등 ③ 입항전수입신고가 수리된 물품 ④ 수입신고 수리 전 반출승인을 받아 반출된 물품 ⑤ 수입신고 전 즉시반출신고를 하고 반출된 물품
외국무역선	무역을 위하여 우리나라와 외국 간을 운항하는 선박
외국무역기	무역을 위하여 우리나라와 외국 간을 운항하는 항공기
내항선(내항기)	국내에서만 운항하는 선박(항공기)
선용품(船用品)	음료, 식품, 연료, 소모품, 밧줄, 수리용 예비 부분품 및 부속품, 집기, 그 밖에 이와 유사한 물품으로서 해당 선박에서만 사용되는 것
기용품(機用品)	선용품에 준하는 물품으로서 해당 항공기에서만 사용되는 것
통관	관세법에 따른 절차를 이행하여 물품을 수출 · 수입 또는 반송하는 것
환적(換積)	동일한 세관의 관할구역에서 입국 또는 입항하는 운송수단에서 출국 또는 출항하는 운송수단으로 물품을 옮겨 싣는 것
복합환적 (複合換積)	입국 또는 입항하는 운송수단의 물품을 다른 세관의 관할구역으로 운송하여 출국 또는 출항하는 운송수단으로 옮겨 싣는 것
운영인	특허보세구역의 설치 · 운영에 관한 특허를 받은 자나 종합보세사업장의 설치 · 운영에 관한 신고를 한 자

4. 관세징수의 우선

관세를 납부하여야 하는 물품에 대하여는 다른 조세, 그 밖의 공과금 및 채권에 우선하여 그 관세를 징수한다.

5. 내국세 등의 부과 징수

수입물품에 대하여 세관장이 부과 · 징수하는 세에는 부가가치세, 지방소비세, 담배소비세, 지방교육세, 개별소비세, 주세, 교육세, 교통 · 에너지 · 환경세 및 농어촌특별세(이하 내국세 등)가 있다.

제2절 부과와 징수

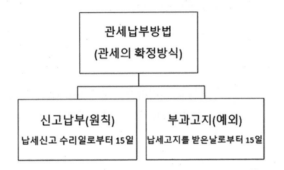

원칙	납세신고를 한 경우	납세신고 수리일부터 15일 이내
	납세고지를 한 경우	납세고지를 받은 날부터 15일 이내
	수입신고전 즉시반출신고를 한 경우	수입신고일부터 15일 이내

납세의무자는 상기 원칙에도 불구하고 수입신고가 수리되기 전에 해당 세액을 납부할 수 있다.

예외	월별납부	그 기한이 속하는 달의 말일까지
	보정신청	보정신청을 한 다음날
	수정신고	수성신고를 한 나음닐
	천재지변 등	1년을 넘지 아니하는 기간을 정하여 그 기한을 연장 할 수 있다

1. 관세납부방식 구분

관세납부 방식은 납세의무자가 직접 관세를 신고하고 납부하는 신고납부방식 그리고 세관장이 직접 관세를 부과 · 징수하는 부과고지방식으로 구분된다.

2. 신고납부

① 납세의무자가 스스로 납부해야 할 관세의 과세표준, 세율, 납부세액을 결정하여 세관장에게 신고함으로써 관세채권이 확정되어 납부가 이뤄지는 방식이다. 관세법상 수입물품에 대한 관세징수는 신고납부제도가 원칙이다. 부과고지 물품을 제외한 모든 수입물품이 신고납부 대상이다.

② 세관장은 수입신고서에 기재된 사항과 이 법에 따른 확인사항 등을 심사하되, 신고한 세액에 대하여는 수입신고를 수리한 후에 심사한다. 세관장은 납세실적과 수입규모 등을 고려하여 관세청장이 정하는 요건을 갖춘 자가 신청할 때에는 납세 신고한 세액을 자체적으로 심사(자율심사)하게 할 수 있다.

③ 납세의무자는 납세 신고한 세액을 납부하기 전에 그 세액이 과부족하다는 것을 알게 되었을 때에는 납세 신고한 세액을 정정할 수 있다.

3. 부과고지

세관장이 과세표준과 납부세액을 산출, 확정하여 납세의무자에게 납기 내 납부하도록 고지하는 방식이다. 대부분의 수입물품은 신고납부방식이나 일부 수입물품에 대해서는 부과고지방식을 채택하고 있다.

> ──── [One more] **부과고지 대상** ────
> ① 보세건설장에서 건설된 시설로서 수입신고가 수리되기 전에 가동된 경우
> ② 보세구역에 반입된 물품이 수입신고가 수리되기 전에 반출된 경우
> ③ 납세의무자가 과세가격이나 관세율 등을 결정하기 곤란하여 부과고지를 요청하는 경우
> ④ 수입신고 전 즉시 반출한 물품을 반출신고 후 10일 내 수입신고를 하지 아니하여 관세를 징수하는 경우
> ⑤ 여행자 또는 승무원의 휴대품 및 별송품, 우편물, 세관장이 관세를 부과 · 징수하는 물품

4. 세액의 변경

〈세액의 변경 정리〉

내용	주체	시기	이유	납부기한	가산세
정정	납세의무자	납부기한전까지	+, −	당초납부기한	×
보정	납세의무자	신고납부한날로부터 6개월 이내	−	보정신청한 날의 다음날	×
수정신고	납세의무자	보정기간이 경과한 다음날로부터 부과제척기간까지	−	수정신고한 날의 다음날	○
경정	세관장	보정기간이 경과한 다음날로부터 부과제척기간까지	+, −	납세고지를 받은날로부터 15일 이내	○
경정청구	납세의무자	최초납세신고일로부터 5년 이내	+		×

(1) 보정

① 납세의무자는 신고 납부한 세액이 부족하다는 것을 알게 되거나 세액산출의 기초가 되는 과세가격 · 품목분류 등에 오류가 있는 것을 알게 되었을 때에는 신고납부한 날부터 6개월 이내(보정기간)에 보정하여 줄 것을 세관장에게 신청할 수 있다.

② 세관장은 신고 납부한 세액이 부족하다는 것을 알게 되거나 세액산출의 기초가 되는 과세가격 또는 품목분류 등에 오류가 있다는 것을 알게 되었을 때에는 납세의무자에게 해당 보정기간에 보정신청을 하도록 통지할 수 있다.

③ 해당 보정신청을 한 날의 다음 날까지 해당 관세를 납부하여야 한다.

(2) 수정 및 경정

① 납세의무자는 신고 납부한 세액이 부족한 경우에는 수정신고(보정기간이 지난날부터 관세부과 기간이 끝나기 전까지로 한정)를 할 수 있다. 이 경우 납세의무자는 수정 신고한 날의 다음 날까지 해당 관세를 납부하여야 한다.

② 납세의무자는 신고 납부한 세액이 과다한 것을 알게 되었을 때에는 최초납세신고를 한 날부터 5년 이내에 신고한 세액의 경정을 세관장에게 청구할 수 있다. 세관장은 2개월 이내에 세액을 경정하거나 경정하여야 할 이유가 없다는 뜻을 청구한 자에게 통지하여야 한다.

③ 세관장은 납세의무자가 신고 납부한 세액, 납세 신고한 세액 또는 경정 청구한 세액을 심사한 결과 과부족하다는 것을 알게 되었을 때에는 그 세액을 경정하여야 한다.

(3) 수입물품의 과세가격 조정에 따른 경정

① 납세의무자는 수입물품의 거래가격을 조정하여 과세표준 및 세액을 결정 · 경정 처분 하거나 신고납부 · 경정한 세액의 산정기준이 된 과세가격 간 차이가 발생한 경우에는 그 결정 · 경정 처분 또는 사전승인이 있음을 안 날부터 3개월 또는 최초로 납세신고를 한 날부터 5년 내에 세관장에게 세액의 경정을 청구할 수 있다.

② 경정청구를 받은 세관장은 해당 수입물품의 거래가격 조정방법과 계산근거 등이 적합한 경우에는 세액을 경정할 수 있으며 경정을 위해 지방국세청장 또는 세무서장과 협의할 수 있다.

③ 세관장은 경정청구를 받은 날부터 2개월 내에 세액을 경정하거나 경정하여야 할 이 유가 없다는 뜻을 청구인에게 통지하여야 한다. 세관장의 통지에 이의가 있는 청구인은 그 통지를 받은 날부터 30일 내에 기획재정부장관에게 국세의 정상가격과 관세의 과세가격 간의 조정을 신청할 수 있다.

④ 청구인은 2개월 이내에 통지를 받지 못한 경우에는 그 2개월이 되는 날의 다음 날부터 이의신청, 심사청구, 심판청구 또는 심사청구를 할 수 있다.

5. 관세의 납부기한

(1) 납세신고를 한 경우

납세신고 수리일부터 15일 이내

(2) 납세고지를 한 경우

납세고지를 받은 날부터 15일 이내

(3) 수입신고전 즉시반출신고를 한 경우

수입신고일부터 15일 이내

(4) 월별납부

납세의무자는 수입신고가 수리되기 전에 해당 세액을 납부할 수 있고 성실납세자가 신청을 할 때에는 납부기한이 동일한 달에 속하는 세액에 대하여는 그 기한이 속하는 달의 말일까지 한꺼번에 납부하게 할 수 있다(월별납부제도). 이 경우 세관장은 필요하다고 인정하는 경우에는 납부할 관세에 상당하는 담보를 제공하게 할 수 있다. 담보의 종류로는 금전, 국채, 지방채, 유가증권, 납세보증보험증권, 토지, 보험에 가입된 등기 또는 등록된 건물 · 공장재단 · 광업재단 · 선박 · 항공기 또는 건설기계, 세관장이 인정하는 보증인의 납세보증서가 있다.

월별납부업체의 승인을 취소한 관할지 세관장은 해당 업체가 월별납부의 대상으로 납세 신고한 세액에 대하여는 15일 이내의 납부기한을 정하여 납세고지 하여야 한다.

6. 관세부과의 제척기간

관세는 해당 관세를 부과할 수 있는 날부터 5년이 지나면 부과할 수 없다. 다만, 부정한 방법으로 관세를 포탈하였거나 환급 또는 감면받은 경우에는 관세를 부과할 수 있는 날부터 10년이 지나면 부과할 수 없다.

7. 관세징수권 등의 소멸시효

(1) 원칙

관세의 징수권은 이를 행사할 수 있는 날부터 다음의 구분에 따른 기간 동안 행사하지 아니하면 소멸시효가 완성된다.
① 5억원 이상의 관세(내국세를 포함한다. 이하 이 항에서 같다) : 10년
② 그 밖의 관세 : 5년

(2) 중단 및 정지

〈소멸시효의 중단 및 정지사유〉

중단	정지	중단	정지
납세고지	분할납부기간	납세독촉	체납처분유예기간
경정처분	징수유예기간	통고처분	사해행위 취소소송기간

중단	정지	중단	정지
고발		교부청구	
공소제기		압류	

제척기간과 달리 소멸시효는 중단과 정지라는 개념이 존재한다. 소멸시효의 중단 및 정지는 일정한 사유로 인하여 소멸시효의 진행이 멈추는 것을 말한다.
소멸시효가 중단되는 경우에는 소멸시효의 효력이 소멸되고 다시 처음부터 진행되며, 소멸시효가 정지되는 경우에는 정지사유가 종료하는 때에 다시 시효기간이 진행된다.

> ── [One more] **제척기간과 징수권의 관계** ──
>
> 제척기간은 세관장이 관세를 부과할 수 있는 기간을 말하고 징수권을 관세를 징수할 수 있는 기간을 말한다. 징수권의 소멸시효가 시작되려면, 세관장이 관세를 부과하여 납세의무가 확정되어 있어야 한다. 따라서 이 둘은 상호보완적인 관계로 이해 할 수 있다.

8. 가산금(개정 – 가산세로 흡수)

가산금은 납부기한까지 납부하지 않을 때 원래 세액에 다시 가산한 금액인 중가산금을 더하는 금액으로 납기 준수에 중점을 둔다.

① 관세를 납부기한까지 완납하지 아니하면 그 납부기한이 지난날부터 체납된 관세에 하여 100분의 3에 상당하는 가산금을 징수한다.

② 체납된 관세(세관장이 징수하는 내국세가 있을 때에는 그 금액 포함)가 100만원 미만인 경우에는 적용하지 않는다.

> ── [One more] **개정사항** ──
>
> 가산금 규정은 그동안 가산세와 분리되어 운영되어 왔으나, 가산세와 별도로 운영할 이유가 없는 등 비슷한 제도를 중첩적으로 운영하여 발생하는 납세자의 혼란을 방지하기 위하여 납세자가 납부기한까지 세금을 완납하지 아니한 경우 납부고지 전에 적용되는 기간이자 성격의 가산세와 납부고지 후에 적용되는 가산금을 일원화하여 납부지연가산세로 통합함

9. 가산세

가산세는 의무를 이행하지 않은 경우에 원래 세액에 더하여 징수하는 금액으로 세법상 성실신고, 납부의무 준수에 중점을 둔 행정벌이다. 세관장은 부족한 관세액을 징수할 때에는 다음 금액을 합한 금액을 가산세로 징수한다.

① 해당 부족세액의 100분의 10

② 다음의 계산식을 적용하여 계산한 금액

　　㉠ 해당 부족세액×당초 납부기한의 다음 날부터 수정신고일 또는 납세 고지일까지의 기간×가산세율(1일 1만분의 25)

　　㉡ 가산금 해당금액

③ 납세자가 부당한 방법으로 과소 신고한 경우에는 해당 부족세액의 100분의 40에 상당하는 금액과 위의 계산한 금액을 가산세로 징수한다.

10. 관세의 현장 수납

여행자의 휴대품, 조난 선박에 적재된 물품으로서 보세구역이 아닌 장소에 장치된 물품에 대한 관세는 그 물품을 검사한 공무원이 검사 장소에서 수납할 수 있다. 물품을 검사한 공무원이 관세를 수납할 때에는 다른 공무원을 참여시켜야 한다. 공무원이 관세를 수납하였을 때에는 지체 없이 출납공무원에게 인계해야 하고 출납공무원이 아닌 공무원이 수납한 현금을 잃어버린 경우에는 변상하여야 한다.

제3절 과세 및 과세가격

과세요건은 조세를 징수하기 위한 요건을 말하는데 과세물건, 과세표준, 납세의무자, 관세율을 과세의 4대 요건이라고 한다.

1. 과세물건

(1) 대상

수입물품에는 관세를 부과한다. 유체물만 과세대상이며 납부세액이 10,000원 미만인 경우는 징수하지 않는다.

(2) 과세물건 확정의 시기

관세는 수입신고(입항전수입신고 포함)를 하는 때의 물품의 성질과 그 수량에 따라 부과한다. 다만, 다음에 해당하는 물품은 물품의 성질과 그 수량에 따라 다음과 같이 부과한다.

① 외국물품인 선용품[1], 기용품[2]과 외국무역선[3] 또는 외국무역기[4] 안에서 판매할 물품이 하역 또는 환적허가의 내용대로 운송수단에 적재되지 아니한 경우 : 하역 허가 받은 때

② 보수작업을 하는 경우 해당 물품에 관한 반출검사 시 : 보세구역 밖에서 하는 보수작업을 승인받은 때

③ 보세구역에 장치된 외국물품이 멸실되거나 폐기되었을 때 : 해당 물품이 멸실되거나 폐기된 때

④ 지정된 기간이 지난 경우 해당 공장 외 작업장에 허가된 외국물품이나 그 제품이 있을 때 : 보세공장 외 작업, 보세건설장 외 작업 또는 종합보세구역 외 작업을 허가받거나 신고한 때

⑤ 보세운송기간 경과 시 : 보세운송을 신고하거나 승인받은 때

⑥ 수입신고가 수리되기 전에 소비하거나 사용하는 물품 : 해당 물품을 소비하거나 사용한 때

⑦ 수입신고 전 즉시반출신고를 하고 반출한 물품 : 수입신고 전 즉시반출신고를 한 때

⑧ 우편으로 수입되는 물품 : 통관우체국에 도착한 때 등

⑨ 도난물품 또는 분실물품 : 해당 물품이 도난 되거나 분실된 때

⑩ 이 법에 따라 매각되는 물품 : 해당 물품이 매각된 때

⑪ 수입신고를 하지 아니하고 수입된 물품(위 경우 제외) : 수입된 때

(3) 적용법령

관세는 수입신고 당시의 법령에 따라 부과한다. 다만, 다음 각 호의 어느 하나에 해당하는 물품에 대하여는 각 해당 호에 규정된 날에 시행되는 법령에 따라 부과한다.

① 과세물건 확정시기의 예외적인 경우에 해당되는 물품 : 그 사실이 발생한 날

② 보세건설장에 반입된 외국물품 : 사용 전 수입신고가 수리된 날

(4) 과세 환율

과세가격을 결정하는 경우 외국통화로 표시된 가격을 내국통화로 환산할 때에는 적용법령에 따른 날(보세건설장에 반입된 물품의 경우에는 수입신고를 한 날을 말한다)이 속하는 주의 전주(前週)의 외국환매도율을 평균하여 관세청장이 그 율을 정한다.

---

1) 선용품이란 음료, 식품, 연료, 소모품, 밧줄, 수리용 예비 부분품 및 부속품, 집기, 그 밖에 이와 유사한 물품으로서 해당 선박에서만 사용되는 것을 말한다.
2) 기용품이란 선용품에 준하는 물품으로서 해당 항공기에서만 사용되는 것을 말한다.
3) 외국무역선이란 무역을 위하여 우리나라와 외국 간을 운항하는 선박을 말한다.
4) 외국무역기란 무역을 위하여 우리나라와 외국 간을 운항하는 항공기를 말한다.

2. 과세표준

관세의 과세표준은 수입물품의 가격 또는 수량으로 한다.

3. 납세의무자

다음 각 호의 어느 하나에 해당하는 자는 관세의 납세의무자가 된다.

① 수입신고를 한 물품인 경우에는 그 물품을 수입한 화주

ㄱ 연대납세의무자

수입신고를 한 물품인 경우에는 그 물품을 수입신고하는 때의 화주(화주가 불분명할 때에는 다음 각 목의 어느 하나에 해당하는 자를 말한다. 이하 이 조에서 같다). 다만, 수입신고가 수리된 물품 또는 제252조에 따른 수입신고수리전 반출승인을 받아 반출된 물품에 대하여 납부하였거나 납부하여야 할 관세액이 부족한 해당 물품을 수입신고하는 때의 화주의 주소 및 거소가 분명하지 아니하거나 수입신고인 이 화주를 명백히 하지 못하는 경우에는 그 신고인이 해당 물품을 수입신고하는 때 의 화주와 연대하여 해당 관세를 납부하여야 한다.

ㄴ 수입을 위탁받아 수입업체가 대행수입한 물품인 경우

그 물품의 수입을 위탁한 자

ㄷ 수입을 위탁받아 수입업체가 대행수입한 물품이 아닌 경우

상업서류에 적힌 수하인

ㄹ 수입물품을 수입신고 전에 양도한 경우

그 양수인

② 관세를 징수하는 물품인 경우에는 하역허가를 받은 자ㆍ보세구역 밖에서 하는 보수작업을 승인받은 자ㆍ운영인 또는 보관인이나 보세공장ㆍ보세건설장ㆍ종합보세구역 외 작업을 허가받거나 신고한 자ㆍ보세운송을 신고하였거나 승인을 받은 자, 해당 물품을 즉시 반출한 자

③ 수입신고가 수리되기 전에 소비하거나 사용하는 물품인 경우에는 그 소비자 또는 사용자

④ 우편으로 수입되는 물품인 경우에는 그 수취인

⑤ 도난물품이나 분실물품인 경우에는 다음에 규정된 자

ㄱ 보세구역의 장치 물품

그 운영인 또는 화물관리인

ㄴ 보세운송물품

보세운송을 신고하거나 승인을 받은 자

ㄷ 그 밖의 물품

그 보관인 또는 취급인

예 • 보세창고에 물품을 장치 중 도난된 경우는 보세창고의 운영인이나 화물관리인이 납세의무를 진다.
  • 보세운송 중 도난 된 경우에는 보세운송인이 납세의무를 진다.

⑥ 소유자 또는 점유자

6. 과세가격의 결정

수입물품의 과세가격 산정방법					
1방법 (거래가격)			2,3방법 (동종 유사물품의 거래가격)	4방법 (역산가격)	5방법 (산정가격)	6방법 (합리적방법)

| [가산요소]
1.수수료
2.용기비용 등
3.생산지원비용
4.권리사용료
5.사후귀속이익
6.운임 보험료 | [공제요소]
1.수입 후 비용
2.운임, 보험료
3.관세 등의 조세
4.연불이자 | [거래가격 배제]
1.제한
2.조건 또는 사정
3.사후귀속이익
4.특수관계
5. 합리적 의심 | [동종물품]
물리적 특성, 품질 등 모든 면에서 동일

[유사물품]
대체사용 가능 | [조정 가격]
거래 단계, 거래 수량 등을 조정한 가격

[낮은가격]
둘 이상의 가격 존재 시 | 국내판매가격
- 수수료 또는 이윤일반경비
- 운임,보험료
- 관세 | 생산비용
+이윤일반경비 | 국제거래시세
· 산지조사가격을 조정한 가격을 적용하는 방법 등 |

① 납세의무자는 수입신고를 할 때 세관장에게 해당 물품의 가격에 대한 신고를 하여야 한다. 가격신고를 할 때에는 과세가격의 결정에 관계되는 자료를 제출하여야 한다.

② 과세가격은 과세표준이 되는 과세물건의 가격을 말하고 과세가격 결정이란 수입물품에 대해 정해진 원칙에 따라 관세의 과세가격을 결정하는 일련의 절차를 말한다.

③ 과세가격 결정방법에는 6가지 방법이 있어 이를 순차적으로 적용하는데 이 중 실거래가격을 기초로 하는 제1방법이 가장 우선 적용되고 그 적용범위도 가장 넓다. 6가지 과세 가격 결정방법의 적용순위는 ㉠ 실거래가격, ㉡ 동종·동질물품의 거래가격, ㉢ 유사물품의 거래가격, ㉣ 국내판매가격, ㉤ 산정가격, ㉥ 합리적 기준 순이다.[5]

---

5) 다만, 납세의무자가 요청하면 ㉤ 산정가격 → ㉣ 국내판매가격 → ㉥ 합리적 기준 순으로 적용할 수도 있다.

(1) 당해물품의 거래가격을 기초로 한 과세가격의 결정 : 제1방법

수입물품의 과세가격은 우리나라에 수출하기 위해 판매되는 물품에 대하여 구매자가 실제로 지급하였거나 지급하여야 할 가격에 다음의 금액을 가산하거나 공제하여 조정한 거래가격으로 한다. 다만, 다음 각 호의 금액을 더할 때에는 객관적이고 수량화할 수 있는 자료에 근거하여야 하며, 이러한 자료가 없는 경우에는 이 조에 규정된 방법으로 과세가격을 결정하지 않고 다른 방법으로 결정한다.

- '우리나라에 수출하기 위하여 판매되는 물품'이 아닌 것

  무상으로 수입하는 물품, 수입 후 경매를 통해 판매가격이 결정되는 위탁판매수입 물품, 수출자 책임으로 국내에서 판매하기 위하여 수입하는 물품, 별개의 독립된 법적 사업체가 아닌 지점 등에서 수입하는 물품, 임대차계약에 따라 수입하는 물품, 무상으로 임차하는 수입물품, 산업쓰레기 등 수출자의 부담으로 국내에서 폐기하기 위하여 수입하는 물품

1) 법정가산요소

① 구매자가 부담하는 수수료와 중개료(단, 구매수수료 제외)

② 수입물품과 동일체로 취급되는 용기비용, 포장 노무비, 자재비로서 구매자 부담 비용

③ 구매자가 수입물품의 생산·수출거래를 위하여 '우리나라에 수출하기 위하여 판매되는 물품'·용역을 무료·인하가격으로 직간접으로 공급한 경우에는 가격 또는 인하차액을 해당 수입물품의 총생산량 등을 고려하여 배분한 금액

④ 특허권, 실용신안권, 디자인권, 상표권 등 권리 사용대가로 지급하는 금액

⑤ 수입 후 전매·처분·사용하여 생긴 수익금액 중 판매자에게 직간접으로 귀속되는 금액

⑥ 수입항까지의 운임·보험료와 그 밖에 운송과 관련되는 비용

2) 공제요소

구매자가 실제로 지급하였거나 지급하여야 할 가격이란 해당 수입물품의 대가로서 구매자가 해당 수입물품의 대가와 판매자의 채무를 상계하는 금액, 구매자가 판매자의 채무를 변제하는 금액, 그 밖의 간접적인 지급액을 포함한다. 다만, 구매자가 지급하였거나 지급하여야 할 총금액에서 다음 각 호의 어느 하나에 해당하는 금액을 명백히 구분할 수 있을 때에는 그 금액을 뺀 금액을 말한다.

① 수입 후에 하는 해당 수입물품의 건설, 설치, 조립, 정비, 유지 또는 해당 수입물품에 관한 기술지원에 필요한 비용

② 수입항에 도착한 후 해당 수입물품을 운송하는 데에 필요한 운임·보험료와 그 밖에 운송과 관련되는 비용

③ 우리나라에서 해당 수입물품에 부과된 관세 등의 세금과 그 밖의 공과금

④ 연불조건의 수입인 경우에는 해당 수입물품에 대한 연불이자

3) 거래가격 배제 : 다음에 해당하면 제2~6결정방법으로 결정

① 해당 물품의 처분 또는 사용에 제한이 있는 경우

    ㉠ 처분 또는 사용에 제한이 있는 경우(전시용 · 자선용 · 교육용 등 당해 물품을 특정 용도로 사용하도록 하는 제한, 특정인에게만 판매 또는 임대하도록 하는 제한, 물품가격에 실질적으로 영향을 미치는 제한)

    ㉡ 단, 거래가격에 실질적으로 영향을 미치지 아니한다고 인정하는 제한이 있는 경우 등은 제외됨(우리나라의 법령이나 법령에 의한 처분에 의하여 부과되거나 요구되는 제한, 수입물품이 판매될 수 있는 지역의 제한, 그 밖에 수입가격에 실질적으로 영향을 미치지 아니한다고 세관장이 인정하는 제한)

② 해당 물품에 대한 거래의 성립 또는 가격의 결정이 금액으로 계산할 수 없는 조건 또는 사정에 따라 영향을 받은 경우

    ㉠ 구매자가 판매자로부터 특정수량의 다른 물품을 구매하는 조건으로 당해 물품의 가격이 결정되는 경우

    ㉡ 구매자가 판매자에게 판매하는 다른 물품의 가격에 따라 당해 물품의 가격이 결정되는 경우

    ㉢ 판매자가 반제품을 구매자에게 공급하고 그 대가로 그 완제품의 일정수량을 받는 조건으로 당해 물품의 가격이 결정되는 경우

③ 해당 물품을 수입한 후에 전매 · 처분 또는 사용하여 생긴 수익의 일부가 판매자에게 직접 또는 간접으로 귀속되는 경우(단, 적절히 조정할 수 있는 경우는 제외)

④ 구매자와 판매자 간에 특수 관계가 있어 그 특수 관계가 해당 물품의 가격에 영향을 미친 경우.

    ㉠ 특수 관계란 범위는 아래와 같다.

        • 구매자와 판매자가 상호 사업상의 임원 또는 관리자인 경우

        • 구매자와 판매자가 상호 법률상의 동업자인 경우

        • 구매자와 판매자가 고용관계에 있는 경우

        • 특정인이 구매자 및 판매자의 의결권 있는 주식을 직접 또는 간접으로 5퍼센트 이상 소유하거나 관리하는 경우

        • 구매자 및 판매자 중 일방이 상대방에 대하여 법적으로 또는 사실상으로 지시나 통제를 할 수 있는 위치에 있는 등 일방이 상대방을 직접 또는 간접으로 지배하는 경우

        • 구매자 및 판매자가 동일한 제3자에 의하여 직접 또는 간접으로 지배를 받는 경우

        • 구매자 및 판매자가 동일한 제3자를 직접 또는 간접으로 공동지배하는 경우

        • 구매자와 판매자가 친족관계에 있는 경우

ⓛ 다만, 해당 산업부문의 정상적인 가격결정 관행에 부합하는 방법으로 결정된 경우 등 대통령령으로 정하는 경우는 제외한다.
- 특수 관계가 없는 구매자와 판매자 간에 통상적으로 이루어지는 가격결정방법으로 결정된 경우
- 당해 산업부문의 정상적인 가격결정 관행에 부합하는 방법으로 결정된 경우
- 해당 물품의 가격이 다음 각 목의 어느 하나의 가격에 근접하는 가격으로서 기획재정부령으로 정하는 가격에 해당함을 구매자가 입증한 경우(특수 관계가 없는 우리나라의 구매자에게 수출되는 동종·동질물품 또는 유사물품의 거래가격, 동종·동질물품 또는 유사물품의 과세가격)

4) 거래가격 배제(과세가격으로 인정하기 곤란한 경우)

① 세관장은 납세의무자가 거래가격으로 가격신고를 한 경우 해당 신고가격이 동종·동질물품 또는 유사물품의 거래가격과 현저한 차이가 있는 등 이를 과세가격으로 인정하기 곤란한 경우(㉠~㉢)에는 납세의무자에게 신고가격이 사실과 같음을 증명할 수 있는 자료를 제출할 것을 요구할 수 있다. 자료제출을 요구하는 때에는 그 사유와 자료제출에 필요한 기간을 기재한 서면으로 하여야 한다.
㉠ 납세의무자가 신고한 가격이 동종·동질물품 또는 유사물품의 가격과 현저한 차이가 있는 경우
㉡ 납세의무자가 동일한 공급자로부터 계속하여 수입하고 있음에도 불구하고 신고한 가격에 현저한 변동이 있는 경우
㉢ 신고한 물품이 원유·광석·곡물 등 국제거래시세가 공표되는 물품인 경우 신고한 가격이 그 국제거래시세와 현저한 차이가 있는 경우
㉢-2 신고한 물품이 원유·광석·곡물 등으로서 국제거래시세가 공표되지 않는 물품인 경우 관세청장 또는 관세청장이 지정하는 자가 조사한 수입물품의 산지 조사 가격이 있는 때에는 신고한 가격이 그 조사가격과 현저한 차이가 있는 경우
㉣ 납세의무자가 거래처를 변경한 경우로서 신고한 가격이 종전의 가격과 현저한 차이가 있는 경우
㉤ ㉠~㉣의 사유에 준하는 사유로서 기획재정부령으로 정하는 경우

② 세관장은 납세의무자가 제출한 자료가 다음에 해당하여 신고가격을 과세가격으로 인정하기 곤란한 경우에는 다른 결정방법으로 과세가격을 결정한다.
㉠ 요구받은 자료를 제출하지 않거나
㉡ 제출한 자료가 일반적으로 인정된 회계원칙에 부합하지 아니하게 작성되었거나
㉢ 납세의무자가 제출한 자료가 수입물품의 거래관계를 구체적으로 나타내지 못하는 경우, 납세의무자가 제출한 자료에 대한 사실관계를 확인할 수 없는 등 신고가격의 정확성이나 진실성을 의심할만한 합리적인 사유가 있는 경우

(2) 동종 · 동질물품의 거래가격을 기초로 한 과세가격의 결정 : 제2방법

제1결정방법을 적용할 수 없을 때 적용하는 것으로 이 방법에 적용될 과세가격은 과세가격으로 인정된 사실이 있는 동종 · 동질 물품의 거래가격이다.

동종 · 동질 물품이란 당해 수입물품의 수입국에서 생산된 것으로서 물리적 특성, 품질 및 소비자 등의 평판을 포함 한 모든 면에서 동일한 물품을 말한다.

① 과세가격을 결정하려는 해당 물품의 생산국에서 생산된 것으로서 해당 물품의 선적일에 선적되거나 해당 물품의 선적일을 전후하여 가격에 영향을 미치는 시장조건이나 상관행에 변동이 없는 기간 중에 선적되어 우리나라에 수입된 것이어야 한다. 거래 단계, 거래 수량, 운송 거리, 운송 형태 등이 해당 물품과 같아야 하며, 두 물품 간에 차이가 있는 경우에는 그에 따른 가격 차이를 조정한 가격이어야 한다.

② 동종 · 동질 물품의 거래가격이 둘 이상 있는 경우는 생산자, 거래 시기, 거래 단계, 거래 수량 등(거래내용 등)이 해당 물품과 가장 유사한 것에 해당하는 물품의 가격을 기초로 하고, 거래내용 등이 같은 물품이 둘 이상이 있고 그 가격도 둘 이상이 있는 경우에는 가장 낮은 가격을 기초로 하여 과세가격을 결정한다.

(3) 유사물품의 거래가격을 기초로 한 과세가격의 결정 : 제3방법

제1, 2결정방법으로 과세가격을 정할 수 없을 때 적용하는 방법이다. 유사물품의 거래가격이 둘 이상이 있는 경우에는 거래내용 등이 해당 물품과 가장 유사한 것에 해당하는 물품의 가격을 기초로 하고, 거래내용 등이 같은 물품이 둘 이상이 있고 그 가격도 둘 이상이 있는 경우에는 가장 낮은 가격을 기초로 하여 과세가격을 결정한다.

(4) 국내 판매가격을 기초로 한 과세가격의 결정 : 제4방법

제1~3결정방법으로 과세가격을 정할 수 없을 때 적용하는 방법이다. 해당 물품, 동종 · 동질 물품 또는 유사물품이 수입된 것과 동일한 상태로 해당 물품의 수입신고일 또는 수입신고일과 거의 동시에 특수 관계가 없는 자에게 가장 많은 수량으로 국내에서 판매되는 단위가격을 기초로 하여 산출한 금액을 기초로 과세가격을 결정한다.

(5) 산정가격을 기초로 한 과세가격의 결정 : 제5방법

제1~4결정방법으로 적용불가 시, 생산에 소요된 비용을 산정하여 산출한 가격을 기초로 과세가격을 결정하는 방법으로 다음 금액을 합한 가격을 기초로 결정한다.

① 해당 물품의 생산에 사용된 원자재 비용 및 조립이나 그 밖의 가공에 드는 비용 또는 그 가격
② 수출국 내에서 해당 물품과 동종 · 동류의 물품의 생산자가 우리나라에 수출하기 위하여 판매할 때 통상적으로 반영하는 이윤 및 일반 경비
③ 해당 물품의 수입항까지의 운임 · 보험료 등

(6) 합리적 기준에 따른 과세가격의 결정 : 제6방법

제1~5결정방법으로 과세가격을 결정할 수 없을 때에는 규정된 원칙과 부합되는 합리적인 기준에 따라 과세가격을 결정한다. 국제거래시세 · 산지조사가격을 조정한 가격을 적용하는 방법 등 거래의 실질 및 관행에 비추어 합리적으로 인정되는 방법에 따라 과세가 격을 결정한다.

제4절 관세환급

1. 관세환급의 의의

관세환급이란 세관에서 징수한 관세 등이 특정한 요건에 해당하는 경우 관세의 일부 또는 전부를 되돌려 주는 것을 말한다. 환급은 관세법상 환급과 관세환급특례법상 환급으로 구분된다.

관세법상 환급	• 과오납금의 환급 • 계약내용과 다른 물품에 대한 관세환급(위약환급) • 지정보세구역 장치물품의 멸실 · 손상으로 인한 관세환급 • 종합보세구역 내 판매용품에 대한 관세환급
관세환급특례법상 환급	• 개별환급 • 간이 정액환급 • 특수공정물품정액환급

2. 관세법상 환급

관세법상 관세환급의 종류에는 과오납금의 환급, 계약내용과 다른 물품에 대한 관세환급(위약환급), 지정보세구역 장치물품의 멸실 · 손상으로 인한 관세환급, 종합보세구역 내 판매물품에 대한 관세환급이 있다. 관세법상 환급은 관세를 징수하면 안되는 사유에 발생한 경우 이미 징수한 관세를 환급해 주는 것이다. 이런 점에서 관세를 징수해야 함에도 징수하지 않고 특별히 환급해 주는 환급특례법상 환급과 차이가 있다.

(1) 과오납금 환급

① 과오납금이란 착오에 의해 세액을 과다납부하였거나 납부하지 않아야 할 세액을 납부한 금액을 말한다. 관세의 과오납은 주로 과세가격 결정의 착오나 관세율 적용의 착오 등에 의해 발생한다.

② 납세의무자가 관세 · 가산금 · 가산세 또는 체납처분비의 과오납금의 환급해야 할 환급 세액의 환급을 청구할 때에 세관장은 30일 이내에 환급하여야 하며, 세관장이 확인한 관세환급금은 납세의무자가 환급을 청구하지 아니하더라도 환급하여야 한다. 납세의무자의 관세환급금에 관한 권리는 재산권의 일종이므로 제3자에게 양도할 수 있다.

(2) 위약환급

① 위약물품이란 무역계약에서 약정한 물품과 실제 국내에 반입된 물품이 상이하여 수입자가 클레임을 제기하고 그 결과에 따라 물품을 다시 외국으로 반출하거나 국내에 서 폐기하기로 한 물품을 말한다.

② 수입신고가 수리된 물품이 계약 내용과 다르고 수입신고 당시의 성질이나 형태가 변경되지 아니한 경우 해당 물품이 수입신고 수리일부터 1년 이내에 다음의 어느 하나 에 해당하면 그 관세를 환급한다.
　　㉠ 외국으로부터 수입된 물품 : 보세구역에 이를 반입하였다가 다시 수출하였을 것. 이 경우 수출은 수입신고 수리일부터 1년이 지난 후에도 할 수 있다.
　　㉡ 보세공장에서 생산된 물품 : 보세공장에 이를 다시 반입하였을 것. 즉, 위약환급에서 수출은 수입신고수리일부터 1년이 지난 후에도 할 수 있다. 단 보세구역 반입이 1년 이내이어야 한다.

(3) 지정보세구역 장치물품의 멸실 · 손상으로 인한 관세의 환급

수입신고가 수리된 물품이 그 수리 후 계속 지정보세구역에 장치되어 있는 중 재해로 인하여 멸실되거나 변질 또는 손상으로 인해 가치가 감소된 때는 그 관세의 전부나 일부를 환급할 수 있다. 또한 입항전수입신고가 수리되고 보세구역 등으로부터 반출되지 않은 물품에 대해서는 물품이 지정보세구역에 장치되었는지 여부에 관계없이 관세 전부나 일부를 환급할 수 있다.

(4) 종합보세구역 내 판매물품에 대한 관세 등의 환급

외국인관광객 등이 종합보세구역에서 구입한 물품을 국외로 반출하는 경우에는 당해물품을 구입할 때 납부한 관세 및 내국세를 환급받을 수 있다. 대상은 외국환거래법에 의한 비거주자를 말하는데 법인, 국내에 주재하는 외교관, 국내에 주재하는 국제연합군과 미국군의 장병 등은 제외된다.

(5) 관세법상 환급에 대한 환급청구권

환급청구권이란 정부에 대하여 부당이득의 환수를 청구할 수 있는 권리이다. 환급청구권은 행사할 수 있는 날로부터 5년간 행사하지 않으면 소멸시효가 완성된다.

〈환급청구권의 소멸시효 기산일〉

과오납금 환급	납부일
위약물품 환급	물품의 수출신고수리일 또는 보세공장반입신고일
지정보세구역 장치물품의 멸실 등으로 인한 환급	멸실, 변질, 손상된 날
종합보세구역 내 판매물품에 대한 관세 등의 환급	환급에 필요한 서류의 제출일

3. 환급특례법상 환급

(1) 개요

① 환급특례법상 환급이란 수출용 원재료를 수입하는 때에 납부하였거나 납부할 관세 등을 수출자 또는 수출물품의 생산자에게 되돌려주는 것을 말한다. 환급이 되는 조세는 관세 이외에 수출용 원재료에 대한 임시수입부가세 · 개별소비세 · 주세 · 교통세 · 농어촌 특별세 및 교육세이다.

② 그러나 부가가치세와 가산세는 환급이 되지 않는다. 환급특례법의 목적은 수출지원 및 국산원재료의 사용과 개발촉진에 있다.

(2) 목적

환급특례법은 수출물품을 제조 · 가공하기 위해 수입되는 물품에 부과 · 징수한 관세 등을 환급함으로써 조세부과로 인한 수출 가격의 인상을 배제하여 수출을 지원하며 국산 원재료의 사용을 촉진한다. 관세는 국내에서 사용 또는 소비될 것을 전제로 하여 부과되는 간접소비세로서 과세통관된 수출용 원재료는 해당 물품을 제조 · 가공하여 수출하므로 국내에서 소비자가 발생하지 않는다. 이 경우 간접세를 제거하지 않으면 국내와 수입의 외국 소비자에게 이중과세를 하게 되므로 이를 방지하기 위해 수출국에서는 간접세의 부담을 제거할 필요가 있다.

(3) 관세환급 요건

1) 환급대상 원재료(수출용 원재료)

① 수출물품을 생산한 경우 : 다음에 해당하는 것

   ㉠ 해당 수출물품에 물리적 또는 화학적으로 결합되는 물품

ⓛ 해당 수출물품을 생산하는 공정에 투입되어 소모되는 물품. 다만, 수출물품 생산용 기계 · 기구 등의 작동 및 유지를 위한 물품 등 수출물품의 생산에 간접적으로 투입되어 소모되는 물품은 제외

ⓒ 해당 수출물품의 포장용품

② 수입한 상태 그대로 수출한 경우 : 해당 수출물품

③ 국내에서 생산된 원재료와 수입된 원재료가 동일한 질과 특성을 갖고 있어 상호 대체 사용이 가능하여 수출물품의 생산과정에서 이를 구분하지 아니하고 사용되는 경우에는 수출용원재료가 사용된 것으로 본다.

2) 환급대상 수출 등

수출용원재료에 대한 관세 등을 환급받을 수 있는 수출 등은 다음의 어느 하나에 해당하는 것

① 수출신고가 수리된 수출(다만, 무상으로 수출하는 것은 다음의 경우로 한정)

  ㉠ 외국에서 개최되는 박람회 · 전시회 · 견본시장, 영화제 등에 출품하기 위하여 무상으로 반출하는 물품의 수출 중 외국에서 외화를 받고 판매된 경우

  ㉡ 해외에서 투자 · 건설 · 용역 · 산업설비 수출에 종사하고 있는 우리나라의 국민(법인)에게 무상으로 송부하기 위하여 반출하는 기계 · 시설자재 및 근로자용 생활필수품 기타 그 사업과 관련하여 사용하는 물품

  ㉢ 수출된 물품이 계약조건과서로 달라서 반품된 물품에 대체하기 위한물품의 수출

  ㉣ 해외구매자와의 수출계약을 위하여 무상으로 송부하는 견본용 물품의 수출

  ㉤ 외국으로부터 가공임 또는 수리비를 받고 국내에서 가공 또는 수리를 할 목적으로 수입된 원재료로 가공하거나 수리한 물품의 수출 또는 당해 원재료 중 가공하거나 수리하는 데 사용되지 아니한 물품의 반환을 위한 수출, 외국에서 위탁가공 할 목적으로 반출하는 물품의 수출

  ㉥ 위탁판매를 위하여 무상으로 반출하는 물품의 수출(외국에서 외화를 받고 판매된 경우)

② 우리나라 안에서 외화를 획득하는 판매 또는 공사 중 다음에 속하는 것

  ㉠ 우리나라 안에 주류하는 주한미군에 대한 물품의 판매

  ㉡ 주한미군 등이 시행하는 공사

  ㉢ 수입하는 승용자동차에 대하여 관세 등의 면제를 받을 수 있는 자에 대한 국산승용자동차의 판매

  ㉣ 외국인 투자 또는 출자의 신고를 한 자에 대한 자본재(우리나라에서 생산된 것에 한함)의 판매

  ㉤ 국제금융기구로부터 제공되는 차관자금에 의한 국제경쟁입찰에서 낙찰(낙찰 받은 자로부터 도급을 받는 경우를 포함)된 물품(우리나라에서 생산된 것)의 판매

③ 보세구역 중 보세창고(수출한 물품에 대한 수리 · 보수 또는 해외조립생산을 위하여 부품 등 반입), 보세공장(수출용원재료로 사용될 목적으로 공급), 보세판매장, 종합보세구역 또는 자유무역지역의 입주기업체에 대한 공급 등

④ 우리나라와 외국 간을 왕래하는 선박 또는 항공기에 선용품 또는 기용품으로 사용되는 물품의 공급, 해양수산부장관의 허가 · 승인 또는 지정을 받은 자가 원양어선에 무상으로 송부하기 위하여 반출하는 물품

3) 환급대상 조세

관세, 임시수입부가세, 개별소비세, 주세, 교통 · 에너지 · 환경세, 농어촌특별세 및 교육세는 환급대상 조세이지만, 부가가치세나 가산세는 제외된다.

(4) 관세환급 방법

1) 개별환급

① 개념

수출물품을 제조하는 데 소요된 원자재의 수입 시 납부한 관세 등의 세액을 소요 원재료별로 개별적으로 확인하여 환급금을 산출하는 방법이다. 수출물품 생산에 어떤 원재료가 얼마만큼 소요되었는지를 먼저 파악한 다음 이들 중 수입된 원재료에 대하여 그 원재료가 수입될 때 납부한 관세가 얼마인가를 계산하는 방법으로 환급액을 산출한다.

② 적용

정액환급율표에 게기되어있지 않은 물품을 수출한 경우와 간이정액환급 비적용 승인을 얻은 업체 및 대기업은 개별환급을 해야 한다. 개별환급을 받기 위해서는 관세를 납부한 사실과 납부금액이 확인되어야 한다. 이에 대한 증명은 수입신고필증, 평균세액증명서, 기초원재료 납세증명서, 분할증명서에 의한다. 수출용원재료를 완제품 또는 반제품으로 가공하였다는 증명은 소요량계산서에 의한다. 또한 물품이 수출에 제공되었는지의 여부도 확인되어야 하는데 이는 수출신고필증, 물품반입확인서, 물품적재확인서, 외화입금증명서 등에 의한다.

2) 간이정액환급

① 개념 및 적용

중소기업의 수출을 지원하고 환급절차를 간소화하기 위해 도입된 제도이다. 최근 2년간 매년도 환급액이 6억원 이하인 중소기업에서 제조한 수출물품에 대한 환급액 산출 시, 정부가 정하는 일정금액을 수출물품 제조에 소요된 원재료의 수입 시 납부세액으로 보고 환급액 등을 산출하도록 한다.

중소기업에서 제조한 수출물품에만 적용되므로, 수입물품을 수입한 상태 그대로 수출한 다면 간이정액환급 방법으로 관세 등을 환급받는 것은 불가능하다. 이러한 업체는 비적용 승인을 받아 개별 환급이 가능하다. 비적용승인을 얻은 자의 모든 수출물품에 대하여는 정액환급률표를 적용하지 않으며, 승인일로부터 2년 이내에는 재적용 신청을 할 수 없다. 일반적인 경우는, 신청 시 수출신고필증만 있으면 된다.

② 간이정액환급률표

관세청장은 간이정액환급률표를 정할 때 최근 6개월 이상 수출물품의 품목번호별 평균 환급액 또는 평균납부세액 등을 기초로 하여 적정한 환급액을 정해야 한다. 물품제조 후 수출을 진행하면 HS Code상 표기된 환급액을 환급해 주는 방법으로, 수출금액 FOB 10,000원 당 환급액으로 결정한다. 환급액 산정방법은 다음과 같다.

환급액 = (FOB 원화금액 × 간이정액환급률표의 해당금액) ÷ 10,000

〈간이정액환급요율표 예시〉

세 번(HS Code)	품명	수출금액(FOB) 1만원당 환급액
8471.30 − 0000	휴대용 자동자료처리기계(중량이 10킬로그램 이하인 것으로서 적어도 중앙처리장치, 키보드, 디스플레이를 갖추고 있는 것으로 한정한다)	10
8708.95 − 1000	에어백	140

(5) 납부세액 증명방법

1) 기초원재료납세증명서(기납증)

외국에서 수입한 원재료를 제조 · 가공한 후 이를 수출물품 제조업체에 수출용 원재료로 공급하는 때(중간원재료를 제조 · 가공하여 공급하는 경우 포함)에 국내거래공급자의 신청에 의거, 공급물품에 포함되어 있는 기초원재료의 수입 시 납부세액과 물품의 공급사실을 증명하는 제도이다. 기초원 재료납세증명서는 양수자가 개별환급방법에 의하여 관세환급 또는 기초원재료납세증명서를 발급신청 시 납부세액증빙서류로 사용하는 서류이다.

例 한국의 A회사가 일본에서 원재료를 수입 후 가공하여 반제품으로 만들어 국내의 B회사에 공급하였다. B회사는 그 납품받은 물품을 사용하여 중국으로 수출하였다. 이때 A회사는 B회사에 기초원재료 납세증명서를 제공해야 관세 등의 환급을 받을 수 있다.

2) 분할증명서(분증)

수출용원재료가 수입된 상태 또는 매입된 상태 그대로 거래된 물품에 대하여 공급자의 신청에 의거 세관장이 납부세액을 증명하는 서류를 말한다. 분할증명서의 종류에는 수입신고필증 분할증명서, 기초원재료납세증명서 분할증명서, 평균세액증명서 분할증명서가 있다. 분할증명서의 양도세액 산출 시에는 소요량계산서가 사용되지 않으며 정액환급률표가 적용될 수 없다.

3) 평균세액증명서

평균세액증명서는 기초원재료납세증명서나 분할증명서와 같이 국내 거래된 수출용원 자재에 대한 관세 등의 납세를 증명하는 서류가 아니라, 당해 수출업체에서 그 달에 외국으로부터 수입하거나 국내에서 매입한 수출용 원재료를 HS 10단위별로 통합함으로써 규격 확인을 생략하고, 전체물량의 단위당 평균세액을 산출하여 환급함으로써 개별 환급 절차를 간소화하는 제도이다. 개별 환급방법에 의한 환급액 산출에 있어서 규격 확인 때문에 구비서류와 환급 절차가 복잡해짐을 개선하기 위하여 마련된 제도이다.

제5절 세율 및 품목 분류

1. 관세율과 관세율 적용

(1) 관세율과 관세율표

1) 관세율

관세율이란 세액을 결정할 때 과세표준에 대해 적용하는 비율을 말한다. 관세율은 관세율표에 정해져 있다. 기본 관세율은 종가세의 경우는 %, 종량세의 경우는 단위당 금액으로 표시되어 있다.

2) HS 품목분류표와 관세율표

HS 협약 부속서인 HS 품목분류표는 통칙과 부주, 류주, 소호주 및 호, 소호 등의 구성요소와 6단위 소호 분류체계로 제정 발효된 국제법적 지위를 가지고 있으며, HS 품목분류표는 과학기술의 발달로 생산된 상품을 품목분류표에 반영할 필요성이 있거나 무역패턴 변화 등에 맞춰 품목분류표의 실효성을 높이기 위해서, 또는 체약국이 제기한 기존 품목분류체계의 모순점을 시정하고자 5년 주기로 개정되었다. 관세율표는 HS 협약 준수의무에 따라 HS 품목분류표 분류체계에 국내 통칙·국내주·세목과 기본관세율을 추가해 관세법 별표(관세법 제50조 제1항 별표)로 제정됐으며, 관세율표를 다시 10단위 분류체계로 세분류해 10단위 소호로 된 HSK 품목분류표를 기획재정부 고시로 제정·시행되고 있다.

HS 협약은 과거 CCC에서 국제무역의 촉진을 위해 1988년 1월 1일부터 발효된 국제협약이다. 이 협약은 전문과 본문 20개조 및 부속서로 구성되어 있다. 부속서의 정식명칭은 통일상품명 및 부호체계(Harmonized Commodity Description and Coding System)이고 HS 품목분류표 또는 HS라고 한다.

예 HS Code 8471.30-0000

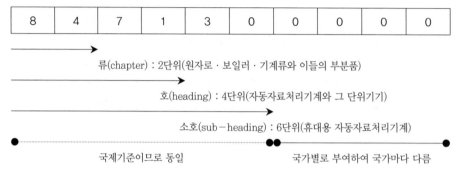

(2) 품목분류

품목분류란, 전세계에서 거래되는 각종 수출입 물품을 HS 협약의 부속서인 HS 품목분류표에 의거 하나의 품목번호(Heading)에 분류(Classification)하는 것으로서 HS 협약에 의해 체약국은 HS 품목분류표에서 정한 규정과 원칙에 따라 물품을 해당하는 품목번호로 분류해야 한다. 품목분류 시 가장 중요한 법적 기준은 HS 품목분류표를 구성하는 HS 품목분류표 해석에 관한 통칙, 부·류·소호의 주, 호와 소호의 용어이며, HS 해설서와 HS 품목분류의 견서도 중요한 고려사항이다.

1) HS 해석에 관한 일반통칙

(GRI : General Rules for the Interpretation of Harmonized System)

HS 품목분류표 해석에 관한 통칙은 품목분류표 전체에 통용되는 분류원칙을 규정한 것으로 1호부터 6호까지 규정되어 있다. 이는 '주', '호(소호)의 용어'와 함께 법적 구속력을 지니고 있으며, HS 협약의 체약국들은 의무적으로 준수해야 할 사항이다.

적용순위	통칙명		내용	비고
1	통칙 1		호의 용어에 의한 분류 부와 류의 주(note)에 의한 분류	최우선 분류원칙
2	통칙 2	a	불완전. 미완성 물품, 미조립, 분해물품의 분류원칙	종속적 분류원칙
		b	복합물ㄹ과 혼합물의 분류기준	
3	통칙 3	a	협의표현 분류원칙	
		b	본질적 특성 분류원칙	
		c	최종호 분류원칙	
4	통칙 4		유사물품 분류원칙	
별도	통칙 5		케이스, 포장재료/용기 분류원칙	보완적 분류원칙
	통칙 6		소호 분류원칙	

2) 주(Legal Notes)

주는 부주, 류주, 소호주로 구분하며, HS체약국은 주 규정 이외에 HS 분류체계를 준수하는 범위 내에서 국내에서만 법적 효력을 가지는 국내주를 추가할 수 있다. 우리나라는 제17류, 제20류, 제37류, 제90류, 제91류 등에 국내주를 추가하여 사용하고 있다. 또한 임의주라하여 HS체약국이 임의로 선택할 수 있는 주 규정을 말하며, 현재 71류 주2가항의 '주1나 규정은 이러한 물품에는 적용하지 아니한다' 부분이 임의주에 해당한다.

3) 호(heading)의 용어와 소호(sub-heading)의 용어

호(heading)는 물품을 4단위 번호로 나눈 것이고 소호(sub-heading)는 4단위 호에 속한 물품을 둘 이상으로 세분한 것이다. 호의 용어, 소호의 용어는 품명을 표시하거나 품명을 구체적으로 서술한 것을 말한다.

예 HS분류 0701

Section 2(제2부) 식물성 생산품	Chapter 7(제7류) 식용의 채소 · 뿌리 · 괴경	Heading(호) 0701 : 감자(신선한 것이나 냉장한 것으로 한정한다)
Notes.1.(주) 이 부에서 "펠릿(pellet)"이란…	Note.1.(주) 이 류에서 제1214호의 사료용 식물은 제외한다.	0701.10 : 종자용

(3) 관세의 적용

1) 세율의 종류

수입물품에 부과되는 관세의 세율은 다음과 같다.

① 기본세율

② 잠정세율

③ 탄력관세율(대통령령 또는 기획재정부령으로 정하는 세율)

2) 관세율 적용 우선순위

기본세율과 잠정세율은 관세율표에 따르되, 잠정세율을 기본세율보다 우선하여 적용한다. 세율은 다음 각 호의 순서에 따라 관세율표의 세율에 우선하여 적용한다. 한 물품에 두 가지 이상의 세율이 경합될 때 적용하는 순서는 아래와 같다.

1순위	덤핑방지관세, 상계관세, 보복관세, 긴급관세, 특정국물품긴급관세, 농림축산물에 대한 특별긴급관세, 조정관세(2호)	3순위	조정관세(1호, 3호, 4호), 할당관세(4순위보다 낮은 경우), 계절관세
		4순위	일반특혜관세
2순위	FTA 협정관세, 국제협력관세, 편익관세	5순위	잠정관세
		6순위	기본관세

1순위 세율은 가장 우선적으로 적용되는 세율로서 원래적용되는 세율에 추가하여 적용된다. 1순위의 조정관세의 경우 공중도덕 보호, 인간·동물·식물의 생명 및 건강 보호, 환경보전, 한정된 천연자원 보존 및 국제평화와 안전보장 등을 위하여 필요한 경우에만 해당되고 그 외의 경우 4순위로 적용된다.

2순위 세율은 후순위 세율보다 낮은 경우에만 적용된다. 3순위 세율은 특수한 상황에서 일시적으로 적용할 수 있는 세율로서 특히 할당관세의 경우 4순위 세율보다 낮은 경우에 한하여 우선 적용된다.

4순위의 일반특혜관세의 경우 항상 후순위보다 낮은 세율로 정해져 있다. 5순위의 잠정관세는 기본관세를 임시적으로 변경하는 것이기 때문에 후순위의 기본세율보다 높은지 낮은지에 관계없이 우선 적용된다. 6순위의 기본관세의 경우 적용가능한 다른 관세가 존재하지 않는 경우 적용된다. 기본관세는 수출입물품의 HS Code 6단위를 기준으로 정해져 있다.

2. 세율의 조정

탄력관세란 급격하게 변동하는 국내외 상황에 따라 신속하게 대처할 목적으로 국회의 관세율 변경권을 행정부에 위임하여 세율을 탄력적으로 변경하여 운영할 수 있도록 하는 관세를 말한다.

(1) 덤핑방지관세(Anti-dumping duties)

1) 덤핑방지관세의 부과대상

수출국의 기업이 수입국의 시장점유율을 확대하기 위해 가격을 부당하게 낮춰서 수출하여 수입국의 국내 산업이 실질적인 피해를 받거나 받을 우려가 있는 경우 혹은 국내산업의 발전이 실질적으로 지연된 경우, 정상가격과 덤핑가격 간의 차액에 상당하는 금액 이하의 관세를 추가하여 부과하는 관세이다. 기존 관세에 추가하여 부과한다. 덤핑 및 실질적 피해 등의 조사는 무역위원회가 담당한다.

2) 덤핑방지관세를 부과하기 전의 잠정조치

① 조사가 시작된 경우로서 다음 경우에는 조사가 종결되기 전이라도 잠정덤핑방지관세를 추가하여 부과하도록 명하거나 담보를 제공하도록 명하는 조치(=잠정조치)를 할 수 있다.
　㉠ 해당 물품에 대한 덤핑 사실 및 실질적 피해 등의 사실이 있다고 추정되는 충분한 증거가 있는 경우
　㉡ 덤핑방지관세와 관련된 약속을 위반하거나 약속의 이행에 관한 자료제출 요구 및 제출 자료의 검증 허용 요구에 응하지 아니한 경우로서 이용할 수 있는 최선의 정보가 있는 경우

② 잠정조치를 한 물품에 대한 덤핑방지관세의 부과요청이 철회되어 조사가 종결된 경우, 덤핑방지관세의 부과 여부가 결정된 경우, 덤핑방지관세와 관련된 약속이 수락된 경우에는 납부된 잠정덤핑방지관세를 환급하거나 제공된 담보를 해제하여야 한다.

(2) 상계관세(Countervailing duties)

① 외국에서 제조·생산 또는 수출에 관하여 직간접으로 보조금·장려금을 받은 물품의 수입으로 인해 국내 산업이 실질적 피해를 받거나 우려가 있는 경우, 국내 산업발전이 실질적으로 지연된 것이 확인되고 해당 국내 산업을 보호할 필요가 있다고 인정되는 경우, 기획재정부령으로 그 물품과 수출자 또는 수출국을 지정하여 그 물품에 대하여 해당 보조금 등의 금액 이하의 관세를 추가하여 부과하는 관세이다.

② 상계관세의 부과 시기 상계관세의 부과와 잠정조치는 각각의 조치일 이후 수입되는 물품에 대하여 적용된다. 다만, 잠정조치가 적용된 물품에 대하여 국제협약에서 달리 정하고 있는 경우와 그 밖에 대통령령으로 정하는 경우에는 그 물품에 대하여도 상계 관세를 부과할 수 있다.

③ 상계관세의 소급부과

　㉠ 실질적 피해 등이 있다고 최종판정이 내려진 경우 또는 실질적 피해 등의 우려가 있다는 최종판정이 내려졌으나 잠정조치가 없었다면 실질적 피해 등이 있다는 최종판정이 내려졌을 것으로 인정되는 경우에는 잠정조치가 적용된 기간 동안 수입된 물품

　㉡ 비교적 단기간 내에 대량 수입되어 발생되는 실질적 피해 등의 재발을 방지하기 위하여 상계관세를 소급하여 부과할 필요가 있는 경우로서 당해 물품이 과거에 보조금 등을 받아 수입되어 실질적 피해 등을 입힌 사실이 있었던 경우 또는 수입자가 보조금 등을 받은 물품의 수입사실과 그로 인한 실질적 피해 등의 사실을 알았거나 알 수 있었을 경우에는 잠정조치를 적용한 날부터 90일 전 이후에 수입된 물품

　㉢ 수출자는 수출국 정부의 동의를 받아 보조금등의 국내 산업에 대한 피해효과가 제거될 수 있을 정도로 가격을 수정하겠다는 약속을 위반하여 잠정조치가 적용된 물품의 수입으로 인한 실질적 피해 등의 사실이 인정되는 때에는 잠정조치를 적용한 날부터 90일 전 이후에 수입된 물품. 이 경우 약속위반일 이전에 수입된 물품을 제외한다.

　㉣ 기타 국제협약에서 정하는 바에 따라 기획재정부장관이 정하는 기간에 수입된 물품

(3) 보복관세(Retaliatory duties)

자국상품에 대해 불리한 대우를 하는 나라의 상품에 대한 보복의 성격을 띤 관세이다. 교역상대국이 우리나라의 수출물품 등에 대하여 관세·무역에 관한 국제협정, 양자 간 관세 무역협정 등에 규정된 우리나타의 권익을 부인하거나 제한하는 행위 및 부당 또는 차별적인 조치를 취하는 행위를 함으로써 우리나라의 무역이익이 침해되는 경우에는 그 나라로부터 수입되는 물품에 대하여 피해상당액 범위 안에서 관세를 부과할 수 있다.

(4) 긴급관세(Emergency tariff)

특정물품의 수입증가로 인하여 동종물품 또는 직접적인 경쟁관계에 있는 물품을 생산하는 국내 산업이 심각한 피해를 받거나 받을 우려가 있음이 조사를 통하여 확인되고 해당 국내 산업을 보호할 필요가 있을 때는 해당 물품에 대하여 심각한 피해 등을 방지하거나 치유하고 조정을 촉진하기 위하여 긴급관세를 추가하여 부과할 수 있다. 부과기간은 4년을 초과할 수 없으며, 잠정긴급관세는 200일을 초과하여 부과할 수 없다. 다만, 재심사의 결과에 따라 부과기간을 연장하는 경우에는 잠정긴급관세의 부과기간, 긴급관세의 부과기관, 수입수량제한 등의 적용기간 및 그 연장기간을 포함한 총 적용기간은 8년을 초과할 수 없다.

(5) 농림축산물에 대한 특별긴급관세

국내외 가격차에 상당한 율로 양허한 농림축산물의 수입물량이 급증하거나 수입가격이 하락하는 경우에는 양허한 세율을 초과하여 부과하는 관세이다.

(6) 조정관세(Adjustment duties)

조정관세는 해당 국내산업의 보호 필요성, 국제통상관계, 국제평화 · 국가안보 · 사회질서 · 국민경제 전반에 미치는 영향 등을 검토하여 부과 여부와 그 내용을 정한다. 조정관세를 부과하여야 하는 대상 물품, 세율 및 적용시한 등은 대통령령으로 정한다.

조정관세는 다음 어느 하나에 해당하는 경우에 100분의 100에서 해당 물품의 기본세율을 뺀 율을 기본세율에 더한 율의 범위에서 관세를 부과할 수 있다.

① 산업구조의 변동 등으로 물품 간의 세율 불균형이 심하여 이를 시정할 필요가 있는 경우

② 공중도덕 보호, 인간 · 동물 · 식물의 생명 및 건강 보호, 환경보전, 유한(有限) 천연자원 보존 및 국제평화와 안전보장 등을 위하여 필요한 경우

③ 국내에서 개발된 물품을 일정 기간 보호할 필요가 있는 경우

④ 농림축수산물 등 국제경쟁력이 취약한 물품의 수입증가로 인하여 국내시장이 교란되거나 산업기반이 붕괴될 우려가 있어 이를 시정하거나 방지할 필요가 있는 경우

(7) 할당관세(Quota tariff)

특정물품이 정부가 정한 일정 수량 범위 내에서 수입될 때는 낮은 관세를 부과하고, 초과 할 때는 높은 관세를 부과하는 관세이다. 원활한 물자수급 또는 산업의 경쟁력 강화를 위하여 특정물품의 수입을 촉진할 필요가 있는 경우 및 수입가격이 급등한 물품 또는 이를 원재료로 한 제품의 국내가격을 안정시키기 위하여 필요한 경우 등에 적용된다.

(8) 계절관세(Seasonal duties)

계절에 따라 가격의 차이가 심한 물품으로서 동종물품 · 유사물품 또는 대체물품의 수입으로 인하여 국내시장이 교란되거나 생산 기반이 붕괴될 우려가 있을 때 부과하는 관세이다. 계절에 따라 가격의 차이가 심한 물품으로서 동종물품 · 유사물품 또는 대체물품의 수입으로 인하여 국내시장이 교란되거나 생산 기반이 붕괴될 우려가 있을 때 부과하는 관세이다. 계절에 따라 해당 물품의 국내외 가격차에 상당하는 율의 범위에서 기본세율보다 높게 관세를 부과하거나 100분의 40의 범위의 율을 기본세율에서 빼고 관세를 부과할 수 있다.

(9) 국제협력관세

정부가 우리나라의 대외무역 증진을 위하여 필요하다고 인정할 때에 특정 국가 또는 국제기구와 협상할 수 있는 관세이다. 단, 특정 국가와 협상할 때에는 기본 관세율의 100분의 50의 범위를 초과하여 관세를 양허할 수 없다.

(10) 편익관세(Beneficial duties)

관세조약에 따른 편익을 받지 아니하는 나라의 생산물로서 우리나라에 수입되는 물품에 대하여 이미 체결된 외국과의 조약에 따른 편익의 한도에서 부여할 수 있는 관세이다.

지역	국가
아시아	아프가니스탄 · 부탄
중동	이란 · 이라크 · 레바논 · 시리아
대양주	나우루
아프리카	코모로 · 에디오피아 · 리베리아 · 소말리아
유럽	안도라 · 모나코 · 산마리노 · 바티칸

(11) 일반특혜관세(Generalized System of Preferences : GSP)

개발도상국가(＝특혜대상국)를 원산지로 하는 물품 중 대통령령으로 정하는 물품에 대해서는 기본세율보다 낮은 세율의 관세를 부과할 수 있는데 이것이 일반특혜관세이다.

3. 특수한 세율의 적용

	간이세율	합의세율	용도세율
적용	여행자 휴대품 등	일괄수입신고 물품	용도에 따라 세율이 다른 경우
적용요건	대상물품에 해당	신고인의 신청	세관장 승인
목적	신속통관, 국민편의	신속통관, 행정능률	정책상 목적
세율	단일세율	높은 세율	낮은 세율
사후관리	N/A	N/A	3년 용도외 사용 금지

(1) 간이세율

① 수입물품에는 여러 가지 세금이 부과된다. 세액산출의 번거로움을 피하기 위해 여행자 휴대품과 같이 빈번히 수입되는 소액물품 등에는 여러 종류의 세율을 통합한 하나의 세율을 적용하는데 이것이 바로 간이세율이다.

② 간이세율은 수입물품에 대한 관세, 임시수입부가세 및 내국세의 세율을 기초로 하여 대통령 령으로 정한다.

③ 간이세율에 해당하는 물품으로서 그 총액이 대통령령으로 정하는 금액 이하인 물품에 대 하여는 일반적으로 휴대하여 수입하는 물품의 관세, 임시수입부가세 및 내국세의 세율을 고려하여 세율을 단일한 세율로 할 수 있다.

간이세율 적용	간이세율 적용 제외
㉠ 여행자 또는 외국에 왕래하는 운수 기관의 승무원이 휴대하여 수입하는 물품 ㉡ 우편물 ㉢ 탁송품 및 별송품	㉠ 관세율이 무세인 물품과 관세가 감면되는 물품 ㉡ 수출용 원재료 ㉢ 관세법 범칙행위에 관련된 물품 ㉣ 종량세가 적용되는 물품 ㉤ 상업용으로 인정되는 수량의 물품, 고가품, 당해 물품의 수 입이 국내 산업을 저해할 우려가 있는 물품 ㉥ 화주가 수입신고 시 과세대상물품 전부에 대해 간이세율 적 용을 받지 않을 것을 요청한 경우 ㉦ 부과고지대상물품 ㉧ 탄력관세적용물품과 기본세율보다 높은 세율이 적용되는 물품

(2) 합의세율

일괄 수입신고된 물품으로 물품별 세율이 상이한 경우 화주 신청에 의해 가장 높은 세율을 적 용하여 신속통관과 효율화를 도모할 수 있다. 합의에 의한 세율적용은 신고인의 신청에 의한 것이므로 심사청구 등의 행정상 쟁송은 적용하지 아니한다.

(3) 용도세율

하나의 물품이라도 용도에 따라 세율을 다르게 적용하는데, 물품을 세율이 낮은 용도에 사용 하려는 자는 세관장의 승인을 받아야 한다. 수입신고의 수리일부터 3년의 범위에서 관세청장 이 정하는 기간에는 해당용도 외의 다른 용도에 사용하거나 양도할 수 없다. 다른 용도에 사 용하는 경우에는 원래 관세액과 해당 용도세율에 따라 계산한 관세액의 차액에 상당하는 관 세를 징수한다.

4. 품목분류

(1) 품목분류체계의 수정

기획재정부장관은 「통일상품명 및 부호체계에 관한 국제협약」에 따른 관세협력이사회의 권고 또는 결정이나 새로운 상품의 개발 등으로 관세율표 또는 대통령령으로 정한 품목 분류를 변경할 필요가 있는 경우 그 세율이 변경되지 아니하는 경우에는 새로 품목분류를 하거나 다시 품목분류를 할 수 있다.

(2) 품목분류의 적용기준 등

기획재정부장관은 대통령령으로 정하는 바에 따라 품목분류를 적용하는 데에 필요한 기준을 정할 수 있다. 다음 각 호의 사항을 심의하기 위하여 관세청에 관세품목분류위원회를 둔다. 분류위원회의 구성, 기능, 운영 등에 필요한 사항은 대통령령으로 정한다.

① 품목분류 적용기준의 신설 또는 변경과 관련하여 관세청장이 기획재정부장관에게 요청할 사항
② 특정물품에 적용될 품목분류의 사전심사 및 재심사
③ 특정물품에 적용될 품목분류의 변경 및 재심사
④ 그 밖에 품목분류에 관하여 관세청장이 분류위원회에 부치는 사항

(3) 특정물품에 적용될 품목분류의 사전심사

① 물품을 수출입하려는 자, 수출할 물품의 제조자 및 관세사·관세법인 또는 통관취급 법인은 수출입신고를 하기 전에 서류를 갖추어 관세청장에게 해당 물품에 적용될 별표 관세율표상의 품목분류를 미리 심사하여 줄 것을 신청할 수 있다.

② 사전심사 신청을 받은 관세청장은 해당 물품에 적용될 품목분류를 심사하여 대통령령으로 정하는 기간 이내에 이를 신청인에게 통지하여야 한다. 다만, 제출 자료의 미비 등으로 품목분류를 심사하기 곤란한 경우에는 그 뜻을 통지하여야 한다.

③ ②의 통지를 받은 자는 통지받은 날부터 30일 이내에 대통령령으로 정하는 서류를 갖추어 관세청장에게 재심사를 신청할 수 있다. 이 경우 관세청장은 해당 물품에 적용될 품목분류를 재심사하여 대통령령으로 정하는 기간 이내에 이를 신청인에게 통지하여야 하며, 제출 자료의 미비 등으로 품목분류를 심사하기 곤란한 경우에는 그 뜻을 통지하여야 한다.

④ 관세청장은 품목분류를 심사한 물품 및 재심사 결과 적용할 품목분류가 변경된 물품에 대하여는 해당 물품에 적용될 품목분류와 품명, 용도, 규격, 그 밖에 필요한 사항을 고시 또는 공표하여야 한다. 다만, 신청인의 영업 비밀을 포함하는 등 해당 물품에 적용될 품목분류를 고시 또는 공표하는 것이 적당하지 아니하다고 인정되는 물품에 대하여는 고시 또는 공표하지 아니할 수 있다.

⑤ 세관장은 수출입신고가 된 물품이 ② 및 ③에 따라 통지한 물품과 같을 때에는 그 통지 내용에 따라 품목분류를 적용하여야 한다. 이 경우 ③에 따른 재심사 결과 적용할 품목분류가 변경되었을 때에는 신청인이 변경 내용을 통지받은 날과 ④에 따른 고시 또는 공표일 중 빠른 날부터 변경된 품목분류를 적용하되, 다음 각 호의 기준에 따라 달리 적용할 수 있다.

  ㉠ 변경일부터 30일이 지나기 전에 우리나라에 수출하기 위하여 선적된 물품에 대하여 변경 전의 품목분류를 적용하는 것이 수입신고인에게 유리한 경우 : 변경 전의 품목분류 적용

  ㉡ 다음 각 목의 어느 하나에 해당하는 경우 : 변경일 전에 수출입신고가 수리된 물품에 대해서도 소급하여 변경된 품목분류 적용

  • 거짓자료 제출 등 신청인에게 책임 있는 사유로 품목분류가 변경된 경우

  • 다음의 어느 하나에 해당하는 경우로서 수출입신고인에게 유리한 경우 : 신청인에게 자료제출 미비 등의 책임 있는 사유가 없는 경우, 신청인이 아닌 자가 관세청장이 결정하여 고시하거나 공표한 품목분류에 따라 수출입신고를 한 경우

⑥ 통지받은 사전심사 결과의 유효기간은 해당 통지를 받은 날부터 3년으로 한다. 다만, 제3항에 따른 재심사 결과 품목분류가 변경된 경우에는 해당 통지를 받은 날부터 유효기간을 다시 기산한다.

⑦ 품목분류 사전심사 및 재심사의 절차, 방법과 그 밖에 필요한 사항은 대통령령으로 정한다.

(4) 특정물품에 적용되는 품목분류의 변경 및 적용

① 관세청장은 사전심사 또는 재심사한 품목분류를 변경하여야 할 필요가 있거나 그 밖에 관세청장이 직권으로 한 품목분류를 변경하여야 할 부득이한 사유가 생겼을 때에 는 해당 물품에 적용할 품목분류를 변경할 수 있다.

② 관세청장은 품목분류를 변경하였을 때에는 그 내용을 고시하고, 통지한 신청인에게는 그 내용을 통지하여야 한다. 다만, 신청인의 영업 비밀을 포함하는 등 해당 물품에 적용될 품목분류를 고시하는 것이 적당하지 아니하다고 인정되는 물품에 대해서는 고시하지 아니할 수 있다.

③ 통지를 받은 자는 통지받은 날부터 30일 이내에 대통령령으로 정하는 서류를 갖추어 관세청장에게 재심사를 신청할 수 있다.

④ 사전심사 또는 재심사한 품목분류가 변경되거나 재심사 결과 품목분류가 변경된 경우 품목분류의 유효기간은 해당 통지를 받은 날부터 3년으로 한다.

제6절 감면과 분할납부

수입물품을 수입한자는 관련법령에 따라 관세를 납부해야 한다. 그러나 특정물품 또는 일정한 요건을 갖춘 경우에는 관세 납부의무의 전부 또는 일부를 면제하는바 이를 관세의 감면제도라 한다.

관세 감면제도는 조건부 감면세와 무조건 감면세로 구분할 수 있다. 조건부 감면세는 일정기간 동안 해당 감면물품을 용도 외에 사용하는지 또는 용도 외에 사용할 자에게 양도하였는지 여부를 세관이 확인하는 사후관리가 따르게 됨에 반해, 무조건 감면세는 면세처분 이후 용도 외 사용여부는 문제되지 않는다.

조건부	무조건
• 세율 불균형물품의 면세	• 외교관물품 등의 면세
• 학술연구용품의 감면세	• 정부용품 등의 면세
• 종교 · 자선 · 장애인용품 등의 면세	• 소액물품 등의 면세
• 특정물품의 면세 등	• 여행자휴대품 및 이사물품 등의 감면세
• 환경오염방지물품 등 관면세	• 재수입면세
• 재수출면세	• 손상감세
• 재수출감면세	• 해외임가공물품 등의 감세

관세감면은 납세의무를 경감 또는 면제하는 것으로, 조세법률주의에 의해 엄격하게 적용되어야 한다. 이에 따라 관세를 감면받기 위하여서는 법률상 규정한 일정한 법률 및 절차적 요건을 충족해야 한다. 즉, 다음에 따라서 감면신청을 하는 경우 적용될 수 있다.

(1) 원칙

수입신고 수리전에 세관장에게 신청서 제출

(2) 예외

① 부과고지의 경우 납부고지수령일로부터 5일 이내

② 수입신고 수리전까지 감면신청서를 제출하지 못하는 경우 수입신고 수리 후 15일 이내 (단, 물품이 보세구역에서 반출되지 아니한 경우)

1. 감면

(1) 조건부 감면세

1) 학술연구용품의 감면세

국가기관, 지방자치단체, 학교, 공공의료기관, 공공직업훈련원, 박물관 등에서 사용할 학술연구용품ㆍ교육용품 및 실험실습용품 등으로 사용할 물품 및 외국으로부터 기증되는 물품 등은 관세를 감면할 수 있다.

2) 환경오염방지물품 등에 대한 감면세

오염물질, 폐기물처리를 위한 기계ㆍ기구 등으로서 국내에서 제작하기 곤란한 물품이 수입될 때에는 그 관세를 감면할 수 있다.

3) 재수출면세

수입신고 수리일부터 1년의 범위(1년 연장 가능) 내에 다시 수출하는 아래 물품에 대하여는 그 관세를 면제할 수 있다. 기간 내에 수출하지 않거나, 다른 용도로 사용하거나 다른 용도로 사용하려는 자에게 양도한 경우는 면제된 관세를 즉시 징수하며, 양도인으로부터 해당 관세를 징수할 수 없을 때에는 양수인으로부터 면제된 관세를 즉시 징수한다.

① 수입 및 수출물품의 포장용품

② 우리나라에 일시 입국하는 자가 본인이 사용하고 재수출할 목적으로 직접 휴대하여 반입하거나 별도로 반입하는 신변용품, 직업용품 등

③ 국제해운에 종사하는 외국선박의 승무원의 후생을 위하여 반입하는 물품과 그 승무원이 숙박기간 중 당해 시설에서 사용하기 위하여 선박에서 하역된 물품

④ 박람회ㆍ전시회 등에 사용하기 위하여 그 주최자 및 참가자가 수입하는 물품

⑤ 국제적인 회의ㆍ회합 등에서 사용하기 위한 물품, 시험용 물품 및 제작용 견품

⑥ 수리를 위한 물품, 이미 수입된 국제운송을 위한 컨테이너의 수리를 위한 부분품, 항공 및 해상화물운송용 파렛트

⑦ 항공기 및 그 부분품의 수리ㆍ검사 또는 시험을 위한 기계ㆍ기구, 항공기의 수리를 위하여 일시 사용되는 엔진 및 부분품

4) 재수출감면세

장기간에 걸쳐 사용할 수 있는 물품으로서 그 수입이 임대차계약에 의하거나 도급계약의 이행과 관련하여 국내에서 일시적으로 사용하기 위하여 수입하는 물품 중 기획재정부령으로 정하는 물품이 그 수입신고 수리일부터 2년(장기간의 사용이 부득이한 물품으로서 기획재정부령으로 정하는 것 중 수입하기 전에 세관장의 승인을 받은 것은 4년의 범위에서 대통령령으

로 정하는 기준에 따라 세관장이 정하는 기간을 말한다) 이내에 재수출되는 것에 대하여는 그 관세를 경감할 수 있다.

5) 특정물품의 면세 등

① 동식물의 번식·양식 및 종자개량을 위한 물품

② 박람회, 국제경기대회 행사물품

③ 핵사고 또는 방사능 긴급사태 시 그 복구지원과 구호를 목적으로 외국으로부터 기증되는 물품으로서 기획재정부령으로 정하는 물품

④ 우리나라 선박이 외국 정부의 허가를 받아 외국의 영해에서 채집하거나 포획한 수산물(이를 원료로 하여 우리나라 선박에서 제조하거나 가공한 것을 포함)

⑤ 우리나라 선박이 외국의 선박과 협력하여 채집하거나 포획한 수산물

⑥ 우리나라를 방문하는 외국의 원수와 그 가족 및 수행원의 물품

⑦ 우리나라의 선박이나 그 밖의 운송수단이 조난으로 인하여 해체된 경우 그 해체된 및 장비

⑧ 우리나라의 선박이나 항공기가 해외에서 사고로 발생한 피해를 복구하기 위하여 외국의 보험회사 또는 외국의 가해자의 부담으로 하는 수리 부분에 해당하는 물품

⑨ 우리나라의 선박이나 항공기가 매매계약상의 하자보수 보증기간 중에 외국에서 발생한 고장에 대하여 외국의 매도인의 부담으로 하는 수리 부분에 해당하는 물품

⑩ 국립묘지의 건설·유지 또는 장식을 위한 자재와 국립묘지에 안장되는 자의 관·유골함 및 장례용 물품

⑪ 피상속인이 사망하여 국내에 주소를 둔 자에게 상속되는 피상속인의 신변용품 등

6) 세율 불균형의 면세

세율 불균형을 시정하기 위하여 중소기업이 세관장이 지정하는 공장에서 항공기(부분품을 포함), 반도체 제조용 장비(부속기기 포함)를 제조·수리하기 위하여 사용하는 부분품과 원재료에 대해서 관세를 면제할 수 있다.

7) 종교용품, 자선용품, 장애인용품 등의 면세

종교단체의 예배용품과 식전용품으로서 외국으로부터 기증되는 물품, 자선·구호 목적으로 기증되는 물품 및 시각장애인, 청각장애인, 지체장애인 등을 위한 용도로 특수하게 제작되거나 제조된 물품 등은 관세를 면제한다.

(2) 무조건 감면세

1) 외교관용 물품 등의 면세

① 우리나라에 있는 외국의 대사관 · 공사관 · 영사관 등의 업무용품

② 우리나라에 주재하는 외국의 대사 · 공사 등과 가족이 사용하는 물품

③ 정부와 체결한 사업계약을 수행하기 위하여 외국계약자가 계약조건에 따라 수입하는 업무용품

④ 국제기구 또는 외국 정부로부터 우리나라 정부에 파견된 고문관 · 기술단원 등이 사용하는 물품

[One more] **양수제한물품**

관세를 면제받은 물품 중 다음에 해당하는 물품은 수입신고 수리일부터 3년의 범위에서 용도 외의 다른 용도로 사용하기 위하여 양수할 수 없다

1. 자동차(삼륜자동차와 이륜자동차를 포함한다)
2. 선박
3. 피아노
4. 전자오르간 및 파이프오르간
5. 엽총

---

2) 정부용품 등의 면세

국가기관이나 지방자치단체에 기증된 물품, 군수품 등은 관세를 면제할 수 있다.

3) 소액물품 등의 면세

① 우리나라의 거주자에게 수여된 훈장, 기장, 표창장, 상패, 기록문서 등

② 상용견품, 광고용품으로서 물품이 천공 · 절단되었거나 판매할 수 없는 상태의 물품, 판매 · 임대 위한 상품목록 · 가격표 · 교역안내서, 과세가격이 미화 250달러 이하인 견품, 물품의 형상 · 성질 · 성능으로 보아 견품으로 인정되는 물품

③ 거주자가 받는 물품가격 150달러 이하 물품으로서 자가 사용 물품(반복 · 분할 수입되는 관세청장이 정하는 기준에 해당하는 것 제외), 박람회 등에 참가하는 자가 행사장 안에서 관람자에게 무상제공 위한 수입물품(관람자 1인당 제공량의 정상도착가격 5달러 이하)

4) 여행자 휴대품 및 이사물품 등의 감면세

여행자의 휴대품 · 별송품, 우리나라로 거주를 이전하기 위하여 입국하는 자가 입국할 때 수입하는 이사물품, 외국무역선 또는 외국무역기의 승무원이 휴대하여 수입하는 물품의 관세를 면제할 수 있다. 여행자가 휴대품 또는 별송품을 자진 신고하는 경우에는 15만원을 넘지 않는 범위에서 부과될 관세의 100분의 30에 상당하는 금액을 경감할 수 있다.

[One more] 여행자휴대품 면세한도

여행자휴대품의 면세한도는 1인당 600불로 한다. 신고불이행시 가산세는 납부할 세액의 40%이며, 반복적으로 자진신고 불이행시 60%이다.

---

5) 재수입면세

① 관세면제 대상물품

　　㉠ 우리나라에서 수출(보세가공수출 포함)된 물품으로서 해외에서 제조 · 가공 · 수리 또는 사용(박람회, 전시회 등 제외)되지 않고 수출신고 수리일부터 2년 내에 다시 수입(재수입)되는 물품

　　㉡ 수출물품의 용기로서 다시 수입하는 물품

　　㉢ 해외시험 및 연구를 목적으로 수출된 후 재수입되는 물품

② 관세면제 제외대상물품

　　㉠ 해당 물품 또는 원자재에 대하여 관세를 감면받은 경우, 환급을 받은 경우

　　㉡ 보세가공 또는 장치기간경과물품을 재수출조건으로 매각함에 따라 관세가 부과되지 아니한 경우 등

6) 손상감세

수입신고한 물품이 수입신고가 수리되기 전에 변질되거나 손상되었을 때에는 관세를 경감할 수 있다.

7) 해외임가공물품 등의 감세

원재료 또는 부분품을 수출하여 제조하거나 가공한 물품이나 가공 또는 수리할 목적으로 수출한 물품으로서 기획재정부령으로 정하는 기준에 적합한 물품은 수입될 때에는 관세를 경감할 수 있다.

(3) 관세감면물품의 사후관리

감면받은 물품은 수입신고 수리일부터 3년의 범위에서 감면받은 용도 외의 다른 용도로 사용하거나 양도(임대 포함)할 수 없다. 다만, 미리 세관장의 승인을 받은 물품의 경우에는 그렇지 않다. 다음의 경우, 용도외 사용한 자나 그 양도인(임대인)으로부터 감면된 관세를 즉시 징수하며, 양도인으로부터 해당 관세를 징수할 수 없을 때에는 양수인(임차인)으로부터 감면된 관세를 징수한다.

① 감면받은 용도 외의 다른 용도로 사용한 경우

② 감면받은 용도 외의 다른 용도로 사용하려는 자에게 양도된 경우

2. 관세의 분할납부

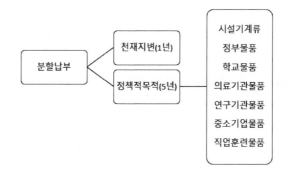

(1) 개요

수입신고수리 후 15일 이내에 관세를 납부하는 것이 원칙이다. 그러나 천재지변 등의 사유로 신고, 신청, 청구, 그 밖의 서류의 제출, 통지, 납부 또는 징수를 정하여진 기한까지 할 수 없다고 인정될 때에는 1년을 넘지 아니하는 기간을 정하여 관세를 분할하여 납부하게 할 수 있다.
또한 국내사업 보호 육성 등의 정책적 목적에 따라 일정기간 동안 관세를 분할납부 하도록 하는 경우가 있는바 이를 분할납부제도라고 한다.

(2) 천재지변 등의 사유로 인한 관세의 분할납부

세관장은 천재지변이나 그 밖에 대통령령으로 정하는 사유로 이 법에 따른 신고, 신청, 청구, 그 밖의 서류의 제출, 통지, 납부 또는 징수를 정하여진 기한까지 할 수 없다고 인정되는 경우에는 1년을 넘지 아니하는 기간을 정하여 대통령령으로 정하는 바에 따라 그 기한을 연장할 수 있다.

(3) 정책적 목적의 관세의 분할납부 대상

다음 각 호의 어느 하나에 해당하는 물품이 수입될 때에는 세관장은 기획재정부령으로 정하는 바에 따라 5년을 넘지 아니하는 기간을 정하여 관세의 분할 납부를 승인할 수 있다.
① 시설기계류, 기초설비품, 건설용 재료 및 그 구조물과 공사용 장비
② 정부나 지방자치단체가 수입하는 물품
③ 학교나 직업훈련원에서 수입하는 물품과 비영리법인이 공익사업을 위하여 수입하는 물품
④ 의료기관 등 사회복지기관 및 사회복지시설에서 수입히는 물품
⑤ 기업부설연구소, 산업기술연구조합 및 비영리법인인 연구기관, 그 밖에 이와 유사한 연구기관에서 수입하는 기술개발연구용품 및 실험 실습용품
⑥ 중소제조업체가 직접 사용하려고 수입하는 물품으로서 일정한 것

⑦ 기업부설 직업훈련원에서 직업훈련에 직접 사용하려고 수입하는 교육용품 및 실험 실습용품 중 국내에서 제작하기가 곤란한 물품

제7절 납세자의 권리 및 불복

1. 납세자의 권리

(1) 납세자권리헌장의 제정 및 교부

관세청장은 납세자권리헌장을 제정·고시하여야 한다. 세관공무원은 납세자권리헌장의 내용이 수록된 문서를 관세법에 관한 조사를 하는 경우, 관세의 과세표준과 세액의 결정 또는 경정을 위하여 납세자를 방문 또는 서면으로 조사하는 경우에 납세자에게 내주어야 한다. 그러나 납세자를 긴급히 체포·압수·수색, 현행범인 납세자가 도주할 우려가 있는 경우 등에는 납세자권리헌장을 내주지 않을 수 있다.

(2) 관세조사 대상자 선정

세관장은 불성실 혐의가 있는 경우, 최근 4년 이상 조사를 받지 않은 납세자에 대하여 업종, 규모 등을 고려하여 적정신고인지 검증할 필요가 있는 경우, 무작위추출방식으로 표본조사를 하려는 경우 정기조사를 할 수 있다. 또한 납세자가 신고·신청, 과세가격결정 자료의 제출 등 납세협력의무를 하지 않은 경우, 수출입업자에 대한 탈세 제보 등이 있는 경우, 신고내용에 탈세나 오류의 혐의를 인정할 만한 자료가 있는 경우에 조사를 할 수 있다.

(3) 관세조사권 남용 금지

① 세관공무원은 최소한의 범위에서 관세조사를 하여야 하고, 다른 목적 등을 위하여 조사권을 남용하여서는 안 되며, 관세포탈 등의 혐의를 인정할 만한 명백한 자료가 있거나, 이미 조사받은 자의 거래상대방을 조사할 필요가 있는 경우, 과세전적부심사, 심사청구에 대한 결정에 따른 재조사 결정에 따라 재조사를 하는 경우(결정서 주문에 기재된 범위의 재조사에 한정), 납세자가 세관공무원에게 직무와 관련하여 금품을 제공하거나 금품제공을 알선한 경우, 그 밖에 탈세혐의가 있는 자에 대한 일제조사 등 대통령령으로 정하는 경우 등의 사유를 제외하고는 해당 사안에 대하여 이미 조사받은 자를 다시 조사할 수 없다. 납세자는 관세조사 대상자에 해당하여 세관공무원에게 조사를 받는 경우에 변호사, 관세사로 하여금 조사에 참여하게 하거나 의견을 진술하게 할 수 있다.

② 세관공무원은 납세자가 납세자의 권리행사에 필요한 정보를 요구하면 신속히 제공해야 한다. 이 경우 세관공무원은 납세자가 요구한 정보와 관련되어 있어 납세자가 반드시 알아야 한다고 판단되는 그 밖의 정보도 함께 제공하여야 한다.

(4) 관세조사의 사전통지 및 연기신청

① 세관공무원은 해당 장부, 서류, 전산처리장치 또는 그 밖의 물품 등을 조사하는 경우에는 조사를 받게 될 납세자에게 조사 시작 15일 전에 조사 대상, 조사 사유 등을 통지해야 한다. 다만, 범칙사건에 대하여 조사하는 경우, 사전에 통지하면 증거인멸 등으로 조사 목적을 달성할 수 없는 경우는 예외이다.
② 납세자가 천재지변 등 사유로 조사를 받기가 곤란한 경우에는 해당 세관장에게 조사를 연기하여 줄 것을 신청할 수 있다.

(5) 관세조사의 결과 통지

세관공무원은 조사를 종료하였을 때에는 종료 후 20일 이내에 그 조사 결과를 서면으로 납세자에게 통지하여야 한다. 다만, 납세자가 폐업한 경우 등 대통령령으로 정하는 경우 에는 그러하지 아니하다.

(6) 고액 · 상습체납자의 명단 공개

관세청장은 체납 발생일부터 1년이 지난 관세 및 내국세 등이 2억원 이상인 체납자에 대하여는 그 인적사항과 체납액 등을 공개할 수 있다. 다만, 체납관세 등에 대하여 이의신청 · 심사청구 등 불복청구가 진행 중이거나 체납액의 일정금액 이상을 납부한 경우 등은 그렇지 않다.

2. 과세전 적부심사와 불복절차

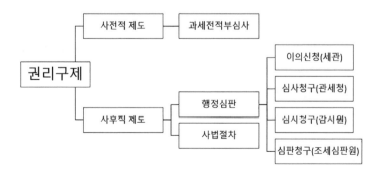

(1) 과세전적부심사

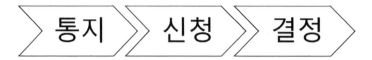

서면통지 to 납세의무자

통지일로부터 30일 이내
세관장

(1)원칙:세관장

(2)예외:관세청장
- 새로운 유권해석이 필요한
경우
- 관세청장의 업무지시에
따른경우
- 품목분류 세번변경
- 둘이상의 세관장에게
신청해야 하는 경우 등

신청일로부터30일 이내결정
(1)채택하지 아니한다는 결정
(2)전부 또는 일부를 채택한다는
결정
(3)심사하지 아니한다는 결정

① 세관장은 납부세액이나 납부하여야 하는 세액에 미치지 못한 금액을 징수하려는 경우에는 미리 납세의무자에게 그 내용을 서면으로 통지하여야 한다. 다만, 다음 경우에는 그렇지 않다.
　㉠ 통지하려는 날부터 3개월 이내에 관세부과의 제척기간이 만료되는 경우
　㉡ 납세의무자가 확정가격을 신고한 경우
　㉢ 수입신고 수리 전에 세액을 심사하는 경우로서 그 결과에 따라 부족세액을 징수하는 경우
　㉣ 감면된 관세를 징수하는 경우
　㉤ 관세포탈죄로 고발되어 포탈세액을 징수하는 경우
　㉥ 그 밖에 관세의 징수가 곤란하게 되는 등 사전통지가 적당하지 않은 경우

② 납세의무자는 그 통지를 받은 날부터 30일 이내에 세관장에게 통지 내용이 적법한지에 대한 심사(=과세전적부심사)를 청구할 수 있다. 법령에 대한 관세청장의 유권해석을 변경하여야 하거나 새로운 해석이 필요한 경우 등에는 관세청장에게 청구할 수 있다.

③ 과세전적부심사를 청구 받은 세관장이나 관세청장은 그 청구를 받은 날부터 30일 이내에 관세심사위원회의 심사를 거쳐 결정을 하고, 그 결과를 청구인에게 통지하여야 한다. 다만, 과세전적부심사 청구기간이 지난 후 과세전적부심사청구가 제기된 경우 등은 관세 심사위원회의 심사를 거치지 아니하고 결정할 수 있다.

④ 과세전적부심사 청구에 대한 결정은 다음에 따른다.
　㉠ 청구가 이유 없다고 인정되는 경우 : 채택하지 아니한다는 결정
　㉡ 청구가 이유 있다고 인정되는 경우 : 청구의 전부 또는 일부를 채택하는 결정. 이 경우 구체적인 채택의 범위를 정하기 위하여 사실관계 확인 등 추가적으로 조사가 필요한

경우에는 제1항 본문에 따른 통지를 한 세관장으로 하여금 이를 재조사하여 그 결과에 따라 당초 통지 내용을 수정하여 통지하도록 하는 재조사 결정을 할 수 있다.

ⓒ 청구기간이 지났거나 보정기간 내에 보정하지 아니하는 경우 또는 적법하지 아니한 청구를 하는 경우 : 심사하지 아니한다는 결정

⑤ ①항의 각 호 외의 부분 본문에 따른 통지를 받은 자는 과세전적부심사를 청구하지 아니하고 통지를 한 세관장에게 통지받은 내용의 전부 또는 일부에 대하여 조기에 경정해 줄 것을 신청할 수 있다. 이 경우 해당 세관장은 즉시 신청 받은 대로 세액을 경정하여야 한다.

(2) 불복절차

불복청구에 대해서는 정확한 개념보다는 청구요건에 대해서만 정리하면 충분하다. 이의제기 ⇨ 심사청구 ⇨ 행정소송 단계로 이어지는 흐름을 이해하고, 각 단계별로 청구기간 결정기간에 대해서 정리해보자.

1) 불복의 신청

위법·부당처분을 받거나 필요한 처분을 받지 못하여 권리 또는 이익을 침해당한 자는 심사청구 또는 심판청구를 하여 그 처분을 취소·변경하거나 그 밖에 필요한 처분을 하여 줄 것을 청구할 수 있다. 다만, 관세청장이 조사결정한 처분 또는 처리하였거나 처리하였어야 하는 처분인 경우를 제외하고는 그 처분에 대하여 심사청구 또는 심판청구에 앞서 이의신청을 할 수 있다.

2) 심사청구기간

심사청구는 해당 처분을 한 것을 안 날(처분하였다는 통지를 받았을 때에는 통지를 받은 날을 말한다)부터 90일 이내에 제기하여야 한다. 이의신청을 거친 후 심사청구를 하려는 경우에는 이의신청에 대한 결정을 통지받은 날부터 90일 이내에 하여야 한다.

3) 심사청구절차

심사청구는 대통령령으로 정하는 바에 따라 불복하는 사유를 심사청구서에 적어 해당 처분을 하였거나 하였어야 하는 세관장을 거쳐 관세청장에게 하여야 한다. 심사청구기간을 계산할 때에는 해당 심사청구서가 세관장에게 제출된 때에 심사청구가 된 것으로 본다.

4) 심사청구시의 보정

관세청장은 심사청구의 내용이나 절차가 이 절에 적합하지 아니하지만 보정할 수 있다고 인정되는 경우에는 20일 이내의 기간을 정하여 해당 사항을 보정할 것을 요구할 수 있다.

5) 관세심사위원회

과세전적부심사, 심사청구 및 이의신청을 심의하기 위하여 세관 및 관세청에 각각 관세 심사위원회를 둔다. 관세심사위원회의 조직과 운영, 심의사항 및 그 밖에 필요한 사항은 대통령령으로 정한다.

6) 대리인

이의신청인, 심사청구인 또는 심판청구인은 변호사나 관세사를 대리인으로 선임할 수 있다. 이의신청인, 심사청구인 또는 심판청구인은 신청 또는 청구의 대상이 3천만원 미만인 경우에는 배우자, 4촌 이내의 혈족 또는 배우자의 4촌 이내의 혈족을 대리인으로 선임할 수 있다. 대리인의 권한은 서면으로 증명하여야 한다.

제8절 보세구역

보세구역은 지정보세구역·특허보세구역 및 종합보세구역으로 구분하고, 지정보세구역은 지정장치장 및 세관검사장으로 구분하며, 특허보세구역은 보세창고·보세공장·보세전시장·보세건설장 및 보세판매장으로 구분한다.

〈보세구역의 종류〉

구분	개념	종류	설치목적
지정보세구역	• 국가, 지자체, 공항(항만)시설 관리법인의 자가 소유 또는 관리하는 토지, 건물 기타의 시설을 지정 • 지정권차 : 세관장	① 지정장치장	행정상 공공의 목적, 통관편의 일시장치
		② 세관검사장	검사목적
특허보세구역	• 사인 토지, 건물 중 신청 • 특허권자 : 세관장	① 보세창고 ② 보세공장 ③ 보세건설장 ④ 보세전시장 ⑤ 보세판매장	• 장치, 제조, 전시, 건설 및 판매 목적 • 사인의 이익추구
종합보세구역	• 특정지역 중 지정 • 지정권자 : 관세청장	종합보세구역	• 수출 및 물류촉진 • 개인 및 공공이익(투자촉진 등)

1. 통칙

보세란 외국물품의 수입신고수리 전 상태를 말한다. 보세구역은 효율적인 화물관리와 관세 행정의 필요에 따라 세관장이 지정하거나 특허한 장소이다.

(1) 보세구역의 종류

보세구역은 지정보세구역, 특허보세구역, 종합보세구역으로 구분한다.

(2) 물품의 장치

외국물품과 내국운송의 신고를 하려는 내국물품은 보세구역이 아닌 장소에 장치할 수 없다. 다만, ㉠ 수출신고가 수리된 물품, ㉡ 크기 또는 무게의 과다나 그 밖의 사유로 보세구역에 장치하기 곤란하거나 부적당한 물품, ㉢ 재해나 그 밖의 부득이한 사유로 임시로 장치한 물품, ㉣ 검역물품, 압수물품, 우편물품은 그렇지 않다.

보세구역이 아닌 장소에 장치하려는 자는 세관장의 허가를 받아야 하고 세관장은 그 물품의 관세에 상당하는 담보의 제공, 필요한 시설의 설치 등을 명할 수 있다.

(3) 물품반입반출과 수입신고수리물품의 반출

① 보세구역에 반입되어 수입신고가 수리된 물품의 화주 또는 반입자는 수입신고 수리일로부터 15일 이내에 해당 물품을 보세구역으로부터 반출하여야 한다. 보세구역에 물품을 반입하거나 반출하려는 자는 세관장에게 신고하여야 한다.

② 보세구역에 물품을 반입하거나 반출하려는 경우에는 세관장은 세관공무원을 참여시킬 수 있으며, 세관공무원은 해당 물품을 검사할 수 있다. 세관장은 보세구역에 반입할 수 있는 물품의 종류를 제한할 수 있다.

(4) 보수작업

① 보세구역에 장치된 물품은 그 현상을 유지하기 위하여 필요한 보수작업과 그 성질을 변하지 아니하게 하는 범위에서 포장을 바꾸거나 구분 · 분할 · 합병을 하는 등의 보수작업을 할 수 있다. 보수작업을 하려는 자는 세관장의 승인을 받아야 한다. 세관장은 보수승인의 신청을 받은 날부터 10일 이내에 승인 여부를 신청인에게 통지하여야 한다.

② 세관장이 정한 기간 내에 승인 여부 또는 민원 처리 관련 법령에 따른 처리기간의 연장을 신청인에게 통지하지 아니하면 그 기간(민원 처리 관련 법령에 따라 처리기간이 연장 또는 재연장된 경우에는 해당 처리기간을 말한다)이 끝난 날의 다음 날에 승인을 한 것으로 본다.

③ 보수작업으로 외국물품에 부가된 내국물품은 외국물품으로 본다. 외국물품은 수입될 물품의 보수작업의 재료로 사용할 수 없다. 보수작업을 하는 경우 해당 물품에 관한 반출검사 등에 관하여는 보세공장 외 작업 허가를 준용한다.

> ──── [One more] **핵심체크** ────
> • 외국물품은 보수작업에 사용될 수 없다.
> • 내국물품은 보수작업에 사용될 수 있지만 관세가 부과된다.

(5) 해체 · 절단 등의 작업

① 보세구역에 장치된 물품에 대하여는 그 원형을 변경하거나 해체 · 절단 등의 작업을 할 수 있다. 작업을 하려는 자는 세관장의 허가를 받아야 하며 물품의 종류는 관세청장이 정한다. 세관장은 해체, 절단승인의 신청을 받은 날부터 10일 이내에 승인 여부를 신청인에게 통지하여야 한다.

② 세관장이 기간 내에 허가 여부 또는 민원 처리 관련 법령에 따른 처리기간의 연장을 신청인에게 통지하지 아니하면 그 기간(민원 처리 관련 법령에 따라 처리기간이 연장 또는 재연장된 경우에는 해당 처리기간을 말한다)이 끝난 날의 다음날에 허가를 한 것으로 본다. 작업을 할 수 있는 물품의 종류는 관세청장이 정한다.

③ 세관장은 수입신고한 물품에 대하여 필요하다고 인정될 때에는 화주 또는 그 위임을 받은 자에게 해체 · 절단에 따른 작업을 명할 수 있다.

(6) 장치물품의 폐기

① 부패 · 손상 등의 사유로 보세구역에 장치된 물품을 폐기하려는 자는 세관장의 승인을 받아야 한다. 보세구역에 장치된 외국물품이 멸실 · 폐기되었을 때에는 그 운영인이나 보관인으로부터 즉시 그 관세를 징수한다. 폐기 후에 남아 있는 부분에 대하여는 폐기 후의 성질과 수량에 따라 관세를 부과한다.

② 보세구역에 장치된 물품 중 사람의 생명이나 재산에 해를 끼칠 우려가 있는 물품, 부패하거나 변질된 물품, 상품가치가 없어진 물품, 유효기간이 지난 물품은 화주, 반입자, 화주 등(화주 또는 반입자의 위임을 받은 자 또는 제2차 납세의무자)에게 이를 반송 또는 폐기할 것을 명하거나 화주 등에게 통고한 후 폐기할 수 있다.

③ 세관장이 물품을 폐기하거나 화주 등이 물품을 폐기 또는 반송한 경우 그 비용은 화주 등이 부담한다.

(7) 견본품 반출

① 보세구역에 장치된 외국물품의 전부 또는 일부를 견본품으로 반출하려는 자는 세관장의 허가를 받아야 한다. 세관장은 허가의 신청을 받은 날부터 10일 이내에 허가여부를 신청인에게 통지하여야 한다.

② 세관장이 기간 내에 허가 여부 또는 민원 처리 관련 법령에 따른 처리기간의 연장을 신청인에게 통지하지 아니하면 그 기간이 끝난 날의 다음 날에 허가를 한 것으로 본다.

③ 세관공무원은 보세구역에 반입된 물품에 대하여 검사상 필요하면 그 물품의 일부를 견본품으로 채취할 수 있다.

④ 채취된 물품이나 다른 법률에 따라 실시하는 검사 · 검역 등을 위하여 견본품으로 채취된 물품으로서 세관장의 확인을 받은 물품에 해당하는 물품이 사용 · 소비된 경우에는 수입신고를 하여 관세를 납부하고 수리된 것으로 본다.

2. 보세구역의 종류

지정보세구역이란 국가, 지방자치단체, 공항시설 또는 항만시설을 관리하는 법인에 해당하는 자가 소유하거나 관리하는 토지 · 건물 또는 그 밖의 시설을 세관장이 보세구역으로 지정한 것을 말한다. 지정보세구역은 지정장치장과 세관 검사장이 있으며, 지정장치장은 통관하려는 물품을 일시장치하기 위한 장소로서 세관장이 지정하는 구역을 의미하며, 세관검사장은 통관하려는 물품을 검사하기 위한 장소로서 세관장이 지정하는 지역을 말한다.

〈지정장치장과 세관검사장 비교〉

구분	지정장치장	세관검사장
내용	통관하려는 물품을 일시장치하기 위한 장소	통환하려는 물품을 검사하기 위한장소
지정주체	세관장	
장치기간	6개월(3개월 연장가능)	여행자휴대품 1개월
비용부담	화주	

(1) 지정보세구역

세관장은 국가, 지방자치단체, 공항시설 또는 항만시설을 관리하는 법인에 해당하는 자가 소유하거나 관리하는 토지 · 건물 또는 그 밖의 시설을 지정보세구역으로 시성할 수 있나.

1) 지정장치장

① 지정장치장

지정장치장은 통관을 하려는 물품을 일시 장치하기 위한 장소로서 세관장이 지정한다. 장치하는 기간은 6개월의 범위에서 관세청장이 정한다. 다만, 관세청장이 정하는 기준에 따라 세관장은 3개월의 범위에서 그 기간을 연장할 수 있다.

② 물품에 대한 보관책임

지정장치장에 반입한 물품은 화주 또는 반입자가 그 보관의 책임을 진다. 세관장은 지정장치장의 질서유지와 화물의 안전관리를 위하여 필요하다고 인정할 때에는 화주를 갈음하여 보관의 책임을 지는 화물관리인을 지정할 수 있다. 지정장치장의 화물관리인은 화물관리에 필요한 비용을 화주로부터 징수할 수 있다. 지정장치장의 화물관리인은 세관설비 사용료에 해당하는 금액을 세관장에게 납부하여야 한다. 세관장은 불가피한 사유로 화물관리인을 지정할 수 없을 때에는 화주를 대신하여 직접 화물관리를 할 수 있다.

2) 세관검사장

세관검사장은 통관하려는 물품을 검사하기 위한 장소로서 세관장이 지정한다. 세관장은 검사를 받을 물품의 전부 또는 일부를 세관검사장에 반입하여 검사할 수 있다. 물품의 채취 · 운반 등에 필요한 비용은 화주가 부담한다.

(2) 특허보세구역

특허보세구역이란 보세상태에서 외국물품을 장치 · 전시 · 판매하거나 제조 · 가공 · 건설 등의 경제활동을 할 수 있도록 특허된 보세구역을 말하며 주로 개인의 신청에 의하여 설치 · 운영하고 있다. 특허보세구역을 설치 운영하고자 하는 자는 세관장의 특허를 받아야 하며, 이러한 특허보세구역의 종류로는 보세창고 · 보세공장 · 보세전시장 · 보세건설장 · 보세판매장이 있다.

〈특허보세구역의 종류〉

보세창고	통관하고자 하는 물품을 장치하기 위한 구역으로서 보관업을 하는 영업용 보세창고와 자가화물 또는 운송인이 취급하는 화물을 보관하기 위한 자가용보세창고로 구분
보세공장	외국물품 또는 외국물품과 내국물품을 원재료로 하여 제조, 가공 기타 이와 유사한 작업을 하기 위한 장소
보세건설장	외국물품인 기계류, 설비용품 또는 공사용 장비를 장치 · 사용하여 당해 건설공사를 할 수 있는 장소
보세전시장	박람회, 전람회 등의 운영을 위하여 외국물품을 장치 · 전시 또는 사용할 수 있는 장소
보세판매장	외국물품을 외국으로 반출하거나, 관세를 면제를 받을 수 있는 자가 사용하는 것을 조건으로 판매하는 장소

① 사인이 소유 또는 관리하는 토지, 건물 기타의 시설 중에서 신청에 의해 세관장이 특허한 보세구역을 말한다. 특허기간은 10년 이내로 한다.

② 운영인의 결격사유는 다음과 같으며 이러한 자는 특허보세구역을 설치 · 운영할 수 없다.

　㉠ 미성년자

　㉡ 피성년후견인과 피한정후견인,

　㉢ 파산선고를 받고 복권되지 아니한 자

　㉣ 이 법을 위반하여 징역형의 실형을 선고받고 그 집행이 끝나거나 면제된 후 2년이 지나지 아니한 자

　㉤ 이 법을 위반하여 징역형의 집행유예를 선고받고 그 유예기간 중에 있는 자

　㉥ 특허보세구역의 설치 · 운영에 관한 특허가 취소된 후 2년 이 지나지 아니한 자

　㉦ 밀수출입죄, 관세포탈죄, 미수범, 밀수품의 취득죄, 체납처분면탈죄, 타인에 대한 명의대여죄 등에 따라 벌금형 또는 통고처분을 받은 자로서 그 벌금형을 선고받거나 통고처분을 이행한 후 2년이 지나지 아니한 자

　㉧ 상기 해당하는 자를 임원으로 하는 법인

1) 보세창고

보세창고에는 외국물품이나 통관을 하려는 물품을 장치한다. 운영인은 미리 세관장에게 신고를 하고 보세창고에 내국물품을 장치할 수 있다. 운영인은 보세창고에 1년 이상 계속하여 내국물품만을 장치하려면 세관장의 승인을 받아야 한다. 내국물품으로서 장치기 간이 지난 물품은 그 기간이 지난 후 10일 내에 그 운영인의 책임으로 반출하여야 한다.

2) 보세공장

① 보세공장

　㉠ 보세공장에서는 외국물품을 원료 또는 재료로 하거나 외국물품과 내국물품을 원료 또는 재료로 하여 제조 · 가공 및 비슷한 작업을 할 수 있다. 보세공장에서는 세관장의 허가를 받지 아니하고는 내국물품만을 원료로 하거나 재료로 하여 제조 · 가공하거나 비슷한 작업을 할 수 없다.

　㉡ 세관장은 수입통관 후 보세공장에서 사용하게 될 물품에 대하여는 보세공장에 직접 반입하여 수입신고를 하게 할 수 있다.

　㉢ 세관장은 허가의 신청을 받은 날부터 10 일 이내에 허가 여부를 신청인에게 통지하여야 한다.

　㉣ 보세공장 중 수입하는 물품을 제조 · 가공하는 것을 목적으로 하는 보세공장의 업종은 기획재정부령으로 정하는 바에 따라 제한할 수 있다. 세관장은 수입통관 후 보세공장에서 사용하게 될 물품에 대하여는 보세공장에 직접 반입하여 수입신고를 하게 할 수 있다.

② 사용신고

운영인은 보세공장에 반입된 물품을 그 사용 전에 세관장에게 사용신고를 하여야 한다. 이 경우 세관공무원은 그 물품을 검사할 수 있다. 사용신고를 한 외국물품이 마약, 총기 등 다른 법령에 따라 허가 · 승인 · 표시 또는 그 밖의 요건을 갖출 필요가 있는 물품으로서 관세청장이 정하여 고시하는 물품인 경우에는 세관장에게 그 요건을 갖춘 것임을 증명하여야 한다.

③ 보세공장 외 작업 허가

㉠ 세관장은 가공무역이나 국내산업의 진흥을 위하여 필요한 경우에는 대통령령으로 정하는 바에 따라 기간, 장소, 물품 등을 정하여 해당 보세공장 외에서 작업을 허가할 수 있다(허가의 신청을 받은 날부터 10일 이내에 허가 여부를 신청인에게 통지). 허가를 한 경우 세관공무원은 해당 물품이 보세공장에서 반출될 때에 이를 검사할 수 있다.

㉡ 허가를 받은 보세작업에 사용될 물품을 관세청장이 정하는 바에 따라 공장 외 작업장에 직접 반입하게 할 수 있다. 지정된 기간이 지난 경우 해당 공장 외 작업장에 허가된 외국물품이나 그 제품이 있을 때에는 해당 물품의 허가를 받은 보세공장의 운영인으로부터 그 관세를 즉시 징수한다.

④ 제품과세

외국물품이나 외국물품과 내국물품을 원료로 하거나 재료로 하여 작업을 하는 경우 그로써 생긴 물품은 외국으로부터 우리나라에 도착한 물품으로 본다. 다만, 대통령령으로 정하는 바에 따라 세관장의 승인을 받고 외국물품과 내국물품을 혼용하는 경우에는 그로써 생긴 제품 중 해당 외국물품의 수량 또는 가격에 상응하는 것은 외국으로부터 우리나라에 도착한 물품으로 본다.

⑤ 원료과세

보세공장에서 제조된 물품을 수입하는 경우 사용신고 전에 미리 세관장에게 해당 물품의 원료인 외국물품에 대한 과세의 적용을 신청한 경우에는 사용신고를 할 때의 그 원료의 성질 및 수량에 따라 관세를 부과한다. 세관장은 대통령령으로 정하는 기준에 해당하는 보세공장에 대하여는 1년의 범위에서 원료별, 제품별 또는 보세공장 전체에 대하여 ④에 따른 신청을 하게 할 수 있다.

3) 보세전시장

보세전시장에서는 박람회, 전람회, 견본품 전시회 등의 운영을 위하여 외국물품을 장치 · 전시하거나 사용할 수 있다.

4) 보세건설장

보세건설장에서는 산업시설의 건설에 사용되는 외국물품인 기계류 설비품이나 공사용 장비를 장치·사용하여 해당 건설공사를 할 수 있다.

세관장은 보세건설장에 반입된 외국물품에 대하여 필요 시 보세건설장 안에서 그 물품을 장치할 장소를 제한하거나 그 사용상황에 관하여 운영인으로 하여금 보고하게 할 수 있다. 운영인은 보세건설장에서 건설된 시설을 수입신고가 수리되기 전에 가동하여서는 안 된다.

5) 보세판매장

① 외국으로 반출하거나 관세의 면제를 받을 수 있는 자가 사용하는 것을 조건으로 외국물품을 판매할 수 있다. 세관장은 보세판매장에서 판매할 수 있는 물품의 종류, 수량, 장치장소 등을 제한할 수 있다. 보세판매장에서는 외국으로 반출하거나 관세의 면제를 받을 수 있는 자가 사용하는 것을 조건으로 물품을 판매할 수 있다. 그럼에도 불구하고, 공항 및 항만 등의 입국경로에 설치된 보세판매장에서는 외국에서 국내로 입국하는 자에게 물품을 판매할 수 있다.

② 보세판매장에서 판매하는 물품의 반입, 반출, 인도, 관리에 필요한 사항은 대통령령으로 정한다.

③ 세관장은 보세판매장에서 판매할 수 있는 물품의 수량, 장치장소 등을 제한할 수 있다. 다만, 보세판매장에서 판매할 수 있는 물품의 종류, 판매한도는 기획재정부령으로 정한다.

(3) 종합보세구역

관세청장은 무역진흥에의 기여 정도, 외국물품의 반입·반출 물량 등을 고려하여 일정한 지역을 종합보세구역으로 지정할 수 있다. 종합보세구역에서는 보세창고·보세공장·보세전시장·보세건설장 또는 보세판매장의 기능 중 둘 이상의 기능을 수행할 수 있다.

3. 유치 및 처분

(1) 유치 및 예치

여행자의 휴대품, 승무원의 휴대품에 해당하는 물품으로서 허가·승인·표시 등 조건이 갖추어지지 아니한 것은 세관장이 유치할 수 있다. 유치하거나 예치한 물품은 세관장이 관리하는 장소에 보관한다. 유치되거나 예치된 물품의 원활한 통관을 위하여 필요 시 유치기간 또는 예치기간 내에 수출·수입 또는 반송하지 아니하면 매각한다는 뜻을 통고할 수 있다.

(2) 장치기간경과물품의 매각

1) 물품의 장치기간 및 매각절차

지정보세구역	지정장치장	6개월(3개월 연장가능)
	세관검사장	여행자휴대품 1개월
특허보세구역	보세창고	• 외국물품 ⇨ 1 + 1년 • 내국물품 ⇨ 1년 • 정부비출물품 ⇨ 비축에 필요한 기간
	기타 특허보세구역	당해 특허기간
종합보세구역		제한 없음(예외적으로 제한)

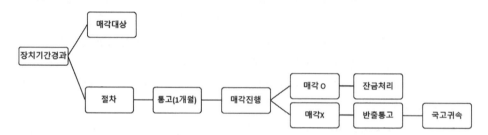

세관장은 보세구역에 반입한 외국물품의 장치기간이 지나면 그 사실을 공고한 후 해당 물품을 매각할 수 있다. 다만, ㉠ 살아 있는 동식물, ㉡ 부패하거나 부패할 우려가 있는 것, ㉢ 창고나 다른 외국물품에 해를 끼칠 우려가 있는 것, ㉣ 기간이 지나면 사용할 수 없게 되거나 상품가치가 현저히 떨어질 우려가 있는 것, ㉤ 관세청장이 정하는 물품 중 화주가 요청하는 물품은 기간이 지나기 전이라도 공고한 후 매각할 수 있다. 급박하여 공고할 여유가 없을 때에는 매각한 후 공고할 수 있다. 신속한 매각을 위하여 사이버몰 등에서 전자문서를 통하여 매각하거나 매각에 전문지식 이 필요시 등은 세관장은 매각을 매각대행기관에 대행하게 할 수 있다.

세관장은 장치기간경과물품을 매각하려면 그 화주 등에게 통고일부터 1개월 내에 해당 물품을 수출·수입 또는 반송할 것을 통고하여야 한다. 화주 등이 분명하지 아니하거나 그 소재가 분명하지 아니하여 통고를 할 수 없을 때에는 공고로 이를 갈음할 수 있다.

[One more] **잔금의 처리**

장치기간 경과물품을 매각한 경우의 비용충당의 우선순위는 매각비용 ⇨ 관세 ⇨ 각종세금 ⇨ 화주 순서로 배분된다.

제9절 보세운송

```
인천항 > 보세운송 > 보세창고 > 수입통관 >
```

외국물품 상태로 보세구역간 이동

보세운송이란 외국으로부터 수입하는 화물을 입항지에서 통관하지 않고 세관장에게 신고하거나 승인을 얻어 외국물품 상태 그대로 다른 보세구역으로 운송하는 것을 말한다.

이러한 보세운송은 수입화물에 대한 관세가 유보된 상태에서 운송되는 것이므로 관세법에서는 보세운송 신고인, 보세운송 통로, 보세운송 기간 등 관련 절차를 규정하고 있다.

(1) 보세운송 구간

외국물품은 개항, 보세구역, 보세구역 외 장치의 허가에 따라 허가된 장소, 세관관서, 통관역, 통관장, 통관우체국의 장소 간에 한정하여 외국물품 그대로 운송할 수 있다.

(2) 신고인

보세운송신고 또는 승인신청은 화주, 관세사 등, 보세운송업자 중의 의로 하여야 한다.

(3) 도착보고

보세운송을 신고하고 승인을 받은 자는 물품이 운송목적지에 도착하였을 때 도착지의 세관장에게 보고해야 한다.

(4) 제한

보세운송통로 : 세관장은 보세운송물품의 감시 · 단속을 위하여 필요하다고 인정될 때에는 운송통로를 제한할 수 있다.

제10절 통관

1. 원산지 확인

(1) 원산지 허위표시물품 등의 통관 제한

세관장은 법령에 따라 원산지를 표시하여야 하는 물품이 다음에 해당하는 경우에는 통관을 허용하지 않는다. 다만, 그 위반사항이 경미한 경우에는 이를 보완·정정하도록 한 후 통관을 허용할 수 있다.

1) 원산지표시가 법령에서 정하는 기준과 방법에 부합되지 않게 표시된 경우

2) 원산지표시가 부정한 방법으로 사실과 다르게 표시된 경우

3) 원산지표시가 되어 있지 않은 경우

(2) 허위·오인 표시물품의 통관 제한

세관장은 물품의 품질, 내용, 제조 방법, 용도, 수량 등을 사실과 다르게 표시한 물품 또는 품질 등을 오인할 수 있도록 표시하거나 오인할 수 있는 표지를 부착한 물품에 대하여는 통관을 허용해서는 안 된다.

(3) 환적물품 등에 대한 유치 등

세관장은 일시로 육지에 내려지거나 다른 운송수단으로 환적·복합환적되는 외국물품 중 원산지를 우리나라로 허위표시한 물품은 유치할 수 있다. 물품은 세관장이 관리하는 장소에 보관하고 화주나 위임받은 자에게 통지해야 한다. 통지 시 이행 기간, 원산지표시의 수정 등 조치를 명할 수 있다. 기간 내 명령을 이행하지 않으면 매각한다고 통지하여야 한다. 명령이 이행된 경우는 물품유치를 즉시 해제하고 이행되지 않으면 매각할 수 있다.

(4) 원산지증명서

법, 조약, 협정 등에 따라 원산지확인이 필요한 물품을 수입하는 자는 원산지증명서를 제출하여야 한다. 단, ① 물품의 종류·성질·형상 또는 그 상표·생산국명·제조자 등에 의하여 원산지를 확인할 수 있는 물품, ② 우편물, ③ 과세가격이 15만원 이하인 물품, ④ 개인에게 무상으로 송부된 탁송품·별송품 또는 여행자의 휴대품 등은 그러하지 아니하다. 원산지증명서를 제출하지 않는 경우에는 관세의 편익을 적용하지 아니할 수 있다.

2. 통관의 제한

우리나라는 WTO 가입국으로서 무역장벽 없는 물품의 자유로운 이동이 보장된다. 관세법상 통관은 수출·수입·반송을 의미한다. 앞서 설명한대로 통관에 대해 엄격하게 제한하는 것은 아니지만 공공질서를 어지럽히거나 지식재산권을 위반한 물품 등에 있어서는 예외적으로 통관단계에서 제한을 하고 있다.

통관단계	통관이후
수출입금지	보세구역 반입명령
지식재산권보호	유통관리
통관의 제한	
통관의 보류	

(1) 수출입의 금지

다음 어느 하나에 해당하는 물품은 수출하거나 수입할 수 없다.

① 헌법질서를 문란하게 하거나 공공의 안녕질서 또는 풍속을 해치는 서적·간행물·도화, 영화·음반·비디오물·조각물 또는 이에 준하는 물품

② 정부의 기밀을 누설하거나 첩보활동에 사용되는 물품

③ 화폐·채권이나 그 밖의 유가증권의 위조품·변조품 또는 모조품

(2) 지식재산권 보호

① 상표권, 저작권과 저작인접권, 품종보호권, 지리적표시권 또는 지리적표시, 특허권, 디자인권 중 어느 하나에 해당하는 지식재산권을 침해하는 물품은 수출하거나 수입 할 수 없다.

② 관세청장은 지식재산권을 침해하는 물품을 효율적으로 단속하기 위하여 필요한 경우에는 해당 지식재산권을 관계 법령에 따라 등록 또는 설정등록한 자 등으로 하여금 해당 지식재산권에 관한 사항을 신고하게 할 수 있다.

③ 세관장은 '㉠ 수출입신고된 물품, ㉡ 환적 또는 복합환적신고된 물품, ㉢ 보세구역에 반입신고된 물품, ㉣ 보세운송신고된 물품, ㉤ 일시양륙이 신고된 물품에 해당하는 물품'이 신고된 지식재산권을 침해하였다고 인정될 때에는 그 지식재산권을 신고한 자에게 해당 물품의 수출입, 환적, 복합환적, 보세구역 반입, 보세운송 또는 일시 양륙의 신고사실을 통보하여야 한다. 이 경우 통보를 받은 자는 세관장에게 담보를 제공하고 해당 물품의 통관 보류나 유치를 요청할 수 있다.

④ 지식재산권을 보호받으려는 자는 세관장에게 담보를 제공하고 해당 물품의 통관 보류나 유치를 요청할 수 있다.

⑤ 요청을 받은 세관장은 특별한 사유가 없으면 해당 물품의 통관을 보류하거나 유치하여야 한다. 다만, 수출입신고등을 한 자가 담보를 제공하고 통관 또는 유치 해제를 요청하는 경우에는 다음 각 호의 물품을 제외하고는 해당 물품의 통관을 허용하거나 유치를 해제할 수 있다.

　　　　㉠ 위조하거나 유사한 상표를 부착하여 상표권을 침해하는 물품

　　　　㉡ 불법복제된 물품으로서 저작권 등을 침해하는 물품

　　　　㉢ 같거나 유사한 품종명칭을 사용하여 품종보호권을 침해하는 물품

　　　　㉣ 위조하거나 유사한 지리적표시를 사용하여 지리적표시권 등을 침해하는 물품

　　　　㉤ 특허로 설정등록된 발명을 사용하여 특허권을 침해하는 물품

　　　　㉥ 같거나 유사한 디자인을 사용하여 디자인권을 침해하는 물품

　　⑥ 지식재산권을 침해하였음이 명백한 경우에는 세관장은 직권으로 해당 물품의 통관을 보류하거나 해당 물품을 유치할 수 있다. 이 경우 세관장은 해당물품의 수출입신고 등을 한 자에게 그 사실을 즉시 통보하여야 한다.

(3) 통관의 보류

세관장은 다음 각 호의 어느 하나에 해당하는 경우에는 해당 물품의 통관을 보류할 수 있다.

　① 수출·수입 또는 반송에 관한 신고서의 기재사항에 보완이 필요한 경우

　② 제출서류 등이 갖추어지지 아니하여 보완이 필요한 경우

　③ 관세법에 따른 의무사항을 위반하거나 국민보건 등을 해칠 우려가 있는 경우

　④ 물품에 대한 안전성 검사가 필요한 경우

　⑤ 세관장에게 체납처분이 위탁된 해당 체납자가 수입하는 경우

　⑥ 그 밖에 이 법에 따라 필요한 사항을 확인할 필요가 있다고 인정하여 대통령령으로 정하는 경우

(4) 보세구역 반입명령

　① 관세청장이나 세관장은 다음 중 어느 하나에 해당하는 물품으로서 관세법에 따른 의무사항을 위반하거나 국민보건 등을 해칠 우려가 있는 물품은 이를 보세구역으로 반입할 것을 명할 수 있다.

　　　㉠ 수출신고가 수리되어 외국으로 반출되기 전에 있는 물품

　　　㉡ 수입신고가 수리되어 반출된 물품

　② 해당 물품이 수출입신고가 수리된 후 3개월이 지났거나 관련 법령에 따라 관계행정기관의 장의 시정조치가 있는 경우 반입명령대상에서 제외한다.

3. 통관 후 유통이력 관리

(1) 통관 후 유통이력 신고

① 외국물품을 수입하는 자와 수입물품을 국내에서 거래하는 자(소비자에 대한 판매를 주된 영업으로 하는 사업자는 제외)는 사회 안전 또는 국민보건을 해칠 우려가 현저한 물품 등으로서 관세청장이 지정하는 물품("유통이력 신고물품")에 대한 유통단계별 거래명세("유통이력")를 관세청장에게 신고하여야 한다.

② 유통이력 신고의 의무가 있는 자는 유통이력을 장부에 기록(전자적 기록방식 포함)하고, 그 자료를 거래일부터 1년간 보관하여야 한다.

③ 관세청장은 유통이력 신고물품을 지정할 때 미리 관계 행정기관의 장과 협의하여야 한다.

④ 관세청장은 유통이력 신고물품의 지정, 신고의무 존속기한 및 신고대상 범위 설정 등을 할 때 수입물품을 내국물품에 비하여 부당하게 차별하여서는 아니 되며, 이를 이행하는 유통이력 신고의무자의 부담이 최소화 되도록 하여야 한다.

⑤ 유통이력 신고물품별 신고의무 존속기한, 유통이력의 범위, 신고절차, 그 밖에 유통이력 신고에 필요한 사항은 관세청장이 정한다.

(2) 유통이력 조사

① 관세청장은 필요하다고 인정할 때에는 세관공무원으로 하여금 유통이력 신고의무자의 사업장에 출입하여 영업 관계의 장부나 서류를 열람하여 조사하게 할 수 있다.

② 유통이력 신고의무자는 정당한 사유 없이 조사를 거부 · 방해 또는 기피하여서는 아니 된다.

③ 조사를 하는 세관공무원은 신분을 확인할 수 있는 증표를 지니고 이를 관계인에게 보여 주어야 한다.

4. 수출 · 수입 및 반송

통관이란 관세법에서 정한 절차를 이행하여 물품을 수출입, 반송하는 것을 의미한다. 즉 관세법에서 통관은 수출통관 · 반송통관 · 수입통관에 한정되기 때문에 반드시 기억해야 한다. 수출통관은 내국물품을 외국물품으로 변경하는 절차이고 수입통관은 외국물품을 내국물품으로, 그리고 반송통관은 외국물품을 외국물품인 상태로 내보내는 절차이다. 이중 관세납부가 필요한 것은 수입통관이다. 그렇기 때문에 수입통관 절차가 더 엄격하고 복잡하다.

Ⅰ

Ⅱ

Ⅲ

Ⅳ

(1) 수출 · 수입 또는 반송의 신고

① 물품을 수출 · 수입 또는 반송하려면 해당 물품의 품명 · 규격 · 수량 및 가격 등을 세관장에게 신고하여야 한다. 다만, ㉠ 휴대품, 탁송품 또는 별송품, ㉡ 우편물, ㉢ 관세가 면제되는 물품, ㉣ 국제운송을 위한 컨테이너는 신고를 생략 혹은 간소한 방법으로 신고하게 할 수 있다.

② 수입하거나 반송하려는 물품을 지정장치장 또는 보세창고에 반입하거나 보세구역이 아닌 장소에 장치한 자는 그 반입일 또는 장치일부터 30일 이내에 신고를 하여야 한다.

③ 기간 내에 수입 또는 반송의 신고를 하지 아니한 경우에는 해당 물품과세가격의 100분의 2에 상당하는 금액의 범위에서 가산세로 징수한다.

(2) 입항전수입신고

① 수입하려는 물품의 신속한 통관이 필요할 때에는 물품을 적재한 선박이나 항공기가 입항하기 전에 수입신고를 할 수 있다. 이 경우 입항전수입신고가 된 물품은 우리나라에 도착한 것으로 본다.

② 세관장은 입항전수입신고를 한 물품에 대하여 물품검사의 실시를 결정하였을 때에는 수입신고를 한 자에게 이를 통보하여야 한다.

③ 검사대상으로 결정된 물품은 수입신고를 한 세관의 관할 보세구역에 반입되어야 한다. 다만, 세관장이 적재상태에서 검사가 가능하다고 인정하는 물품은 해당 물품을 적재한 선박이나 항공기에서 검사할 수 있다. 검사대상으로 결정되지 아니한 물품은 입항 전에 그 수입신고를 수리할 수 있다.

(3) 물품의 검사

① 세관공무원은 수출 · 수입 또는 반송하려는 물품에 대하여 검사를 할 수 있다. 관세청장은 검사의 효율을 거두기 위하여 검사대상, 검사범위, 검사방법 등에 관하여 필요한 기준을 정할 수 있다.

② 관세청장 또는 세관장은 세관공무원의 적법한 물품검사로 인하여 물품에 손실이 발생한 경우 그 손실을 입은 자에게 보상해야 한다. 손실보상의 금액은 ㉠ 해당 물품을 수리 할 수 없는 경우 : 해당 물품의 과세가격에 상당하는 금액, ㉡ 해당 물품을 수리 할 수 있는 경우 : 수리비에 상당하는 금액으로 한다.

(4) 신고의 처리

① 신고가 적합하게 이루어졌을 때에는 이를 지체 없이 수리하고 신고인에게 신고필증을 발급하여야 한다. 국가관세종합정보망의 전산처리설비를 이용하여 신고를 수리하는 경우에

는 관세청장이 정하는 바에 따라 신고인이 직접 전산처리설비를 이용하여 신고필증을 발급받을 수 있다. 신고수리 전에는 물품을 반출하면 안 된다.

② 수출신고가 수리된 물품은 수출신고가 수리된 날부터 30일 이내에 운송수단에 적재하여야 한다. 다만, 기획재정부령으로 정하는 바에 따라 1년의 범위에서 적재기간의 연장승인을 받은 것은 그러하지 아니하다. 세관장은 기간 내에 적재되지 아니한 물품에 대하여는 대통령령으로 정하는 바에 따라 수출신고의 수리를 취소할 수 있다.

5. 통관절차의 특례

통관의 특례는 정식으로 수출입신고를 하였을 때의 신간과 비용이 통관의 목적보다 큰 경우, 예외적으로 신속통관 및 납세자의 편의를 제공하고자 만든 제도이다.

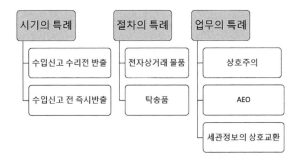

(1) 시기의 특례

1) 수입신고 수리 전 반출

① 수입신고를 한 물품을 수리 전에 반출하려는 자는 납부하여야 할 관세에 상당하는 담보를 제공하고 세관장의 승인을 받아야 한다. 다만, 정부 또는 지방자치단체가 수입하거나 담보를 제공하지 아니하여도 관세의 납부에 지장이 없다고 인정한 물품은 담보제공을 생략할 수 있다.

② 담보의 제공을 생략 가능한 경우
　㉠ 국가, 지방자치단체, 공공기관, 지방공사 및 지방공단이 수입하는 물품
　㉡ 국가기관, 지방자치단체, 학교, 공공의료기관, 공공직업훈련원, 박물관, 그 밖에 이에 준하는 기획재정부령으로 정하는 기관이 학술연구용품·교육용품 및 실험실습용품으로 수입하는 물품
　㉢ 최근 2년간 법 위반사실아 없는 수출입자 또는 신용평가기관으로부터 신용도가 높은 것으로 평가를 받은 자로서 관세청장이 정하는 자가 수입하는 물품

ⓒ 수출용원재료 등 수입물품의 성질, 반입사유 등을 고려할 때 관세채권의 확보에 지장이 없다고 관세청장이 인정하는 물품

ⓒ 거주 이전(移轉)의 사유, 납부할 세액 등을 고려할 때 관세채권의 확보에 지장이 없다고 관세청장이 정하여 고시하는 기준에 해당하는 자의 이사물품

③ 다만, ⓒ, ⓒ 물품을 수입하는 자 중 관세 등의 체납, 불성실신고 등의 사유로 담보 제공을 생략하는 것이 타당하지 아니하다고 관세청장이 인정하는 자가 수입하는 물품에 대해서는 담보를 제공하게 할 수 있다.

2) 수입신고 전의 물품 반출

① 수입신고 전에 반출하려는 자는 세관장에게 즉시반출신고를 하여야 한다. 이 경우 세관장은 납부하여야 하는 관세에 상당하는 담보를 제공하게 할 수 있다. 즉시반출을 할 수 있는 자 또는 물품은 대통령령으로 정하는 바에 따라 세관장이 지정한다.

② 즉시반출신고를 하고 반출을 하는 자는 즉시반출신고를 한 날부터 10일 이내에 수입신고를 하여야 한다. 그렇지 않은 경우에는 관세를 부과·징수하는데 물품에 대한 관세의 100분의 20에 상당하는 금액을 가산세로 징수하고, 즉시반출을 할 수 있는 자의 지정을 취소할 수 있다.

(2) 절차의 특례

1) 전자상거래물품 등의 특별통관

관세청장은 전자문서로 거래되는 수출입물품에 대하여 수출입신고·물품검사 등 통관에 필요한 사항을 따로 정할 수 있다.

2) 탁송품의 특별통관

① 탁송품으로서 자가사용물품 또는 면세되는 상용견품 중 물품가격이 미화 150달러 이하인 물품은 탁송품 운송업자가 '송하인 및 수하인 성명, 주소, 국가, 품명, 수량, 중량, 가격, 운송업자명, 선박(항공)편명, 선하증권번호 등'이 적힌 통관목록을 세관장에게 제출함으로써 수입신고를 생략할 수 있다.

② 탁송품 운송업자는 통관목록을 사실과 다르게 제출하여서는 아니 된다. 탁송품 운송업자는 제출한 통관목록에 적힌 주소지(수입신고를 한 탁송품의 경우에는 수입신고서에 적힌 납세의무자의 주소지)가 아닌 곳에 탁송품을 배송하거나 배송하게 한 경우에는 배송한 날이 속하는 달의 다음달 15일까지 실제배송한 주소지를 세관장에게 제출하여야 한다.

③ 관세청장 또는 세관장은 탁송품에 대하여 세관공무원으로 하여금 검사하게 하여야 하며, 탁송품의 통관목록의 제출시한, 실제 배송지의 제출, 물품의 검사 등에 필요한 사항은 관세청장이 정하여 고시한다.

④ 세관장은 관세청장이 정하는 절차에 따라 별도로 정한 지정장치장에서 탁송품을 통관하여야 한다. 다만, 세관장은 탁송품에 대한 감시 · 단속에 지장이 없다고 인정하는 경우 탁송품을 해당 탁송품 운송업자가 운영하는 보세창고 또는 시설(자유무역지역에서 운영하는 시설)에서 통관할 수 있다. 탁송품 운송업자가 운영하는 보세창고 또는 시설에서 통관하는 경우 그에 필요한 탁송품 검사설비 기준, 설비이용 절차, 설비 이용 유효기간 등에 관하여 필요한 사항은 대통령령으로 정한다.

(3) 업무의 특례

1) 상호주의에 따른 통관절차 간소화

국제무역 및 교류를 증진하고 국가 간의 협력을 촉진하기 위하여 우리나라에 대하여 통관절차의 편익을 제공하는 국가에서 수입되는 물품에 대하여는 상호 조건에 따라 대통령령으로 정하는 바에 따라 간이한 통관절차를 적용할 수 있다.

2) 수출입 안전관리 우수공인업체 등(AEO : Authorized Economic Operator)

관세청장은 다른 국가의 수출입 안전관리 우수 공인업체에 대하여 상호 조건에 따라 통관절차상의 혜택을 제공할 수 있다.

3) 국가 간 세관정보의 상호교환 등

관세청장은 물품의 신속한 통관과 이 법을 위반한 물품의 반입을 방지하기 위하여 세계관세기구에서 정하는 수출입 신고 항목 및 화물식별번호를 발급하거나 사용하게 할 수 있으며, 관세청장은 세계관세기구에서 정하는 수출입 신고 항목 및 화물식별번호 정보를 다른 국가와 상호 조건에 따라 교환할 수 있다.

(4) 벌칙

1) 전자문서 위조 · 변조죄 등

① 국가관세종합정보망이나 전자문서중계사업자의 전산처리설비에 기록된 전자문서 등 관련 정보를 위조 또는 변조하거나 위조 또는 변조된 정보를 행사한 자는 1년 이상 10년 이하의 징역 또는 1억원 이하의 벌금에 처한다.
② 다음 각 호의 어느 하나에 해당하는 자는 5년 이하의 징역 또는 5천만원 이하의 벌금에 처한다.
　㉠ 지정을 받지 아니하고 국가관세종합정보망을 운영하거나 관세청장의 지정을 받지 아니하고 전자문서중계업무를 행한 자
　㉡ 국가관세종합정보망 또는 전자문서중계사업자의 전산처리설비에 기록된 전자문서 등 관련 정보를 훼손하거나 그 비밀을 침해한 자

105

    © 업무상 알게 된 전자문서 등 관련 정보에 관한 비밀을 누설하거나 도용한 국가관세종
    합정보망 운영사업자 또는 전자문서중계사업자의 임직원 또는 임직원이었던 사람

2) 밀수출입죄

다음 물품을 수출하거나 수입한 자는 7년 이하의 징역 또는 7천만원 이하의 벌금에 처한다.

① 수출입금지 물품을 수출하거나 수입하는 경우

② 수출·수입 또는 반송의 신고, 입항전수입신고를 하자 아니하고 물품을 수입, 수출, 반송한 자,
신고를 하였으나 해당 수입물품과 다른 물품으로 신고하여 수입, 수출, 반송한 자가 해당된다.

3) 관세포탈죄 등

다음에 해당되는 자는 3년 이하의 징역 또는 포탈한 관세액의 5배와 물품원가 중 높은 금액
이하에 상당하는 벌금에 처한다.

① 세액결정에 영향을 미치기 위하여 과세가격 또는 관세율 등을 거짓으로 신고하거나 신고
하지 아니하고 수입한 자, 세액결정에 영향을 미치기 위하여 거짓으로 서류를 갖추어 품목
분류의 변경 및 적용에 따른 사전심사·재심사 및 재심사를 신청한 자, 수입이 제한된 사
항을 회피할 목적으로 부분품으로 수입하거나 주요 특성을 갖춘 미완성·불완전한 물품
이나 완제품을 부분품으로 분할하여 수입한 자

② 수출·수입신고를 한 자 중 수입에 필요한 허가·승인·추천·증명 또는 그 밖의 조건을
갖추지 아니하거나 부정한 방법으로 갖추어 수출·수입한 자

③ 부정한 방법으로 관세를 감면받거나 관세를 감면받은 물품에 대한 관세의 징수를 면탈한
자, 부정한 방법으로 관세를 환급받은 자

4) 가격조작죄

보정신청, 수정신고, 수입수출반송신고, 입항전수입신고의 신청 또는 신고를 할 때 부당하게
재물이나 재산상 이득을 취득하거나 제3자로 하여금 이를 취득하게 할 목적으로 물품의 가격
을 조작하여 신청 또는 신고한 자는 2년 이하의 징역 또는 물품원가와 5천만 원 중 높은 금액
이하의 벌금에 처한다.

5) 미수범 등

① 그 정황을 알면서 밀수출입죄, 관세포탈죄에 따른 행위를 교사하거나 방조한 자는 정범
(正犯)에 준하여 처벌한다.

② 전자문서위조·변조죄관련 위반(위 언급된 전자문서 위조, 변조죄 중 ②-①, 밀수출입
죄, 관세포탈죄)의 미수범은 본죄에 준하여 처벌한다. 이 죄들을 범할 목적으로 그 예비를
한 자는 본죄의 2분의 1을 감경하여 처벌한다.

6) 밀수 전용 운반기구의 몰수

밀수출입죄에 전용(專用)되는 선박·자동차나 그 밖의 운반 기구는 그 소유자가 범죄에 사용된다는 정황을 알고 있고, 다음 각 호의 어느 하나에 해당하는 경우에는 몰수한다.

① 범죄물품을 적재하거나 적재하려고 한 경우

② 검거를 기피하기 위하여 권한 있는 공무원의 정지명령을 받고도 정지하지 아니하거나 적재된 범죄물품을 해상에서 투기·파괴 또는 훼손한 경우

③ 범죄물품을 해상에서 인수 또는 취득하거나 인수 또는 취득하려고 한 경우

④ 범죄물품을 운반한 경우

7) 범죄에 사용된 물품의 몰수 등

밀수출입죄에 사용하기 위하여 특수한 가공을 한 물품은 누구의 소유이든지 몰수하거나 그 효용을 소멸시킨다. 밀수출입죄에 해당되는 물품이 다른 물품 중에 포함되어 있는 경우 그 물품이 범인의 소유일 때에는 그 다른 물품도 몰수할 수 있다.

8) 밀수품의 취득죄 등

① 다음 각 호의 어느 하나에 해당되는 물품을 취득·양도·운반·보관 또는 알선하거나 감정한 자는 3년 이하의 징역 또는 물품원가 이하에 상당하는 벌금에 처한다.

  ㉠ 밀수출입죄

  ㉡ 수입이 제한된 사항을 회피할 목적으로 부분품으로 수입하거나 주요 특성을 갖춘 미완성·불완전한 물품이나 완제품을 부분품으로 분할하여 수입한 자,

  ㉢ 수입에 필요한 허가·승인, 추천·증명 또는 그 밖의 조건을 갖추지 아니하거나 부정한 방법으로 갖추어 수입하는 물품

  ㉣ 수출에 필요한 허가·승인·추천·증명 또는 그 밖의 조건을 갖추지 아니하거나 부정한 방법으로 갖추어 수출하는 물품

② 위에 규정된 죄의 미수범은 본죄에 준하여 처벌, 죄를 범할 목적으로 그 예비를 한 자는 본죄의 2분의 1을 감경하여 처벌한다.

9) 양벌 규정

① 법인의 대표자나 법인 또는 개인의 대리인, 사용인, 그 밖의 종업원이 그 법인 또는 개인의 업무에 관하여 벌칙에서 규정한 벌칙(과태료는 제외)에 해당하는 위반행위를 하면 그 행위자를 벌하는 외에 그 법인 또는 개인에게도 해낭 소문의 벌금형을 과(科)한다. 다민, 법인 또는 개인이 그 위반행위를 방지하기 위하여 해당 업무에 관하여 상당한 주의와 감독을 게을리 하지 아니한 경우에는 그러하지 아니하다.

② 개인은 다음 각 호의 어느 하나에 해당하는 사람으로 한정한다.

  ㉠ 특허보세구역 또는 종합보세사업장의 운영인

  ㉡ 수출(「수출용원재료에 대한 관세 등ㆍ환급에 관한 특례법」따른 수출 등을 포함)ㆍ수
    입 또는 운송을 업으로 하는 사람

③ 관세사

④ 개항 안에서 물품 및 용역의 공급을 업으로 하는 사람

⑤ 국가관세 종합정보망 운영사업자 및 전자문서중계사업자

10) 몰수ㆍ추징

① 수출입금지 물품을 수출하거나 수입하여 처벌하는 경우에는 그 물품을 몰수한다.

② 위에 언급된 밀수출입죄 ② 또는 밀수품을 취득한 경우에는 범인이 소유하거나 점유하는
  그 물품을 몰수한다. 다만, 보세구역에 신고를 한 후 반입한 외국물품, 세관장의 허가를 받
  아 보세구역이 아닌 장소에 장치한 외국물품에 해당하는 물품은 몰수하지 아니할 수 있다.

③ 몰수할 물품의 전부 또는 일부를 몰수할 수 없을 때에는 그 몰수할 수 없는 물품의 범칙 당
  시의 국내도매가격에 상당한 금액을 범인으로부터 추징한다.

④ 양벌규정상 개인 및 법인은 ①~③ 규정을 적용할 때에는 이를 범인으로 본다.

제11절 FTA

1. 개요

(1) 개념

자유무역협정(FTA : Free Trade Agreement)란 특정 국가 간의 상호 무역증진을 위해 물
자나 서비스 이동을 자유화시키는 협정으로, 나라와 나라 사이의 관세 및 비관세 무역장벽을
완화하거나 철폐하여 무역자유화를 실현하기 위한 양국간 또는 지역 사이에 체결하는 특혜무
역협정이다. FTA는 그 동안 유럽연합(EU)이나, 북미자유무역(NAFTA)등과 같이 인접 국가
나 일정한 지역을 중심으로 이루어졌기 때문에 흔히 지역무역협정(RTA : Regional Trade
Agreement)이라고도 부른다.

(2) FTA 체결 국가

현재 우리나라에서 발효된 FTA는 17개이며, 체약상대국은 단일국가뿐 아니라 국가연합·경제 공동체를 모두 포함하는 개념이다.

FTA는 전통적으로 상품분야의 무역자유화 또는 관세인하에 중점을 두었으나, WTO체제 출 범을 전후하여 상품에 대한 무역철폐 외에 서비스, 투자자유화, 지적재산권, 정부조달, 무역 구제제도 등 협정의 대상 범위가 점차 확대되고 있다.

FTA 체약국 현황

칠레 · 싱가포르 · EFTA · ASEAN · 인도 · EU · 페루 · 미국 · 터키 · 뉴질랜드 · 베트남 · 중 국 · 캐나다 · 호주 · 콜롬비아 · 중미 · 영국

• EU−오스트리아 · 벨기에 · 키프러스 · 체코 · 덴마크 · 에스토니아 · 핀란드 · 프랑스 · 독일 · 그 리스 · 헝가리 · 아일랜드 · 이탈리아 · 라트비아 · 라투아니아 · 폴란드 · 룩셈부르크 · 몰타 · 포 르투갈 · 슬로바키아 · 슬로베니아 · 스페인 · 스웨덴 · 네덜란드 · 불가리아 · 크로아티아

• ASEAN−브루나이 · 캄보디아 · 인도네시아 · 라오스 · 말레이시아 · 미얀마 · 필리핀 · 싱가포 르 · 태국 · 베트남

• EFTA−스위스 · 노르웨이 · 아이슬란드 · 리히텐슈타인

• 중미−니카라과 · 온두라스 · 코스타리카 · 엘살바도르 · 파나마

---

2. FTA 협정의 적용

(1) 개요

물품의 원산지(Country of origin)라 함은 물품의 국적을 의미하며 그 물품이 생산·제조· 가공된 국가, 동식물의 경우에는 출생·사육한 국가를 말한다. FTA 세율이 적용되려면 FTA 체결한 국가에서 생산되었음이 원산지 증명서를 통해 확인되는 경우로 한정한다. 따라서 원 산지 증명서는 FTA 적용의 핵심이 되며, 원산지증명서의 발급방식과 검증 그리고 발급된 원 산지 증명서의 유효기간은 중요한 시험출제 포인트이다.

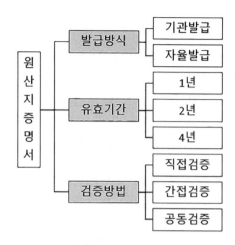

(2) FTA 원산지증명서 발급방식

구분	기관발급	자율발급
정의	협정이 정하는 방법과 절차에 따라 원산지 국가의 관세 당국이나 기타 발급권한이 있는 기관이 당해 물품에 대하여 원산지를 확인하여 발급하는 제도	협정이 정하는 방법과 절차에 따라 수출자가 당해 물품에 대하여 원산지를 확인하여 작성 한 후 서명하여 사용하는 제도
대상협정	아시아 국가	남미 국가 미국 · 캐나다 · 뉴질랜드 유럽(EU · EFTA · 터키)
발급주체	세관, 상공회의소	제조자, 수출자 등

(3) FTA별 원산지증명 방식 비교

FTA별로 원산지 발급방식, 발급자 및 유효기간 등이 다르다. 세부사항은 다음과 같다.

구분	칠레	싱가포르	EFTA	아세안
발급방식	자율발급	기관발급	자율발급(치즈)	기관발급
유효기간	2년	1년	1년	1년

구분	인도	EU	페루	터키
발급방식	기관발급	자율발급	자율발급	자율발급
유효기간	1년	1년	1년	1년

구분	호주	캐나다	중국	베트남
발급방식	자율/기관발급	자율발급	기관발급	기관발급
유효기간	2년	2년	1년	1년

구분	뉴질랜드	콜롬비아	중미	미국
발급방식	자율발급	자율발급	자율발급	자율발급
유효기간	2년	1년	1년	4년

(4) 원산지에 대한 검증

1) 의의

FTA에서의 원산지검증이란 수입 당사국에 통관된 수입물품이 해당 FTA가 정한 원산지 상품인지 여부, 즉 특혜관세의 수혜요건을 충족하였는지 확인하는 절차와 일정한 제재조치를 취하는 것을 말한다. 원산지 검증은 다음과 같이 구분된다.

① 직접검증 : 수입국세관이 직접 수출국으로 가서 검증하는 방법
② 간접검증 : 수출국 세관에 의뢰하여 검증하는 방법
③ 공동검증 : 수입국세관과 수출국 세관이 공동으로 검증하는 방법

2) 협정별 조사방법

구분	칠레	싱가포르	EFTA	아세안
검증방식	직접	직접	간접	(원칙) 간접 (예외) 직접

구분	인도	EU	페루	미국
검증방식	(원칙) 간접 (예외) 직접	간접	직접, 간접	(원칙) 직접 (섬유) 간접

구분	터키	호주	캐나다	중국
검증방식	간접	직접(호주 지원요청 가능)	직접	간접 후 직접

구분	베트남	뉴질랜드	콜롬비아	중미
검증방식	(원칙) 간접 (예외) 직접	직접	직접/간접	직접/간접

Chapter 03. 전자무역

제1절 전자무역의 개요

1. 개요

전자무역이란 전자무역촉진에 관한 법률에 따르면, 「대외무역법」 제2조 제1호에 따른 무역의 일부 또는 전부가 전자무역문서로 처리되는 거래를 말한다. 즉, 모든 무역거래의 과정과 절차를 인터넷과 전자시스템 등 전자적인 방식을 활용하여 국내외 시장조사, 해외 바이어 발굴, 무역계약 체결 등의 무역 업무를 처리하는 것을 말한다.

2. 전통적 무역과의 비교

전통적 무역과 전자무역은 업무처리 절차는 비슷하지만 업무처리 방법이나 수단에 있어서 큰 차이가 있다. 전통적 무역은 일반적으로 서신, 전화, 팩스 등을 사용하였지만 전자무역은 인터넷을 활용하여 서류 없는 무역거래를 이행하기 때문에 전자무역은 시간과 장소에 구애받지 않고 영업이 가능하다.

3. 전자무역의 특징

(1) 무역프로세스의 통합 및 자동화

전통적인 무역거래의 모든 프로세스를 자동화하고 일원적으로 처리할 수 있다.

(2) 보안시스템의 구축필요

전자무역이 이루어지기 위해서는 전자무역관련 서비스 제공업자의 전자무역시스템이 필요한 것은 물론, 이용자의 개인정보 보호, 결제시스템 등의 정보에 대한 철저한 보호가 요구된다. 보안과 신뢰성은 전자무역 인프라의 중요한 부분이다.

(3) 글로벌 마케팅 활동 가능

가상공간인 전자무역플랫폼을 이용하면 전 세계를 상대로 기업과 제품을 홍보할 수 있으며, 거래상대방을 발굴하는 것도 가능하다. 인터넷을 이용한 전자무역은 전 세계를 대상으로 한 마케팅 활동을 최소한의 비용으로 수행 할 수 있다.

(4) 검색엔진의 활용

각국의 정부와 무역유관기관 그리고 개별기업들이 올려놓은 무역에 관련된 수많은 정보를 전자무역시스템 및 정보검색엔진을 이용하면 손쉽게 찾아볼 수 있다.

4. 전자무역의 한계

우리나라는 전자무역 효과를 보기 위해 기존의 관행, 제도, 법령 등의 개선이 필요하였으며 이에 따라 전자서명법, 전자거래기본법, 전자무역촉진법, 대외무역법 개정 등이 이루어졌다. 그러나 아직도 법률적 · 제도적 측면에서 개선되어야 할 부분들이 많이 있다. 아울러 진정한 글로벌 전자무역이 실현되기 위해서는 전자무역 인프라나 국가간 전자무역 협력 체계 확보가 반드시 선결되어야 한다.

구분	전통무역	전자무역
정보수집	직접방문, 알선기관 활용	무역포털, 검색엔진 등
영업 · 거래 가능 시간 · 대상지역	제약 있음	제약 없음
의사소통	전화, 팩스 및 대면방식	정보기술(비대면)을 통한 신속한 의사교환
마케팅 방향	전통적인 직접 마케팅(일방적)	인터넷을 이용한 쌍방향 상호 마케팅
무역서류	종이서류 작성, 서류발급(현장방문), 우편발송	시스템을 통한 자동작성 및 전자 작성, 온라인 시스템을 이용한 데이터 교환과 전송
통관	직접 방문하여 수출입신고 및 통관	EDI 등을 이용한 수출입신고 및 통관
물품대금결제	종이를 사용한 전통방식	온라인 이체 및 전자거래 등

5. 무역자동화와 EDI

(1) 개념

무역자동화란 무역과 관련되는 수많은 기관이나 단체, 또는 기업 간 업무처리가 종이문서가 아닌 표준화된 전자 자료를 주고받는 EDI(Electronic Data Interchange)에 의해 이루어진다는 것을 의미한다. 즉, 무역과 관련된 각종 행정업무 및 그에 수반되는 서류를 표준화된 전자문서의 형태로 바꾸어 당사자들간에 주고 받음으로 인하여 궁극적으로는 서류 없는 무역(paperless trade)을 실현하는 것을 의미한다.

(2) 무역 EDI 표준

무역 EDI란 수출입에 관련된 각종 행정 및 상거래 서식을 컴퓨터가 인식할 수 있는 전자문서로 바꾸어 컴퓨터로 주고받음으로써 서류 없는 무역절차를 실현하는 것을 의미한다. 다시 말해 종전처럼 사람이 서류를 직접 들고 은행, 조합, 세관 등을 일일이 다니거나 우편, FAX 등을 통해 무역 업무를 처리하는 대신 컴퓨터를 이용한 전자문서교환방식(EDI)을 통해 사무실에서 빠르고 간편하게 무역 업무를 처리하는 것을 말한다.

EDI표준(EDI standard)은 사용자간에 교환되는 전자문서의 내용, 구조, 통신방법 등에 관한 양식 및 구문(syntax)을 정한 규칙을 말한다. 이는 언어, 업무처리방식, 컴퓨터 시스템이 서로 다른 거래당사자들이 전자문서를 자유롭게 교환하는데 필요한 공통 언어라 할 수 있다. UN 산하의 유럽경제위원회에서 1987년 5월 EDI 국제표준으로 제정한 "유엔행정 · 무역 · 운송에 관한 전자문서교환"(Electronic Data Interchange for Administration, Commerce and Transport : UN/EDIFACT)은 이후 국제표준화기구(ISO)가 승인하여 현재 각국에서 널리 사용되고 있는 EDI국제표준이다.

(3) 전자무역 플랫폼

전자무역 플랫폼(e-Trade Platform)은 인터넷 환경에서 무역업체가 언제 어디서나 인터넷을 통하여 시장조사에서 계약, 통관, 결제까지 모든 무역업무 프로세스를 단절 없이 일괄처리(one-stop) 할 수 있는 단일 창구(Single Window)를 제공하며, 특히 무역프로세스에 간여하는 여러 기업들 상호간에 협업적 상거래(Collaboration Commerce)를 가능케 하는 인프라를 총칭한다. 전자무역 플랫폼은 다양한 기관의 인터페이스를 단일 인터페이스 방식으로 전환함으로써 어느 누구와도 동일한 방식과 환경에서 통합 연계하여 업무를 수행하게 해주며 하나의 아이디로 한번의 로그인을 통하여 모든 프로세스를 유기적으로 처리할 수 있다.

(4) uTradeHub

1) 개념

uTradeHub(Ubiquitous Trade Hub)는 무역업무 단일 창구 포탈로서 시장조사, 신용평가, 시중은행, 금융결제원, 관세청, 선사/항공사 등 마케팅에서부터 결제에 이르는 수많은 무역절차별 유관기관을 연계하며 이를 기반으로 무역업무 전반을 단절 없이 처리할 수 있는 전자무역 허브이다. 무역업체는 uTradeHub을 통해 한번 접속으로 마케팅, 상역, 외환, 통관, 물류, 결제까지 모든 무역 업무 프로세스를 신속하고 편리하게 원−스탑으로 처리할 수 있으며 은행이나 수출입 관련기관을 방문할 필요가 없이 무역업무를 볼 수 있다.

2) 특징

① 인터넷방식의 원스톱 전자무역 서비스
② 편리한 문서유통
③ 안전한 거래 보장
④ 무역절차별, 사용자별 맞춤서비스 제공
⑤ 업무시간 단축 및 비용절감
⑥ 유관기간 간 연계된 무역서비스 제공

3) uTradeHub 전자무역 솔루션(제공서비스)

무역포털	마케팅, 외환, 통관, 물류, 결제까지 모든 무역업무 프로세스를 신속하고 편리하게 처리할 수 있게 하여 수출업무, 수입업무, 국내구매, 국내공급, 전자문서보관, 전자 신용장, e−Nego, e−B/L, 요건확인 등의 업무를 처리할 수 있다.
물류포털	선사, 항공사, 포워더용 서비스이다. 입항과 출항에 따른 운송, 보관, 통관 등 화물처리절차를 전산화하여 불법화물의 유출입을 방지하고 신속한 화물처리를 도모한다.
은행포털	전자신용장의 유통 및 전자매입(e−Nego) 시스템의 활성화를 위해 은행의 e−L/C 서비스를 제공하는 포털사이트이다. 은행업무담당자의 처리 최소화 및 데이터 처리의 편리성을 제공하고 있으며 e−Nego 시스템 지원을 통해 전자무역의 핵심서비스를 제공한다.
통관포털	관세사를 위한 수출입 통관업무의 전자서비스이다. 관세사의 통관 업무를 위해 인터넷 기반에서 지원하고, 기존의 관세사 시스템과 연계를 강화하여 통관정보의 상호공유는 물론 기존의 시스템과 연계·통합 서비스 하는 통합 포탈 시스템이다.
글로벌포털	해외 파트너사와의 전자문서 교환, 전자 원산지증명서비스, 수입적하목록 자동신고 서비스를 제공한다. 글로벌 서비스는 범아시아 전자무역네트워크 연맹 등의 국제간 전자무역 사업자간 협력을 통해 제공되고 있다.
FTA 원산지 관리 시스템	FTA Korea는 eTrade−Hub에서 제공하는 FTA원산지 관리서비스이다. 웹기반으로 별도의 설치과정 없이 원산지 판정 및 입증서류를 관리할 수 있다.

제2절 전자계약

1. 개요

전자무역계약도 전통무역방식과 마찬가지로 계약을 성립시키고자 하는 청약에 대하여 무조건적 동의의 의사표시(승낙)을 해야 계약이 성립한다. 즉 계약의 성립요건이나 성립절차는 전통적 무역계약과 근본적으로 동일하다.

전통적 무역계약에서 계약을 체결하기 위한 의사표시가 서면, 텔렉스, 전화 등과 같은 아날로그 형식으로 이뤄진 것이라고 한다면 전자무역계약에서는 아날로그방식 외에 컴퓨터 네트워크나 인터넷 등의 전자적 방식을 통하여 의사표시를 한다는 점에서 차이가 있을 뿐이다.

2. 전자문서의 효력발생

(1) 개요

전자문서는 컴퓨터 등에 의해 전자적 형태로 작성되어 송수신되거나 저장된 자료 및 정보를 말한다. 전자문서계약의 청약 승낙의 의사표시에 있어서 도달주의를 채택하고 있다. 전통적인 무역계약에서의 승낙의 의사표시는 대화자간에는 도달주의를 채택하고 있으며 격지자간에는 국가에 따라 발신주의 또는 도달주의를 채택하고 있다.

> ── **[전자문서의 송신 및 수신] – 전자문서 및 전자거래 기본법** ──
>
> ① 전자문서(전자화문서를 포함한다. 이하 같다)는 수신자 또는 그 대리인이 해당 전자문서를 수신할 수 있는 정보처리시스템에 입력한 때에 송신된 것으로 본다.
> ② 전자문서는 다음 각 호의 어느 하나에 해당하는 때에 수신된 것으로 본다.
>   1. 수신자가 전자문서를 수신할 정보처리시스템을 지정한 경우 :
>   지정된 정보처리시스템에 입력된 때. 다만, 전자문서가 지정된 정보처리시스템이 아닌 정보처리시스템에 입력된 경우에는 수신자가 이를 출력한 때를 말한다.
>   2. 수신자가 전자문서를 수신할 정보처리시스템을 지정하지 아니한 경우 :
>   수신자가 관리하는 정보처리시스템에 입력된 때

③ 전자문서는 작성자 또는 수신자의 영업소 소재지에서 각각 송신 또는 수신된 것으로 보며, 영업소가 둘 이상일 때에는 해당 전자문서를 주로 관리하는 영업소 소재지에서 송신·수신된 것으로 본다. 다만, 작성자 또는 수신자가 영업소를 가지고 있지 아니한 경우에는 그의 상거소(常居所)에서 송신·수신된 것으로 본다.

3. 준거법

전통적 무역계약과 마찬가지로 당사자가 준거법을 지정한 경우 그에 따르고, 당사자가 준거법에 대해 약정하지 않았거나 의사표시가 분명하지 않은 경우에는 법정지의 국제사법이 지정한 국가의 법이 준거법이 된다. 다만, 전자무역거래는 전통적 무역과 달리 종래의 영토개념을 기초로 한 준거법의 결정과 재판관할권의 확정이 타당한지에 대한 논란이 있다.

제3절 전자신용장과 전자선하증권

1. 전자신용장

종이문서에 기반을 둔 전통적인 신용장과는 달리, 전자적인 방식에 의해 통지되는 신용장을 말한다. 전자신용장은 통지에서부터 수출대금 매입에 이르는 프로세스 전 과정이 전자화되어 있으므로 은행으로부터 신용장, 조건변경, 수수료 등의 업무를 통지받을 수 있으며, 매입, 양도 등의 신청업무를 온라인으로 처리할 수 있다. 무역업체측면에서는 기존 종이 신용장 불필요, 신용장 원본의 전자화로 관리비용 절감, 신용장 분실 및 훼손 위험 방지, 제3자에게 신용장 전달 용이, 수시로 신용장 진행 프로세스 확인 용이, 보안성 확보를 위한 인증서사용이 가능하다. 반면 은행측면에서는 무역업체에 신용장 통지 및 매입 업무 용이, 불법적 신용장 위·변조의 근원적 차단, 매입요청 시 신용장 한도 즉시 확인이 가능하다는 효과가 있다. SWIFT는 국제은행간 금융결제통신망(Society of Worldwide Interbank Financial Telecommunication)의 약자로서, SWIFT L/C는 은행간에 SWIFT전산망에 의해서 송부되는 신용장으로서 금융EDI방식에 의해 신용장을 개설하는 방식이다. SWIFT에 의한 신용장의 개설은 Cable에 의한 신용장을 암호로 개설하는 방법과 비슷하며 신용장의 양식이 표준화되고 Code화되어 있다. 그러나 이 방식에 의한 서류전달체제는 송신기관과 수신기관이 모두 SWIFT시스템을 설치하고 있어야 하고, 기기조작 및 운영에도 상당한 기술을 요하므로 아직은 선진적 은행을 중심으로 통용되는 실정이다.

2. 전자선하증권

전자선하증권이란 기존의 선하증권을 발행하는 대신에 그 내용을 선박회사가 컴퓨터에 보존하여 선박회사와 송하인 혹은 수하인이 서로 전자적 방식으로 메시지를 전송하여, 운송물에 대한 소유권의 이전 및 인도를 하는 방법으로 권리의 증명은 운송인이 발급하는 개인키(Private Key)를 사용한다.

Bolero(Bill of Lading Electronic Registry Organization)는 선하증권을 비롯한 선적서류를 전자화하여 이를 상업적으로 운영하는 시스템으로서, 1994년 미국 영국 등의 선박회사, 은행 등이 참여하여 컨소시움 형태로 시작되었는데, 무역거래에 필요한 종이서류를 전자메시지로 전환하여 안전하게 교환할 수 있는 기반을 제공하는 것을 목표로 하고 있다. 볼레로시스템은 선하증권 외에 무역서류 전반을 전자화하여 무역거래의 효율성을 높이고 있다. 중앙등록기관은 정보의 안전성을 보장하기 위해 디지털 서명을 메시지 전송에 채택하고 있다. 사용자는 반드시 공개 키와 개인 키 한 쌍을 작성하여 공개 키를 등록기관에 사용자등록을 하고, 등록기관은 상호 키를 대조 사용자의 신원을 확인한다.

트레이드카드시스템이란 미국의 세계무역센터협회(WTCA : World Trade Center Association)가 개발한 국제간 전자무역시스템으로, 국제무역에서 전용 네트워크를 통해 수출입의 전과정을 자동화한 서비스이다. 선적서류를 전송함은 물론 무역금융 및 보험 · 대금결제 · 물류 등 무역에서 발생되는 모든 업무를 전용 네트워크를 통해 처리하는 것으로, 트레이드카드시스템 또는 무역카드라고도 한다. 수출대금의 지급을 운용회사가 보증하므로 기존의 무역에서 사용되던 신용장이 필요하지 않으며, 전자상거래를 이용하므로 무역업무의 처리시간을단축하고 부대비용을 절감할 수가 있다. 또한 상호간의 신뢰도를 검증하기 어려워 결제대금 회수와 상품인수에 위험성이 있었던 기존 전자상거래의 단점도 없애며, 기업의 생산성 및 현금 유동성 등도 높일 수 있다는 장점을 지닌다.

최두원 관세사의 **국제무역사** 1급

Part

II

대금결제

Chapter 01. 무역대금결제

제1절 무역대금결제 개요

1. 대금결제방식

국제무역은 서로 다른 국가 사이에 이루어지는 거래로 국내거래와는 달리 '국제성'이라는 차이가 있다. 국제무역에서 사용되는 다양한 대금결제방식으로는 크게 송금방식·추심방식·신용장방식·팩토링·포페이팅 등이 있다. 대금결제방식 별 종류·장단점·특징·당사자 별 부담하는 위험에 대한 정리가 필요하다.

〈대금결제방식〉

121

2. 대금결제수단

매수인은 매도인에게 현금을 이용하여 대금을 결제할 수 있으나 실제로는 유가증권인 어음이나 수표를 이용한다. 수표는 발행인이 일정한 금액을 수취인에게 지급할 것을 지급인인 은행에 위탁하는 증권을 의미하며 무역거래에서는 송금수표(D/D : Demand Draft)가 많이 사용된다. 어음에는 환어음(Bill of Exchange : B/E or Draft)과 약속어음(Promissory Note : P/N)의 두 종류가 있으며 무역거래에서 사용되는 어음은 대부분 환어음이고 국내에서 유통되는 어음은 대부분 약속어음이다.

제2절 환어음

1. 환어음

(1) 정의

환어음이란 어음의 발행인(drawer)이 지급인(drawee)인 제3자에 대하여 증권상에 기재된 일정금액을 증권상에 기재된 수취인(payee) 또는 그 지시인(order) 또는 소지인(bearer)에게 만기일에 일정장소에서 무조건 지불할 것을 위탁하는 요식유가증권이자 유통증권을 말한다.

즉, 환어음은 제3자에게 지급할 것을 위탁하는 증권이다. 반면 약속어음은 어음의 발행인인 자신이 만기에 일정한 어음금액을 어음상의 권리자에게 지급할 것을 무조건적으로 약속하는 유가증권이다.

<환어음과 약속어음 비교>

	환어음	약속어음
성격	지급위탁으로서 신용수단으로 사용	지급약속으로서 지급수단으로 사용
당사자	발행인, 수취인, 지급인	발행인, 수취인
발행인	채권자	채무자
담보서류	선적서류	없음
만기	일람불, 기한부	기한부
방향	역환방향	순환방향

(2) 기재사항

---

① BILL OF EXCHANGE

NO. 123456   ② APR. 1, 2015 SEOUL, KOREA

③ FOR US $28,836.25

AT ④ 90 DAYS AFTER SIGHT OF FIRST BILL OF EXCHANGE (SECOND OF THE SAME TENOR AND DATE BEING UNPAID)

③ PAY TO KOREA EXCHANGE BANK OR ORDER THE SUM OF

SAY US TWENTY EIGHT THOUSAND EIGHT HUNDRED THIRTY SIX DOLLARS TWENTY FIVE CENT ONLY

VALUE RECEIVED AND CHARGE THE SAME TO ACCOUNT OF Kalmax Garments FTY.LTD

DRAWN UNDER HSBC BANK HONG KONG

L/C NO. MGK248186   DATED 2014/03/20

⑤ TO HBSC BANK HONG KONG MONGKOK OFFICE   ⑥ *SIGNITURE*

〈환어음 예시〉

환어음은 요식증권이므로 어음의 형식적 요건을 갖추지 않으면 효력이 없게 된다. 환어음의 기재사항은 필수기재사항과 임의기재사항으로 구분할 수 있다.

〈환어음 기재사항〉

필수기재사항	임의기재사항
①번란 : 환어음 표시문자 ②번란 : 환어음 발행일과 발행지 ③번란 : 일정금액에 대한 무조건지급위탁문언 ④번란 : 만기의 표시 ⑤번란 : 지급인의 명칭 및 지급지 ⑥번란 : 발행인의 기명날인	−환어음 번호 −신용장번호 −D/P 또는 D/A 표시 −환어음의 발행매수 −환어음금액의 숫자표시 등

환어음의 만기표시와 관련하여 기한부환어음의 경우 일람후정기출급(예 At xx days after sight)환어음의 경우 지급인에게 제시된 날로부터 xx일이 지난 후에 어음 만기일이 된다. 일부후정기출급(예 At xx days after date of draft)환어음의 경우 어음이 발행되고 난 후 일정기간이 지난 후 어음의 만기일이 된다. 확정일출급(예 On fixed date)의 경우 어음상의 확정한 날이 만기일이 된다.

(3) 당사자

1) 발행인(Drawer)

발행인은 환어음을 작성하여 발행하고 서명하는 채권자로서 무역에서는 매도인인 수출자가 대금을 회수하기 위해 환어음을 발행한다.

2) 수취인(Payee)

수취인은 환어음금액을 지급받을 권리가 있는 자를 말한다. 발행인이 될 수도 있고 발행인이 지정하는 제3자가 될 수도 있다. 매입신용장의 경우 매입은행이 수취인이 되며 일람지급·연지급·인수신용장의 경우 발행인이 수취인이 된다.

3) 지급인(Drawee)

지급인은 환어음의 금액을 만기일에 지급할 것을 위탁 받은 채무자이다. 신용장거래에서 지급인은 은행이 되지만, 추심거래에서 지급인은 매수인이 된다.

(4) 분류

1) 운송서류 첨부 여부에 따른 분류

① 화환어음(Documentary Bill of Exchange)
  선하증권 등의 선적서류(또는 상업서류)가 첨부된 환어음으로 상품의 무역거래에 주로 이용된다.
② 무화환어음(Clean Bill of Exchange)
  선적서류를 첨부하지 않고 발행한 환어음을 무화환어음이라고 한다. 용역이나 서비스에 대한 무역거래와 같이 상품이 이동하지 않는 거래에 대한 결제 시 이용된다.

2) 지급만기일에 따른 분류

① 일람불(일람출급)환어음(Sight Draft/Bill)
  환어음이 지급인에게 제시되면 즉시 결제가 이루어지는 어음을 말한다. 추심방식 중 D/P, 일람지급신용장·일람매입신용장과 같은 일람불신용장에서 이용된다.
② 기한부환어음(Usance Draft/Bill)
  환어음이 발행되거나 제시된 후 일정기간이 지난 후에 지급되는 어음을 말한다. 추심방식 중 D/A, 인수신용장·기한부매입신용장과 같은 기한부신용장에서 이용된다.

(5) 발행방식과 배서

환어음의 발행방식이란 환어음의 수취인을 어떻게 결정하는지에 따라 기명식, 지시식, 소지
인식 등으로 구분된다. 지시식으로 발행된 경우에는 배서(Endorsement)를 통해 제3자에게
환어음을 유통(양도)할 수 있다. 배서란 증권상의 권리자가 그 증권에 소요사항을 기재하고
서명하여 이를 상대방에게 교부하는 행위를 말하며 어음을 양도하는 사람을 배서인
(endorser), 양도받는 사람을 피배서인(endorsee)이라고 한다.

기명식 환어음의 경우 원칙적으로 양도가 불가능하나 우리나라 어음법에 의하면 환어음은 지
시식 뿐만이 아니라 기명식 환어음도 양도가 가능하다. 또한 소지인식 환어음의 경우에는 단
순교부에 의하여 양도가 가능하다.

1) 기명식 배서(Full Endorsement)

Pay to ABC bank : 피배서인을 명시한 배서이다.

2) 지시식 배서(Order Endorsement)

Pay to the order of ABC bank : 피배서인의 지시에 따라 지급하라는 배서이다.

3) 백지 배서식(Blank Endorsement)

Pay to the order of : 피배서인을 기재하지 않고 배서인이 단순히 배서문구만을 기재하고
기명날인한 배서이다. 주의할 것은 배서는 어음에 배서의 기재를 하고 기명날인 또는 서명하
는 것만으로는 어음상의 권리를 이전할 수 없고 이에 덧붙여 상대방과의 합의에 의한 교부가
있어야 한다.

(6) 상환청구권(Recourse)

어음상 상환청구권(recourse) 또는 소구권이란 어음의 지급이 거절됐을 경우 발행인, 배서
인 등에게 변상을 청구할 수 있는 권리를 말한다. 이러한 어음의 상환청구권 또는 소구권은
어음을 취득하기 위해 대가를 지급한 소지인을 보호하기 위한 장치이다. 우리나라 어음법에
서는 어떠한 경우에도 상환청구권을 인정한다. 이처럼 상환청구권을 인정하는 경우를 소구
권방식(with recourse)이라 하며 상환청구권이 인정되지 않는 경우를 무소구방식(without
recourse)이라고 한다.

Chapter 02. 무역대금결제 방식

제1절 송금방식

1. 개요

송금(Remittance)결제방식은 채무자인 매수인이 채권자인 매도인에게 물품에 대한 대가를 송금하여 채무를 종료하는 것을 말한다. 송금방식에서 서류 및 물품은 은행을 경유하지 않고 매수인에게 직접 송부된다.

송금의 경우 환어음이 발행되지 않으며, 적용되는 국제규칙이 없다. 은행의 대금지급 확약이 없으므로 수수료가 저렴하고 절차가 간편하다. 매도인은 수출대금 미회수 위험에 매수인은 수입물품 미확보 위험에 노출된다.

송금의 경우 그 방식에 따라서 수표송금(D/D : Demand Draft), 우편송금(M/T : Mail Transfer), 전신환 송금(T/T : Telegraphic Transfer)으로 구분되며 전신환 송금이 현재 가장 많이 활용된다. 또한 대금지급 시기에 따라 사전송금, 동시송금, 사후송금으로 구분된다.

2. 전신환 송금(T/T : Telegraphic Transfer)

전신환 송금은 T/T(Telegraphic Transfer), T/T in advance 또는 Wire transfer라고 표현된다. 매수인의 요청에 따라 송금은행이 지급은행 앞으로 매도인에게 일정 금액을 지급하여 줄 것을 위탁하는 지급지시서를 전신으로 보내는 방식으로서 매도인은 즉시 수출대금을 회수할 수 있다. 우편송금(M/T : Mail Transfer)은 지급지시서를 우편으로 보내고, T/T는 전신으로 보낸다는 차이가 있다.

3. 시기에 따른 구분

(1) 사전송금방식

사전송금방식은 매도인인 수출자의 물품 선적 전에 매수인인 수입자가 무역대금을 수출자에게 미리 송금하여 지급하고 수출자는 계약서의 약정기일 이내에 계약물품을 선적하는 방식이다. 사전송금방식을 단순송금방식(Advance Payment), 선지급방식(Payment in Advance or Cash in Advance), 'CWO(Cash With Order)' 또는 'T/T in Advance', 'Prior to Ship'이라고 도 한다. 수출자의 입장에서 대금을 미리 받는 방법이므로 가장 좋은 대금회수 방식이라고 할 수 있다.

그러나 수입자의 입장에서는 물품을 받기 전에 미리 대금을 지급하는 것이기 때문에 이에 대해서 안심할 수 없다면 대금을 선지급하기 전에 수출자로부터 은행의 선수금환급보증서(Advance Payment bond)를 받은 후 대금을 선지급하면 안전한 거래를 할 수 있다.

(2) 동시지급송금방식

1) 상품인도결제방식(COD : Cash On Delivery)

수출자인 매도인이 물품 선적을 한 뒤 선적서류를 수입국에 있는 자신의 대리인에게 송부하여 상품이 수출국에 도착하면 매수인인 수입자가 검사 후에 상품을 인도받으면서 대금을 결제하는 방식이다. 수입자 입장에서는 직접 물품을 검사하고 품질을 정확히 파악한 후에 대금 지급 여부를 결정할 수 있다. 귀금속, 다이아몬드 등 고가품 거래 시 사용된다.

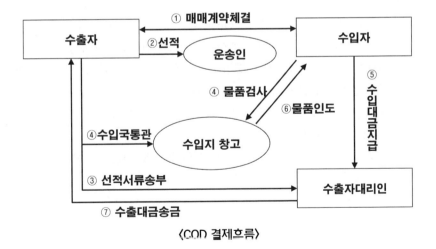

〈COD 결제흐름〉

2) 서류상환결제방식(CAD : Cash Against Documents)

수출자인 매도인이 물품을 선적하고 선하증권 등 선적서류를 수출국에 소재하는 매수인인 수입자의 지사나 대리인에게 제시하여, 당해 서류와 상환으로 대금의 결제가 이루어지도록 하는 방식이다. 이 방식의 거래에서는 수입자의 지사나 대리인 등이 수출국 내에서 물품의 제조과정을 점검하거나 수출물품에 대한 선적 전 검사(PSI : Pre-Shipment Inspection)를 실시한다. CAD 방식이 은행을 통해 이뤄지면 추심 중 D/P 방식과 유사하지만 환어음이 발행되지 않는다는 점이 다르며, 유럽식 D/P 방식이라고도 한다.

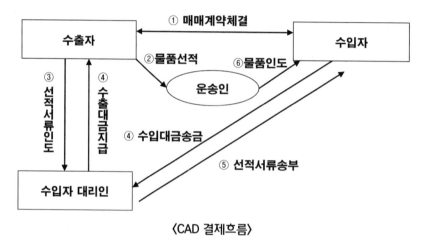

〈CAD 결제흐름〉

(3) 사후송금방식

사후송금방식의 예로서 청산계정(O/A : Open Account)이 있으며 O/A는 장부결제로서 사전송금방식과는 반대로 거래 당사자 상호간에 수출입이 빈번히 발생하는 경우 매 거래마다 대금을 결제하지 않고 일정 기간 동안(例 3개월, 6개월, 9개월, 1년 등) 발생한 채권과 채무를 상계하여 그 잔액만을 결제하는 방식이다. Open Account는 '선적통지 조건부 사후송금 결제방식'이라고 하며 수출자가 물품 선적을 완료하고 수입자에게 선적사실을 통지함과 동시에 채권이 발생하는 거래를 의미한다.

예를 들어 수출자과 수입자가 60일 T/T 외상거래를 합의 했을 때, 'O/A 60days'라고 합의하였다면 이는 수출상이 제품을 선적하고 선적일로부터 60일째 되는 날 수입상이 대금을 지급하겠다는 의미로 해석한다.

제2절 추심방식

1. 개요

추심방식이란 매도인인 수출자가 환어음을 발행하고 매수인인 수입자에게 물품을 선적한 후에 수입자가 요구하는 선적서류를 은행을 통해 매수인에게 제시하면 매수인이 그 어음에 대해 지급 또는 인수하여 결제하는 방식을 말한다. 추심방식에는 대금지급 시기에 따라서 D/P와 D/A가 있으며 추심방식과 관련된 국제규칙으로서 ICC(국제상업회의소)에서 제정한 추심에 관한 통일 규칙(URC : Uniform Rules for Collection)이 있다. 대금결제방식을 추심방식으로 택한 경우 매도인을 추심의뢰인(Principal), 매도인의 거래은행을 추심의뢰은행(Remitting bank), 매수 인의 거래은행을 추심은행(Collecting bank)이라 한다.

〈추심과 송금의 비교〉

구분	추심	송금
선적서류 흐름	은행이 개입	매도인이 매수인에게
대금지급책임	매수인	매수인
환어음	발행 ○	발행 ×
국제규칙	URC 522	국제규칙 없음

2. 종류

(1) 지급인도조건(D/P : Documents against Payment)

매도인이 물품을 선적한 후 관련서류가 첨부된 일람지급환어음을 매수인을 지급인으로 발행 하여 자신의 거래은행인 추심의뢰은행에 추심을 의뢰하면, 추심의뢰은행은 그러한 서류가 첨부된 환어음을 수입국의 추심은행으로 보내 추심을 의뢰하고, 추심은행은 그 환어음의 지급인인 매수인으로부터 환어음을 제시하여 대금을 지급 받음과 동시에 서류를 인도한다.

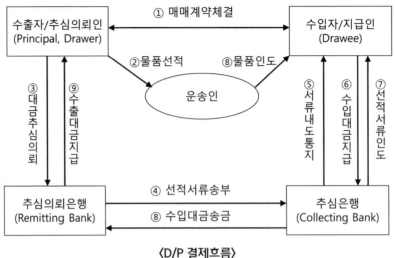

〈D/P 결제흐름〉

(2) 인수인도조건(D/A : Documents against Acceptance)

매도인이 물품을 선적한 후 관련서류가 첨부된 기한부환어음을 매수인을 지급인으로 발행하여 자신의 거래은행인 추심의뢰은행에 추심을 의뢰하면, 추심의뢰은행은 그러한 서류가 첨부된 환어음을 수입국의 추심은행으로 보내 추심을 의뢰하고, 추심은행은 그 환어음의 지급인인 매수인으로부터 환어음의 인수(acceptance)를 받으면서 서류를 인도하고 그 어음의 만기일에 매수인으로부터 대금을 지급 받아 추심의뢰은행으로 송금하여 결제하는 방식이다.

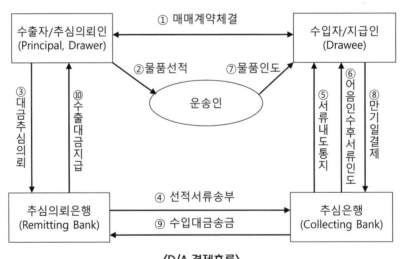

〈D/A 결제흐름〉

〈D/P와 D/A의 비교〉

구분	D/P	D/A
환어음 종류	일람출급	기한부
선적서류 인도	지급(Payment)을 해야 서류를 인도	환어음 인수(Acceptance)만으로 서류를 인도
위험	매도인의 대금회수 불능위험이 낮음	매도인의 대금회수 불능위험이 높음

(3) D/P Usance

D/P Usance 거래란 수입상의 거래은행인 추심은행이 Usance 기간 동안 추심서류를 보관하고 있다가 환어음 만기일에 매수인에게 제시하여 대금의 지급과 상환으로 서류를 인도하는 방식의 거래를 말한다.

D/P Usance 방식은 서류도착 즉시 추심은행이 매수인에게 인도하지 아니하고 명시된 기간이 경과한 후에 수입상에게 수입대금을 받고 서류를 인도해 주는 D/P거래의 한 형태로 이는 서류가 물품보다 일찍 도착한 경우 등에 매수인의 자금부담 등을 덜어주기 위해 만들어진 형태이다.

만약, 결제조건에 대한 표현이 "D/P at 30 days after B/L date"라고 되어 있으면 이는 D/P Usance로서 추심은행은 서류가 도착하였더라도 매수인에게 "선적일로부터 30일의 날짜"에 서류를 인도하여야 한다.

D/P Usance에서 일람 후 정기출급 방식의 환어음은 적합하지 않으며 일부 후 정기출급 방식의 환어음이 적합하다.

또한 추심은행은 추심업무 처리 시 D/P Usance를 D/A로 착각하여 매수인의 결제가 이루어지지 않은 상태에서 서류를 인도해서는 안 된다.

3. 당사자

(1) 추심의뢰인(Principal)

추심의뢰인은 선적 후 거래은행에 추심을 의뢰하는 매도인으로서 환어음을 발행한 발행인(Drawer), 무역거래의 수출자(Exporter), 매수인에 대한 채권자(Creditor)이기도 하다.

(2) 추심의뢰은행(Remitting bank)

추심의뢰은행은 추심의뢰인으로부터 추심을 의뢰받은 수출국의 은행으로서 매도인이 제시한 환어음과 선적서류를 추심은행으로 송부하면서 대금의 추심을 의뢰한다.

(3) 추심은행(Collecting bank)

추심은행은 추심의뢰은행이 요청한 추심의뢰서에 따라 환어음 지급인에게 추심하는 은행을 말한다. 추심은행은 추심의뢰서에 기재된 지시를 따를 수 없다면 그 취지를 추심의뢰은행에 즉각적으로 통지하여야할 뿐만 아니라 추심의 결과도 통지해야 한다. 추심은행 중 매수인에게 직접 환어음과 선적서류를 제시하는 은행을 제시은행(Presenting bank)이라고 한다.

(4) 지급인(Drawee)

추심에서 환어음의 지급인은 매수인으로서 추심지시서에 따라 제시를 받아야 하는 자를 말한다. 매도인에 의하여 발행된 환어음에 대하여 D/P 방식에서는 즉시 대금을 지급해야 하며, D/A 방식에서는 인수 후 만기일에 대금을 지급해야 한다.

제3절 신용장방식

1. 개요

(1) 신용장 개념

신용장(Letter of Credit)이란 개설은행의 조건부지급확약서로서 어떤 조건이 이루어진다면 지급을 확실히 약속하고 반대로 그러한 조건이 이루어지지 않는다면 지급을 하지 않겠다는 의미이다. 신용장이란 그 명칭이나 표현에 상관없이 취소불능이며 일치하는 제시를 지급하고 이행할 개설은행의 확약을 구성하는 모든 약정을 말한다.

무역거래의 당사자들은 신용위험, 상업위험, 환위험, 운송위험, 비상위험 등에 직면하는데 특히나 매도인의 입장에서는 매수인이 대금을 지급할 수 있을지에 대한 신용위험(Credit risk), 매수인의 입장에서는 계약에 일치된 물품을 약속기간 내에 입수할 수 있을지에 대한 상업위험(Mercantile/Commercial risk)이 있다.

이러한 측면에서 신용장은 매수인의 거래은행이 매수인을 대신해서 매도인에게 대금지급을 약속함으로써 매도인은 이러한 은행의 약속을 신뢰하여 물품을 선적할 수 있다. 다만, 매도인이 대금지급을 받기 위해서는 은행에 제시하는 서류가 신용장에서 요구한 조건과 일치해야 하므로 매수인의 입장에서는 계약과 일치하는 물품의 입수를 간접적으로나마 확보할 수 있게 된다.

(2) 효용성

1) 매도인(수익자)

① 수출대금 회수보장

개설은행의 신용으로 물품대금지급이 약속되므로 대금 회수가 확실하다.

② 매매계약 이행보장

신용장이 개설되면 체결된 계약의 일방적인 취소 또는 변경 등을 할 수 없어 거래가 확정된다.

③ 외환변동위험 회피

수입국의 외환시장 악화에 따른 대외지불 중지 등 환결제 위험을 회피할 수 있다.

④ 수출대금 신속회수

물품이 선적되면 수출자 소재지의 은행이 신용장을 매입하므로 즉시 수출대금 회수가 가능하다.

⑤ 무역금융 활용가능

입수한 신용장을 담보로 은행으로부터 무역금융 지원을 받을 수 있으며, 이것을 활용하여 자기자금이 부족하더라도 수출이 가능하다.

2) 수입자에 대한 효용

① 상품인수 보장

수출자는 대금회수를 위해 신용장에서 요구한 각종서류를 정확히 제시해야 하므로 계약상품이 제대로 선적될 것이라는 확신을 가질 수 있다.

② 상품인수시기 예측가능

신용장에는 최종선적일과 유효기간이 명시되어 있어 계약상품이 적기에 도착할 것이라고 확신할 수 있다.

③ 대금결제 연기효과

기한부신용장을 개설한 경우에는 환어음에 대한 인수와 함께 선적서류를 찾을 수 있으므로 수입상품을 판매한 후 만기일에 수입대금을 상환할 수 있어 자기자금이 부족하여도 수입이 가능하다.

2. 특성

(1) 독립성(Principle of independence)

독립성이란 매도인과 매수인 당사자 간에 체결된 매매계약은 신용장 계약과는 별도이며 독립적이라는 것이다. 즉, 신용장 계약은 매매계약에 의해 제약을 받지 않는다는 것이다. 그러므로 은행은 어떠한 경우에도 매매계약 또는 기타 신용장 발행에 근거가 되는 계약상의 조건을 제기하는 주장에 대하여 책임과 의무를 지지 않는다.

(2) 추상성(Principle of abstraction)

추상성이란 신용장은 서류거래이기 때문에 신용장 거래의 대상은 서류인 것이지 서류와 관련된 물품, 용역 또는 기타 계약이행이 아니라는 의미이다. 그러므로 은행은 매도인이 제출한 서류만을 가지고 심사를 하고 대금지급 여부를 결정하는 것이지 제출된 서류의 진위여부, 매도인과 매수인이 약정한 물품이 선적되었는지 여부 등에 대해서는 관여하지 않는다.

(3) 독립성과 추상성의 한계

신용장의 독립성과 추상성은 서류에 의한 결재를 원칙으로 한다는 측면에서 은행의 대금결제를 원활하게하기 위하여 불가피한 것이기는 하나 실물거래인 무역거래를 완벽하게 보장할 수는 없는 한계성을 동시에 지니게 된다. 매수인의 입장에서 신용장이 물품의 품질을 완전하게 보장할 수는 없으며 매도인의 입장에서는 약정된 물품을 공급하였더라도 서류상의 하자로 인한 대금결제의 지연 또는 지급 거절을 방지할 수는 없다.

(4) 엄밀일치의 원칙과 상당일치의 원칙

은행은 제시된 서류에 대하여 서류를 심사하여 대금지급 여부를 결정한다. 이러한 은행의 서류심사 원칙에는 엄밀일치의 원칙(Doctrine of strict compliance)과 상당일치의 원칙(Doctrine of substantial compliance)이 있다.

엄밀일치의 원칙에 따르면 은행은 제시된 서류의 심사 시 신용장조건의 문언에 엄격하게 일치된 서류에 한하여 대금을 지급해야 한다는 원칙으로서 그러한 일치가 마치 거울에 비춰 보는 것처럼 똑같아야 한다는 것이다. 반면 상당일치의 원칙에 따르면 제시된 서류가 신용장 내용과 충돌하지 않고 신용장 조건을 위반하는 사항이 아닌 사소한 오류라면 신용장의 조건에 일치하는 것으로 본다. 근래에는 무역거래에서 신용장의 활발한 사용을 위하여 상당일치의 원칙이 인정되고 있으나 보수적인 입장에서 엄격일치 원칙에 따라 심사를 하는 경우가 많다.

(5) 사기거래배제 원칙(Fraud rules)

제시된 서류가 신용장의 조건에 엄격히 일치하더라도, 그것이 위조 또는 사기로 작성됐음이 밝혀지면 독립성·추상성의 적용을 배제하고 신용장의 대금지급이 중단될 수 있다는 이론이다. 이러한 경우 개설의뢰인이 개설은행에 대금지급정지 요청을 하거나 법원의 지급금지명령(Injunction)을 획득할 수 있다. 다만, 법원의 지급금지명령에 대한 결정은 신중해야 한다. 신용장은 서류거래를 원칙으로 하고 있기 때문이다. 또한 법원의 지급금지명령은 개설은행의 대금지급 이전이어야 효력이 있다.

3. 당사자

신용장거래에 관계되는 자를 당사자라고 하며 여러 당사자 중 개설은행, 확인은행, 그리고 수익자를 신용장 거래의 기본 당사자라고 하며 이들은 신용장 거래에서 직접적인 권리와 의무를 지니는 자를 말한다. 이에 해당하지 않는 당사자를 기타 당사자라고 한다.

(1) 기본 당사자

1) 개설은행(Issuing Bank)

개설은행은 개설의뢰인의 요청에 따라 수익자(beneficiary) 앞으로 신용장을 개설하는 은행을 말한다. 일반적으로 매수인의 주거래은행으로서 신용장 조건과 일치하는 서류의 제시에 대하여 대금지급확약의 의무를 부담하는 주체이다.

2) 확인은행(Confirming bank)

확인은행은 개설은행의 지급확약을 추가로 확약해주는 은행으로서 개설은행의 신용도에 문제가 있는 경우 확인은행을 추가한다.

3) 수익자(Beneficiary)

수익자란 신용장을 개설 받는 당사자를 말하며 개설된 신용장을 수취하여 이에 요구된 모든 조건을 일치시키는 서류를 제시함으로써 대금의 결제를 받아 이익을 얻는 자로서 매매계약의 매도인이다.

(2) 기타 당사자

1) 개설의뢰인(Applicant)

개설의뢰인은 자기의 거래은행인 개설은행에 신용장을 개설하여 줄 것을 요청하는 자로서 매매계약의 매수인이다.

2) 통지은행(Advising Bank)

통지은행은 개설은행의 요청에 따라 신용장을 수익자에게 통지하는 은행을 말한다. 신용장의 개설은행은 대부분의 경우 자신이 개설한 신용장을 수익자의 소재지에 있는 자기의 본·지점 또는 환거래은행을 경유하여 수익자에게 통지한다.

3) 지정은행(Nominated Bank)

① 지급은행(Paying Bank)

지급은행은 개설은행을 대신해서 수익자에게 대금을 지급하는 일람지급 또는 연지급 은행을 말한다. 일반적으로 지급은행은 개설은행의 예치환거래은행으로서 대금을 지급할 때마다 예금계정에서 당해 계정을 차감하므로 지급과 동시에 상환을 받는다.

② 인수은행(Accepting Bank)

인수은행은 수익자가 발행한 환어음을 인수하고 어음의 만기에 대금을 지급하는 은행이다.

③ 매입은행(Negotiating Bank)

매입은행은 신용장과 일치하는 제시에 대하여 개설은행으로부터 대금을 지급 받기 전에 미리 선지급하거나 선지급하기로 약정하고 환어음 또는 선적서류 또는 환어음과 선적서류를 매수(purchase)하는 은행이다.

4) 상환은행(Reimbursing Bank)

상환은행은 개설은행을 대신하여 지정은행에 대금을 상환하는 은행을 말하며 상환은행이 지정은행에 대해 지급이행한 경우, 이러한 상환은행의 지급이행에 대하여 개설은행은 상환은행에게 대금상환의무를 부담하게 된다. 지정은행과 개설은행이 본·지점 또는 예치환거래은행 간이 아닌 경우 또는 결제통화가제3국의 통화인 경우 상환은행이 당사자로 참여하게 된다.

4. 거래절차

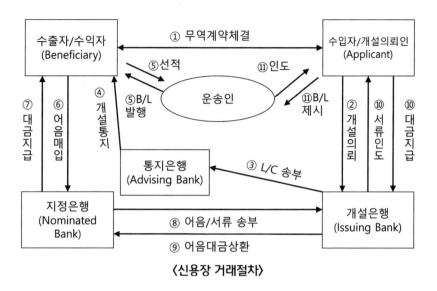

〈신용장 거래절차〉

(1) 신용장 개설의뢰

매수인(개설의뢰인 : Applicant)이 자신의 거래은행(개설은행 : Issuing Bank)에게 신용장의 개설을 요구하는 것을 말한다. 의뢰 시 신용장은 매도인 앞으로 개설되도록 한다.

취소불능화환신용장발행신청서
(Application for Irrevocable Documentary Credit)

TO : WOORI BANK　　　　　　　　　　　　　　　　　　* 표시가 있는 항목은 필수 입력사항입니다.

외환거래점 *	D101　선택　영업부	신청일자	2013 ▼ 년 02 ▼ 월 25 ▼ 일
신용장번호	MD101-302-NU	용도코드 *	N - 일반내수용 ▼
BIC CODE			
Advising Bank	BANK OF AMERICA, N.A		
Applicant *	DAE CHANG GREEN TECH CO., LTD 104 SOTO-RI SANG BUK-MYUN SANSI		
Beneficiary *	HOLLINGSWORTH AND VOSE COMPANY 112 WASHINGTON STREET		
	02032, USA TEL : 508 668 0295 FAX : 508 668 4046		

32B	AMOUNT *	USD ▼　　18812 . 40
39A	Credit Amount Tolerance	More 05　% / Less 03　%
31D	Date and Place of Expiry *	2013 ▼ 년 02 ▼ 월 25 ▼ 일　IN BENEFICIARY'S COU
44C	Latest Date of Shipment *	2013 ▼ 년 02 ▼ 월 25 ▼ 일
42C	Drafts at... *	☑ At Sight　☐ Reimbursement(상환방식)　☐ Remittance(송금방식) ☑ usance :　☑ Banker's　☐ Shipper's 90　DAYS AFTER SIGHT ▼
46A	Document Required	☑ FULL SET ▼ of clean on board ocean of lading made out to THE ORDER OF WOOR marked Freight (☐ collect / ☑ prepaid) and Notify APPLICANT ☐ Airway bills consigned to marked Freight (☐ collect / ☐ prepaid) and Notify ☑ Insurance policy or certificates in duplicate, endorsed in blank for 110 percent of the invoice value, stipulating that claims are payable in the curency of the draft and also indicating a claim-setting agent in korea coveriong institute cargo clauses ALL RISK ☑ Signed Commercial Invoice in TRIPLICATE ☑ Packing List in TRIPLICATE ☑ Other Documents (100 Line 까지 가능) CERTIFICATE OF ORIGIN IN TRIPLICATE
45A	Description of goods and/or seevice	HS-CODE 1111 - 11 - 1111 HS code는 관세청 통계자료로 해외발송 전문에 미반영 되오니, 필요시 상품명세 내에 입력 바랍니다. Country of Origin USA Price Term CIF BUSAN PORT Commodity Description (100 Line까지 가능) FILTER PAPER FA 6279 1) WIDTH : 655MM 3,000KG USD5.14/KG USD15,420.00 2) WIDTH : 695MM　666KG USD5.14/KG USD　3,392.40

Port of Loading/ Airport *	NORTH AMERICAN PC	Port of Discharge/Airport *		BUSAN PORT
Place of Taking in charge		Place of Final destination		

43P	Partial Shipments *	☐ Allowed ☑ Prohibited
43T	Transhipment *	☐ Allowed ☑ Prohibited
49	Confirmation Instructions	Without ▼ Confirmation charge is for account of ☐ Beneficiary ☐ Prohibited
	Transferable	☐ Allowed (Transfering Bank :) Documents must be presented within ____ days after the date of shipment but within the expiry date of this credit
71B	Charges *	All banking charges outside korea are for account of ☑ Beneficiary ☐ Applicant ☐ Other ❓
47A	Additional Conditions	☐ Late presentation(Stale) B/L acceptable ☐ T/T Reimbursement : ☐ Allowed ☐ Prohibited ☐ The number of this credit must be indicated in all documents ☑ Other Documents (100 Line 까지 가능) IF SHIPPER SEND US THE SAMPLE, THE SAMPLES TO BE NICLUDED IN THE SAMPLE B/L.

위와 같이 신용장 발행을 신청함에 있어서 따로 제출한 외국환거래약정서의 해당 조항을 따를 것을 확약하며,
아울러 위 수입물품에 관한 모든 권리를 귀행에 양도하겠습니다.
(THIS CREDIT IS SUBJECT TO THE ICC UCP600.)

인감 및 원본확인

승 인 신 청 번 호 :   주   소 :
고 객 번 호 :   신 청 인 :   (인)

접 수 번 호 :

◆주식회사 우리은행

〈신용장 개설 신청서〉

(2) 신용장 개설

매수인과 자신의 거래은행과의 약정에 따라 수입대금 결제를 위해 신용장 발행을 은행에 의뢰하면 은행이 신용장을 개설하는 것을 신용장 개설이라고 한다. 개설은행은 신용장 조건을 명시하고 통지은행 앞으로 우편 또는 전신을 이용하여 발행한다. 현대는 전신에 의한 개설이 일반적이며 전신에 의한 신용장 개설 후 수익자 소재지의 통지은행에게 스위프트(SWIFT), 팩스, 가입전신(Telex), 전신(Cable)을 이용하여 전송한다.

(3) 신용장 통지

개설은행은 일반적으로 개설의뢰인의 거래은행으로서 수입국에 소재하므로 수출국에 있는 수익자에게 신용장을 직접적으로 전달하는 것이 어렵다. 따라서 통상적으로 수출국에 소재하는 통지은행(Advising Bank)으로 송부하여 수익자에게 통지하여 줄 것을 요청한다. 통지은행은 개설은행으로부터 수취한 신용장의 외견상 진정성(Apparent Authenticity)을 확인하여야 한다.

(4) 은행의 지급 · 인수 · 매입

매도인인 수익자는 신용장을 수취하여 수출을 이행하고 신용장의 조건과 일치하는 서류(상업송장, 운송서류, 보험서류 등)를 구비하여 지정은행에서 제시한다. 지정은행은 제시된 서류를 검토하여 일치하는 제시를 구성한다고 판단하면 신용장의 사용방법에 따라 일람지급 · 연지급 · 인수 · 매입을 행한다.

(5) 신용장대금 정산

일람지급 · 연지급 · 인수 · 매입을 행한 지정은행은 제시 받은 서류를 개설은행 또는 확인은행으로 송부하여 수익자에게 일람지급 · 연지급 · 인수 · 매입한 대금을 상환청구 한다. 만약 별도의 상환은행(Reimbursing Bank)이 존재하는 경우 지정은행은 수취한 서류는 개설은행 또는 확인은행에 송부하고 상환은행에 대금에 대한 상환청구를 한다.

5. 종류

신용장은 기준에 따라 다양한 분류가 가능하다. 예를 들면 확인유무에 따라 확인신용장, 비확인신용장으로 구분하며, 대금지급시기에 따라 일람불신용장, 기한부신용장, 할부신용장, 선대신용장으로 구분하기도 한다.

(1) 선적서류 제출 여부에 따른 구분

선하증권 등의 선적서류를 제출할 의무가 있는지에 따라 구분되며 물품의 매매계약에서는 주로 화환신용장이 용역 · 서비스 매매계약에서는 주로 무화환신용장이 사용된다.

1) 화환신용장(Documentary Credit)

신용장 개설은행이 매도인(수익자)이 발행한 환어음에 신용장 조건과 일치하는 상업송장, 운송서류, 보험서류, 원산지증명서 등의 선적서류를 첨부할 것을 조건으로 하여 대금지급을 확약하는 신용장이다.

2) 무화환신용장(Clean Credit)

용역 · 서비스 매매계약에서는 주로 무화환신용장이 사용되며 이러한 계약에서는 물품의 선적을 수반하지 않으므로 선적서류가 발행되지 않는다. 무화환신용장에서 수익자가 대금지급을 받기 위해서는 선적서류가 아닌 채무불이행증명서와 같이 당사자 일방의 계약 불이행을 입증하는 서류를 제시해야 한다. 무화환신용장은 입찰보증(Bid Bond), 이행보증(Performance Bond), 하자보증(Warranty Bond), 지급 보증 등에 사용되며 보증신용장(Standby Credit)이 대표적인 무화환신용장이다.

(2) 대금지급시기에 따른 구분

서류의 일치하는 제시에 대해 은행이 바로 신용장 대금을 지급하는 방식인 일람불 신용장과 제시 이후에 일정기간 경과 후 대금을 지급하는 방식인 기한부 신용장으로 구분된다.

1) 일람불신용장(Sight Credit)

일람불신용장에는 일람지급신용장과 일람매입신용장이 있다. 일람불신용장은 서류의 일치하는 제시에 대해 은행이 바로 신용장 대금을 지급하는 신용장을 의미한다.

2) 기한부신용장(Usance Credit)

기한부신용장에는 연지급신용장, 인수신용장, 기한부매입신용장이 있다. 기한부신용장은 서류의 일치하는 제시에 대해 은행이 일정기간 경과 후 신용장 대금을 지급하는 신용장을 의미한다. 기한부 신용장은 개설의뢰인인 매수인에게 신용공여를 함으로써 외상매입을 가능하게 하는데 신용을 공여한 자가 매도인인 경우 Seller's Usance라고 하며, 은행인 경우 Banker's Usance로 구분한다.

(3) 사용방법에 따른 구분

1) 일람지급신용장(Sight Payment Credit)

일람지급신용장이란 신용장 조건에 일치하는 서류가 은행에 제시되면 은행은 일람 후 서류와 상환으로 즉시 신용장금액이 지급되는 신용장을 의미한다. 일람지급신용장에서는 환어음이 발행되지 않는 것이 일반적이고 예외적으로 환어음의 발행을 요구할 수 있다.

2) 연지급신용장(Deferred Payment Credit)

연지급신용장이란 신용장 조건에 일치하는 서류가 은행에 제시되면 은행은 연지급약정서(Deferred Payment Undertaking)를 발행하고 정해진 만기에 신용장금액이 지급되는 신용장을 의미한다. 연지급신용장에서는 환어음이 발행되지 않는다.

3) 인수신용장(Acceptance Credit)

인수신용장이란 신용장 조건에 일치하는 서류가 은행에 제시되면 은행은 환어음을 인수(Acceptance)하고 환어음의 만기에 지급하겠다고 확약한 후 만기에 신용장금액이 지급되는 신용장을 의미한다. 인수신용장에서는 기한부환어음(Usance draft)이 발행된다.

4) 매입신용장(Negotiation Credit)

매입(Negotiation)이란 은행이 신용장과 일치하는 제시에 대해 환어음 또는 서류 또는 환어음과 서류를 수리하고 그 가액을 지급하는 것을 말한다. 신용장 개설은행은 매입할 수 없으며 지정된 은행만이 매입을 할 수 있다. 매입신용장에 대하여 매입할 수 있는 은행이 지정되어 있는 경우 매입제한신용장(Restricted Credit)이라고 하며 어떠한 은행도 매입할 수 있는 신용장을 자유매입신용장(Freely Negotiable Credit)이라고 한다. 매입신용장에서는 일반적으로 환어음이 발행되며 일람불 또는 기한부 중 어느 것이나 발행할 수 있다.

〈지급 · 인수 · 매입신용장과 환어음〉

구분	일람지급	연지급	인수	매입
환어음 발행여부	일반적으로 발행하지 않음 예외적으로 발행함	발행하지 않음	발행함	일반적으로 발행함 예외적으로 발행하지 않음
환어음 종류	만약 발행하는 경우 일람지급	–	기한부	일람지급 또는 기한부
환어음 지급인	만약 발행하는 경우 일람지급은행	–	인수은행	개설은행 (수취인은 매입은행)

(4) 확인추가 여부에 따른 구분

확인신용장(Confirmed credit)은 확인은행의 확인이 추가되어 있는 신용장을 말한다. 신용장 개설은행의 신용도가 좋지 않거나 개설은행 이 소재한 국가의 정치적 또는 경제적 위험이 있을 경우에 개설은행과는 별도로 확인은행의 확인이 추가된 신용장을 말한다. 일반적으로 통지은행이 확인은행을 겸하는 경우가 많다. 확인은행의 확인이 추가되지 않은 신용장을 미확인신용장(Unconfirmed credit)이라고 한다.

(5) 취소가능 여부에 따른 구분

취소가능신용장(Revocable Credit)은 신용장이 발행된 후 개설은행이 수익자에게 사전에 통고함이 없이 언제라도 신용장의 조건을 변경하거나 신용장 자체를 취소할 수 있는 신용장을 말한다. 취소불능신용(Irrevocable Credit)은 개설은행이 신용장 발행 후 수익자에 대하여 일방적으로 이를 변경하거나 취소 할 수 없는 신용장으로 신용장상에 "Irrevocable"이라는 표시가 있거나 혹은 아무런 표시가 없어도 취소 불능신용장으로 간주한다. 무역거래에서 이용되는 신용장은 대부분 취소불능신용장이다.

(6) 상환청구가능 여부에 따른 구분

수익자에게 대금을 지급한 지정은행이 개설은행으로부터 상환 받지 못하는 경우 수익자에게 지급한 대금의 상환을 청구할 수 있는지 여부에 따라 신용장을 구분한다. 신용장상에 'With recourse'라고 표시되어 있거나 별도 표시가 없으면 모두 상환청구가능신용장으로 인정되어 수익자에게 상환청구 할 수 있으며 'Without recourse'라고 기재된 경우만 상환청구불능신용장으로서 수익자에게 상환청구 할 수 없다.

다만, 우리나라를 포함한 일부 국가에서는 상환청구불능신용장을 인정하지 않는다.

(7) 기타 신용장

1) 전대신용장(Red Clause/Packing Credit)

전대신용장은 수익자에게 수출물품의 선적 전에 물품의 생산·집화 또는 구입자금을 조달할 수 있도록 신용장개설의뢰인의 지시에 따라 수익자가 영수증, 환어음, 보증장 등의 일정서류를 통지은행에게 제시하면 개설은행이 통지은행에게 선급(Advance Payment)을 수권한 신용장이다. 선급허용조건을 붉은 글자로 표시하였다고 하여 Red Clause Credit라고 부르며 대금을 선급한다고 하여 Advance Payment Credit라고도 부른다.

2) 회전신용장(Revolving credit)

매도인과 매수인간에 동일물품을 계속적으로 거래해야 할 경우, 매 거래 시 마다 건건이 신용장을 개설하면 번거로움이 따르고, 반대로 거래예상금액을 한꺼번에 개설하면 많은 개설 담보금이 필요하게 되어 개설의뢰인에게 과중한 자금 부담이 발생하게 되는데 이러한 경우 회전신용장을 개설하여 일정 기간 동안 일정 범위 내에서 신용장금액이 자동적으로 갱신되도록 할 수 있다.

회전신용장은 누적적(Cumulative) 방식과 비누적적(Non-Cumulative) 방식으로 구분된다. 누적적 방식이란 어느 차수의 신용장금액에 미사용 잔액이 있을 경우에 다음 차수의 신용장금액에 전 차수의 미사용 금액을 누적할 수 있는 방식이다. 비누적적 방식(non-cumulative method)은 갱신되기 전에 미사용 잔액이 있을 경우에 그 잔액이 누적되지 않고 해당 차수의 신용장금액으로만 갱신되는 방식이다.

3) 보증신용장(Standby Credit)

보증신용장이란 수출입물품 대금의 결제를 목적으로 하는 화환신용장이 아니고 금융이나 보증을 위해 발행되는 특수한 조건의 무화환신용장(Clean L/C)으로서 이행보증금(Performance-Bond), 입찰보증(Bid-Bond), 선수금환급보증금(Advance Payment Bond), 채무 보증, 약속어음의 담보용 등으로 사용된다.

예를 들면, 한국에 본사가 있는 미국의 지사가 미국 현지은행에서 융자를 받거나 또는 현지에서 입찰보증금이나 계약이행 보증금 등이 필요한 경우 미국 지사에서 한국본사에 요청하면 본사에서 자기 거래은행에 의뢰하여 미국지사의 거래은행을 수익자로 하는 보증신용장을 개설해 주면 미국지사의 거래은행은 이것을 담보로 금융상의 혜택을 주게 된다.

〈보증신용장과 화환신용장의 비교〉

구분	보증신용장	화환신용장
무역계약의 목적물	금융보증 등 용역 · 서비스	물품(상품)
신용장 대금지급 요건	무역계약 당사자 중 일방의 계약불이행 시	무역계약 당사자의 계약이행 시
제출서류	계약불이행을 입증하는 채무불이행 증명서	계약이행을 입증하는 선하증권 등의 선적서류
국제규칙	ISP 98	UCP 600, ISBP 745

4) 내국신용장(Local Credit)

내국신용장이란 수익자인 수출자가 수출물품이나 수출용원자재를 국내에서 공급받기 위하여 국내의 원자재공급자나 완제품공급자 앞으로 자신이 해외에서 받은 신용장을 견질로 외국환은행을 통하여 이들 공급자 앞으로 발행하는 신용장을 말한다. 반면 구매확인서는 내국신용장에 준하는 증서로 무역금융 융자한도가 부족하거나 단순송금 방식에 의한 수출 등의 사정으로 내국신용장 개설이 어려울 때 발급 받는다.

내국신용장이나 구매확인서로 국내공급을 하는 경우 공급업자는 영세율을 적용받을 수 있고 관세 환급을 받을 수 있다. 또한 수출실적으로 인정되기 때문에 무역금융을 수혜 받을 수 있다. 내국신용장의 개설의뢰인인 수출자 입장에서는 내국신용장의 개설로 인하여 간접적으로 무역금융의 제공받는 효용이 있다.

5) 구상무역신용장

구상무역(Compensation Trade)이란 수출업자에 대한 수입대금의 전부 또는 일부를 수입업자가 제품으로 지급하는 거래를 말한다. 교환대상이 되는 물품의 가액을 정하여 금액기준으로 무역을 하나 대금결제에 있어서 실제로 현금을 주고받지 않더라도 그와 동일한 효과가 발생하도록 하는 방식이다.

① 동시발행신용장(Back to back Credit)

동시발행신용장이란 한 나라에서 수입신용장을 발행한 경우 수출국에서도 같은 금액의 신용장을 발행하는 경우만 유효하다는 조건의 신용장이다.

② 기탁신용장(Escrow Credit)

수출자가 선적 후 수입자로부터 수출대금을 지급받는 것이 아니라 이를 기탁계정 (Escrow Account)에 기탁하여 두었다가 수입자로부터 다른 물품을 수입할 때 그 결제대 금으로만 사용하도록 지정한 신용장이다.

③ 토마스신용장(Tomas Credit)

수출업자와 수입업자 양측이 상호 일정액의 신용장을 상호 발행하기로 하되, 일방이 먼저 신용장을 개설하면 상대방은 이에 대응하는 신용장을 일정 기간 후에 발행하겠다는 보증 서를 발행하여야만 상대방 측에 도착한 신용장이 유효하게 되는 신용장을 말한다. Back to back Credit과 비슷하나 대응신용장의 발행조건이 토마스신용장의 경우 별도의 보증 서에 기입된다는 점에서 차이가 있다.

〈신용장과 추심의 비교〉

구분	신용장	추심
대금지급 책임	은행의 지급확약	매수인
환어음	은행이 지급인	매수인이 지급인
서류심사	은행은 서류심사 의무가 있음	은행은 서류심사 의무가 없으며 단순히 서류를 전달
수수료	추심에 비해 고가	신용장에 비해 저렴
국제규칙	UCP 600, ISBP 745	URC 522

제4절 팩토링과 포페이팅

1. 팩토링(Factoring)

팩토링이란 매도인이 매수인에게 물품이나 서비스를 제공함에 따라 발생하는 외상매출채권 (accounts receivable)을 팩토링회사(factor)에게 일괄 양도하고 팩토링회사로부터 양도채 권 금액범위 내에서의 금융지원, 매수인에 관한 신용조사 및 신용위험인수, 채권의 관리 및 대금회수, 기타 사업처리대행 등의 서비스를 제공받는 금융기법이다. 팩토링은 매수인이 신 용장개설을 원하지 않는 무신용장 외상거래 방식(예 추심 중 D/A, 사후송금방식 등)에서 사 용되며 팩터의 지급보증은 매수인의 신용도를 기준으로 한다. 대부분 상환청구불능조건 (Without Recourse)으로 팩터는 매수인이 지급을 못하더라도 매도인에게 상환청구를 할 수 없으나 계약내용에 따라 상환청구권은 있을 수도 없을 수도 있다.

2. 포페이팅(Forfaiting)

포페이팅이란 현금을 대가로 채권을 포기 또는 양도하는 것으로서 프랑스어 'forfait'에서 유래된 용어로, 무소구(Without Recourse)조건 수출환어음 매입이라고도 한다. 매도인은 중장기 고액의 약속어음, 환어음에 대하여 만기일 전에 포페이터(forfaiter)로부터 무소구조건 및 고정이자율로 할인하여 대금을 지급받게 되고, 포페이터는 만기일에 매수인으로부터 대금을 회수한다. 따라서 매도인은 중장기 고액의 외상매출채권에 대한 신용위험, 환위험 등의 회피가 가능하다. 포페이터 입장에서는 무소구권이 원칙이므로 어음 매입 시 별도의 지급보증 또는 어음에 보증은행이 서명하는 약식보증(AVAL) 등을 요구한다.

포페이팅에 관한 통일규칙(URF : Uniform Rules for Forfaiting)이 적용된다.

〈팩토링과 포페이팅의 비교〉

	팩토링	포페이팅
대상	무신용장 외상거래	중장기 연불방식 거래
채권특징	단기(6개월 이내) 소액(10만불 미만)	중장기(최대 10년) 고액(10만불 이상)
상환 청구권	계약에 따라 상이함	무소구(Without Recourse)
대상채권	외상매출채권	환어음, 약속어음
운영기관	팩터, 은행	은행, 포페이터
금융서비스 제공자의 위험인수	매수인의 신용도	보증은행의 지급보증 또는 AVAL

Chapter 03. UCP 600

무역거래에서 대금결제의 주요수단인 신용장의 거래관습도 국가마다 상이하기 때문에 당사자간 신용장조건 해석기준이 달라 대금결제관련 분쟁과 혼란이 발생하였다.

이에 국제상업회의소(ICC : International Chamber of Commerce)는 신용장조건 해석기준을 세계적으로 통일하기 위한 노력의 결과, 1933년 6월에 "상업화환신용장에 관한 통일규칙 및 관례"(Uniform Customs and Practice for Commercial Documentary Credits), 즉 화환신용장통일규칙을 제정하게 되었다. 신용장통일규칙은 그 후 6차에 걸쳐서 개정되었는데, 2007년 제6차 개정된 화환신용장통일규칙을 "UCP 600"으로 통칭하고 있다.

신용장통일규칙은 국제상업회의소의 범세계화 노력에 힘입어 이제는 전 세계 170여개국에서 채택하고 있는 국제규칙으로 발전하였다. 이처럼 신용장통일규칙은 신용장거래당사자에게 신용장의 해석기준과 준거법을 제공함으로써 분쟁예방은 물론 국제무역대금결제를 원활히 수행할 수 있도록 하고 있다.

UCP 600은 총 39개의 조항으로 이루어져 있으며 총칙 · 은행의 의무 · 서류심사 · 은행의 면책으로 구성되어 있다.

27	Sequence of Total 1/1
40A	Form of Documentary Credit IRREVOCABLE, TRANSFERABLE, CONFIRMED
20	Documentary Credit Number 123456789
31C	Date of Issue 18 MARCH 2019

31D	Date and Place of Expiry	
	Date : 18 NOVEMBER 2019	Place : In the Beneficiary's Country

40E　Applicable Rules
UCP LATEST VERSION

50　Applicant
DW TRADING, NEW YORK, U.S.A

59　Beneficiary
GIPS KOREA CO.,LTD., SEOUL, KOREA

32B　Currency, Amount
USD$ 5,000,000

39A　Credit Amount Tolerance Percentage ($\pm$ 5%)

41D　Available With & By
ANY BANK BY NEGOTIATION

42C　Drafts at
AT SIGHT

42A　Drawee
TRUMP BANK, NEW YORK, U.S.A

43P　Partial Shipment
PROHIBITED

43T　Transshipment
PROHIBITED

44C　Latest Date of Shipment
NOT LATER THAN 30 OCTOBER 2019

44E　Port of Loading/Airport of Departure
ANY PORT IN KOREA

44F　Port of Discharge/Airport of Destination
ANY PORT IN U.S.A

45A　Description of goods
1000 UNITS OF Optical Instrument AT FIVE THOUSAND DOLLAR PER UNIT CIF

46A　Documents Required
+ SIGNED COMMERCIAL INVOICE IN 3 COPIES
+ FULL SET OF OCEAN BILLS OF LADING MADE OUT TO THE ORDER OF TRUMP
　BANK, NEW YORK, U.S.A MARKED FREIGHT PREPAID AND NOTIFY ACCOUNTEE
+ PACKING LIST IN 3 COPIES

+ INSURANCE POLICY COVERING ALL RISKS ISSUED IN TWO ORIGINALS INDICATING THAT CLAIMS ARE PAYABLE IN U.S.A

+ CERTIFICATE OF ORIGIN 1 COPY

+ BENEFICIARY'S CERTIFICATE STATING THAT THE FOLLOWING HAVE BEEN FORWARDED TO THE APPLICANT WITHIN THREE DAYS AFTER THE SHIPMENT DATE

47A   Additional Conditions

+ ALL DOCUMENTS MUST BE ISSUED IN ENGLISH LANGUAGE

+ THIRD PARTY DOCUMENTS ARE ACCEPTABLE

+ TOLERANCE ($\pm$ 5%) MORE OR LESS ON VALUE AND QUANTITY ACCEPTABLE

+ GOODS MUST BE INSPECTED BY APPLICANT PRIOR TO SHIPMENT

+ GOODS MUST BE OF KOREAN ORIGIN

48   Period for Presentation

DRAFTS AND DOCUMENTS MUST BE PRESENTED FOR NEGOTIATION WITHIN 20 DAYS

AFTER SHIPMENT BUT WITHIN THE VALIDITY OF THE CREDIT

49   Confirmation Instructions

CONFIRM

78   Instructions to Paying / Accepting / Negotiating Bank

AFTER RECEIPT OF BENEFICIARY'S DRAFTS AND DOCUMENTS IN COMPLIANCE WITH THE TERMS OF CREDIT. WE SHALL REMIT THE PROCEEDS TO THE BANK DESIGNATED BY NEGOTIATING BANK

〈화환신용장 샘플〉

Article 1 Application of UCP 600

The Uniform Customs and Practice for Documentary Credits, 2007 Revision, ICC Publication no. 600("UCP") are rules that apply to any documentary credit ("credit")(including, to the extent to which they may be applicable, any standby letter of credit) when the text of the credit expressly indicates that it is subject to these rules. They are binding on all parties thereto unless expressly modified or excluded by the credit.

제1조 신용장통일규칙의 적용

화환신용장에 관한 통일규칙 및 관례, 2007년 개정, IOC 출판물번호, 제600호("UCP")는 신용장의 본문이 이 규칙에 따른다고 명시적으로 표시하고 있는 경우 모든 화환신용장("신용장")(적용 가능한 범위에서 모든 보증신용장을 포함한다)에 적용되는 규칙이다. 신용장에 명시적으로 수정되거나 또는 배제되지 아니하는 한, 이 규칙은 모든 관계당사자를 구속한다.

Article 2 Definitions

For the purpose of these rules :

- Advising bank means the bank that advises the credit at the request of the issuing bank.
- Applicant means the party on whose request the credit is issued.
- Banking day means a day on which a bank is regularly open at the place at which an act subject to these rules is to be performed.
- Beneficiary means the party in whose favour a credit is issued.
- Complying presentation means a presentation that is in accordance with the terms and conditions of the credit, the applicable provisions of these rules and international standard banking practice.
- Confirmation means a definite undertaking of the confirming bank, in addition to that of the issuing bank, to honour or negotiate a complying presentation.
- Confirming bank means the bank that adds its confirmation to a credit upon the issuing bank's authorization or request.
- Credit means any arrangement, however named or described, that is irrevocable and thereby constitutes a definite undertaking of the issuing bank to honour a complying presentation.

제2조 정의

이 규칙의 목적상,

- 통지은행이라 함은 발행은행의 요청에 따라 신용장을 통지하는 은행을 말한다.
- 발행의뢰인이라 함은 신용장이 발행되도록 요청하는 당사자를 말한다.
- 은행영업일이라 함은 이 규칙에 따라 업무가 이행되는 장소에서 은행이 정상적으로 영업을 하는 일자를 말한다.
- 수익자라 함은 그 자산을 수혜자로 하여 신용장을 발행받는 당사자를 말한다.
- 일치하는 제시라 함은 신용장의 제조건, 이 규칙 및 국제표준은행관행의 적용 가능한 규정에 따른 제사를 말한다.

　　－확인이라 함은 발행은행의 확약에 추가하여 일치하는 제시를 지급이행 또는 매입할 확
　　　인은행의 확약을 말한다.
　　－확인은행이라 함은 발행은행의 수권 또는 요청에 따라 신용장에 확인을 추가하는 은행
　　　을 말한다.
　　－신용장이라 함은 그 명칭이나 기술에 관계없이 취소불능이며 일치하는 제사를 자금이
　　　행할 발행은행의 확약을 구성하는 모든 약정을 말한다.

Honour means :

a. to pay at sight if the credit is available by sight payment.
b. to incur a deferred payment undertaking and pay at maturity if the credit is available by deferred payment.
c. to accept a bill of exchange("draft") drawn by the beneficiary and pay at maturity if the credit is available by acceptance.
　　－Issuing bank means the bank that issues a credit at the request of an applicant or on its own behalf.
　　－Negotiation means the purchase by the nominated bank of drafts(drawn on a bank other than the nominated bank) and/or documents under a complying presentation, by advancing or agreeing to advance funds to the beneficiary on or before the banking day on which reimbursement is due to the nominated bank.
　　－Nominated bank means the bank with which the credit is available or any bank in the case of a credit available with any bank.
　　－Presentation means either the delivery of documents under a credit to the issuing bank or nominated bank or the documents so delivered.
　　－Presenter means a beneficiary, bank or other party that makes a presentation.

지급이행이라 함은 다음을 말한다.

a. 신용장이 일람자급에 의하여 사용될 수 있는 경우 일람지급하는 것
b. 신용장이 연지급에 의하여 사용될 수 있는 경우 연지급확약의무를 부담하고 만기일에 자급하는 것
c. 신용장이 인수에 의하여 사용될 수 있는 경우 수익자에 의하여 발행된 환어음("어음")을 인수하고 만기일에 지급하는 것
　　－발행은행이라 함은 발행의뢰인의 요청에 따르거나 또는 그 자산을 위하여 신용장을 발행하는 은행을 말한다.

- 매입이라 함은 상환이 지정은행에 행해져야 할 은행 영업일에 또는 그 이전에 수익자에게 대금을 선지급하거나 또는 선지급하기로 약정함으로써, 일치하는 제시에 따른 환어음(지정은행이 아닌 은행을 지급인으로 하여 발행된) 및/또는 서류의 지정은행에 의한 구매를 말한다.
- 지정은행이라 함은 신용장이 사용될 수 있는 은행 또는 모든 은행에서 사용될 수 있는 신용장의 경우에는 모든 은행을 말한다.
- 제시라 함은 발행은행 또는 지정은행에게 신용장에 의한 서류를 인도하는 행위 또는 그렇게 인도된 서류를 말한다.
- 제시인이라 함은 제시를 행하는 수익자. 은행 또는 기타 당사자를 말한다.

Article 3 Interpretations

For the purpose of these rules :

Where applicable, words in the singular include the plural and in the plural include the singular.

- A credit is irrevocable even if there is no indication to that effect.
- A document may be signed by handwriting, facsimile signature, perforated signature, stamp, symbol or any other mechanical or electronic method of authentication.
- A requirement for a document to be legalized, visaed, certified or similar will be satisfied by any signature, mark, stamp or label on the document which appears to satisfy that requirement.
- Branches of a bank in different countries are considered to be separate banks.
- Terms such as "first class", "well known", "qualified", "independent", "official", "competent" or "local" used to describe the issuer of a document allow any issuer except the beneficiary to issue that document.
- Unless required to be used in a document, words such as "prompt", "immediately" or "as soon as possible" will be disregarded.
- The expression "on or about" or similar will be inter—preted as a stipulation that an event is to occur during a period of five calendar days before until five calendar days after the specified date, both start and end dates included.
- The words "to", "until", "till", "from" and "between" when used to determine a period of shipment include the date or dates mentioned, and the words "before" and "after" exclude the date mentioned.
- The words "from" and "after" when used to determine a maturity date ex—

clude the date mentioned.

- The terms "first half" and "second half" of a month shall be construed respectively as the 1st to the 15th and the 16th to the last day of the month, all dates inclusive.

- The terms "beginning", "middle" and "end" of a month shall be construed respectively as the 1st to the 10th, the 11th to the 20th and the 21st to the last day of the month, all dates inclusive.

제3조 해석

이 규칙에서 :

적용할 수 있는 경우에는 단수형의 단어는 복수형을 포함하고 복수형의 단어는 단수형을 포함한다.

- 신용장은 취소불능의 표시가 없는 경우에도 취소불능이다.

- 서류는 수기, 모사서명, 천공서명, 스탬프, 상징 또는 기타 모든 기계적 또는 전자적 인증방법에 의하여 서 명될 수 있다.

- 공인, 사증, 증명된 또는 이와 유사한 서류의 요건은 그러한 요건을 충족하는 것으로 보이는 서류상의 모든 서명, 표시, 스탬프 또는 부전에 의하여 충족된다.

- 다른 국가에 있는 어떤 은행의 지점은 독립된 은행으로 본다.

- 서류의 발행인을 기술하기 위하여 사용되는 "일류의(first class)", "저명한(well known)", "자격 있는(qualified)", "독립적인(independent)", "공인된(official)", "유능한(competent)" 또는 "국내의(local)"와 같은 용어는 수익 자 이외의 모든 서류발행인이 서류를 발행하는 것을 허용한다.

- 서류에 사용될 것이 요구되지 아니하는 한, "신속한(prompt)", "즉시(immediately)" 또는 "가능한 한 빨리(as soon as possible)"와 같은 단어는 무시된다.

- "~경에(on or about)" 또는 이와 유사한 표현은 사건이 명시된 일자 이전의 5일부터 그 이후의 5일까지의 기간 동안에 발행하는 약정으로서 시작일 및 종료일을 포함하는 것으로 해석된다.

- "까지(to)", "까지(until)", "까지(till)", "부터(from)" 및 "사이(between)"라는 단어는 선적기간을 결정하기 위하여 사용되는 경우에는 언급된 당해 일자를 포함하며, "이전(before)" 및 "이후(after)"라는 단어는 언급 된 당해 일자를 제외한다.

- "부터(from)" 및 "이후(after)"라는 단어는 만기일을 결정하기 위하여 사용된 경우에는 언급된 당해 일자를 제외한다.

-어느 개월의 "전반(first half)", "후반(second half)"이라는 용어는 각각 해당 개월의 1일부터 15일까지 그리고 16일부터 말일까지로 하고, 양끝의 일자를 포함하는 것으로 해석된다.
-어느 개월의 "상순(beginning)", "중순(middle)" 및 "하순(end)"이라는 용어는 각각 해당 개월의 1일부터 10일까지, 11일부터 20일까지, 그리고 21일부터 말일까 자로 하고, 양끝의 일자를 포함하는 것으로 해석된다.

Article 4 Credits v. Contracts

a. A credit by its nature is a separate transaction from the sale or other contract on which it may be based. Banks are in no way concerned with or bound by such contract, even if any reference whatsoever to it is included in the credit. Consequently, the undertaking of a bank to honour, to negotiate or to fulfill any other obligation under the credit is not subject to claims or defences by the applicant resulting from its relationships with the issuing bank or the beneficiary. A beneficiary can in no case avail itself of the contractual relationships existing between banks or between the applicant and the issuing bank.

b. An issuing bank should discourage any attempt by the applicant to include, as an integral part of the credit, copies of the underlying contract, proforma invoice and the like.

제4조 신용장과 계약

a. 신용장은 그 성질상 그것이 근거될 수 있는 매매계약 또는 기타계약과는 독립된 거래이다. 은행은 그러한 계약에 관한 어떠한 참조사항이 신용장에 포함되어 있다 하더라도 그러한 계약과는 아무런 관계가 없으며 또한 이에 구속되지 아니한다. 결과적으로 신용장에 의하여 지급이행하거나, 매입하거나 또는 기타 모든 의무를 이행한다는 은행의 확약은 발행은행 또는 수익자와 발행의뢰인과의 관계로부터 생긴 발행의뢰인에 의한 클레임 또는 항변에 지배받지 아니한다. 수익자는 어떠한 경우에도 은행 상호 간 또는 발행의뢰인과 발행은행 간에 존재하는 계약관계를 원용할 수 없다.

b. 발행은행은 신용장의 필수적인 부분으로서, 근거계약의 사본, 견적송장 등을 포함시키고자 하는 어떠한 시도도 저지하여야 한다.

Article 5 Documents v. Goods, Services or Performance

Banks deal with documents and not with goods, services or performance to which the documents may relate.

제5조 서류와 물품/용역/이행

은행은 서류를 취급하는 것이며 그 서류와 관련될 수 있는 물품, 용역 또는 이행을 취급하는 것은 아니다.

Article 6 Availability, Expiry Date and Place for Presentation

a. A credit must state the bank with which it is available or whether it is available with any bank. A credit available with a nominated bank is also available with the issuing bank.

b. A credit must state whether it is available by sight payment, deferred payment, acceptance or negotiation.

c. A credit must not be issued available by a draft drawn on the applicant.

d. (i) A credit must state an expiry date for presentation. An expiry date stated for honour or negotiation will be deemed to be an expiry date for presentation.

   (ii) The place of the bank with which the credit is available is the place for presentation. The place for presentation under a credit available with any bank is that of any bank. A place for presentation other than that of the issuing bank is in addition to the place of the issuing bank.

e. Except as provided in sub−article 29 (a), a presentation by or on behalf of the beneficiary must be made on or before the expiry date.

제6조 사용가능성, 유효기일 및 장소

a. 신용장에는 그 신용장이 사용될 수 있는 은행을 또는 그 신용장이 모든 은행에서 사용될 수 있는지를 명기하여야 한다. 지정은행에서 사용될 수 있는 신용장은 발행은행에서도 사용될 수 있다.

b. 신용장은 그것이 일람지급, 연지급, 인수 또는 매입 중 어느 것에 의하여 사용될 수 있는지를 명기하여야 한다.

c. 발행의뢰인을 지급인으로 하여 발행된 환어음에 의하여 사용될 수 있는 신용장은 발행되어서는 아니 된다.

d. (i) 신용장은 제시를 위한 유효기일을 명기하여야 한다. 지급이행 또는 매입을 위하여 명기된 유효기일은 제시를 위한 유효기일로 본다.

(ii) 신용장이 사용될 수 있는 은행의 장소는 제시장소이다. 모든 은행에서 사용될 수 있는 신용장에 의한 제시장소는 모든 은행의 장소이다. 발행은행의 장소가 아닌 제시장소는 발행은행의 장소에 추가된다.

e. 제29조 (a)항에서 규정된 경우를 제외하고는, 수익자에 의하거나 또는 대리하는 제시는 유효기일에 또는 그 이전에 행하여져야 한다.

Article 7 Issuing Bank Undertaking

a. Provided that the stipulated documents are presented to the nominated bank or to the issuing bank and that they constitute a complying presentation, the issuing bank must honour if the credit is avaiable by :

(i) sight payment, deferred payment or acceptance with the issuing bank ;

(ii) sight payment with a nominate bank and that nominated bank does not pay ;

(iii) deferred payment with a nominated bank and that nominated bank does not incur its deferred payment undertaking or, having incurred its deferred payment undertaking, does not pay at maturity ;

(iv) acceptance with a nominated bank and that nominated bank does not accept a draft drawn on it or, having accepted a draft drawn on it, does not pay at maturity ;

(v) negotiation with a nominated bank and that nominated bank does not negotiate.

b. An issuing bank is irrevocably bound to honour as of the time it issues the credit.

c. An issuing bank undertaking to reimburse a nominated bank that has honoured or negotiated a complying presentation and forwarded the documents to the issuing bank. Reimbursement for the amount of a complying presentation under a credit available by acceptance or deferred payment is due at maturity, whether or not the nominated bank prepaid or purchased before maturity. An issuing bank's undertaking to reimburse a nominated bank is independent of the issuing bank's undertaking to the beneficiary.

제7조 발행은행의 확약

a. 명시된 서류가 지정은행 또는 발행은행에 제시되고, 그 서류가 일치하는 제시를 구성하는 한, 신용장이 다음 중의 어느 것에 의하여 사용될 수 있는 경우에는 발행은행은 지급 이행하여야 한다. :

(ⅰ) 발행은행에서 일람지급, 연지급 또는 인수 중의 어느 것에 의하여 사용될 수 있는 경우

(ⅱ) 지정은행에서 일람지급에 의하여 사용될 수 있고 그 지정은행이 지급하지 아니한 경우

(ⅲ) 지정은행에서 연지급에 의하여 사용될 수 있고 그 지정은행이 연지급 확약을 부담하지 아니한 경우 또는, 그 지정은행이 연지급 확약을 부담하였지만 만기일에 지급하지 아니한 경우

(ⅳ) 지정은행에서 인수에 의하여 사용될 수 있고 그 지정은행이 자행을 지급인으로 하여 발행된 환어음을 인수하지 아니한 경우 또는, 그 지정은행이 자행을 지급인으로 하여 발행된 환어음을 인수하였지만 만기일에 지급하지 아니한 경우

(ⅴ) 지정은행에서 매입에 의하여 사용될 수 있고 그 지정은행이 매입하지 아니한 경우.

b. 발행은행은 신용장을 발행하는 시점부터 지급 이행할 취소불능의 의무를 부담한다.

c. 발행은행은 일치하는 제시를 지급이행 또는 매입하고 그 서류를 발행은행에 발송하는 지정은행에게 상환할 것을 약정한다. 인수 또는 연지급에 의하여 사용될 수 있는 신용장에 따른 일치하는 제시금액에 대한 상환은 지정은행이 만기일 전에 선지급 또는 구매하였는지의 여부와 관계없이 만기일에 이행되어야 한다. 지정은행에 상환할 발행은행의 확약은 수익자에 대한 발행은행의 확약으로부터 독립한다.

Article 8 Confirming Bank Undertaking

a. Provided that the stipulated documents are presented to the confirming bank or to any other nominated bank and that they constitute a complying presentation, the confirming bank must :

ⅰ. honour, if the credit is available by

ⓐ sight payment, deferred payment or acceptance with the confirming bank ;

ⓑ sight payment, deferred payment or acceptance with the confirming bank

ⓒ deferred payment with another nominated bank and that nominated bank does not incur its deferred payment undertaking or, having incurred its deferred payment undertaking, does not pay at maturity ;

   ⓓ acceptance with another nominated bank and that nominated bank does not accept a draft drawn on it or, having accepted a draft drawn on it, does not pay at maturity ;

   ⓔ negotiation with another nominated bank and that nominated bank does not negotiate.

  ii. negotiate, without recourse, if the credit is available by negotiation with the confirming bank.

b. A confirming bank is irrevocably bound to honour or negotiate as of the time it adds its confirmation to the credit.

c. A confirming bank undertakes to reimburse another nominated bank that has honoured or negotiated a complying presentation and forwarded the documents to the confirming bank. Reimbursement for the amount of a complying presentation under a credit available byacceptance or deferred payment is due at maturity, whether or not another nominated bank prepaid or purchased before maturity. A confirming bank's undertaking to reimburse another nominated bank is in-dependent of the confirming bank's undertaking to the beneficiary.

d. If a bank is authorized or requested by the issuing bank to confirm a credit but is not prepared to do so, it must inform the issuing bank without delay and may ad-vise the credit without confirmation.

제8조 확인은행의 확약

a. 명시된 서류가 확인은행 또는 기타 모든 지정은행에 제시되고, 그 서류가 일치하는 제시를 구성하는 한, 확인은행은 :

  ⅰ. 신용장이 다음 중의 어느 것에 의하여 사용될 수 있는 경우에는 지급 이행하여야 한다.

    ⓐ 확인은행에서 일람지급, 연지급 또는 인수 중의 어느 것에 의하여 사용될 수 있는 경우

    ⓑ 다른 지정은행에서 일람지급에 의하여 사용될 수 있고 그 지정은행이 지급하지 아니한 경우

    ⓒ 다른 지정은행에서 연지급에 의하여 사용될 수 있고 그 지정은행이 연지급 확약을 부담하지 아니한 경우 또는, 그 지정은행이 연지급 확약을 부담하였지만 만기일에 지급하지 아니한 경우

    ⓓ 다른 지정은행에서 인수에 의하여 사용될 수 있고 그 자정은행이 자행을 지급인으로 하여 발행된 환어음을 인수하지 아니한 경우 또는, 그 지정은행이 자행을 지급인으로 하여 발행된 환어음을 인수하였지만 만기일에 지급하지 아니한 경우

    ⓔ 다른 지정은행에서 매입에 의하여 사용될 수 있고 그 지정은행이 매입하지 아니한 경우

ⅱ. 신용장이 확인은행에서 매입에 의하여 사용될 수 있는 경우에는, 상환청구 없이 입하여야 한다.

b. 확인은행은 신용장에 자행의 확인을 추가하는 시점부터 지급이행 또는 매입할 추취불능의 의무를 부담한다.

c. 확인은행은 일치하는 제시를 지급이행 또는 매입하고 그 서류를 확인은행에 발송하는 다른 지정은행에게 상환할 것을 약정한다. 인수 또는 연지급에 의하여 사용될 수 있는 신용장에 따른 일치하는 제시금액에 대한 상환은 다른 지정은행이 만기일 전에 선지급 또는 구매하였는지의 여부와 관계없이 만기일에 이행되어야 한다. 다른 지정은행에 상환할 확인은행의 확약은 수익자에 대한 발행은행의 확약으로부터 독립한다.

d. 어떤 은행이 발행은행에 의하여 신용장을 확인하도록 수권 또는 요청받았으나 이를 행할 용의가 없는 경우, 그 은행은 지체 없이 발행은행에게 통고하여야 하고 확인 없이 신용장을 통지할 수 있다.

Article 9 Advising of Credits and Amendments

a. A credit and any amendment may be advised to a beneficiary through an advising bank. An advising bank that is not a confirming bank advises the credit and any amendment without any undertaking to honour or negotiate.

b. By advising the credit or amendment, the advising bank signifies that it has satisfied itself as to the apparent authenticity of the credit or amendment and that the advice accurately reflects the terms and conditions of the credit or amendment received.

c. An advising bank may utilize the services of another bank("second advising bank") to advise the credit and any amendment to the beneficiary. By advising the credit or amendment, the second advising bank signifies that it has satisfied itself as to the apparent authenticity of the advice it has received and that the advice accurately reflects the terms and conditions of the credit or amendment received.

d. A bank utilizing the services of an advising bank or second advising bank to advise a credit must use the same bank to advise any amendment thereto.

e. If a bank is requested to advise a credit or amendment but elects not to do so, it must so inform, without delay, the bank from which the credit, amendment, or advice has been received.

f. If a bank is requested to advise a credit or amendment but cannot satisfy itself as to the apparent authenticity of the credit, the amendment or the advice, it must so inform, without delay, the bank from which the instructions appear to have been received. If the advising bank or second advising bank elects nonetheless to advise the credit or amendment, it must inform the beneficiary or second advising bank that it has not been able to satisfy itself as to the apparent authenticity of the credit, the amendment or the advice.

제9조 신용장 및 조건변경의 통지

a. 신용장 및 모든 조건변경은 통지은행을 통하여 수익자에게 통지될 수 있다 확인은행이 아닌 통지은행은 지급이행 또는 매입할 어떠한 확약 없이 신용장 및 모든 조건변경을 통지한다.

b. 신용장 또는 조건변경을 통지함으로써, 통지은행은 그 자신이 신용장 또는 조건변경의 외관상의 진정성에 관하여 스스로 충족하였다는 것과 그 통지가 수령 된 신용장 또는 조건변경의 제 조건을 정확히 반영하고 있다는 것을 의미한다.

c. 통지은행은 수익자에게 신용장 및 모든 조건변경을 통지하기 위하여 타 은행("제2통지은행")의 서비스를 이용할 수 있다 신용장 또는 조건변경을 통지함으로써 제2통지은행은 자신이 수령한 그 통지의 외관상의 진정성에 관하여 스스로 충족하였다는 것과 그 통지가 수령된 신용장 또는 조건변경의 제 조건을 정확히 반영하고 있다는 것을 의미한다.

d. 신용장을 통지하기 위하여 통지 은행 또는 제2통지은행의 서비스를 이용하는 은행은 이에 대한 모든 조건 변경을 통지하기 위하여 동일한 은행을 이용하여야 한다.

e. 어떤 은행이 신용장 또는 조건변경을 통지하도록 요청되었지만 그렇게 하지 아니하기로 결정하는 경우에는 그 은행은 신용장 조건변경 또는 통지를 송부해온 은행에게 이를 지체 없이 통고하여야 한다.

f. 어떤 은행이 신용장 또는 조건변경을 통지하도록 요청되었지만 신용장 조건변경 또는 통지의 외관상의 진정성에 관하여 스스로 충족할 수 없는 경우에는 그 은행은 그 지시를 송부해 온 것으로 보이는 은행에게 이를 지체 없이 통고하여야 한다. 그럼에도 불구하고 통지은행 또는 제2통지은행이 그 신용장 또는 조건변경을 통지하기로 결정한 경우에는 그 은행은 수익자 또는 제2통지은행에게 신용장 조건변경 또는 통지의 외관상의 진정성에 관하여 스스로 충족할 수 없다는 것을 통고하여야 한다.

Article 10 Amendment

a. Except as otherwise provided by article 38, a credit can neither be amended nor cancelled without the agreement of the issuing bank, the confirming bank, if any, and the beneficiary.

b. An issuing bank is irrevocably bound by an amendment as of the time it issues the amendment. A confirming bank may extend its confirmation to an amendment and will be irrevocably bound as of the time it advises the amendment. A confirming bank may, however, choose to advise an amendment without extending its confirmation and, if so, it must inform the issuing bank without delay and inform the beneficiary in its advice.

c. The terms and conditions of the original credit(or a credit incorporating previously accepted amendments) will remain in force for the beneficiary until the beneficiary communicates its acceptance of the amendment to the bank that advised such amendment. The beneficiary should give notification of acceptance or rejection of an amendment. If the beneficiary fails to give such notification, a presentation that complies with the credit and to any not yet accepted amendment will be deemed to be notification of acceptance by the beneficiary of such amendment. As of that moment the credit will be amended.

d. A bank that advises an amendment should inform the bank from which it received the amendment of any notification of acceptance or rejection.

e. Partial acceptance of an amendment is not allowed and will be deemed to be notification of rejection of the amendment.

f. A provision in an amendment to the effect that the amendment shall enter into force unless rejected by the beneficiary within a certain time shall be disregarded.

제10조 조건변경

a. 제38조에 의하여 별도로 규정된 경우를 제외하고는 신용장은 발행은행, 확인은행(있는 경우) 및 수익자의 합의 없이는 변경 또는 취소될 수 없다.

b. 발행은행은 그 자신이 조건 변경서를 발행한 시점부터 그 조건 변경서에 의하여 취소불능의 의무를 부담한다. 확인은행은 그 자신의 확인을 조건변경에까지 확장할 수 있으며 그 변경을 통지한 시점부터 취소불능의 의무를 부담한다. 그러나 확인은행은 그 자신의 확인을 확장함이 없이 조건변경을 통지하기로 결정할 수 있으며 이러한 경우에는 발행은행에게 지체 없이 통고하고 그 자신의 통지서로 수익자에게 통고하여야 한다.

c. 원신용장(또는 이전에 승낙된 조건변경을 포함하고 있는 신용장)의 제 조건은 수익자가 조건변경에 대한 그 자신의 승낙을 그러한 조건변경을 통지해 온 은행에게 통보할 때까지는 수익자에게는 여전히 유효하다. 수익자는 조건변경에 대하여 승낙 또는 거절의 통고(notification)를 행하여야 한다. 수익자가 그러한 통고(notification)를 행하지 아니한 경우, 신용장 및 아직 승낙되지 않은 조건변경에 일치하는 제시는 수익자가 그러한 조건변경에 대하여 승낙의 통고(notification)를 행하는 것으로 본다. 그 순간부터 신용장은 조건 변경된다.

d. 조건변경을 통지하는 은행은 조건변경을 송부해 온 은행에게 승낙 또는 거절의 모든 통고를 통지하여야 한다.

e. 조건변경의 부분 승낙은 허용되지 아니하며 그 조건변경의 거절의 통지로 본다.

f. 조건변경이 특정기한 내에 수익자에 의하여 거절되지 아니하는 한 유효하게 된다는 취지의 조건변경서상의 규정은 무시된다.

Article 11 Teletransmitted and Pre—Advised Credits and Amendments

a. An authenticated teletransmission of a credit or amendment will be deemed to be the operative credit or amendment, and any subsequent mail confirmation shall be disregarded. If a teletransmission states "full details to follow"(or words of similar ef—fect), or states that the mail confirmation is to be the operative credit or amendment, then the teletransmission will not be deemed to be the operative credit or amendment. The issuing bank must then issue the operative credit or amendment without delay in terms not inconsistent with the teletransmission.

b. A preliminary advice of the issuance of a credit or amendment("pre—advice") shall only be sent if the issuing bank is prepared to issue the operative credit or amendment. An issuing bank that sends a pre—advice is irrevocably committed to issue the operative credit or amendment, without delay, in terms not incon—sistent with the pre—advice.

제11조 전송 및 사전통지신용장과 조건변경

a. 신용장 또는 조건변경의 인증된 전송은 유효한 신용장 또는 조건변경으로 보며, 추후의 모든 우편확인서는 무시된다. 전송이 "완전한 명세는 추후 통지함(full details to follow)"(또는 이와 유사한 표현)이라고 명기하고 있거나 또는 우편확인서를 유효한 신용장 또는 조건변경으로 한다는 것을 명기하고 있는 경우에는 그 전송을 유효한 신용장 또는 조건변경으로 보지 아니한다. 발행은행은 전송과 모순되지 아니한 조건으로 지체 없이 유효한 신용장 또는 조건변경을 발행하여야 한다.

b. 신용장의 발행 또는 조건변경의 예비통지("사전통지")는 발행은행이 유효한 신용장 또는 조건변경을 발행할 용의가 있는 경우에만 송부된다. 사전통지를 송부하는 발행은행은 지체 없이 사전통지와 모순되지 아니한 조건으로 유효한 신용장 또는 조건변경을 발행할 것을 취소불능으로 약속한다.

Article 12 Nomination

a. Unless a nominated bank is the confirming bank, an authorization to honour or negotiate does not impose any obligation on that nominated bank to honour or negotiate, except when expressly agreed to by that nominated bank and so communicated to the beneficiary.

b. By nominating a bank to accept a draft or incur a deferred payment undertaking, an issuing bank authorizes that nominated bank to prepay or purchase a draft accepted or a deferred payment undertaking incurred by that nominated bank.

c. Receipt or examination and forwarding of documents by a nominated bank that is not a confirming bank does not make that nominated bank liable to honour or negotiate, nor does it constitute honour or negotiation.

제12조 지정

a. 지정은행이 확인은행이 아닌 한, 지급이행 또는 매입할 수권은 그 지정은행이 명시적으로 합의하고 이를 수익자에게 통보하는 경우를 제외하고는 그 지정은 행에게 어떠한 의무도 부과되지 아니한다.

b. 환어음을 인수하거나 또는 연지급 확약을 부담할 은행을 지정함으로써 발행은행은 지정은행이 인수한 환어음 또는 부담한 연지급 확약을 선지급 또는 구매하도록 그 지정은행에게 권한을 부여한다.

c. 확인은행이 아닌 지정은행에 의한 서류의 수령 또는 심사 및 발송은 지급이행 또는 매입할 의무를 그 지정 은행에게 부담시키는 것은 아니며, 그것은 지급이행 또는 매입을 구성하지 아니한다.

Article 13 Bank-to-Bank Reimbursement Arrangements

a. If a credit states that reimbursement is to be obtained by a nominated bank("Claiming bank") claiming on another party("reimbursing bank"), the credit must state if the reimbursement is subject to the ICC rules for bank-to-bank reimbursements in effect on the date of issuance of the credit.

b. If a credit does not state that reimbursement is subject to the ICC rules for bank-to-bank reimbursements, the following apply :

  ⅰ. An issuing bank must provide a reimbursing bank with a reimbursement authorization that conforms with the availability stated in the credit. The reimbursement authorization should not be subject to an expiry date.

ii. A claiming bank shall not be required to supply a reimbursing bank with a certificate of compliance with the terms and conditions of the credit.

iii. An issuing bank will be responsible for any loss of interest, together with any expenses incurred, if reimbursement is not provided on first demand by a reimbursing bank in accordance with the terms and conditions of the credit.

iv. A reimbursing bank's charges are for the account of the issuing bank. However, if the charges are for the account of the beneficiary, it is the responsibility of ann issuing bank to so indicate in the credit and in the reimbursement authorization. If a reimbursing bank's charges are for the account of the beneficiary, they shall be deducted from the amount due to a claiming bank when reimbursement is made. If no reimbursement is made, the reimbursing bank's charges remain the obligation of the issuing bank.

c. An issuing bank is not relieved of any of its obligations to provide reimbursemen if reimbursement is not made by a reimbursing bank on first demand.

제13조 은행 간 상환약정

a. 신용장에서 지정은행("청구은행")이 상환을 다른 당사자("상환은행")에게 청구하여 받는 것으로 명기하고 있는 경우에는 그 신용장은 상환이 신용장의 발행일에 유효한 은행 간 대금상환에 관 한 IOC 규칙에 따르는지를 명기하여야 한다.

b. 신용장에서 상환이 은행 간 대금상환에 관한 ICC 규칙에 따른다고 명기하고 있지 아니한 경우에는, 다음과 같이 적용된다. :

ⅰ. 발행은행은 신용장에 명기된 유효성을 따르는 상환수권을 상환은행에 부여하여야 한다. 상환수권은 유효기일에 지배받지 아니하여야 한다.

ⅱ. 청구은행은 상환은행에게 신용장의 제 조건과의 일치증명서를 제공하도록 요구되지 아니한다.

ⅲ. 상환이 최초의 청구 시에 신용장의 제 조건에 따라 상환은행에 의하여 이행되지 아니한 경우, 발행은행은 부담된 모든 경비와 함께 이자손실의 책임을 부담하여야 한다.

ⅳ. 상환은행의 비용은 발행은행의 부담으로 하여야 한다. 그러나 그 비용이 수익자의 부담으로 되는 경우에는 발행은행은 신용장은 및 상환수권서에 이를 지시할 책임이 있다. 상환은행의 비용이 수익자의 부담으로 되는 경우에는 그 비용은 상환이 행해질 때 청구은행에 기인하는 금액으로부터 공제되어야 한다. 상환이 행해지지 아니한 경우에는 상환은행의 비용은 발행은행의 의무로 남는다.

c. 발행은행은 상환이 최초의 청구 시에 상환은행에 의하여 행해지지 아니하는 경우에는 상환을 이행해야 할 자신의 의무로부터 면제되지 아니한다.

Article 14 Standard for Examination of Documents

a. A nominated bank acting on its nomination, a confirming bank, if any, and the issuing bank must examine a presentation to determine, on the basis of the documents alone, whether or not the documents appear on their face to constitute a complying presentation.

b. A nominated bank acting on its nomination, a confirming bank, if any, and the issuing bank shall each have a maximum of five banking days following the day of presentation to determine if a presentation is complying. This period is not curtailed or otherwise affected by the occurrence on or after the date of presentation of any expiry date of last day for presentation.

c. A presentation including one or more original transport documents subject to articles 19, 20, 21, 22, 23, 24 or 25 must be made by or on behalf of the beneficiary not later than 21 calendar days after the date of shipment as described in these rules, but in any event not later than the expiry date of the credit.

d. Date in a document, when read in context with the credit, the document itself and international standard banking practice, need not be identical to, but must not conflict with, date in that document, any other stipulated document or the credit.

e. In documents other than the commercial invoice, the description of the goods, services or performance, if stated, may be in general terms not conflicting with their description in the credit.

f. If a credit requires presentation of a document other than a transport document, insurance document or commercial invoice, without stipulating by whom the document is to be issued or its date content, banks will accept the document as presented if its content appears to fulfil the function of the required document and otherwise complies with sub-article 14 (d).

g. A document presented but not required by the credit will be disregarded and may be returned to the presenter.

h. If a credit contains a condition without stipulating the document to indicate compliance with the condition, banks bill deem such condition as not stated and will disregard it.

i. A document may be dated prior to the issuance date of the credit, but must not be dated later than its date of presentation.

j. When the addresses of the beneficiary and the applicant appear in any stipulated document, they need not be the same as those stated in the credit or in any other stipulated, but must be within the same country as the respective addresses mentioned in the credit. Contact details(telefax, telephone, email and the like) stated as part of the beneficiary's and the applicant's address will be disregarded. However, when the address and contact details of the applicant appear as part of the consignee or notify party details on a transport document subject to articles 19, 20, 21, 22, 23, 24, or 25, they must be as stated in the credit.

k. The shipper or consignor of the goods indicated on any document need not be the beneficiary of the credit.

l. A transport document may be issued by any party other than a carrier, owner, master or charterer provided that the transport document meets the requirements of articles 19, 20, 21, 22, 23, or 24 of these rules.

제14조 서류심사의 기준

a. 지정에 따라 행동하는 지정은행, 확인은행(있는 경우) 및 발행은행은 서류가 문면상 일치하는 제시를 구성하는지 여부 ("일치성")를 결정하기 위하여 서류만을 기초로 하여 그 제시를 심사하여야 한다.

b. 지정에 따라 행동하는 지정은행, 확인은행(있는 경우) 및 발행은행은 제시가 일치하는지 여부를 결정하기 위하여 제시일의 다음 날부터 최대 제5은행영업일을 각각 가진다. 이 기간은 제시를 위한 모든 유효기일 또는 최종일의 제시일에 또는 그 이후의 사건에 의하여 단축되거나 또는 별도로 영향을 받지 아니한다.

c. 제19조, 제20조, 제21조, 제22조, 제23조, 제24조 또는 제25조에 따른 하나 또는 그 이상의 운송서류의 원본을 포함하는 제시는 이 규칙에 기술된 대로 선적일 이 후 21일보다 늦지 않게 수익자에 의하여 또는 대리하여 이행되어야 한다. 그러나 어떠한 경우에도, 신용장의 유효기일보다 늦지 않아야 한다.

d. 서류상의 자료는 신용장 그 서류자체 및 국제표준은 행관행의 관점에서 검토하는 경우, 그 서류, 기타 모든 명시된 서류 또는 신용장상의 자료와 동일할 필요는 없지만 이와 상충되어서는 안 된다.

e. 상업송장 이외의 서류에 있어서, 물품, 용역 또는 이행의 명세는 명기된 경우 신용장상의 이들 명세와 상충 되지 아니하는 일반용어로 기재될 수 있다.

f. 신용장에서 서류가 누구에 의하여 발행되는 것인가를 또는 서류의 자료내용을 명시하지 않고, 운송서류, 보험서류 또는 상업송장 이외의 서류의 제시를 요구하는 경우에는 그 서류

의 내용이 요구된 서류의 기능을 충족하는 것으로 보이고 기타의 방법으로 제14조 (d)항과 일치한다면 은행은 그 서류를 제시된 대로 수리 한다.

g. 제시되었지만 신용장에 의하여 요구되지 않은 서류는 무시되고 제시인에게 반송될 수 있다.

h. 신용장이 어떤 조건(condition)과의 일치성을 표시하기 위하여 서류를 명시하지 않고 그 조건을 포함하고 있는 경우에는 은행은 그러한 조건을 명기되지 아니한 것으로 보고 이를 무시하여야 한다.

i. 서류는 신용장의 일자보다 이전의 일자가 기재될 수 있으나 그 서류의 제시일보다 늦은 일자가 기재되어 서는 안 된다.

j. 수익자 및 발행의뢰인의 주소가 모든 명시된 서류상에 보이는 경우에는 이들 주소는 신용장 또는 기타 모든 명시된 서류에 명기된 것과 동일할 필요는 없으나, 신용장에 언급된 각각의 주소와 동일한 국가 내에 있어야 한다. 수익자 및 발행의뢰인의 주소의 일부로서 명기된 연락처명세(모사전송, 전화, 전자우편 등)는 무시된다. 그러나 발행의뢰인의 모든 주소 및 연락처 명세가 제19조, 제20조, 제21조. 제22조, 제23조, 제24조 또는 제25조에 따라 운송서류상의 수화인 또는 착화통지처 명세의 일부로서 보이는 경우에는 이러한 주소 및 연락처명세는 신용장에 명기된 대로 여야 한다.

k. 모든 서류상에 표시된 물품의 송하인 또는 탁송인은 신용장의 수익자일 필요는 없다.

l. 운송서류가 이 규칙의 제19조, 제20조, 제21조. 제22조, 제23조 또는 제24조의 요건을 충족하는 한, 그 운송서류는 운송인, 선주 또는 용선자 이외의 모든 당사자에 의하여 발행될 수 있다.

Article 15 Complying Presentation

a. When an issuing bank determines that a presentation is complying, it must honour.

b. When a confirming bank determines that a presentation is complying, it must honour or negotiate and forward the documents to the issuing bank.

c. When a nominated bank determines that a presentation is complying and hon-ours or negotiates, it must forward the documents to the confirming bank or issuing bank.

제15조 일치하는 제시

a. 발행은행이 제시가 일치한다고 결정하는 경우에는 그 발행은행은 지급 이행하여야 한다.

b. 확인은행이 제시가 일치한다고 결정하는 경우에는 그 확인은행은 지급이행 또는 매입하고 발행은행에게 서류를 발송하여야 한다.

c. 지정은행이 제시가 일치한다고 결정하고 지급이행 또는 매입하는 경우에는 그 지정은행은 확인은행 또는 발행은행에게 서류를 발송하여야 한다.

Article 16 Discrepant Documents, Waiver and Notice

a. When a nominated bank acting on its nomination, a confirming bank, if any, or the issuing bank determines that a presentation does not comply, it may refuse to honour or negotiate.

b. When an issuing bank determines that a presentation does not comply, it may in its sole judgement approach the applicant for a waiver of the discrepancies. This does not, however, extend the period mentioned in sub−article 14 (b).

c. When a nominated bank acting on its nomination, a confirming bank, if any, or the issuing bank decides to refuse to honour or negotiate, it must give a single notice to the effect to the presenter.

The notice must state :

   ⅰ. that the bank is refusing to honour or negotiate ; and

   ⅱ. each discrepancy in respect of which the bank refuses to honour or nego− tiate ; and

   ⅲ. ⓐ that the bank is holding the documents pending further instructions from the presenter ; or

      ⓑ that the issuing bank is holding the documents until it receives a waiver from the applicant and agrees to accept it, or receives further in− structions from the presenter prior to agreeing to accept a waiver ; or

      ⓒ that the bank is returning the documents ; or

      ⓓ that the bank is acting in accordance with instructions previously re− ceived from the presenter.

d. The notice required in sub−article 16 (c) must be given by telecommunication or, if that is not possible, by other expeditious means no later than the close of the fifth banking day following the day of presentation.

e. A nominated bank acting on its nomination, a confirming bank, if any, or the issuing bank may, after providing notice required by sub−article 16 (c) (ⅲ) (a) or (b), return the documents to the presenter at any time.

f. If an issuing bank or a confirming bank fails to act in accordance with the pro− visions of this article, it shall be precluded from claiming that the documents do not constitute a complying presentation.

g. When an issuing bank refuses to honour or a confirming bank refuses to honour or negotiate and has given notice to that effect in accordance with this article, it shall then be entitled to claim a refund, with interest, of any reimbursement made.

168

제16조 불일치서류, 권리포기 및 통지

a. 지정에 따라 행동하는 지정은행. 확인은행(있는 경우) 또는 발행은행은 제시가 일치하지 아니한 것으로 결정하는 경우에는, 지급이행 또는 매입을 거절할 수 있다.

b. 발행은행은 제시가 일치하지 아니하다고 결정하는 경우에는 독자적인 판단으로 발행의뢰인과 불일치에 관한 권리포기의 여부를 교섭할 수 있다 그러나 이것 은 제14조 b항에서 언급된 기간을 연장하지 아니한다.

c. 지정에 따라 행동하는 지정은행. 확인은행(있는 경우) 또는 발행은행은 지급이행 또는 매입을 거절하기로 결정한 경우에는 제시인에게 그러한 취지를 1회만 통 지하여야 한다.

그 통지는 다음을 명기하여야 한다. :

ⅰ. 은행이 지급이행 또는 매입을 거절하고 있다는 것 ; 그리고

ⅱ. 은행이 자급이행 또는 매입을 거절하게 되는 각각의 불일치사항 ; 그리고

ⅲ. ⓐ 은행이 제시인으로부터 추가지사를 받을 때까지 서류를 보관하고 있다는 것 ; 또는

　　ⓑ 발행은행이 발행의뢰인으로부터 권리포기를 수령하고 서류를 수리하기로 합의할 때까지 또는 권리포기를 승낙하기로 합의하기 전에 제시인으로부터 추가 지시를 수령할 때까지 발행은행 이 서류를 보관하고 있다는 것 ; 또는

　　ⓒ 은행이 서류를 반송하고 있다는 것, 또는

　　ⓓ 은행이 제시인으로부터 이전에 수령한 지시에 따라 행동하고 있다는 것

d. 제16조 (c)항에서 요구된 통지는 전기통신(telecommunication)으로 또는 그 이용이 불가능한 때에는 기타 신속한 수단으로 제시일의 다음 제5은행영업일의 마감시간까지 행해져야 한다.

e. 지정에 따라 행동하는 지정은행, 확인은행(있는 경우) 또는 발행은행은 제16조 c항(ⅲ호) (a) 또는 (b)에 의하여 요구된 통지를 행한 후에, 언제든지 제시인에게 서류를 반송할 수 있다.

f. 발행은행 또는 확인은행이 이 조의 규정에 따라 행동하지 아니한 경우에는 그 은행은 서류가 일치하는 제시를 구성하지 아니한다고 주장할 수 없다.

g. 발행은행이 지급이행을 거절하거나 또는 확인은행이 지급이행 또는 매입을 거절하고 이 조에 따라 그러한 취지를 통지한 경우에는 그 은행은 이미 행해진 상환금에 이자를 추가하여 그 상환금의 반환을 청구할 권리가 있다.

Article 17 Original Documents and Copies

a. At least an original of each document stipulated in the credit must be presented.

b. A bank shall treat as an original any document bearing an apparently original signature, mark, stamp, or label of the issuer of the document, unless the document itself indicates that it is not an original.

c. Unless a document indicates otherwise, a bank will also accept a document as original if it :

   i. appears to be written, typed, perforated or stamped by the document issuer's hand ; or

   ii. appears to be on the document issuer's original stationery ; or

   iii. states that it is original, unless the statement appears not to apply to the document presented.

d. If a credit requires presentation of copies of documents, presentation of either originals or copies is permitted.

e. If a credit requires presentation of multiple documents by using terms such as "in duplicate", "in two fold" or "in two copies", this will be satisfied by the presentation of at least one original and the remaining number in copies, except when the document itself indicates otherwise.

제17조 원본서류 및 사본

a. 적어도 신용장에 명시된 각 서류의 1통의 원본은 제시되어야 한다.

b. 서류 그 자체가 원본이 아니라고 표시하고 있지 아니하는 한, 명백히 서류 발행인의 원본 서명, 표기, 스탬프, 또는 부전을 기재하고 있는 서류를 원본으로서 취급한다.

c. 서류가 별도로 표시하지 아니하는 한 서류가 다음과 같은 경우에는, 은행은 서류를 원본으로서 수리한다. :

   i. 서류발행인에 의하여 수가 타자 천공 또는 스탬프 된 것으로 보이는 경우 ; 또는

   ii. 서류발행인의 원본 용지상에 기재된 것으로 보이는 경우 ; 또는

   iii. 제시된 서류에 적용되지 아니하는 것으로 보이지 아니하는 한 원본이라는 명기가 있는 경우

d. 신용장이 서류의 사본의 제시를 요구하는 경우에는 원본 또는 사본의 제시는 허용된다.

e. 신용장 "2통(in duplicate)", "2부(in two fold)", "2통(in two copies)"과 같은 용어를 사용함으로써 수 통의 서류의 제시를 요구하는 경우에는 이것은 서류 자체에 별도의 표시가 있는 경우를 제외하고는 적어도 원본 1통과 사본으로 된 나머지 통수의 제시에 의하여 충족된다.

Article 18 Commercial Invoice

a. A commercial invoice :

    ⅰ. must appear to have been issued by the beneficiary(except as provided in article 38) ;

    ⅱ. must be made out in the name of the applicant(except as provided in sub‒article 38 (g)) ;

    ⅲ. must be made out in the same currency as the credit ; and

    ⅳ. need not be signed.

b. A nominated bank acting on its nomination, a confirming bank, if any, or the issuing bank rosy accept a commercial invoice issued for an amount in excess or the amount permitted by the credit, and its decision will be binding upon all parties, provided the bank in question has not honoured or negotiated for an amount in excess of that permitted by the credit.

c. The description of the goods, service or performance in a commercial invoice must correspond with that appearing in the credit.

제18조 상업송장

a. 상업송장은 :

    ⅰ. 수익자에 의하여 발행된 것으로 보여야 하며(제38조에 규정된 경우를 제외한다) ;

    ⅱ. 발행의뢰인 앞으로 작성되어야 하며(제38조 g항에 규정된 경우를 제외한다) ;

    ⅲ. 신용장과 동일한 통화로 작성되어야 하며 ; 그리고

    ⅳ. 서명될 필요가 없다.

b. 지정에 따라 행동하는 지정은행, 확인은행(있는 경우) 또는 발행은행은 신용장에 의하여 허용된 금액을 초과한 금액으로 발행된 상업송장을 수리할 수 있으며, 그러한 결정은 모든 당사자를 구속한다. 다만 문제의 은행은 신용장에 의하여 허용된 금액을 초과한 금액으로 지급이행 또는 매입하지 아니하여야 한다.

c. 상업송장상의 물품, 용역 또는 이행의 명세는 신용장에 보이는 것과 일치하여야 한다.

Article 19 Transport Document Covering at Least Two Different Modes of Transport

a. A transport document covering at least two different modes of transport(multimodal or combined transport document), however named, must appear to :

ⅰ. indicate the name of the carrier and be signed by :
- the carrier or a named agent for or on behalf of the carrier, or
- the master or a named agent for or on behalf of the master.

Any signature by the carrier, master or agent must be identified as that of the carrier, master or agent. Any signature by an agent must indicate whether the agent has signed for or on behalf of the carrier or for or on behalf of the master.

ⅱ. indicate that the goods have been dispatched, taken in charge or shipped on board at the place stated in the credit, by :
- pre-printed wording, or
- a stamp or notation indicating the date on which the goods have been dispatched, taken in charge or shipped on board.

The date of issuance of the transport document will be deemed to be the date of dispatch, taking in charge or shipped on board, and the date of shipment. However, if the transport document indicates, by stamp or notation, a date of dispatch, taking in charge of shipped on board, this date will be deemed to be the date of shipment.

ⅲ. indicate the place of dispatch, taking in charge or shipment and the place of final destination stated in the credit, even if :
- ⓐ the transport document states, in addition, a different place of dispatch, taking in charge or shipment or place of final destination, or
- ⓑ the transport document contains the indication "intended" or similar qualificatio in relation to the vessel, port of loading or port of discharge.

ⅳ. be the sole original transport document or, if issued in more than one original, be the full set as indicated on the transport document.

ⅴ. contain terms and conditions of carriage or make reference to another source containing the terms and conditions of carriage(short form or blank back transport document). Contents of terms and conditions of carriage will not be examined.

ⅵ. contain no indication that it is subject to a charter party.

b. For the purpose of this article, transhipment means unloading from one means of conveyance and reloading to another means of conveyance (whether or not in different modes of transport) during the carriage from the place of dispatch, taking in charge or shipment to the place of final destination stated in the credit.

c. ⅰ. A transport document may indicate that the goods will or may be tran-
shipped provided that the entire carriage is covered by one and the same
transport document.

ⅱ. A transport document indicating that transhipment will or may take place
is, acceptable, even if the credit prohibits transhipment.

제19조 적어도 두 가지 다른 운송방식을 표시하는 운송서류

a. 적어도 두 가지의 다른 운송방식을 표시하는 운송서류(복합운송서류)는 그 명칭에 관계없이
다음과 같이 보여야 한다. :

ⅰ. 운송인의 명칭을 표시하고 다음의 자에 의하여 서명되어 있는 것 :

• 운송인 또는 운송인을 대리하는 지정대리인. 또는

• 선장 또는 선장을 대리하는 지정대리인.

운송인 선장 또는 대리인에 의한 모든 서명은 운송인. 선장 또는 대리인의 것이라는 것을 확
인하고 있어야 한다. 대리인에 의한 모든 서명을 그 대리인이 운송인을 대리하여 서명하였는
지 또는 선장을 대리하여 서명하였는지를 표시하여야 한다.

ⅱ. 다음에 의하여 물품이 신용장에 명기된 장소에서 발송, 수탁 또는 본선선적 되었음을
표시하고 있는 것 :

• 사전 인쇄된 문언. 또는

• 물품이 발송, 수탁 또는 본선 선적된 일자를 표시하고 있는 스탬프 또는 표기

운송 서류의 발행일은 발송, 수탁 또는 본선선적일 및 선적일로 본다. 그러나 운송서류가 스
탬프 또는 표기에 의하여 발송, 수탁 또는 본선 선적일을 표시하고 있는 경우에는, 이러한 일
자를 선적일로 본다.

ⅲ. 비록 다음과 같더라도, 신용장에 명기된 발송. 수탁 또는 선적지 및 최종목적지를 표
시하고 있는 것 :

ⓐ 운송서류가 추가적으로 다른 발송, 수탁 또는 선적지 또는 최종목적지를 명기하고
있더라도, 또는

ⓑ 운송서류가 선박, 적재항 또는 양륙항에 관하여 "예정된" 또는 이와 유사한 제한의
표사를 포함하고 있더라도

ⅳ. 단일의 운송서류 원본 또는 2통 이상의 원본으로 발행된 경우에는 운송서류상에 표시
된 대로 전 통인 것.

ⅴ. 운송의 제 조건을 포함하고 있거나, 또는 운송의 제 조건을 포함하는 다른 자료를 참
조하고 있는 것(약식/배면백지식 운송서류). 운송의 제 조건의 내용은 심사되지 아니
한다.

ⅵ. 용선계약에 따른다는 어떠한 표시도 포함하고 있지 아니한 것.

b. 이 조에서 환적이란 신용장에 명기된 발송, 수탁 또는 선적자로부터 최종목적지까지의 운송
과정 중에 한 운 송수단으로부터의 양하 및 다른 운송수단으로의 재적 재를 말한다.

c. ⅰ. 운송서류는 물품이 환적될 것이라거나 또는 될 수 있다고 표시할 수 있다. 다만 전 운송은 동일한 운송서류에 의하여 커버되어야 한다.

ⅱ. 신용장이 환적을 금지하고 있는 경우에도, 환적이 행해질 것이라거나 또는 행해질 수 있다고 표시하고 있는 운송서류는 수리될 수 있다.

Article 20 Bill of Lading

a. A bill of lading, however named, must appear to :

ⅰ. indicate the name of the carrier and be signed by :
- the carrier or a named agent for or on behalf of the carrier, or
- the master or a named agent for or on behalf of the master.

  Any signature by the carrier, master or agent must be identified as that of the carrier, master or agent.

  Any signature by the agent must indicate whether the agent has signed for or on behalf of the carrier or for or on behalf of the master.

ⅱ. indicate that the goods have been shipped on board a named vessel at the port of loading sated in the credit by :
- pre-printed wording, or
- an on board notation indicating the date on which the goods have been shipped on board. The date of issuance of the bill of lading will be deemed to be the date of shipment unless the bill of lading contains an on board notation indicating the date of shipment, in which case the date stated in the on board notation will be deemed to be the date of shipment.

  If the bill of lading contains the indication "intended vessel" or similar qualification in relation to the name of the vessel, an on board notation indicating the date of shipment and the name of the actual vessel is required.

ⅲ. indicate shipment from port of loading to the port of discharge stated in the credit.

  If the bill of lading does not indicate the port of loading stated in the credit as the port of loading, or if it contains the indication "intended" or similar qualification in relation to the port of loading, an on board notation indicating the port of loading as stated in the credit, the date of shipment and the name of the vessel is required. This provision applies even when loading on board or shipment on a named vessel is indicated by pre-printed wording on the bill of lading.

iv. be the sole original bill of lading or, if issued in more than one original, be the full set as indicated on the bill of lading.

v. contain terms and conditions of carriage or make reference to another source containing the terms and conditions of carriage(short form or blank bill of lading). Contents of terms and conditions of carriage will not be examined.

vi. contain no indication that it is subject to a charter party.

b. For the purpose of this article, transhipment means unloading from one vessel and reloading to another vessel during the carriage from the port of loading to the port of discharge stated in the credit.

c. i. A bill of lading may indicate that the goods will or may be transhipped provided that the entire carriage is covered by one and the same bill of lading.

ii. A bill of lading indicating that transhipment will or may take place is acceptable, even if the credit prohibits transhipment, if the goods have been shipped in a container, trailer or LASH barge as evidenced by the bill of lading.

d. Clauses in a bill of lading stating that the carrier reserves the right to tranship will be disregarded.

제20조 선하증권

a. 선하증권은 그 명칭에 관계없이 다음과 같이 보여야 한다.

  i. 운송인의 명칭을 표시하고 다음의 자에 의하여 서명되어 있는 것 :
- 운송인 또는 운송인을 대리하는 지정대리인, 또는
- 선장 또는 선장을 대리하는 지정대리인 운송인.

  선장 또는 대리인에 의한 모든 서명은 운송인, 선장 또는 대리인의 것이라는 것을 확인하고 있어야 한다.

  대리인에 의한 모든 서명은 그 대리인이 운송인을 대리하여 서명하였는지 또는 선장을 대리하여 서명하였는지를 표시하여야 한다.

  ii. 다음에 의하여 물품이 신용장에 명기된 적재항에서 지정선박에 본선 선적되었음을 표시하고 있는 것 :
- 사전 인쇄된 문언, 또는
- 물품이 본선 선적된 일자를 표시하고 있는 본선적재 표기 선하증권의 발행일은 선적일로 본다. 다만, 선하증권이 선적일을 표시하고 있는 본선적재표가를 포함하고 있는 경우에는 그러하지 아니하며, 이 경우, 본선 적재표기상에 명기된 일자는 선적일로 본다.

  선하증권이 선박의 명칭에 관하여 "예정된 선박" 또는 이와 유사한 제한의 표사를 포함하고 있는 경우에는 선적일 및 실제 선박의 명칭을 표시하고 있는 본선적재표기는 요구된다.

    iii. 신용장에 명기된 적재항으로부터 양륙항까지의 선적을 표시하고 있는 것.

       선하증권이 적재항으로서 신용장에 명기된 적재항을 표시하고 있지 아니한 경우에는 또는 적재항에 관하여 "예정된" 또는 이와 유사한 제한의 표시를 포함하고 있는 경우에는 신용장에 명기된 대로 적재항 선적일 및 선박의 명칭을 표시하고 있는 본선적재 표기가 요구된다. 이 규정은 비록 지정된 선박에의 본선적재 또는 선적이 선하증권상에 사전에 인쇄된 문언에 의하여 표시되어 있더라도 적용된다.

    iv. 단일의 선하증권 원본 또는 2통 이상의 원본으로 발행된 경우에는 선하증권상에 표시된 대로 전 통인 것

    v. 운송의 제 조건을 포함하고 있거나 또는 운송의 제 조건을 포함하는 다른 자료를 침조하고 있는 것(약식/배면백지식 선하증권), 운송의 제 조건의 내용은 심사되지 아니한다.

    vi. 용선계약에 따른다는 어떠한 표시도 포함하고 있지 아니한 것

b. 이 조에서 환적이란 신용장에 명기된 적재항으로부터 양륙항까지의 운송과정 중에 한 선박으로부터의 양하 및 다른 선박으로의 재적재를 말한다.

c. i. 선하증권은 물품이 환적될 것이라거나 또는 될 수 있다고 표시할 수 있다. 다만. 전 운송이 동일한 선하증권에 의하여 커버되어야 한다.

    ii. 신용장이 환적을 금지하고 있는 경우에도. 물품이 선하증권에 의하여 입증된 대로 컨테이너, 트레일러 또는 래쉬선에 선적된 경우에는 환적이 행해질 것이라거나 또는 행해질 수 있다고 표시하고 있는 선하증권은 수리될 수 있다.

d. 운송인이 환적할 권리를 유보한다고 명기하고 있는 선하증권상의 조항은 무시된다.

Article 21 Non−Negotiable Sea Waybill

a. A non−negotiable sea waybill, however named, must appear to :

    i. indicate the name of the carrier and be signed by :

- the carrier or a named agent for or on behalf of the carrier, or
- the master or a named agent for or on behalf of the master.

       Any signature by the carrier, master or agent must be identified as that of the carrier, master of agent.

    Any signature by an agent must indicate whether the agent has signed for or on behalf of the carrier or for or on behalf of the master.

    ii. indicate that the goods have been shipped on board a named vessel at the port of loading stated in the credit by :

- pre−printed wording, or
- an on board notation indicating the date on which the goods have been shipped on board.

The date of issuance of the non−negotiable sea waybill will be deemed to be the date of shipment unless the non−negotiable sea waybill an on board notation indicating the date of shipment, in which case the date stated in the on board notation will be deemed to be the date of shipment.

If the non−negotiable sea waybill contains the indication "intended vessel" or similar qualification in relation to the name of the vessel, an on board notation indicating the date of shipment and the name of the actual vessel is required.

iii. indicate shipment from the port of loading to the port of discharge stated in the credit.

If the non−negotiable sea waybill does not indicate the port of loading stated in the credit as the port of loading, or if it contains the indication "intended" or similar qualification in relation to the port of loading, an on board notation indicating the port of loading as stated in the credit, the date of shipment and the name of the vessel is required. This provision applies even when loading on board or shipment on a named vessel is indicated by pre−printed wording on the non−negotiable sea waybill.

iv. be the sole original non−negotiable sea waybill or, if issued in more than one original, be the full set as indicated on the non−negotiable sea waybill.

v. contain terms and conditions of carriage or make reference to another source containing the terms and conditions of carriage(short form or blank back non−negotiable sea waybill). Contents of terms and conditions of carriage will not be examined.

vi. contain no indication that it is subject to a charter party.

b. For the purpose of this article, transhipment means unloading from one vessel and reloading to another vessel during the carriage from the port of loading to the port of discharge stated in the credit.

c. i. A non−negotiable sea waybill may indicate that the goods will or may be transhipped provided that the entire carriage is covered by one and the same non−negotiable sea waybill.

ii. A non−negotiable sea waybill indicating that transhipment will or may take place is acceptable, even if the credit prohibits transhipment, if the goods have been shipped in a container, trailer or LASH barge as evidenced by the nonnegotiable sea waybill.

d. Clauses in a non−negotiable sea waybill stating that the carrier reserves the right to tranship will be disregarded.

제21조 비유통성 해상화물운송장

a. 비유통성 해상화물운송장은 그 명칭에 관계없이 다음과 같이 보여야 한다.
 ⅰ. 운송인의 명칭을 표시하고 다음의 자에 의하여 서명되어 있는 것 :
  • 운송인 또는 운송인을 대리하는 지정대리인, 또는
  • 선장 또는 선장을 대리하는 지정대리인
   운송인, 선장 또는 대리인에 의한 모든 서명은 운송인, 선장 또는 대리인의 것이라는 것을 확인하고 있어야 한다.
   대리인에 의한 모든 서명은 그 대리인이 운송인을 대리하여 서명하였는지 또는 선장을 대리하여 서명하였는지를 표시하여야 한다.
 ⅱ. 다음에 의하여 물품이 신용장에 명기된 적재항에서 지정선박에 본선 선적되었음을 표시하고 있는 것 :
  • 사전 인쇄된 문언, 또는
  • 물품이 본선 선적된 일자를 표시하고 있는 본선적재 표기
   비유통성 해상화물운송장의 발행일은 선적일로 본다. 다만, 비유통성 해상화물 운송장이 선적일을 표시하고 있는 본선적재표기를 포함하고 있는 경우에는 그러하지 아니하며, 이 경우, 본선적재표가상에 명기된 일자는 선적일로 본다.
   비유통성 해상화물운송장이 선박의 명칭에 관하여 "예정된 선박" 또는 이와 유사한 제한의 표시를 포함하고 있는 경우에는 선적일 및 실제 선박의 명창을 표시하고 있는 본선적재표기는 요구된다.
 ⅲ. 신용장에 명기된 적재형으로부터 양륙항까지의 선적을 표시하고 있는 것
   비유통성 해상화물운송장이 적재 항으로서 신용장에 명기된 적재항을 표시하고 있지 아니한 경우에는 또는 적재항에 관하여 "예정된" 또는 이와 유사한 제한의 표시를 포함하고 있는 경우에는 신용장에 명기된 대로 적재항 선적일 및 선박의 명칭을 표시하고 있는 본선적재표기가 요구된다. 이 규정은 비록 지정된 선박에의 본선적재 또는 선적이 비유통성 해상화물운송장에 사전에 인쇄된 문언에 의하여 표시되어 있더라도 적용된다.
 ⅳ. 단일의 비유통성 해상화물운송장 원본 또는 2통 이상의 원본으로 발행된 경우에는 비유통성 해상화물운송장상에 표시된 대로 전 통인 것.
 ⅴ. 운송의 제 조건을 포함하고 있거나 또는 운송의 제 조건을 포함하는 다른 자료를 참조하고 있는 것(약식/배면백지식 비유통성 해상화물운송장). 운송의 제 조건의 내용은 심사되지 아니한다.
 ⅵ. 용선계약에 따른다는 어떠한 표사도 포함하고 있지 아니한 것
b. 이 조에서 환적이란 신용장에 명기된 적재항으로부터 양륙항까지의 운송과정 중에 한 선박으로부터의 양하 및 다른 선박으로의 재적재를 말한다.

c. ⅰ. 비유통성 해상화물운송장은 물품이 환적될 것이라거나 또는 될 수 있다고 표시할 수 있다. 다만, 전 운송이 동일한 비유통성 해상화물운송장에 의하여 커버되어야 한다.

ⅱ. 신용장이 환적을 금지하고 있는 경우에도. 물품이 비유통성 해상화물운송장에 의하여 입증된 대로 컨테이너, 트레일러 또는 래쉬선에 선적된 경우에는 환적이 행해질 것이라거나 또는 행해질 수 있다고 표시하고 있는 비유통성 해상화물운송장은 수리될 수 있다.

d. 운송인이 환적할 권리를 유보한다고 명기하고 있는 비유 통성 해상 화물운송 장상의 조항은 무시된다.

Article 22 Charter Party Bill of Lading

a. A bill of lading, however named, containing an indication that it is subject to a charter party (charter party bill of lading), must appear to :

ⅰ. be signed by :
- the master or a named agent for or on behalf of the master, or
- the owner or a named agent for or on behalf of the owner, or
- the charterer or a named agent for or on behalf of the charterer.

Any signature by the master, owner, charter or agent must be identified as that of the master, owner, charterer or agent.

Any signature by an agent must indicate whether the agent has signed for or on behalf of the master, owner or charterer.

An agent signing for or on behalf of the owner or charterer must indicate the name of the owner or charterer.

ⅱ. indicate that the goods have been shipped on board a named vessel at the port of loading stated in the credit by :
- pre−printed wording, or
- an on board notation indicating the date on which the goods have been shipped on board.

The date of issuance of the charter party bill of lading will be deemed to be the date of shipment unless the charter party bill of lading contains an on board notation indicating the date of shipment, in which case the date stated in the on board notation will be deemed to be the date of shipment.

ⅲ. indicate shipment from the port of loading to the port of discharge stated in the credit. The port of discharge may also be shown as a range of ports or a geographical area, as stated in the credit.

ⅳ. be the sole original charter party bill of lading or, if issued in more than one original, be the full set as indicated on the charter party bill of lading.

b. A bank will not examine charter party contracts, even if they are required to be presented by the terms of the credit.

제22조 용선계약선하증권

a. 용선계약에 따른다는 표사를 포함하고 있는 선하증권(용선계약선하증권)은 그 명칭에 관계없이 다음과 같이 보여야 한다.

     i . 다음의 자에 의하여 서명되어 있는 것 :
- 선장 또는 선장을 대리하는 지정대리인. 또는
- 선주 또는 선주를 대리하는 지정대리인, 또는
- 용선자 또는 용선자를 대리하는 지정대리인

선장, 선주, 용선자 또는 대리인에 의한 모든 서명은 선장, 선주, 용선자 또는 대리인의 것이라는 것을 확인하고 있어야 한다.

대리인에 의한 모든 서명은 그 대리인이 선장, 선주 또는 용선자 중 누구를 대리하여 서명하였는지를 표시하여야 한다.

선주 또는 용선자를 대리하여 서명하는 대리인은 선주 또는 용선자의 명칭을 표시하여야 한다.

     ii . 다음에 의하여 물품이 신용장에 명기된 적재항에서 지정선박에 본선 선적되었음을 표시하고 있는 것.
- 사전 인쇄된 문언, 또는
- 물품이 본선적된 일자를 표시하고 있는 본선적재 표기

용선계약선하증권의 발행일은 선적일로 본다. 다만, 용선계약선하증권이 선적일을 표시하고 있는 본선적재표기를 포함하고 있는 경우에는 그러하지 아니하며, 이 경우, 본선적재표기상에 명기된 일자는 선적일로 본다.

     iii. 신용장에 명기된 적재항으로부터 양륙항까지의 선적을 표시하고 있는 것. 또한 양륙항은 신용장에 명기된 대로 항구의 구역 또는 지리적 지역으로 표시될 수 있다.

     iv. 단일의 용선계약선하증권 원본 또는 2통 이상의 원본으로 발행된 경우에는 용선계약 선하증권상에 표시된 대로 전 통인 것.

b. 용선계약서가 신용장의 조건(terms)에 따라 제시되도록 요구되더라도, 은행은 그 용선계약서를 심사하지 아니한다.

Article 23 Air Transport Document

a. An air transport document, however named, must appear to :
     i . indicate the name of the carrier and be signed by :
- the carrier, or
- a named agent for or on behalf of the carrier.

Any signature by the carrier or agent must be identified as that of the carrier or agent.

Any signature by an agent must indicate that the agent has signed for or on behalf of the carrier.

 ii. indicate that the goods have been accepted for carriage.

 iii. indicate the date of issuance. This date will be deemed to be the date of shipment unless the air transport document contains a specific notation of the actual date of shipment, in which case the date stated in the notation will be deemed to be the date of shipment. Any other information appearing on the air transport document relative to the flight number and date will not be considered in determining the date of shipment.

 iv. indicate the airport of departure and the airport of destination stated in the credit.

 v. be the original for consignor or shipper, even if the credit stipulates a full set of originals.

 vi. contain terms and conditions of carriage or make reference to another source containing the terms and conditions of carriage. Contents of terms and conditions of carriage will not be examined.

b. For the purpose of this article, transhipment means unloading from one aircraft and reloading to another aircraft during the carriage from the airport of departure to the airport of destination stated in the credit.

c. i. An air transport document may indicate that the goods will or may be transhipped, provided that the entire carriage is covered by one and the same air transport document.

 ii. An air transport document indicating that transhipment will or may take place is acceptable, even if the credit prohibits transhipment.

제23조 항공운송서류

a. 항공운송서류는 그 명칭에 관계없이 다음과 같이 보여야 한다.

 i. 운송인의 명칭을 표시하고 다음의 자에 의하여 서명되어 있는 것 :

  • 운송인, 또는

  • 운송인을 대리하는 지정대리인

  운송인 또는 대리인에 의한 모든 서명은 운송인 또는 대리인의 것이라는 것을 확인하고 있어야 한다.

  대리인에 의한 모든 서명은 그 대리인이 운송인을 대리하여 서명하였음을 표시하여야 한다.

 ii. 물품이 운송을 위하여 수취되었음을 표시하고 있는 것

iii. 발행일을 표시하고 있는 것. 이 일자는 선적일로 본다. 다만, 항공운송서류가 실제의 선적일에 관한 특정표기를 포함하고 있는 경우에는 그러하지 아니하며 이 경우 그 표기에 명기된 일자는 선적일로 본다. 운항번호 및 일자에 관하여 항공운송서류상에 보이는 기타 모든 정보는 선적일을 결정하는데 고려되지 아니한다.

iv. 신용장에 명기된 출발공항과 목적공항을 표시하고 있는 것.

ⅴ. 신용장이 원본의 전 통을 명사하고 있는 경우에도 탁송인 또는 송하인용 원본인 것.

vi. 운송의 제 조건을 포함하고 있거나. 또는 운송의 제 조건을 포함하는 다른 자료를 참조하고 있는 것. 운송의 제 조건의 내용은 심사되지 아니한다.

b. 이 조에서 환적이란 신용장에 명기된 출발공항으로부터 목적공항까지의 운송과정 중에 한 항공가로부터의 양하 및 다른 항공기로의 재적재를 말한다.

c. ⅰ. 항공운송서류는 물품이 환적될 것이라거나 또는 될 수 있다고 표시할 수 있다. 다만 전 운송은 동일한 항공운송서류에 의하여 커버되어야 한다.

ⅱ. 신용장이 환적을 금지하고 있는 경우에도 은행은 환적이 행해질 것이라거나 또는 행해질 수 있다고 표시하고 있는 항공운송서류는 수리될 수 있다.

Article 24 Road, Rail or Inland Waterway Transport Documents

a. A road, rail or inland waterway transport document, however named, must appear to :

ⅰ. indicate the name of the carrier and :
- be signed by the carrier or a named agent for or on behalf of the carrier, or
- indicate receipt of the goods by signature, stamp or notation by the carrier or a named agent for or on behalf of the carrier.

Any signature, stamp or notation of receipt of the goods by the carrier or agent must be identified as that of the carrier or agent.

Any signature, stamp or notation of receipt of the goods by the agent must indicate that the agent has signed or acted for or on behalf of the carrier. If a rail transport document does not identify the carrier, any signature or stamp of the railway company will be accepted as evidence of the document being signed by the carrier.

ⅱ. indicate the date of shipment or the date the goods have been received for shipment, dispatch or carriage at the place stated in the credit. Unless the transport document contains a dated reception stamp, an indication of the date of receipt or a date of shipment, the date of issuance of the transport document will be deemed to be the date of shipment.

iii. indicate the place of shipment and the place of destination stated in the credit.

b. ⅰ. A road transport document must appear to be the original for consignor or shipper or bear no marking indicating for whom the document has been prepared.

ⅱ. A rail transport document marked "duplicate" will be accepted as an original.

ⅲ. A rail or inland waterway transport document will be accepted as an original whether marked as an original or not.

c. In the absence of an indication on the transport document as to the number of originals issued, the number presented will be deemed to constitute a full set.

d. For the purpose of this article, transhipment means unloading from one means of conveyance and reloading to another means of conveyance, within the same mode of transport, during the carriage from the place of shipment, dispatch or carriage to the place of destination stated in the credit.

e. ⅰ. A road, rail or inland waterway transport document may indicate that the goods will or may be transhipped provided that the entire carriage is covered by one and the same transport document.

ⅱ. A road, rail or inland waterway transport document indicating that transhipment will or may take place is acceptable, even if the credit prohibits transhipment.

제24조 도로, 철도 또는 내륙수로 운송서류

a. 도로 철도 또는 내륙수로 운송서류는 그 명칭에 관계없이 다음과 같이 보여야 한다.

ⅰ. 운송인의 명칭을 표시하고 있는 것 그리고 :

• 운송인 또는 운송인을 대리하는 지정 대리인에 의하여 서명되어 있는 것, 또는

• 운송인 또는 운송인을 대리하는 지정 대리인에 의하여 행해진 서명, 스탬프 또는 표기에 의하여 물품의 수령을 표시하고 있는 것

물품의 수령에 관한 운송인 또는 대리인에 의한 모든 서명, 스탬프 또는 표가는 운송인 또는 대리인의 것이라는 것을 확인하고 있어야 한다.

물품의 수령에 관한 대리인에 의한 모든 서명, 스탬프 또는 표기는 그 대리인이 운송인을 대리하여 서명 또는 행동하였음을 표시하여야 한다. 철도운송서류가 운송인을 확인하지 아니한 경우에는 철도회사의 모든 서명 또는 스탬프는 운송인에 의허여 서명되어 있는 서류의 증거로서 수리되어야 한다.

ⅱ. 선적일 또는 물품이 신용장에 명기된 장소에서 선적, 발송 또는 운송을 위하여 수령된 일자를 표시하고 있는 것. 운송서류가 일자기재의 수령 스탬프, 수령일의 표시 또는 선적일을 포함하고 있지 아니하는 한 운송서류의 발행일은 선적일로 본다.

ⅲ. 신용장에 명기된 선적지 및 목적지를 표시하고 있는 것

b. ⅰ. 도로운송서류는 탁송인 또는 송하인용 원본인 것으로 보여야 하거나 또는 그 서류가 누구를 위하여 작성되었는지를 표시하는 어떠한 표시도 기재하지 아니한 것으로 보여야 한다.

ⅱ. "부본(duplicate)"이 표시된 철도운송서류는 원본으로서 수리된다.

ⅲ. 철도 또는 내륙수로 운송서류는 원본이라는 표시의 유무에 관계없이 원본으로서 수리된다.

c. 발행된 원본의 통 수에 관하여 운송서류상에 표시가 없는 경우에는, 제시된 통 수는 전 통(full set)을 구성하는 것으로 본다.

d. 이 조에서 환적이란 신용장에 명기된 선적, 발송 또는 운송지로부터 목적지까지의 운송과 정 중에, 동일한 운송방식 내에서, 한 운송수단으로부터의 양하 및 다른 운송수단으로의 재적재를 말한다.

e. ⅰ. 도로, 철도 또는 내륙수로 운송서류는 물품이 환적될 것이라거나 또는 될 수 있다고 표시할 수 있다. 다만, 전 운송은 동일한 운송서류에 의하여 커버되어야 한다.

ⅱ. 신용장이 환적을 금지하고 있는 경우에도, 환적이 행해질 것이라거나 또는 행해질 수 있다고 표시하고 있는 도로 철도 또는 내륙수로 운송서류는 수리될 수 있다.

Article 25 Courier Receipt, Post Receipt of Certificate of Posting

a. A courier receipt, however named, evidencing receipt of goods for transport, must appear to :

ⅰ. indicate the name of the courier service and be stamped or signed by the named courier service at the place from which the credit states the goods are to be shipped ; and

ⅱ. indicate a date of pick-up or of receipt or wording to this effect. This date will be deemed to be the date of shipment.

b. A requirement that courier charges are to be paid or prepaid may be satisfied by a transport document issued by a courier service evidencing that courier charges are for the account of a party other than the consignee.

c. A post receipt or certificate of posting, however named, evidencing receipt of goods for transport, must appear to be stamped or signed and dated at the place from which the credit states the goods are to be shipped. This date will be deemed to be the date of shipment.

제25조 특송화물수령증, 우편수령증 또는 우송증명서

a. 운송물품의 수령을 입증하는 특송화물수령증은 그 명칭에 관계없이 다음과 같이 보여야 한다. :

　ⅰ. 특송업자의 명칭을 표시하고, 신용장에서 물품이 선적되어야 한다고 명기하고 있는 장소에서 지정된 특송업자에 의하여 스탬프 또는 서명된 것 ; 그리고

　ⅱ. 접수일 또는 수령일 또는 이러한 취지의 문언을 표시하고 있는 것. 이 일자는 선적일로 본다.

b. 특송요금이 지급 또는 선지급되어야 한다는 요건은 특송요금이 수화인 이외의 당사자의 부담이라는 것을 입증하는 특송업자에 의하여 발행된 운송서류에 의하여 충족될 수 있다.

c. 운송물품의 수령을 입증하는 우편수령증 또는 우송증명서는 그 명칭에 관계없이 신용장에서 물품이 선적되어야 한다고 명기하고 있는 장소에서 스탬프 또는 서명되고 일자가 기재된 것으로 보여야 한다. 이 일자는 선적일로 본다.

Article 26 "On Deck", "Shipper's Load and Count", Said by Shipper to Contain and Charges Additional to Freight

a. A transport document must not indicate that the goods are or will be loaded on deck. A clause on a transport document stating, that the goods may be loaded on deck is acceptable.

b. A transport document bearing a clause such as "shipper's load and count" and "said by shipper to contain" is acceptable.

c. A transport document may bear a reference, by stamp or otherwise, to charges additional to the freight.

제26조 "갑판적", "송하인의 적재 및 수량 확인" 및 운임의 추가비용

a. 운송서류는 물품이 갑판에 적재되었거나 또는 될 것이라고 표시해서는 안 된다. 물품이 갑판에 적재될 수 있다고 명기하고 있는 운송서류상의 조항은 수리될 수 있다.

b. "송하인의 적재 및 수량 확인(shipper's load and count)" 및 "송하인의 신고내용에 따름(said by shipper to contain)"과 같은 조항을 기재하고 있는 운송서류는 수리될 수 있다.

c. 운송서류는 스탬프 또는 기타의 방법으로 운임에 추가된 비용에 대한 참조를 기재할 수 있다.

Article 27 Clean Transport Document

A bank will only accept a clean transport document. A clean transport document is one bearing no clause or notation expressly declaring a defective condition of the goods or their packaging. The word "clean" need not appear on a transport document, even if a credit has a requirement for that transport document to be "clean on board".

제27조 무고장 운송서류

은행은 무고장 운송서류만을 수리한다. 무고장 운송서류는 물품 또는 그 포장에 하자 있는 상태를 명시적으로 표시하는 조항 또는 단서를 기재하고 있지 아니한 것을 말한다. 신용장에서 그 운송서류가 "무고장본 선적재(clean on board)"이어야 한다는 요건을 가지는 경우에도, "무고장(dean)"이라는 단어는 운송서류상에 보일 필요가 없다.

Article 28 Insurance Document and Coverage

a. An insurance document, such as an insurance policy, an insurance certificate or a declaration under an open cover, must appear to be issued and signed by an insurance company, an underwriter or their agents or their proxies.
   Any signature by an agent or proxy must indicate whether the agent or proxy has signed for or on behalf of the insurance company or underwriter.

b. When the insurance document indicates that it has been issued in more than one original, all originals must be presented.

c. Cover notes will not be accepted.

d. An insurance policy is acceptable in lieu of an insurance certificate or a declaration under an open cover.

e. The date of the insurance document must be no later than the date of shipment, unless it appears from the insurance document that the cover is effective from a date not later than the date of shipment.

f. ⅰ. The insurance document must indicate the amount of insurance coverage and be in the same currency as the credit.

   ⅱ. A requirement in the credit for insurance coverage to be for a percentage of the value of the goods, of the invoice value or similar is deemed to be the minimum amount of coverage required. If there is no indication in the credit of the insurance coverage required, the amount of insurance coverage must be at least 110% of the CIF or CIP value of the goods. When the CHF or CIP value cannot be determined from the documents, the amount of insurance coverage must be calculated on the basis of the amount for which honour or negotiation is requested or the gross value of the goods as shown on the invoice, whichever is greater.

    iii. The insurance document must indicate that risks are covered at least between the place of taking in charge or shipment and the place of discharge or final destination as stated in the credit.

g. A credit should state the type of insurance required and, if any, the additional risks to be covered. An insurance document will be accepted without regard to any risks that are not covered if the credit uses imprecise terms such as "usual risks" or "customary risks".

h. When a credit requires insurance against "all risks" and an insurance document is presented containing any "all risks" notation or clause, whether or not bearing the heading "all risks", the insurance document will be accepted without regard to any risks stated to be excluded.

i. An insurance document may contain reference to any exclusion clause.

j. An insurance document may indicate that the cover is subject to a franchise or excess(deductible).

제28조 보험서류 및 담보

a. 보험증권, 포괄예정보험에 의한 보험증명서 또는 통지서와 같은 보험서류는 보험회사, 보험업자 또는 이들 대리인 또는 이들 대리업자에 의하여 발행되고 서명된 것으로 보여야 한다. 대리인 또는 대리업자에 의한 모든 서명은 그 대리인 또는 대리업자가 보험회사를 대리하여 서명하였는지 또는 보험업자를 대리하여 서명하였는지를 표시하여야 한다.

b. 보험서류가 2통 이상의 원본으로 발행되었다고 표시하고 있는 경우에는, 모든 원본은 제시되어야 한다.

c. 보험승인서는 수리되지 아니한다.

d. 보험증권은 포될예정보험에 의한 보험증명서 또는 통지서를 대신하여 수리될 수 있다.

e. 보험서류에서 담보가 선적일보다 늦지 않은 일자로부터 유효하다고 보이지 아니하는 한, 보험서류의 일자는 선적일보다 늦어서는 안 된다.

f. ⅰ. 보험서류는 보험담보의 금액을 표시하여야 하고 신용장과 동일한 통화이어야 한다.

    ⅱ. 보험담보가 물품가액 또는 송장가액 등의 비율이어야 한다는 신용장상의 요건은 최소 담보금액이 요구된 것으로 본다. 요구된 보험담보에 관하여 신용장에 아무런 표시가 없는 경우에는 보험남보의 금액은 적어도 불품의 CIF 또는 CIP 가격의 110%이어야 한다. CIF 또는 CIP 가격이 서류로부터 결정될 수 없는 경우에는, 보험담보금액은 지급이행 또는 매입이 요청되는 금액 또는 송장에 표시된 물품총가액 중에서 보다 큰 금액을 기초로 하여 산정되어야 한다.

iii. 보험서류는 위험이 적어도 신용장에 명기된 대로 수탁 또는 선적지와 양륙 또는 최종 목적지 간에 담보되었음을 표시하여야 한다.

g. 신용장은 요구된 보험의 종류를 명기하여야 하고 만일 부보되어야 하는 부가위험이 있다면 이 것도 명기하여야 한다. 신용장이 "통상적 위험(usual risks)" 또는 "관습적 위험(customary risks)"과 같은 부정확한 용어를 사용하는 경우에는, 보험서류는 부보되지 아니한 어떠한 위험 에 관계없이 수리되어야 한다.

h. 신용장이 "전 위험"에 대한 보험을 요구하고 있는 경우, "전 위험"이라는 표제를 기재하고 있는 지의 여부와 관계없이 "전 위험"의 표기 또는 조항을 포함하고 있는 보험서류가 제시된 경우에 는 그 보험서류는 제외되어야 한다고 명기된 어떠한 위험에 관계없이 수리되어야 한다.

i. 보험서류는 모든 면책조항(exclusion clause)의 참조를 포함할 수 있다.

j. 보험서류는 담보가 소손해면책율 또는 초과(공제)면책률을 조건으로 한다는 것을 표시할 수 있다.

Article 29 Extension of Expiry Date or Last Day for Presentation

a. If the expiry date of a credit or the last day for presentation falls on a day when the bank to which presentation is to be made is closed for reasons other than those referred to in article 36, the expiry date or the last day for presentation, as the case may be, will be extended to the first following banking day.

b. If presentation is made on the first following banking day, a nominated bank must provide the issuing bank or confirming bank with a statement on its covering schedule that the presentation was made within the time limits extended in accordance with sub-article 29 (a).

c. The latest date for shipment will not be extended as a result of sub-article 29 (a).

제29조 유효기일의 연장 또는 체시를 위한 최종일

a. 신용장의 유효기일 또는 제시를 위한 최종일이 제36조에 언급된 사유 이외의 사유로 제시 를 받아야 하는 은행의 휴업일에 해당하는 경우에는, 그 유효기일 또는 제시를 위한 최종 일은 경우에 따라 최초의 다음 은행영업일까지 연장된다.

b. 제시가 최초의 다음 은행영업일에 행해지는 경우에는 지정은행은 발행은행 또는 확인은행에 게 제시가 제29조 (a)항에 따라 연장된 기간 내에 제시되었다는 설명을 서류송부장(covering schedule)으로 제공하여야 한다.

c. 선적을 위한 최종일은 제29조 (a)항의 결과로서 연장되지 아니한다.

Article 30 Tolerance in Credit Amount, Quantity and Unit Prices

a. The words "about" or "approximately" used in connection with the amount of the credit or the quantity or the unit price stated in the credit are to be construed as allowing a tolerance not to exceed 10% more or 10% less than the amount, the quantity or the unit price to which they refer.

b. A tolerance not to exceed 5% more or 5% less than the quantity of the goods is allowed, provided the credit does not state the quantity in terms of a stipulated number of packing units or individual items and the total amount of the draw-ings does not exceed the amount of the credit.

c. Even when partial shipments are not allowed, a tolerance not to exceed 5% less than the amount of the credit is allowed, provided that the quantity of the goods, if stated in the credit, is shipped in full and a unit price, if stated in the credit, is not reduced or that sub-article 30 (b) is not applicable. This tolerance does not apply when the credit stipulates a specific tolerance or uses the ex-pressions referred to in sub-article 30 (a).

제30조 신용장금액, 수량, 단가의 과부족

a. 신용장에 명기된 신용장의 금액 또는 수량 또는 단가와 관련하여 사용된 "약(about)" 또는 "대략(approximately)"이라는 단어는 이에 언급된 금액, 수량 또는 단가의 10%를 초과하지 아니하는 과부족을 허용하는 것으로 해석된다.

b. 신용장이 명시된 포장단위 또는 개개의 품목의 개수로 수량을 명기하지 아니하고 어음발행의 총액이 신용장의 금액을 초과하지 아니하는 경우에는 물품수량이 5%를 초과하지 아니하는 과부족은 허용된다.

c. 분할선적이 허용되지 아니하는 경우에도 신용장금액의 5%를 초과하지 아니하는 부족은 허용된다. 다만, 물품의 수량은 신용장에 명기된 경우 전부 선적되고 단가는 신용장에 명기된 경우 감액되어서는 아니 되거나 또는 제30조 (b)항이 적용될 수 없어야 한다. 이 부족은 신용장이 특정 과부족을 명시하거나 또는 제30조 (a)항에 언급된 표현을 사용하는 경우에는 적용되지 아니한다.

Article 31 Partial Drawings or Shipments

a. Partial drawings or shipments are allowed.

b. A presentation consisting of more than one set of transport documents evidencing shipment commencing on the same means of conveyance and for the same journey, provided they indicate the same destination, will not be regarded as covering a partial shipment, even if they indicate different dates of shipment or different ports of loading, places of taking in chaise or dispatch. If the presentation consists of more than one set of transport documents, the latest date of shipment as evidenced on any of the sets of transport documents will be regarded as the date of shipment.

A presentation consisting of one or more sets of transport documents evidencing shipment on more than one means of conveyance within the same mode of transport will be regarded as covering a partial shipment, even if the means of conveyance leave on the same day for the same destination

c. A presentation consisting of more than one courier receipt, post receipt or certificate of posting will not be regarded as a partial shipment if the courier receipts, post receipts or certificates of posting appear to have been stamped or signed by the same courier or postal service at the same place and date and for the same destination.

제31조 분할어음발행 또는 선적

a. 분할어음발행 또는 분할선적은 허용된다.

b. 동일한 운송수단에 그리고 동일한 운송을 위하여 출발하는 선적을 증명하는 2조 이상의 운송서류를 구성하는 제시는 이들 서류가 동일한 목적지를 표시하고 있는 한 이들 서류가 상이한 선적일 또는 상이한 적재항 수탁지 또는 발송지를 표시하고 있더라도, 분할선적이 행해진 것으로 보지 아니한다. 그 제시가 2조 이상의 운송서류를 구성하는 경우에는 운송서류의 어느 한 조에 증명된 대로 최종선적일은 선적일로 본다.

동일한 운송방식에서 2 이상의 운송수단상의 선적을 증명하는 2조 이상의 운송서류를 구성하는 제시는 그 운송수단이 동일한 일자에 동일한 목적지를 향하여 출발하는 경우에도 분할선적이 행해진 것으로 본다.

c. 2 이상의 특송화물수령증, 우편수령증 또는 우송증명서를 구성하는 제사는 그 특송화물수령증, 우편수령증 또는 우송증명서가 동일한 장소 및 일자 그리고 동일한 목적지를 위하여 동일한 특송업자 또는 우편 서비스에 의하여 스탬프 또는 서명된 것으로 보이는 경우에는 분할선적으로 보지 아니한다.

Article 32 Instalment Drawings or Shipments

If a drawing or shipment by instalments within given periods is stipulated in the credit and any instalment is not drawn or shipped within the period allowed for that instalment, the credit ceases to be available for that and any subsequent instalment.

제32조 할부어음발행 또는 선적

일정기간 내에 할부에 의한 어음발행 또는 선적이 신용장에 명시되어 있고 어떠한 할부분이 그 할부분을 위하여 허용된 기간 내에 어음발행 또는 선적되지 아니한 경우에는 그 신용장은 그 할부분과 그 이후의 모든 할부분에 대하여 효력을 상실한다.

Article 33 Hours of Presentation

A bank has no obligation to accept a presentation outside of its banking hours.

제33조 제시시간

은행은 그 은행영업시간 이외의 제시를 수리할 의무가 없다.

Article 34 Disclaimer on Effectiveness of Documents

A bank assumes no liability or responsibility for the form, sufficiency, accuracy, genuineness, falsification. or legal effect of any document, or for the general or particular conditions stipulated in a document or superimposed thereon ; nor does it assume any liability or responsibility for the description, quantity, weight, quality, condition, packing, delivery, value or existence of the goods, services or other performance represented by any document, or for the goods faith or acts or omissions, solvency, performance or standing of the consignor, the carrier, the forwarder, the consignee or the insurer of the goods or any other person.

제34조 서류효력에 관한 면책

은행은 모든 서류의 형식 충분성, 정확성, 진정성, 위조성 또는 법적 효력에 대하여 또는 서류에 명시되거나 또는 이에 부가된 일반조건(general conditions) 또는 특별조건(particular conditions)에 대하여 어떠한 의무 또는 책임도 부담하지 아니하며, 또한 은행은 모든 서류에 표시되어 있는 물품, 용역 또는 기타 이행의 명세, 수량, 중량, 품질, 상태, 포장, 인도, 가치 또는 존재에 대하여 또는 물품의 송하인, 운송인, 운송주선인, 수화인 또는 보험자, 또는 기타 당사자의 성실성 또는 작위 또는 부작위, 자금능력, 이행능력 또는 신용상태에 대하여 어떠한 의무 또는 책임도 부담하지 아니한다.

Article 35 Disclaimer on Transmission and Translation

A bank assumes no liability or responsibility for the consequences arising out of delay, loss in transit, mutilation or other errors arising in the transmission of any messages or delivery of letters or documents, when such messages, letters or documents are transmitted or sent according to the requirements stated in the credit, or when the bank may have taken the initiative in the choice of the delivery service in the absence of such instructions in the credit.

If a nominated bank determines that a presentation is complying and forwards the documents to the issuing bank or confirming bank, whether or not the nominated bank has honoured or negotiated, and issuing bank or confirming bank must honour or negotiate, or reimburse that nominated bank, even when the documents have been lost in transit between the nominated bank and the issuing bank or confirming bank, or between the confirming bank and the issuing bank.

A bank assumes no liability or responsibility for errors in translation or interpretation of technical terms and may transmit credit terms without translating them.

제35조 송달 및 번역에 관한 면책

모든 통신문, 서신 또는 서류가 신용장에 명기된 요건에 따라 송달 또는 송부된 경우, 또는 은행이 신용장에 그러한 지시가 없으므로 인도서비스의 선정에 있어서 자발적으로 행하였을 경우에는 은행은 그러한 통신문(message)의 송달 또는 서신이나 서류의 인도 중에 지연, 분실, 훼손 또는 기타 오류로 인하여 발생하는 결과에 대하여 어떠한 의무 또는 책임도 부담하지 아니한다.

지정은행이 제시가 일치하고 있다고 결정하고 그 서류를 발행은행 또는 확인은행에 발송하는 경우에는 서류가 지정은행과 발행은행 또는 확인은행 간에 또는 확인은행과 발행은행 간에 송달 중에 분실된 경우라 하더라도, 지정은행이 자급이행 또는 매입하였는지의 여부에 관계없이, 발행은행 또는 확인은행은 지급이행 또는 매입하거나, 또는 그 지정은행에 상환하여야 한다.

은행은 전문용어의 번역 또는 해석상의 오류에 대하여 어떠한 의무 또는 책임도 부담하지 아니하며 신용장의 용어를 번역함이 없이 이를 송달할 수 있다.

Article 36 Force Majeure

A bank assumes no liability or responsibility for the consequences arising out of the interruption of its business by Acts of God, riots, civil commotions, insurrections, wars, acts of terrorism, or by any strikes or lockouts or any other causes beyond its control.

A bank will not, upon resumption of its business, honour or negotiate under a credit that expired during such interruption of its business.

제36조 불가항력

은행은 천재, 폭동 소요, 반란, 전쟁, 폭력주의의 행위에 의하거나 또는 동맹파업 또는 직장 폐쇄에 의하거나 또는 기타 은행이 통제할 수 없는 원인에 의한 은행업무의 중단으로 인하여 발생하는 결과에 대하여 어떠한 의무 또는 책임도 부담하지 아니한다.

은행은 그 업무를 재개하더라도 그러한 업무의 중단 동안에 유효기일이 경과한 신용장에 의한 지급이행 또는 매입을 행하지 아니한다.

Article 37 Disclaimer for Acts of an Instructed Party

a. A bank utilizing the services of another bank for the purpose of giving effect to the instructions of the applicant does so for the account and at the risk of the applicant.

b. An issuing bank or advising bank assumes no liability or responsibility should the instructions it transmits to another bank not be carried out, even if it has taken the initiative in the choice of that other bank.

c. A bank instructing another bank to perform services is liable for any commissions, fees, costs or expenses("charges") incurred by that bank in connection with its instruction.

   If a credit states that charges are for the account of the beneficiary and charges cannot be collected or deducted from proceed, the issuing bank remains liable for payment of charges.

   A credit or amendment should not stipulate that the advising to a beneficiary is conditional upon the receipt by the advising bank or second advising bank of its charges.

d. The applicant shall be bound by and liable to indemnify a bank against all obligations and responsibilities imposed by foreign laws and usages.

제37조 피지시인의 행위에 대한 면책

a. 발행의뢰인의 지시를 이행하기 위하여 타 은행의 서비스를 이용하는 은행은 그 발행의뢰인의 비용과 위험으로 이를 행한다.

b. 발행은행 또는 통지은행이 타 은행의 선정에 있어서 자발적으로 행한 경우라 하더라도, 그 은행이 타 은행에게 전달한 지시가 수행되지 아니하는 경우에는, 발행은행 또는 통자은행은 어떠한 의무 또는 책임도 부담하지 아니한다.

c. 타 은행에게 서비스를 이행하도록 지시하는 은행은 그 지시와 관련하여 그러한 타 은행에 의하여 부담되는 모든 수수료, 요금, 비용 또는 경비("비용")에 대하여 책임을 부담한다. 신용장에 비용이 수익자의 부담이라고 명기하고 있고 비용이 대금으로부터 장수 또는 공제될 수 없는 경우에는 발행은행은 비용의 지급에 대하여 책임을 부담한다.
신용장 또는 조건변경은 수익자에 대한 통지가 통지은행 또는 제2통지은행에 의한 통지 비용의 수령을 조건으로 한다고 명시하여서는 안 된다.

d. 발행의뢰인은 외국의 법률과 관행에 의하여 부과되는 모든 의무와 책임에 구속되며 이에 대하여 은행에게 보상할 책임이 있다.

Article 38 Transferable Credits

a. A bank is under no obligation to transfer a credit except to the extent and in the manner expressly consented to by that bank.

b. For the purpose of this article :
Transferable credit means a credit that specifically states it is "transferable". A transferable credit may be made available in whole or in part to another beneficiary("second beneficiary") at the request of the beneficiary("first beneficiary").
Transferring bank means a nominated bank that transfers the credit or, in a credit available with any bank, a bank that is specifically authorized by the issuing bank to transfer and that transfers the credit. An issuing bank may be a transferring bank.
Transferred credit means a credit that has been made available by the transferring bank to a second beneficiary.

c. Unless otherwise agreed at the time of transfer, all charges(such as commissions, fees, costs or expenses) incurred in respect of a transfer must be paid by the first beneficiary.

d. A credit may be transferred in part to more than one second beneficiary provided partial drawings or shipments are allowed.

A transferred credit cannot be transferred at the request of a second beneficiary to any subsequent beneficiary. The first beneficiary is not considered to be a subsequent beneficiary.

e. Any request for transfer must indicate if and under what conditions amendments may be advised to the second beneficiary. The transferred credit must clearly indicate those conditions.

f. If a credit is transferred to more than one second beneficiary, rejection of an amendment by one or more second beneficiary does not invalidate the acceptance by any other second beneficiary, with respect to which the transferred credit will be amended accordingly. For any second beneficiary that rejected the amendment, the transferred credit will remain unamended.

g. The transferred credit must accurately reflect the terms and conditions of the credit, including confirmation, if any, with the exception of :
   - the amount of the credit,
   - any unit price stated therein,
   - the expiry date,
   - the period for presentation, or
   - the latest shipment date or given period for shipment, any or all of which may be reduced or curtailed.

The percentage for which insurance cover must be effected may be increased to provide the amount of cover stipulated in the credit or these articles.

The name of the first beneficiary may be substituted for that of the applicant in the credit.

If the name of the applicant is specifically required by the credit to appear in any document other than the invoice, such requirement must be reflected in the transferred credit.

h. The first beneficiary has the right to substitute its own invoice and draft, if any, for those of a second beneficiary for an amount not in excess of that stipulated in the credit, and upon such substitution the first beneficiary can draw under the credit for the difference, if any, between its invoice and the invoice of a second beneficiary

i. If the first beneficiary is to present its own invoice and draft, if any, but fails to do so on first demand, or if the invoices presented by the first beneficiary create discrepancies that did not exist in the presentation made by the second beneficiary and the first beneficiary fails to correct them on first demand, the transferring bank has the right to present the documents as received from the second beneficiary to the issuing bank, without further responsibility to the first beneficiary.

j. The first beneficiary may, in its request for transfer, indicate that honour or negotiation is to be effected to a second beneficiary at the place to which the credit has been transferred, up to and including the expiry date of the credit. This is without prejudice to the right of the first beneficiary in accordance with sub-article 38 (h).

k. Presentation of documents by or on behalf of a second beneficiary must be made to the transferring bank.

제38조 양도가능신용장

a. 은행은 그 은행에 의하여 명시적으로 동의된 범위 및 방법에 의한 경우를 제외하고 신용장을 양도할 의무를 부담하지 아니한다.

b. 이 조에서 :

양도가능신용장이란 "양도가능(transferable)"이라고 특별히 명기하고 있는 신용장을 말한다. 양도가능신용장은 수익자("제1수익자")의 요청에 의하여 전부 또는 일부가 다른 수익자("제2수익자")에게 사용될 수 있도록 한다.

양도은행은 신용장을 양도하는 지정은행 또는, 모든 은행에서 사용될 수 있는 신용장에 있어서, 발행은행에 의하여 양도하도록 특별히 수권되고 그 신용장을 양도하는 은행을 말한다. 발행은행은 양도은행일 수 있다.

양도된 신용장은 양도은행에 의하여 제2수익자에게 사용될 수 있도록 되는 신용장을 말한다.

c. 양도를 이행할 때에 별도의 합의가 없는 한, 양도와 관련하여 부담된 모든 비용(이를테면, 수수료, 요금, 비용, 경비)은 제1수익자에 의하여 지급되어야 한다.

d. 분할어음발행 또는 분할선적이 허용되는 한, 신용장은 2 이상의 제2수익자에게 분할 양도될 수 있다.

양도된 신용장은 제2수익자의 요청에 의하여 그 이후의 어떠한 수익자에게도 양도될 수 없다. 제1수익자는 그 이후의 수익자로 보지 아니한다.

e. 양도를 위한 모든 요청은 조건변경이 제2수익자에게 통지될 수 있는지 그리고 어떤 조건으로 제2수익자에 게 통지될 수 있는지를 표시하여야 한다. 양도된 신용장은 이러한 조건을 명확히 표시하여야 한다.

f. 신용장이 2 이상의 제2수익자에게 양도된 경우에는, 하나 또는 그 이상의 제2수익자에 의한 조건변경의 거절은 이로 인하여 양도된 신용장이 조건 변경되어지는 기타 모든 제2수익자에 의한 승낙을 무효로 하지 아니한다. 조건변경을 거절한 제2수익자에 대하여는 양도된 신용장은 조건변경 없이 존속한다.

g. 양도된 신용장은 다음의 경우를 제외하고는 확인(있는 경우)을 포함하여 신용장의 제 조건을 정확히 반영하여야 한다.

　－신용장의 금액.

　－신용장에 명기된 단가.

　－유효기일.

　－제시를 위한 기간, 또는

　－최종선적일 또는 정해진 선적기간,

　　이들 중의 일부 또는 전부는 감액 또는 단축될 수 있다.

보험부보가 이행되어야 하는 비율은 이 규칙 또는 신용장에 명기된 부보금액을 충족시킬 수 있도록 증가 될 수 있다.

제1수익자의 명의는 신용장상의 신용장발행의뢰인의 명의로 대체될 수 있다.

발행의뢰인의 명의가 송장 이외의 모든 서류에 표시되도록 신용장에 의하여 특별히 요구와는 경우에는, 그러한 요구는 양도된 신용장에 반영되어야 한다.

h. 제1수익자는 신용장에 명시된 금액을 초과하지 아니하는 금액에 대하여 제2수익자의 송장 및 환어음을 그 자신의 송장 및 환어음(있는 경우)으로 대체할 권리를 가지고 있으며, 그러한 대체 시에, 제1수익자는 자신의 송장과 제2수익자의 송장 사이에 차액이 있다면, 그 차액에 대하여 신용장에 따라 어음을 발행할 수 있다.

i. 제1수익자가 그 자신의 송장 및 환어음(있는 경우)을 제공하여야 하지만 최초의 요구 시에 이를 행하지 아니하는 경우, 또는 제1수익자에 의하여 제시된 송장이 제2수익자에 의하여 행해진 제시에 없었던 불일치를 발생시키고 제1수익자가 최초의 요구 시에 이를 정정하지 아니한 경우에는, 양도은행은 제1수익자에 대한 더 이상의 책임 없이 제2수익자로부터 수령한 서류를 발행은행에 제시할 권리를 가진다.

j. 제1수익자는 그 자신의 양도요청으로 지급이행 또는 매입이 신용장의 유효기일을 포함한 기일까지 신용장이 양도된 장소에서 제2수익자에게 이행되어야 한다는 것을 표시할 수 있다 이것은 제38조 (h)항에 따른 제1수익자의 권리를 침해하지 아니한다.

k. 제2수익자에 의하거나 또는 대리하는 서류의 제사는 양도은행에 행해져야 한다.

Article 39 Assignment of Proceeds

The fact that a credit is not stated to be transferable shall not effect the right of the beneficiary to assign any proceeds to which it may be or may become entitled under the credit, in accordance with the provisions of applicable law. This article relates only to the assignment of proceeds and not to the assignment of the right to perform under the credit.

제39조 대금의 양도

신용장이 양도 가능한 것으로 명기되어 있지 아니하다는 사실은 적용 가능한 법률의 규정에 따라 그러한 신용장에 의하여 수권되거나, 또는 될 수 있는 대금을 양도할 수익자의 권리에 영향을 미치지 아니한다. 이 조는 대금의 양도에만 관련되어 있으며 신용장에 따라 이행할 권리의 양도에 관련되는 것은 아니다.

Chapter 04. **ISBP 745**

KFO

    ISBP(국제표준은행관행, International Standard Banking Practice for the Examination of Documents under Documentary Credits)는 UCP(신용장 통일 규칙)을 보완하는 관행으로서 ICC는 신용장 거래 시 서류 검토의 기준을 전 세계적으로 통일하자는 목적으로, 2002년 10월 30일에 승인하고 2003년에 ISBP를 제정, 공포함으로써 신용장 거래의 모든 당사자들이 판단의 기준을 삼도록 하였다. 현재는 ISBP는 645, 681을 거쳐 2013년에 개정된 ISBP 745를 사용하고 있다. ISBP 745는 UCP 600을 해석하는 해설서라고 볼 수 있다.

CORRECTIONS AND ALTERATIONS

9) Corrections and alterations of information or data in documents, other than documents created by the beneficiary, must appear to be authenticated by the party who issued the document or by a party authorized by the issuer to do so. Corrections and alterations in documents which have been legalized, visaed, certified or similar, must appear to be authenticated by the party who legalized, visaed, certified etc., the document. The authentication must show by whom the authentication has been made and include the signature or initials of that party. If the authentication appears to have been made by a party other than the issuer of the document, the authentication must clearly show in which capacity that party has authenticated the correction or alteration.

10) Corrections and alterations in documents issued by the beneficiary itself, except drafts, which have not been legalized, visaed, certified or similar, need not be authenticated.

11) The use of multiple type styles or font sizes or handwriting in the same document does not, by itself, signify a correction or alteration.

12) Where a document contains more than one correction or alteration, either each correction must be authenticated separately or one authentication must be linked to all corrections in an appropriate way.

정정 및 변경

9) 수익자가 발행한 서류 이외의 서류의 정보 또는 자료의 정정(correction) 및 변경(alteration)은 서류의 발행인 또는 발행인으로부터 수권 받은 자에 의하여 인증된 것으로 나타나야 한다. 공인 또는 사증이 된 서류의 정정 및 변경은 서류를 공인 또는 사증을 행한 자에 의하여 인증한 것으로 보여야 한다. 인증에는 인증자가 표시되어야 하고 인증자의 서명이나 약식서명이 포함되어야 한다.
    만약 인증이 서류의 발행인 이외의 자에 의하여 행한 것으로 보인다면, 인증에는 어떤 자격으로 그 당사자가 수정이나 변경을 했는지를 명시적으로 표시해야 한다.

10) 환어음을 제외하고 공인 또는 사증되지 않은 수익자가 발행한 서류의 정정과 변경에는 인증이 필요하지 않다.

11) 동일한 서류에 복수의 형태의 글씨체 또는 문자크기 또는 수기의 사용 자체는 정정이나 변경으로 간주되지 않는다.

12) 하나의 서류에 복수의 정정 또는 변경이 포함된 경우, 각각의 정정은 별도로 인증되거나 하나의 인증이 적절한 방법으로 모든 정정에 연계되어야 한다.

DATES

13) Drafts, transport documents and insurance documents must be dated even if a credit does not expressly so require. A requirement that a document, other than those mentioned above, be dated, may be satisfied by reference in the document to the date of another document forming part of the same presentation. Although it is expected that a required certificate or declaration in a separate document be dated, its compliance will depend on the type of certification or declaration that has been requested, its required wording and the wording that appears within it. Whether other documents require dating will depend on the nature and content of the document in question.

14) Any document, including a certificate of analysis, inspection certificate and pre−shipment inspection certificate, may be dated after the date of shipment. However, if a credit requires a document evidencing a pre−shipment event, the document must, either by its title or content, indicate that the

event took place prior to or on the date of shipment. A requirement for an "inspection certificate" does not constitute a requirement to evidence a pre−shipment event. Documents must not indicate that they were issued after the date they are presented.

15) A document indicating a date of preparation and a later date of signing is deemed to be issued on the date of signing.

16) Phrases often used to signify time on either side of a date or event:

a) "within 2 days after" indicates a period from the date of the event until 2 days after the event.

b) "not later than 2 days after" does not indicate a period, only a latest date. If an advice must not be dated prior to a specific date, the credit must so state.

c) "at least 2 days before" indicates that something must take place not later than 2 days before an event. There is no limit as to how early it may take place.

d) "within 2 days of" indicates a period 2 days prior to the event until 2 days after the event.

17) The term "within" when used in connection with a date excludes that date in the calculation of the period.

18) Dates may be expressed in different formats, e.g., the 12th of November 2007 could be expressed as 12 Nov 07, 12Nov07, 12.11.2007, 12.11.07, 2007.11.12, 11.12.07, 121107, etc. Provided that the date intended can be determined from the document or from other documents included in the presentation, any of these formats are acceptable. To avoid confusion it is recommended that the name of the month should be used instead of the number.

일자

13) 환어음, 운송서류 및 보험서류는 신용장에서 요구하지 않은 경우에도 일자가 표시되어야 한다. 그 이외의 기타 서류는 별도로 일자를 기재하거나 함께 제시된 다른 서류의 일자를 참조하는 방식으로 기재될 수 있다.

별도로 발행된 증명서나 선언서는 일자를 기재하여야 하나 일자표시가 필요한자는 요구된 증명서나 선언서의 종류, 요구된 문구, 서류에 나타난 문구에 달려있다.

기타 서류의 일자 표기는 서류의 성질과 내용에 따라 다를 수 있다.

14) 분석증명서(certificate of analysis), 검사증명서(inspection certificate), 선적전검사증명서(pre-shipment inspection certificate)를 포함한 모든 서류의 일자는 선적일자 이후의 일자를 표시할 수 있다 그러나 신용장에서 선적 이전에 행해진 행위를 증빙하는 서류를 요구하는 경우, 그러한 행위가 선적일자 또는 그 이전에 이행되었음을 제목 또는 내용으로 표시하여야 한다. 검사증명서에 대한 요구는 선적 이전의 행위를 증빙하는 요구로 간주되지 않는다. 모든 서류의 발행일자는 제시일자 이전이어야 한다.

15) 작성일자와 그 이후의 서명일자가 표시된 서류는 서명일자에 발행된 것으로 간주된다.

16) 일자 또는 행위에 관한 시간을 표시하기 위하여 종종 사용되는 문구는 다음과 같은 의미를 가진다.

   a) "within 2 days after"는 행위일로부터 행위일 이후 2일의 기간을 나타낸다.

   b) "not later than 2 days after"는 기간이 아닌 최종일을 표시하는 것이다 요구사항이 특정일자 이전의 일자로 되지 않아야 하는 경우, 신용장을 이를 명시하여야 한다.

   c) "at least 2 days before"는 요구사항이 특정일자보다 늦어도 2일 전에 행해져야 한다는 것을 나타낸다.

   d) "within 2 days of"는 행위 이전의 2일과 이후의 2일의 기간을 나타낸다.

17) "within"이라는 용어가 일자와 관련하여 사용되는 경우, 기간 계산에서 당해 일자를 제외한다.

18) 일자는 다양한 형태로 표현될 수 있다 예를 들어, 당해 서류 또는 다른 서류로부터 일자를 확정할 수 있는 한 2003년 11월 12일은 12 Nov 03. 12Nov03, 11.122003, 12.11.03, 2003.1.12., 11.12.03, 121103 등으로 표현할 수 있다. 혼란을 피하기 위하여 월의 명칭은 숫자 대신에 문자를 사용하기를 권장한다.

DOCUMENTS FOR WHICH THE UCP 600 TRANSPORT ARTICLES DO NOT APPLY UCP 600

19) Some documents commonly used in relation to the transportation of goods, e.g., Delivery Order, Forwarder's Certificate of Receipt, Forwarder's Certificate of Shipment, Forwarder's Certificate of Transport, Forwarder's Cargo Receipt and Mate's Receipt do not reflect a contract of carriage and are not transport documents as defined in UCP 600 articles 19-25. As such, UCP 600 sub-article 14(c) would not apply to these documents. Therefore, these documents will be examined in the same manner as other documents for which there are no specific provisions in UCP 600, i.e., under sub-article 14(f). In any event, documents must be presented not later than the expiry date for presentation as stated in the credit.

20) Copies of transport documents are not transport documents for the purpose of UCP 600 articles 19−25 and sub−article 14(c). The UCP 600 transport articles apply where there are original transport documents presented. Where a credit allows for the presentation of a copy transport document rather than an original, the credit must explicitly state the details to be shown. Where copies(non-negotiable) are presented, they need not evidence signature, dates, etc.

UCP 600 운송조항이 적용되지 않는 서류

19) 물품운송과 관련되어 사용되는 일부 서류, 예를 들어 화물인도지시서(Delivery Order), 운송주선인 수취증명서(Forwarder's Certificate of Receipt), 운송주선인 선적증명서(Forwarder's Certificate of Shipment), 운송주선인 운송증명서(Forwarder's Certificate of Transport), 운송주선인 화물수취증(Forwarder's Cargo Receipt) 및 본선수취증(Mate's Receipt)은 운송계약을 반영하지 않으며 UCP 제19조−제25조에서 정의된 운송서류가 아니므로 UCP 제14조는 적용되지 않는다. 이러한 서류는 UCP에 명시규정을 두고 있지 않은 기타 서류와 동일한 방법으로, 즉 UCP 제14조에 따라 심사되어야 한다. 어떠한 경우에도 서류는 신용장의 유효기일까지는 제시되어야 한다.

20) 운송서류의 사본은 UCP 제19조−제25조와 제14조가 목적하는 운송서류가 아니며 UCP 운송조항은 원본 운송서류가 제시되는 경우에만 적용된다. 신용장에서 원본이 아닌 사본의 제사를 허용하는 경우, 신용장은 기재되어야 할 세부사항을 명시하여야 한다. (비유통성)사본이 제시되는 경우 서명이나 일자 등을 증빙할 필요는 없다.

EXPRESSIONS NOT DEFINED IN UCP 600

21) Expressions such as "shipping documents", "stale documents acceptable", "third party documents acceptable", and "exporting country" should not be used as they are not defined in UCP 600. If used in a credit, their meaning should be made apparent. If not, they have the following meaning under international standard banking practice :

a) "shipping documents"−all documents required by the credit, except drafts, tele−transmission reports and courier receipts, postal receipts or certificates of posting evidencing the sending of documents.

b) "stale documents acceptable5 documents presented later than 21 calendar days after the date of shipment are acceptable as long as they are presented no later than the expiry date for presentation as stated in the credit.

c) "third party documents acceptable" all documents, excluding drafts but including invoices, may be issued by a party other than the beneficiary. If it is the intention of the issuing bank that the transport or other documents may show a shipper other than the beneficiary, the clause is not necessary because it is already permitted by sub-article 14(k).

d) "exporting country" the country where the beneficiary is domiciled, or the country of origin of the goods, or the country of receipt by the carrier or the country from which shipment or dispatch is made.

UCP 600에 정의되지 않은 표현

21) "선적서류(shipping documents)", "제시기간경과서류 수리가능(stale documents acceptable)", "제3자 서류 수리가능(third party documents acceptable)" 및 "수출국(exporting country)"과 같은 표현은 UCP에서 정의하지 않고 있으므로 사용되지 않아야 한다. 신용장에서 이러한 표현들이 사용되는 경우, 그 의미가 명확하게 나타나야 한다. 그렇지 않으면 이러한 표현들은 ISBP에서 다음과 같은 의미를 갖는다.

a) 선적서류는 환어음, 전송보고서 또는 서류의 전달을 증빙하는 특송배달영수증, 우편영수증 또는 우편증명서를 제외한 신용장에서 요구된 서류들을 의미함

b) "제시기간 경과 서류 수리가능" - 신용장 유효기일 이내에 제시되는 한 선적일자 이후 21일이 경과되어 제시된 서류가 수리될 수 있다.

c) "제3자 서류수리가능" - 환어음을 제외하고 송장을 포함한 모든 서류는 수익자 이외의 자에 의하여 발행될 수 있다. 발행은행의 의도가 운송서류에 수익자가 아닌 송하인을 표시할 수 있다는 것인 경우 이미 UCP 제14조 k항에 의하여 허용되고 있으므로 그러한 문구는 필요하지 않다.

d) "수출국" - 수익자가 거주하고 있는 국가 및/또는 물품의 원산지 국가 및/또는 운송인이 물품을 수취한 국가 및/또는 선적이나 발송이 행해진 국가

MISSPELLINGS OR TYPING ERRORS

25) A misspelling or typing error that does not affect the meaning of a word or the sentence in which it occurs, does not make a document discrepant. For example, a description of the merchandise as "mashine" instead of "machine", "fountan pen" instead of "fountain pen" or "modle" instead of "model" would not make the document discrepant. However, a description as "model 123" instead of "model 321" would not be regarded as a typing error and would constitute a discrepancy.

오자 또는 오타

25) 단어 또는 문장의 의미에 영향을 주지 않는 서류의 오자(misspelling) 또는 오타(typing error)는 하자로 간주되지 않는다. 예를 들어, "machine" 대신에 "mashine", "fountain pen" 대신에 "fountan pen", "moder" 대신에 "modal"이라고 기재된 물품명세는 서류의 하자로 간주되지 않는 반면에 "model 321" 대신에 "model 123"이라고 기재된 물품명세는 오타로 간주되지 않고 하자에 해당한다.

ORIGINALS AND COPIES

28) Documents issued in more than one original may be marked "Original", "Duplicate", "Triplicate", "First Original", "Second Original", etc. None of these markings will disqualify a document as an original.

29) The number of originals to be presented must be at least the number required by the credit, the UCP 600, or, where the document itself states how many originals have been issued, the number stated on the document.

30) It can sometimes be difficult to determine from the wording of a credit whether it requires an original or a copy, and to determine whether that requirement is satisfied by an original or a copy. For example, where the credit requires :

   a) "Invoice", "One Invoice" or "Invoice in 1 copy", it will be understood to be a requirement for an original invoice.

   b) "Invoice in 4 copies", it will be satisfied by the presentation of at least one original and the remaining number as copies of an invoice.

   c) "One copy of Invoice", it will be satisfied by presentation of either a copy or an original of an invoice.

31) Where an original would not be accepted in lieu of a copy, the credit must prohibit an original, e.g., "photocopy of invoice original document not acceptable in lieu of photocopy", or the like. Where a credit calls for a copy of a transport document and indicates the disposal instructions for the original of that transport document, an original transport document will not be acceptable.

원본과 사본

28) 복수의 원본으로 발행된 서류는 "Original", "Duplicate", "Triplicate", "First Original", "Second Original" 등으로 표시될 수 있다 이러한 표시가 서류가 원본으로 취급받는 것을 무효화시키지 못한다.

29) 신용장에서 사본서류의 제시를 허용하지 않는 한 각각의 요구서류는 적어도 한 통의 원본이 제시되어야 한다. 제시되어야 하는 원본의 통수는 적어도 신용장, UCP에서 요구하는 통수 또는 서류 자체에 원본의 발행통수가 명시된 경우에는 서류에 명시된 통수 이상이어야 한다.

30) 신용장의 문언으로부터 신용장이 1통의 원본 또는 사본을 요구하는지, 또는 그러한 요구가 1통의 원본 또는 사본에 충족되는지를 결정하는 것이 어려운 경우가 있을 수 있다. 예를 들어, 신용장이 다음과 같이 요구한 경우 :

   a) "Invoice", "One Invoice" 또는 "Invoice in 1 copy"는 송장 원본 1통을 요구하는 것으로 이해되어야 한다.

   b) "Invoice in 4 copies"는 적어도 송장 원본 1통 및 나머지 통수의 송장 사본의 제시에 의하여 충족될 수 있다.

   c) "One copy of invoice"는 송장의 사본 1통의 제시에 의하여 충족될 수 있다. 그러나 이러한 해석에 따라 사본 대신에 원본을 수리하는 것이 표준은행관행이다.

31) 사본 대신에 원본이 수리되지 않는 경우는 신용장에 "송장의 사본 – 사본 대신에 원본 서류는 수리되지 않는다."와 같은 표현으로 원본을 금지시켜야 한다. 신용장에서 운송서류 사본을 요구하고 그 운송서류 원본에 대한 처분지시를 표시하는 경우, 원본서류는 수리되지 않는다.

SIGNATURES

37) Even if not stated m the credit, drafts, certificates and declarations by their nature require a signature. Transport documents and insurance documents must be signed in accordance with the provisions of UCP 600.

38) The fact that a document has a box or space for a signature does not necessarily mean that such box or space must be completed with a signature. If the content of a document indicates that it requires a signature to establish its validity(e.g,, "This document is not valid unless signed" or similar terms), it must be signed.

39) A signature need not'be handwritten. Facsimile signatures, perforated signatures, stamps, symbols (such as chops) or any electronic or mechanical means of authentication are sufficient. However, a photocopy of a signed document does not qualify as a signed original document, nor does a signed document transmitted through a fax machine, absent an original signature. A requirement for a document to be "signed and stamped", or a similar requirement, is also fulfilled by a signature and the name of the party typed, or stamped, or handwritten, etc.

40) A signature on a company letterhead paper will be taken to be the signature of that company, unless otherwise stated. The company name need not be repeated next to the signature.

서명

37) 신용장에 명시되지 않았다 하더라도 환어음, 증명서 및 선언서는 서명이 요구된다. 운송서류 및 보험서류는 UCP 규정에 따라 서명되어야 한다.

38) 서류에 서명을 위한 공란 또는 여백이 있다는 사실이 반드시 그러한 공란 또는 여백에 서명이 되어야 한다는 것을 의미하지는 않는다. 서류의 문면에서 서류의 유효성을 위한 서명을 요구하는 경우, 예를 들어 "이 서류는 서명이 없으면 유효하지 않다." 또는 이와 유사한 표현이 있다면 반드시 서명이 되어야 한다.

39) 서명은 수기로 할 필요는 없다. 모사서명, 천공서명, 스탬프, (도장과 같은) 상징물 또는 모든 전자적 또는 기계적 인증 수단으로 충분하다. 그러나 서명된 서류의 사본은 서명된 원본서류로서 부적격하며, 서명된 서류를 팩스로 송부하는 경우에도 원서명이 없으면 원본서류로서 부적격하다 서류에 "서명 및 스탬프가 있어야 한다."는 요구 또는 이와 유사한 요구는 서명과 타자 스탬프 또는 수기로 된 당사자의 명의에 의하여 충족된다.

40) 별도의 명시가 없는 한 회사의 서두가 인쇄된 용지의 서명은 당해 회사의 서명으로 간주된다. 회사의 명칭은 서명 다음에 반복될 필요가 없다.

Chapter 05. 외환실무

제1절 환율

1. 환율 개요

(1) 환율의 개념

환율의 정의는 자국화폐와 타국화폐의 교환비율을 말한다. 달러 당 환율이 1,000원이라는 것은 1달러를 살 때 지불하는 가격이 1,000원이라는 것이고 유로(euro) 환율이 1,300원이라는 것은 1유로의 가격이 1,300원이라는 것을 의미한다.

(2) 환율의 변동

1) 환율상승

환율상승이란 자국화폐로 표시한 외국화폐의 가격상승을 말한다. 예를 들면 달러 당 환율이 1,000원에서 1,100원으로 변화하는 것을 말한다. 이를 원화가치의 하락 또는 평가절하라고 하며 상대적으로 자국화폐 가치가 하락하는 것을 의미한다. 환율상승의 원인으로는 시장에 원화보다 외화가 많이 유통되어 외화가 부족한 경우로서 외화에 대한 수요증가와 공급 감소 때문이다.

기업의 투자와 소비심리가 위축되면 국내 경기가 악화되며 대신 기업들은 은행에 돈을 쌓아 놓는다. 이러한 경우 한국은행은 금리를 인하하여 기업의 투자와 소비를 촉진시키고 시장에 통화량을 공급한다. 이러한 경우 다른 나라와 비교하여 낮은 금리를 제공하는 한국시장에 더 이상의 매력을 느끼지 못하는 해외투자세력은 투자금액을 회수하는데 이때 원화를 외화로 바꿔 자금을 회수하게 되므로 외화가 공급이 감소하고 원화가치가 하락하여 환율이 상승한다.

환율상승의 결과로 수출은 늘어나는데 수출에 따라 지급 받는 외환금액을 원화로 환산 시 더 많은 금액을 받게 되므로 수출자의 입장에서는 이익이 많이 발생한다. 반면 수입자의 입장에서는 원화로 지급해야 하는 금액이 커지므로 수입은 감소한다. 수출호황으로 기업의 이윤은 시장으로 흘러들어가게 되어 통화량이 증가한다. 증가된 통화량은 물가를 상승시키며 물가안정을 위하여 한국은행은 금리를 인상하여 시장에 풀린 통화량을 회수한다. 금리가 상승하면 해외투자자들이 투자를 위해 외화가 유입되어 공급이 증가하므로 원화가치가 상승하여 다시 환율이 하락한다.

2) 환율하락

환율하락이란 자국화폐로 표시한 외국화폐의 가격하락을 말한다. 예를 들면 달러 당 환율이 1,000원에서 900원으로 변화하는 것을 말한다. 이를 원화가치의 상승 또는 평가절상라고 하며 상대적으로 자국화폐 가치가 상승하는 것을 의미한다. 환율하락의 원인으로는 시장에 원화보다 외화가 많이 유통되어 원화가 부족한 경우로서 원화에 대한 수요증가와 공급 감소 때문이다. 기업의 투자와 소비심리가 활발하면 국내 경기가 부양되며 기업들은 은행에 돈을 쌓아놓는 대신에 투자를 하게 된다. 이러한 경우 한국은행은 금리를 인상하여 시장의 유동성을 회수한다. 이러한 경우 다른 나라와 비교하여 높은 금리를 제공하는 한국시장에 매력을 느끼는 해외 투자세력은 외화를 원화로 바꿔 자금을 투자 되므로 외화가 공급이 국내에 증가하므로 원화가치가 상승하여 환율이 하락한다.

환율하락의 결과로 수입은 늘어나는데 수입에 따라 지급하는 외환금액을 원화로 환산 시 더 적은 금액이 필요하게 되므로 수입자의 입장에서는 비용이 많이 감소하며 원자재나 부품 등의 수입에 따른 원화환산금액이 하락하여 물가가 안정된다. 반면 수출자의 입장에서는 원화로 지급받는 금액이 작아지므로 수출은 감소한다. 수입이 늘고 수출이 줄어 경상수지가 악화되고 경기가 악화되면 기업들의 투자와 소비가 줄어 시장으로 흘러들어가게 되어 통화량이 감소한다. 기업들의 투자와 소비를 촉진시키기 위하여 한국은행은 금리를 인하하여 시장에 통화량을 공급한다. 금리가 인하되면 해외투자자들이 투자금액 회수 후 외화로 환전하여 한국시장을 철수하므로 외화가 공급이 감소하고 원화가치가 하락하여 다시 환율이 상승한다.

〈환율 변동의 영향〉

국내 경기상승	금리 상승	환율 하락	원화가치 상승	평가 절상	수출 감소	수입 증가	물가 안정	주가 상승
국내 경기침체	금리 하락	환율 상승	원화가치 하락	평가 절하	수출 증가	수입 감소	물가 상승	주가 하락

(3) 환율표시방법

환율을 표시하는 방법은 직접표시법(Direct quotation, 자국통화 표시방법)과 간접표시법(Indirect quotation, receiving quotation)이 있다. 직접표시법은 상대통화 1 단위와 교환되는 자국통화의 비율(**예** 한국에서 USD 1＝KRW 1,100)을 표시하는 방법이고, 간접표시법은 자국통화 1 단위와 교환되는 상대통화의 비율(**예** 한국에서 KRW 1＝USD 0.0009)을 뜻한다.

우리나라를 비롯한 대부분의 국가에서는 직접표시방법을 유럽(유로), 영국(파운드), 호주(달러), 스위스(프랑), 뉴질랜드(달러) 등의 경우 간접표시방법을 채택하고 있다.

국제외환시장에서 환율표시방법으로는 미국달러 1단위를 기준으로 하여 유럽식표시방법과 미국식표시방법이 있다. 유럽식표시방법은 미국달러 1단위 당 교환되는 상대통화의 교환 대가를 표시(**예** USD 1＝KRW 1,100)하는 방법이다. 미국식표시방법은 다른 통화 1단위당 교환되는 미국 통화의 교환 대가를 표시(**예** KRW 1,000＝USD 0.90)하는 방법이다.

2. 환율의 종류

(1) 매도율과 매입률

은행이 외화를 매입하는 경우 매입률(Bid rate), 은행이 외화를 매도하는 경우 매도율(Offered rate)이라고 한다. 매도율과 매입률의 차이를 스프레드(Spread)라고 하며 이것은 외화를 취급하는 은행의 이익이라고 할 수 있다. 스프레드는 거래규모와 유동성(Liquidity)이 클수록 작아지며 변동 가능성(Volatility)이 클수록 커진다. 도한 일반적으로 스프레드는 현물환보다는 선물환거래에서 커진다.

통화	매매기준	송금		현찰	
		보내실 때 (매도율)	받으실 때 (매입율)	사실 때 (매도율)	파실 때 (매입율)
USD/KRW	1,000	1,195.90	1,173.10	1,205.22	1,163.78

(2) 기준 환율과 재정환율

외국환은행이 미 달러화를 매매할 때 기준이 되는 환율을 기준 환율이라고 하며 이러한 기준 환율을 기초로 하여 미 달러화 이외의 통화 대 원화 환율을 계산하게 되는데 이를 재정환율이라고 한다. 예를 들어 원·달러 환율이 달러 당 1,000원이고 국제금융시장에서 엔·달러 환율이 달러 당 100엔이라면 원·엔 환율은 100엔당 1000원으로 결정된다.

3. 외국환기초

(1) 외국환의 형태

환거래의 시발점이 되는 은행을 당발은행이라고 하며, 당발은행에서 취급하는 외국환을 당발환(Outward Remittance)이라고 한다. 당발환을 수령하는 은행을 타발은행이라고 하며 타발은행에서 취급하는 외국환을 타발환(Inward Remittance)이라고 한다. 당발환과 타발환은 송금환과 추심환으로 구분할 수 있다. 매수인이 매도인에게 대금을 송금하는 것을 당발송금환이라고 하며 매도인이 이를 수령하는 것을 타발송금환이라고 한다.

국내에서 매도인이 해외 매수인에게 자금결제를 청구를 위하여 환어음을 보내는 것을 당발추심환이라고 하며 환어음을 수령하는 매수인의 입장에서는 타발추심환이라고 한다.

(2) 환위험

환위험은 환율변동으로 인하여 기업이 보유하고 있는 외화표시 순자산의 가치 또는 현금흐름의 순가치가 변동될 수 있는 불확실성이라고 정의한다. 환위험은 환산환위험, 거래환위험, 영업환위험으로 나누어 볼 수 있다.

1) 환산환위험

환산환위험은 환율변동에 따라 다른 나라의 통화로 표시된 기업의 자산, 부채를 자국통화로 표시되는 연결재무제표로 작성할 때 발생하는 회계상의 변동가능성을 의미한다.

2) 거래환위험

거래환위험은 거래계약을 한 이후에 환율이 변동해 계약을 결제할 시점에 거래금액이 달라지는 외환결제상의 변동가능성을 의미하며, 가장 일반적인 환위험이라 할 수 있다.

3) 영업환위험

영업환위험은 예상치 못한 환율변동의 결과로 초래되는 매출액, 판매량, 판매가격, 원가의 변동 등 실질적으로 영업에 영향을 주는 현금흐름의 변동가능성을 의미하며, 이는 기업의 가치에 지대한 영향을 미치며 경제적 환위험이라고도 불린다.

(3) 외환 포지션(Foreign exchange position)

외환 포지션(exchange position)이란 일정시점에서 은행 및 기업 등이 보유하고 있는 외화표시 자산과 부채의 차액을 말한다. 외화자산이 외화부채보다 많으면 매입초과 포지션(over-bought position 또는 long position), 외화부채가 외화자산보다 많으면 매도초과 포지션(over-sold position 또는 short position)이라고 하고 외화자산과 외화부채가 같을 때 스퀘어 포지션(square position)이라고 한다.

매입초과 포지션인 경우 매입초과 된 외국환의 가치가 상승할 경우 원화로 환산한 금액이 더 많아 지기 때문에 환차익이 생겨 유리하다. 매도초과 포지션인 경우 매도초과 된 해당 외국환의 가치가 향후 하락할 것으로 예상될 경우 유리한 포지션이다.

외환 포지션	외환 상태	환위험
스퀘어(Square)	외국환 매입액(외화자산) = 외국환 매도액(외화부채)	없음
매입초과(Over bought)	외국환 매입액(외화자산) > 외국환 매도액(외화부채)	환율 상승 시 환차익 환율 하락 시 환차손
매도초과(Over sold)	외국환매입 < 외국환매도 외화표시자산 < 외화표시부채	환율 하락 시 환차익 환율 상승 시 환차손

제2절 현물환 선물환

외국환은 거래된 외국환을 언제 건네받는가에 따라 현물환과 선물환으로 구분된다. 현물환(Spot Exchange)은 외국환 매매계약과 동시 또는 2영업일(Value spot) 이내에 받는 외국환을 말하며 외국환 매매계약 후 당일 결제되는 당일물(Value today), 익일결제되는 익일물(Value tomorrow)까지 포함된다. 반면 2영업일 이후 결제가 이루어지는 것을 선물환(Forward Exchange)이라고 한다. 선물환의 경우 보통 은행을 통해서 당사자들이 거래 계약을 체결하게 된다. 통화선물(Futures)의 경우 한국거래소에서 경쟁 입찰 방식에 의해 규정에 따라 거래가 이루어진다. 선물환과 통화선물을 선물환시장이라고 한다.

계약시점	결제시점 (이행)	오늘	내일	2영업일	2영업일 이후
오늘		Value today	Value tomorrow	Value spot	

1. 선물환시장

(1) 선물환(Forward Exchange)

선물환은 미래의 특정 시점(계약 만기)에 현재 계약된 환율(선물환율)을 기준으로 하여 일정한 규모로 상이한 통화를 매매할 수 있도록 계약을 맺는 것을 말한다. 이러한 선물환거래의 경우는 보통 은행을 통해서 거래 계약을 체결하게 되고 계약 조건과 금액 그리고 만기 시점은 비교적 자유롭게 정할 수 있지만 조직화된 시장이 아닌 장외에서 은행 간 도매시장으로 주로 이용되기 때문에 계약 건당 수수료가 비싸며 소액규모 건의 경우 불리한 조건의 계약이 체결될 수 있다.

(2) 통화선물(Futures)

통화선물은 현 시점에서 매매계약을 체결하고 장래에 거래가 이행된다는 점에서 선물환과 유사하나 운용면에서 큰 차이가 있다. 즉 선물환은 은행과 고객 간에 직접 결제가 이루어지고 계약 건별로 거래조건이 결정되나, 통화선물은 거래소에서 경쟁 입찰 방식에 의해 거래 및 결제가 이루어지고 통화, 만기일, 거래단위, 매매조건 등이 표준화되어 있다. 또한 이행보증을 위한 증거금이 요구되며 손익이 매일 정산되고 대부분 만기에 현물정산이 아닌 반대매매에 의해 결제된다.

비교	선물환(Forwards)	통화선물(Futures)
거래 장소	장외시장	공인된 거래소
계약 방식	개별적 계약	정형화된 공개입찰방식
계약 내용	당사자 간의 합의	표준화
신용 위험	신용위험 존재	거래소에서 이행을 보증
결제 방법	만기일에 결제	일일정산
만기 정산	만기에 당사자 간의 현물인수도	주로 만기 전에 반대매매로 결제

(3) 역외선물환(NDF : Non – Deliverable Forward)

역외선물환은 선물환계약의 일종으로서 만기에 계약원금의 교환 없이 약정한 선물환율과 만기 시의 현물환율 간의 차액만을 지정통화(일반적으로 미 달러화)로 정산하여 결제하는 거래를 말한다. 역외선물환거래는 만기 시 원금을 결제하지 않고 차액만 부담하므로 적은 금액으로도 큰 거래를 할 수 있다. 그래서 환리스크 헤지와 투기목적의 거래가 많다.

2. 선물환율

선물환율은 선물환거래에 적용되는 환율로서 거래되는 양 통화의 금리를 고려하여 이론적으로 결정되는 것이므로 선물환율만을 통하여 미래 환율의 실제 상승 또는 하락을 예측할 수 있는 것은 아니다.

(1) 선물환율 계산 사례

① USD/KRW 현물환율 1,000원, 달러 금리 년 3%, 원화 금리 년 5%

② 현재 1 USD=1,000 KRW

③ 1년 후 1 USD는 1.03 USD(=1 USD×1.03), 1년 후 1,000 KRW는 1,050 KRW(=1,000 KRW×1.05)

④ 따라서 USD 1.03=1,050 KRW. 즉, 1년만기 선물환율은 1 USD=1,019.40 KRW

⑤ 원화금리가 달러금리에 비해 더 높기 때문에 원화의 가치는 하락하였고, 달러의 가치 는 상승하였다. 즉, 금리만을 기준으로 하여 선물환율 계산 시 금리가 높은 쪽의 통화 가치가 하락한다.

(2) 선물환율의 표시

선물환율을 표시하는 방법 중 직접표시방법의 경우 현물환율 및 기간 별 선물환율을 직접적으로 표시하는 방법으로서 비전문가인 일반 고객들이 확인하기 쉽다. 반면, 현물환율을 기준으로 선물환율과의 차액인 스왑레이트(swap rate)만을 표시하는 경우 이를 스왑률표시방법이라고 한다.

표시방법	USD/KRW	매입률(Bid)	매도율(Offer)
직접표시방법	현물환율	950	1,100
	1개월 선물환율	980	1,140
	3개월 선물환율	1,010	1,180
	6개월 선물환율	1,040	1,220
스왑률표시방법	1개월 선물환율	30	40
	3개월 선물환율	60	80
	6개월 선물환율	90	120

만일 선물환율이 현재의 현물환율보다 낮다면 외환은 국내통화에 대하여 할인되었다고 하며, 이를 선물디스카운트(선물할인)이라고 부른다. 외화의 가치는 하락하고 원화의 가치는 상승하였으므로 외화의 금리가 높고 원화의 금리가 낮다는 의미이다. 선물디스카운트의 경우 매입률(Bid)은 매도율(Offer)보다 항상 커야한다. 그러므로 아래와 같은 경우 현물환율에서 스왑레이트를 차감하여야 한다.

표시방법	USD/KRW	매입률(Bid)	매도율(Offer)
스왑률표시방법 (선물디스카운트)	현물환율	950	1,100
	1개월 선물환율	40	30
	3개월 선물환율	80	60
	6개월 선물환율	120	90

반대로 선물환율이 현재의 현물환율보다 높은 경우에 외환은 국내통화에 대하여 할증되었다고 하며 이를 선물프리미엄(선물할증)이라고 부른다. 외화의 가치는 상승하고 원화의 가치는 하락하였으므로 외와의 금리가 낮고 원화의 금리가 높다는 의미이다. 선물프리미엄의 경우 매도율(Offer)은 매입률(Bid)보다 항상 커야한다. 그러므로 아래와 같은 경우 현물환율에서 스왑레이트를 가산하여야 한다.

표시방법	USD/KRW	매입률(Bid)	매도율(Offer)
스왑률표시방법 (선물프리미엄)	현물환율	950	1,100
	1개월 선물환율	30	40
	3개월 선물환율	60	80
	6개월 선물환율	90	120

제3절 통화옵션

통화옵션은 특정통화를 장래의 만기일에 미리 약정한 행사가격으로 사거나 팔수 있는 권리를 말하는데 팔 수 있는 권리인 풋옵션(Put Option)과 살 수 있는 권리인 콜옵션(Call Option)으로 구분된다. 옵션 매수자는 옵션 매도자에게 프리미엄을 지불하고 이에 따라 만기일에 권리를 행사하거나 행사하지 않거나 하는 선택을 할 수 있다. 반면 옵션 매도자는 옵션 매수자의 권리행사 시 이에 반드시 응하여야 한다.

수출자의 경우 환율하락이 예상되는 경우 풋옵션을 매입하면 환율 하락시에 약정된 환율로 팔 수 있기 때문에 환율하락에 대한 위험을 잘 관리할 수 있다. 반면 수입자의 경우 환율상승이 예상되는 경우 콜옵션을 매입하면 환율 상승시에 약정된 환율로 살 수 있기 때문에 환율상승에 대한 위험을 잘 관리할 수 있다.

1. 콜옵션과 풋옵션

옵션의 매수자는 옵션의 매도자에게 일정한 대가(프리미엄)를 미리 지불해야 하며, 이에 따라 옵션 매수자는 자신에게 유리한 경우에만 그 권리를 행사하여 이익을 누리고 그렇지 않은 경우에는 권리행사를 포기할 수 있는 선택권을 갖게 된다. 반면에 옵션 매도자는 매수자의 권리행사에 응해야 할 의무를 갖는 대신 옵션매입자로부터 프리미엄을 취득한다.

(1) 콜옵션(Call Option)

콜옵션은 특정한 기초자산을 만기일이나 만기일 이전에 미리 정한 행사가격으로 살 수 있는 권리를 말한다. 콜옵션의 매수자는 옵션의 만기 내에 약정한 행사가격으로 해당 기초자산을 구매할 수 있는 권리를 갖게 되고, 콜옵션의 매도자는 매수자에게 기초자산을 인도해야 할 의무를 갖는다.

콜옵션 매수자의 손익은 기초자산의 현재가격, 행사가격 및 옵션 매입 시 지불한 프리미엄에 의하여 결정되는데, 현재가격이 행사가격보다 높을 경우 콜옵션 매수자는 권리를 행사함으로써 그 차액만큼 이익을 얻을 수 있으며, 현재가격이 행사가격보다 낮을 경우에는 권리행사를 포기할 수 있다. 따라서 가격상승 정도에 따라 매수자의 이익은 확대될 수 있으며, 가격이 하락하더라도 손실을 계약 당시에 지급한 프리미엄에 한정시킬 수 있다.

반면, 콜옵션 매도자의 손익은 현재가격이 행사가격보다 낮을 경우 매수자가 권리행사를 포기하게 되므로 이미 지불받은 프리미엄만큼 이익이 발생하지만 현재가격이 행사가격보다 높을 경우에는 가격수준에 관계없이 기초자산을 행사가격으로 인도해야 하므로 가격상승 정도에 따라 큰 손실을 감수해야 한다.

예를 들어, 수입자가 1 USD=1,000원으로 매입할 수 있는 콜옵션을 구입하였으며 이 옵션의 프리미엄(가격)은 100원이다. 옵션의 만기에 환율이 1,500원까지 상승한 경우 수입자는 콜옵션 권리를 행사하여 1,000원에 매입할 수 있다. 이 경우 수입자는 500원의 이익이 발생했지만 지급한 풋옵션 프리미엄을 공제하면 순이익은 400원이다. 반대로 환율이 500원인 경우 수입자는 콜옵션의 권리행사를 포기하기 때문에 콜옵션 프리미엄(100원)만큼 손해를 보게 된다.

(2) 풋옵션(Put Option)

풋옵션은 특정한 기초자산을 미리 정한 가격으로 장래의 특정 시점 또는 그 이전에 팔 수 있는 권리를 매매하는 계약을 말한다. 풋옵션의 매수자는 옵션의 만기 내에 약정한 행사가격으로 해당 기초자산을 인도할 수 있는 권리를 갖게 되고, 풋옵션의 매도자는 매수자에게 기초자산을 인수해야 할 의무를 갖는다.

풋옵션 매수자의 손익은 기초자산의 현재가격, 행사가격 및 옵션 매입 시 지불한 프리미엄에 의하여 결정되는데, 현재가격이 행사가격보다 낮을 경우 풋옵션 매수자는 권리를 행사함으로써 그 차액만큼 이익을 얻을 수 있으며, 현재가격이 행사가격보다 높을 경우에는 권리행사를 포기할 수 있다. 따라서 가격하락 정도에 따라 매수자의 이익은 확대될 수 있으며, 가격이 상승하더라도 손실을 계약 당시에 지급한 프리미엄에 한정시킬 수 있다.

반면, 풋옵션 매도자의 손익은 현재가격이 행사가격보다 높을 경우 매수자가 권리행사를 포기하게 되므로 이미 지불받은 프리미엄만큼 이익이 발생하지만 현재가격이 행사가격보다 낮을 경우에는 가격수준에 관계없이 기초자산을 행사가격으로 인수해야 하므로 가격하락 정도에 따라 큰 손실을 감수해야 한다.

예를 들어, 수출자가 1 USD = 1,000원으로 매도할 수 있는 풋옵션을 구입하였으며 이 옵션의 프리미엄(가격)은 100원이다. 옵션의 만기에 환율이 500원까지 하락한 경우 수출자는 풋옵션 권리를 행사하여 1,000원에 매도할 수 있다. 이 경우 수출자는 500원의 이익이 발생했지만 지급한 풋옵션 프리미엄을 공제하면 순이익은 400원이다. 반대로 환율이 1,500원인 경우 수출자는 풋옵션의 권리행사를 포기하기 때문에 풋옵션 프리미엄(100원)만큼 손해를보게 된다.

2. 옵션의 가치

(1) 시간가치와 내재가치

옵션가격(프리미엄)은 시간가치와 내재가치의 합으로 이뤄져 있다. 콜옵션의 경우 내재 가치는 기초자산의 가격에서 옵션의 행사가격을 뺀 값을 말하며 콜옵션은 기초자산의 가격이 옵션의 행사가격보다 높은 경우에만 내재가치를 가진다. 풋옵션의 경우 내재가치는 옵션의 행사가격에서 기초자산의 가격을 뺀 값을 말하며, 풋옵션은 기초자산의 가격이 행사가격보다 낮은 경우에만 내재가치를 가지고 기초자산의 가격이 행사가격 이상인 경우에는 내재가치를 가지지 않는다.

옵션의 시간가치(time value)는 만기까지 남은 기간 동안에 환율변동으로 인해 발생하는 가치를 말한다. 만기일 이전에는 옵션가격이 내재가치와 시간가치로 구성되지만, 만기일에는 시간가치가 완전히 소멸되어 Zero(0)가 되므로 내재가치만 존재한다. 이러한 의미에서 옵션의 시간가치가 감소하는 현상을 시간효과(time or decay effect)라 한다.

(2) 내가격 · 등가격 · 외가격

옵션은 특정 시점에서 기초자산의 가격과 옵션의 행사가격을 비교해 봄으로써 내가격(ITM : In The Money) · 등가격(ATM : At The Money) · 외가격(OTM : Out of The Money) 옵션으로 구분할 수 있다. 내가격옵션은 권리행사 시 이익을 낼 수 있는 상태의 옵션을 말하며, 등가격옵션은 행사가격과 기초자산의 가격이 같은 옵션을 말한다. 외가격옵션은 행사가격이 기초자산 가격에 비해서 불리한 상태에 있는 옵션으로 일반적으로 권리행사를 하지 않는다.

(3) 아메리칸옵션과 유러피언옵션

옵션은 만기일 이전에 권리행사의 가능 여부에 따라서 아메리칸옵션과 유러피언옵션으로 구분할 수 있다. 만기일 이전에 언제든지 권리행사가 가능한 옵션을 아메리칸옵션이라 하고, 오직 만기일에만 권리행사가 가능한 옵션을 유러피언옵션이라 한다.

(4) 스트래들(Straddle)과 스트랭글(strangle)

동일한 만기와 행사가격을 갖는 콜옵션과 풋옵션을 동일한 비율로 동시에 사거나 파는 옵션 투자전략을 스트래들(Straddle)이라고 한다. 동일한 기초자산에 대해 동일한 만기를 가지지만 행사가격은 각각 다른 콜옵션과 풋옵션을 동시에 매입 또는 매도하는 옵션 투자전략을 스트랭글(strangle)이라고 한다.

양매수와 양매도 모두 콜옵션과 풋옵션의 조합으로 이루어진 옵션 투자전략이다. 다만 차이가 나는 것은 양매수는 콜옵션과 풋옵션의 매수조합으로서 환율변동성이 클 것으로 예상될 때 이용하며, 양매도는 콜옵션과 풋옵션의 매도조합으로서 환율변동성이 작을 것으로 예상될 때 이용한다.

제4절 환위험의 관리

환위험의 관리는 내부적인 수단 관리하는 대내적 기법과 외부적인 수단으로 관리하는 대외적 기법으로 구분할 수 있다.

1. 대내적 관리기법

(1) 매칭(Matching)

매칭은 외화자금의 유입과 지급을 통화별, 만기별로 일치시킴으로써 외화자금흐름의 불일치로 인하여 발생할 수 있는 환위험을 제거하는 전략으로서 다국적기업, 무역회사의 본지사간 또는 제3자와의 환거래에서 이용된다.

(2) 네팅(Netting : 상계)

네팅은 기업 상호 간에 발생하는 채권, 채무관계를 개별적으로 결제하지 않고 일정기간 경과 후에 서로 상계한 후 그 차액만을 정기적으로 결제하는 방식이다. 네팅의 가장 단순한 형태로서는 두 회사 간에 일어나는 양자간 네팅(Bilateral Netting)이 있으며 다자간 네팅(Multilateral Netting)의 경우 동일그룹 내의 여러 자회사간에 이루어진다.

(3) 리딩(Leading)과 래깅(Lagging)

리딩과 래깅은 환율변동에 대비하여 외화자금 흐름의 결제시기를 의도적으로 앞당기거나(Leading) 또는 지연(Lagging)시킴으로써 환율변동에 따른 환위험을 관리하는 기법이다. 환율상승이 예상되는 경우 수출자는 수출상품의 선적이나 수출환어음의 매도시기를 가급적 지연시키는 래깅전략을 구사할 것이며 수입자는 수입대금 결제를 가급적 앞당기는 리딩전략을 구사할 것이다.

환율하락이 예상되는 경우 수입자는 수입대금 결제를 가급적 지연시키는 래깅전략을 구사할 것이며 수출자는 수출상품의 선적이나 수출환어음의 매도시기를 가급적 앞당기는 리딩전략을 구사할 것이다.

(4) 자산－부채 종합관리(ALM: Asset－Liability Management)

자산－부채 종합관리 환율전망에 따라 기업이 보유하고 있는 자산 및 부채의 포지션을 조정하여 환위험을 효율적으로 관리할 수 있는 방법으로서 주로 외화자산, 외화부채를 자국통화나 특정통화로 환산할 때 발생하는 환산환위험이나 거래환위험을 관리하는데 주목적이 있다.

2. 대외적 관리기법

대내적 관리기법을 통하여 기업의 환위험 노출을 어느 정도 관리할 수 있으나 여전히 환위험
은 남아있을 수 있다. 이러한 경우 대외적 관리기법인 통화선물(Currency Futures), 통화선
물환(Forward), 통화옵션(Currency Option), 통화스왑(Currency Swap), 팩토링(Factoring),
환어음할인(Discounting), 환변동보험 가입 등의 상품을 이용하여 관리할 수 있다. 다만, 이
러한 상품들을 이용하기 위해서는 대부분 비용을 수반하며 손해가 발생할 수 있다.

최두원 관세사의 국제무역사 1급

Part

III

무역계약

Chapter 01. **무역계약**

제1절 무역의 개념

1. 개요

대외무역법상 무역이란 물품, 용역(서비스), 전자적 형태의 무체물의 수출과 수입을 말하며, 국제매매계약(=무역계약)이란 매도인과 매수인이 계약에 따라 대금을 지급하고 소유권을 이전하기로 약정한 거래로서 계약의 결과 물품 등의 국제간 이전을 발생시키는 거래로 이해할 수 있다.

2. 무역의 특징

(1) 정형화된 상관습 존재

무역거래는 언어가 서로 상이하고, 공간적으로 원격성이 존재할 뿐 아니라 상이한 주권 국가에 속하는 국가 간에 일어나는 현상이다. 국가마다 자국의 상관습을 중시하는 경향이 있으므로 분쟁이 발생되었을 때 준거법의 적용 문제가 발생한다. 따라서 각 국은 명시계약을 보완하기 위하여 상관습을 정형화한 정형거래조건을 사용하고 있다.

(2) 다양한 법규 규제

국제무역은 다양한 법규에 의해 규제되어 국제관습법, 각 국가의 국내법인 사법(민법), 공법(대외무역법, 외국환거래법, 관세법 등) 등이 적용된다. 그리고 조약의 형태로 존재 하는 국제법이나 통일사법 등에 의해서도 규제받고 있다.

(3) 높은 거래 위험

무역거래는 언어, 법률, 제도 및 제반 환경이 상이한 당사자 간에 이루어지기 때문에 장기간 원거리 운송에 의한 물품 손상의 위험, 상대방에 대한 신용 상태의 불확실로 인한 수출대금 회수 불능의 위험, 수입업자가 수출업자에 대해 가지는 정확한 계약물품 수취의 위험, 국제 시장에서의 가격 변동이나 통화의 환율 변동으로 인한 위험 등이 따른다.

위험의 종류	대응방안
운송위험(운송 중의 멸실, 손상 위험)	운송계약, 보험계약
신용위험(수출자의 대금 회수불능 위험)	신용조사, 신용장 등, 무역보험 등
상업위험(수입자의 물품 수취불능 위험)	신용조사, 신용장 등, 무역보험 등
환위험(환율 변동 위험)	상계, 팩터링, 환변동보험 등
비상위험(비상사태 발생으로 인한 위험)	포페이팅, 무역보험 등

(4) 다수복합계약의 체결

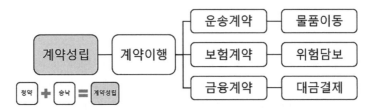

무역계약을 이행하기 위해서는 필수적으로 물품의 이동을 위한 운송계약, 물품의 운송중의 파손을 담보하기 위한 보험계약, 매도인과 매수인간 대금지급을 위한 금융계약이 필수적으로 체결되는 특징이 있다.

3. 무역계약 체결과정

(1) 해외시장조사와 거래처 발굴

① 신규무역거래를 하기 위하여 해외 시장을 연구하고 목적시장을 선별한 다음 시장에 대한 정보를 조사하는 것을 일컫는다. 비용과 위험을 최소화하고 수익을 극대화하기 위해서 사전에 정확한 해외시장조사가 필수적이다.

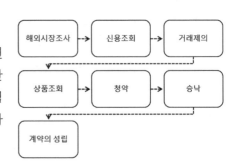

② 조사방법으로 수출입통계자료 활용, KOTRA 등 국내외 경제단체 및 유관기관의 활용, 국내외 컨설팅 전문기관을 통한 조사, 현 지 출장 및 인터넷을 통한 조사 등이 있다. 자체 홍보물의 이용, 해외광고의 이용, 출장 및 전시회 참가, 인터넷을 통한 검색 등을 통해 거래처를 발굴할 수 있다.

(2) 신용 조회(Credit inquiry)

거래를 제의하기 전 혹은 거래관계 성립 전에 그 거래선에 대한 신용상태에 대하여 조회 한다. 상거래에 따른 위험을 예방하기 위하여 업체의 성향, 자본, 영업능력 등을 신용조사 전문기관, 은행 및 관련 기관 등을 통해 의뢰하여 신용도를 조사한다.

(3) 거래제의

목적시장의 거래대상자가 물색되면 거래를 희망하는 서신을 보내는데 이것을 거래제의라고 한다. 매도인이 판매권유 혹은 판매조건을 제시하는 서한을 판매권유장(Sales letter, Circular letter)이라고 한다. 거래제의 시 상대방의 상호, 주소, 상대방을 알게 된 방법, 자사의 취급 품목과 영업상태 및 신용상태, 거래내용, 수출·수입실적, 신용이나 상품의 조회처 등을 포함한다.

(4) 조회(Inquiry)와 조회에 대한 회신(Reply to inquiry)

조회는 거래제의를 받은 자가 그 물품에 대한 관심이나 구매의사가 있으면 여러 가지 거래조건에 대해 문의를 하는 것을 말한다. 일반적으로, 수입하는 경우 상대방의 제품 카탈로그나 가격표 등을 요청하며 요청받은 측은 이에 대해 요청받은 정보를 제공하며 답변한다.

(5) 청약(Offer)과 승낙(Acceptance) 그리고 주문(Order)과 주문승낙(Acknowledgement)

매도인이 매수인에 대해 행하는 청약(Offer)과 그에 대한 승낙(Acceptance)에 의해 혹은 매수인의 매도인에 대한 주문(Order)과 주문승낙(Acknowledgement)에 의해 계약이 성립된다.

(6) 계약 체결

계약체결 방법에는 매도인이 발행한 offer sheet에 매수인이 승낙한다는 서명을 하거나, 매수인이 발행한 purchase order에 매도인이 서명을 하는 방법이 가장 일반적이며, 복잡한 거래관계일 경우 Sales contract, Purchase contract & Sales agreement 계약서를 작성하는 방법을 사용하기도 한다. 참고로 계약체결과정에서 MOU(memorandum of understanding, 양해각서), LOI(Letter of Intent, 의향서), LOC(Letter of Commitment, 약정서) 등의 문서에 서명, 교환하기도 한다. 이 서류들은 당사자를 구속하는지 등은 표제여부와 관계없이 그 내용에 따라 결정된다. 계약의 실질적 내용을 충분히 규정하고 있는 경우 계약으로서의 효력이 인정될 수도 있으나 구속하지 않는 경우가 일반적이다.

4. 무역계약의 성립과 법적 성격

(1) 성립요건

계약이 성립하기 위해서는 계약 당사자 간의 합의(Agreement)가 있어야 한다. 합의란 당사자 간의 의사표시 합치를 의미하는 것이다. 매도인이 물품 소유권 양도를 약속하고 매수인은 그 대가로 물품대금 지급을 제공할 것을 조건으로 하여, 당사자들의 청약과 승낙에 의해 계약이 성립된다.

(2) 청약(Offer)

청약이라 함은 청약자(Offeror)가 피청약자(Offeree)와 일정한 조건으로 계약을 체결하고 싶다고 하는 의사표시를 말한다. 청약이 성립되려면 "충분히 확정적(sufficiently definite)"이어야 하는데, 이를 위해서는 최소한, '거래의 목적물(물품), 가격, 수량'이 기재되어 있어야 한다.

CISG(국제물품매매계약에 관한 유엔협약, 비엔나협약)에서, 청약은 내용이 명확해야 하고(내용의 확정성), 상대방의 승낙 시 구속(행동·의사의 자유가 속박) 된다는 의사(의사의 확정성)가 있어야 하고, 1인 이나 2인 이상의 특정 대상이 확정(대상의 확정성) 되어야 함을 규정한다. 통지 방법은 구두, 서면, 행위에 의해서 가능하다.

1) 청약의 효력기준에 따른 청약

① 확정청약(Firm offer)

확정력을 가지는 청약을 의미한다. 확정력은 청약자가 청약내용에 대해 승낙의 유효기간을 지정하거나 명시적으로 확정적 또는 취소불능이라는 표현을 통해 발생한다. 거래 상대방의 승낙을 통해 계약이 성립된다고 하는데 이때의 offer는 Firm offer를 의미한다.

② 불확정청약(Free offer)

팔겠다는 의사나 사겠다는 의사가 확정되어 있지 않거나, 유효기간이나 확정적이라는 표시를 하지 않는 등 내용이 확정적이지 않은 청약을 의미한다. 불확정청약은 엄격한 의미의 청약이 아니다.

2) 조건부 청약(Conditional offer)

조건부 청약이란 청약에 어떠한 조건이 붙은 청약을 의미한다.

점검매매 조건부 청약 (Offer on approval)	• 청약과 함께 현품·견본을 보내어서 피청약자가 물품 점검 후 구매의사가 있으면 대금을 지급하고 아니면 반품하라는 내용의 청약 • 확정청약의 일종
반품허용 조건부 청약 (Offer on sale or return)	• 청약과 함께 상품을 보내 피청약자가 위탁 판매하도록 하고, 미판매분은 반납하게 하는 청약 • 확정청약의 일종
시황 조건부 청약 (Offer subject to market fluctuation)	• 청약상에 가격이 확정되지 않고 시세에 따른다는 청약 • 엄격한 의미의 청약에 해당되지 않음
재고잔류 조건부 청약 (Offer subject to prior sale)	• 청약 대상 물품이 재고로 남아 있는 경우에 한해 계약이 유효하다는 조건이 붙은 청약 • 한정된 물량을 다수인에게 오퍼한 경우나 매도인이 우위인 경우에 가능함 • 불확정청약임
최종확인 조건부 청약 (Offer sub-con)	• 청약자의 최종확인을 조건으로 하는 청약 • =offer subject to final confirmation

3) 특수한 청약

반대청약 (Counter offer)	청약자의 청약에 대해 피청약자가 수량, 가격, 선적, 결제 등 청약 내용을 변경, 추가하는 등 새로운 조건을 제의해오는 청약이다. 반대청약은 원래 처음 청약에 대한 거절이 되기도 하며 새로운 청약이 되기도 한다. 그러므로 원래 청약은 소멸된다.
교차청약 (Cross offer)	청약자와 피청약자 상호간에 동일한 내용의 청약이 상호 교차되는 청약이다. 현실적으로는 매우 드문 경우이나 당사자들의 청약이 우연히 완전히 일치하는 경우다. 청약과 승낙의 순차적인 인과관계를 중시하는 영미법(영국, 미국 계통의 법)에서는 계약 성립을 불인정하고, 행위자의 의사를 중시하는 대륙법(독일, 프랑스 등 유럽 대륙국가의 법)에서는 인정하고 있다.

4) 청약의 효력

① 청약 효력발생시기

영미법, CISG, 한국법에서는 청약이 피청약자에게 도달해야 한다는 '도달주의'를 취하고 있다. 즉, 청약이 상대방에게 도달하기 이전에는 청약을 철회할 수 있으나, 청약이 일단 상대방에게 도달한 경우나 이미 승낙된 경우는 청약자 임의대로 취소할 수 없다.

② 청약 유효기간

청약의 유효기간(Validity of offer)이란 청약효력이 존속되는 기간을 말한다. 청약은 이 유효기간 내에 승낙이 있어야 계약이 성립된다. 확정청약(Firm offer)의 경우에는 청약의 유효기간이 명시되는 것이 일반적이고 그 기간 동안에는 청약 내용을 변경할 수 없다.

(3) 승낙

승낙은 피청약자가 청약에 응하여 계약을 성립시키고자 하는 의사표시를 말한다. 승낙은 청약의 내용과 완전히 일치해야 한다. 승낙은 절대적(Absolute)이고 무조건적(Unconditional)이다. 승낙의 효력이 발생하면 계약이 성립하게 된다.

1) 계약을 성립시키지 못하는 승낙

청약에 대한 의사표현으로 외견상 승낙으로 보이더라도 승낙의 효력을 지니지 않은 경우는 다음과 같다.

반대청약 (Counter offer)	⊙ 반대청약은 승낙이 아니다. 반대청약은 부분적 승낙의사가 포함되어 있더라도 원래 청약(Original offer)에 대한 거절이며 원래 청약을 소멸시켜서 새로운 청약이 되기 때문이다. ⓛ 그러나 CISG에서는 "청약에 부가조건 또는 상이한 조건을 가한 때에도 청약 중의 조건을 실질적으로 변경하지 아니하는 경우에는 그 응답은 승낙으로 한다."고 규정하고 있다.
조건부승낙 (Additional acceptance)	⊙ 승낙을 의도하고 있으나 부가, 제한 그 밖의 변경을 포함하는 청약에 대한 응답은 청약에 대한 거절이면서 또한 새로운 청약이 된다. ⓛ 승낙을 의도하고 있고, 청약의 조건을 실질적으로 변경하지 아니하는 부가적 조건 또는 상이한 조건을 포함하는 청약에 대한 응답은 승낙이 된다. ⓒ 특히 대금, 대금지급, 물품의 품질과 수량, 인도의 장소와 시기, 당사자 일방의 상대방에 대한 책임범위 또는 분쟁해결에 관한 부가적 조건 또는 상이한 조건은 청약조건을 실질적으로 변경하는 것으로 본다.
유효기간 경과	청약 유효기간이 경과된 승낙은 효력이 없다.
침묵, 부작위	침묵(Silence), 무행위(Inactivity, 부작위)는 승낙이 될 수 없다. 중요한 조건에 대해 합의를 하지 않는 모호한 승낙에 대해서는 유효한 계약 성립이 될 수 없다.

2) 승낙의 효력발생

대면, 전화, 텔렉스에서는 도달주의 입장에서 승낙의사 표시가 청약자에게 도달했을 때 승낙이 유효함을 규정하고 있다.

3) 승낙의 효력소멸

① 승낙의 철회

승낙의 의사가 도달하여 효력이 발생하기 전에는 철회할 수 있는데, CISG에서는 승낙은 승낙효력이 발생하기 이전에 또는 그와 동시에 그 취소통지가 청약자에게 도달하는 경우에 철회 될 수 있고 도달하지 않은 경우에는 철회 시킬 수 없다. 승낙효력이 생긴 후 효력을 소멸시키는 것은 계약 자체의 취소, 해제에 관한 것이다.

② 승낙의 취소 및 해제

승낙의 취소는 계약자체의 취소 및 해제이다. CISG에서는 매도인(매수인)의 어떤 의무의 불이행이 계약의 본질적인 위반에 상당하는 경우, 매수인(매도인)은 계약해제(Avoidance of the contract)를 할 수 있다. 즉 매수인, 매도인의 계약해제는 의무 불이행이 본질적 위반에 상당하는 경우에만 가능하다.

(4) 무역계약의 법적성격

청약자의 청약에 대해 상대방의 유효한 승낙이 있으면 계약이 성립된 것으로 본다. 무역계약은 법적으로 다음의 성격을 가지고 있는 것으로 이해할 수 있다.

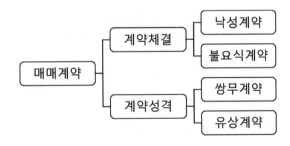

1) 낙성계약

낙성계약이란, 청약자(offeror)의 청약(offer)에 대해서 피청약자(offeree)가 승낙(acceptance)함으로써 무역계약이 성립하는 것을 말한다. 즉, 합의 계약은 일방의 청약에 대하여 상대방이 승낙함으로써 성립한다.

2) 불요식계약

불요식계약(不要式契約 : Informal Contract)은 단순계약(Simple Contract)이라고도 하며, 계약 체결의 특별한 형식에 구애받지 않고 서면 또는 구두에 의한 명시계약이나 행동에 의한 묵시계약에 의해서 무역계약이 성립된다는 것이다. 현실적으로 보면 묵시계약은 무역계약에서 특별한 경우를 제외하고는 실현성이 희박하다고 볼 수 있다. 무역계약의 내용이나 형식이 자유롭기 때문에 불요식계약이라 한다.

3) 쌍무계약

쌍무계약(雙務契約 : Bilateral Contract)은 매매 당사자들 사이에 계약이 성립되면 양측 모두 상대방에 대해서 일정한 의무를 부담하는 것을 말한다. 매도인(Seller)은 계약물품을 인도해야 할 의무, 매수인(Buyer)은 계약물품에 대한 대금 지급을 해야 할 의무, 즉 쌍무의 성격을 갖는다. 따라서 쌍무계약은 매도인의 상품 인도의무와 매수인의 대금 지급의무를 의미한다.

4) 유상계약

유상계약(有償契約 : Remunerative Contract)은 계약 당사자들이 각각 대가적 채무를 부담하는 계약을 말한다. 무역계약이 인도와 대금 지급을 그 본질로 하므로 대금 지급과 인도는 동시에 발생해야 할 조건들이다. 즉, 매도인이 계약물품을 인도하는 행위에 대해서 매수인은 대금을 지급하는 급부 행위가 동시에 발생해야 하는 것이 무역계약의 본질이다.

제2절 무역계약 실무

1. 개요

상관습이 서로 다른 국가 간에 이루어지는 무역거래에서는 매매 당사자 간에 거래 내용에 따른 상세한 사전합의가 다시금 필요하고 후일 야기될지 모르는 분쟁(Claim)에 대비하여 법적 구제조항 등을 망라하여 무역계약서를 작성해 두어야 한다. 물품 매매에서 일반적이고 기본적인 거래 조건의 내용을 협정하여 문서로 교환하는 「일반무역조건협정서(Agreement on General Terms and Conditions of Business : Memorandum of Agreement)」를 계약 기준으로 한다. 일반거래조건협정서의 내용은 계약의 본질, 즉 거래 형태에 대한 조건, 청약과 승낙에 의해 계약이 성립되는 조건, 품질 · 수량 · 선적 · 지급 · 보험 · 포장 등 계약물품에 대한 조건 그리고 분쟁의 해결 및 법적 구제조건 등을 담고 있다. 실무적으로는 매매 당사자 간에 표준화 내지 정형화된 매매계약서를 이용하고 있다.

무역 매매계약의 8대 기본 조건이 있으며, 어느 한 조건에 대하여 상이한 점이 있으면 거래 당사자 사이에 분쟁이 야기되어 원활한 거래가 이루어질 수 없다. 다음은 품질 조건(Terms of Quality), 수량 조건(Terms of Quantity), 가격 조건(Terms of Price), 결제조건(Payment Terms), 선적 조건(Shipment terms), 보험조건(Terms of Insurance), 포장 및 화인(Packing and Mark), 기타 무역 조건과 클레임 및 중재(Claim and Arbitration)에 대하여 살펴본다.

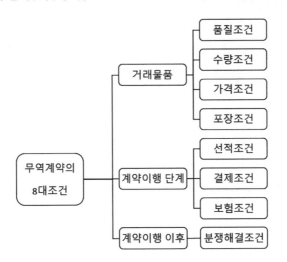

2. 무역계약의 기본 조건

(1) 품질조건(Quality terms)

품질결정방법	(1) 견본매매 (2) 표준품매매 (3) 기타(상표매매, 규격매매, 점검매매)
품질결정시기	(1) 선적품질조건 (2) 양륙품질조건 (3) 기타(곡물의 품질결정조건)

매매대상인 물품의 품질(Quality)은 거래 당사자 간에 중요한 관심사이기 때문에 품질로 인한 분쟁이 야기되는 경우가 많다. 따라서 기본적으로 품질의 결정방법, 품질의 결정시기, 품질의 증명방법 등을 명확히 약정해야 한다.

1) 품질의 결정방법

① 견본에 의한 매매(Sales by sample)

    ⊙ 당사자가 제시한 견본과 동일한 품질의 물품을 인도하도록 약정하는 방법이다. 모든 물품은 완전히 일치할 수 없기 때문에 계약서를 작성할 때 견본의 품질은 '견본과 완전

히 일치하는 것(fully equal to sample, up to the sample)'으로 표현하지 않고 '대체로 견본과 비슷한 것(about equal to sample, Quality to be similar to sample)'이라는 등의 융통성 있는 표현을 사용한다.

ⓛ 견본 종류

Seller's sample	매도인이 매수인에게 보내는 견본
Buyer's sample	매수인이 매도인에게 보내는 견본
Original sample	Seller's sample과 Buyer's sample과 같이 품질의 기준을 약정하기 위한 견본
Counter sample	original sample에 대해 새로운 견본을 제시할 때 사용하는 대응견본

② 표준품에 의한 매매(Sales by standard)

농수산물과 같이 수확 예정물품, 어획예정의 수산물, 벌채예정의 원목 등은 매매계약을 체결할 때에는 현품이 없고 견본 제공이 곤란하다. 표준품을 정하고 실제 인도된 물품과 표준품 사이에 차이가 있는 경우 대금을 조정하는 거래 방법을 말한다.

평균중등품질조건(F.A.Q) Fair Average Quality	⊙ 곡물거래에 주로 활용된다. ⓛ 당해 연도 당해 지역에서 생산되는 동종물품 가운데 중급 수준 품질의 것을 인도하기로 약정하는 방법이다. 주로 곡물과 천연과실 등의 농산물에 사용되는 품질조건으로, 인도상품의 표준 품질은 선적의 시기 및 장소에 따라 그 계절 출하품의 평균중등 품질이어야 한다는 조건이다.
판매적격품질조건(G.M.Q) Good Merchantable Quality	⊙ 주로 목재, 냉동 수산물, 광석 등 내부 부패나 잠재하자가 외관상 확인하기 곤란한 물품에 활용된다. ⓛ 물품을 인도할 당시의 품질이 당해 물품의 성질이나 상관습상 판매하기에 적합한 수준이기만 하면 된다. 인도상품은 거래상 적절하다고 인정되는 품질인 것을 보증하는 조건이다. 따라서 당초의 숨은 하자(잠재하자 : Hidden Defects)가 인도 후에 나타난 경우에도 수입자는 수출자에게 클레임을 제기할 수 있다.
보통품질조건(U.S.Q) Usual Standard Quality	⊙ 주로 원면, 인삼, 오징어 거래에 활용된다. 대상품목에 대해 1등품, 2등품 등으로 구분하는 조건으로 품질을 결정한다. ⓛ 공인검사기관 또는 공인표준기준에 의해 보통의 품질을 표준품의 품질로 결정하는 조건이다.

③ 그 밖의 품질조건

㉠ 상표매매(Sales by trade mark)

상표(trade mark)나 브랜드에 의해 품질 기준을 삼는 거래이다.

ⓛ 규격매매(Sales by type(grade))

물품의 규격이 국제적으로 통일되어있거나 수출국의 표준화된 규격으로 특정되어있는 경우에 이용된다. ISO, KS 등을 예로 들 수 있으며 전기제품, 전자제품 등의 공산품의 매매에서 많이 사용되고 있다.

ⓒ 명세서매매(Sales by specification)

기계류나 선박, 철도차량, 의료기구 등과 같이 견본을 사용하기 힘든 경우 소재, 구조, 성능 등에 대해 상세한 명세서(Specification)나 설명서, 설계도 등에 의해 매매기준으로 삼는 방법이다.

ⓔ 점검매매(Sales by Inspection)

BWT(Bonded Warehouse Transaction, 보세창고 인도거래)나 COD(Cash On Delivery, 상품인도결제방식), 거래 등에서 활용되는 방법으로서, 매수인이 품질수준을 직접 확인 후 구매여부를 결정하는 방법이다.

2) 품질의 결정시기

	Incoterms	표준품매매	곡물거래
선적품질조건	E, F, C 조건	FAQ	TQ
양륙품질조건	D조건	GMQ	RT

① 일반물품의 품질결정시기

㉠ 선적품질조건(Shipped quality terms)

인도하는 물품의 품질이 약정한 품질과 일치하는지 여부를 선적 시 품질에 의하여 결정하는 방법이다. 표준품 매매의 FAQ 조건은 선적품질조건에 해당된다.

㉡ 양륙품질조건(Landed quality terms)

상품의 품질이 약정한 품질과 일치하는지의 여부를 양륙 시의 품질에 의하여 결정하는 방법이다. 표준품 매매의 GMQ 조건은 양륙품질조건에 해당된다.

② 곡물의 품질결정시기

㉠ Tale Quale(TQ)

매도인이 약정한 물품의 품질을 선적할 때까지만 책임지는 조건으로 선적품질조건이다. Tale Quale는 'Such as it is' 혹은 'Just as it comes'의 라틴어식 표현이다.

㉡ Rye terms(RT)

러시아 호밀 거래에서 물품이 도착 시 손상되어 있는 경우에 그 손해에 대하여 매도인이 변상하는 관례에서 생긴 조건으로 양륙품질조건(Landed quality terms)에 해당되는 조선이다.(Rye : 호밀)

㉢ Sea damaged(SD)

원칙적으로는 선적품질조건이지만 해상운송 중 발생한 유손(유 : 젖다 + 손 : 손해, damaged by wet)으로 야기되는 품질손해에 대해서는 매도인이 도착까지 책임을 지는 조건이다. 유손에는 바닷물(wet by sea water), 빗물(wet by rain water), 담수

(wet by fresh water), 증기(wet by vapour) 등으로 야기되는 손해가 있다. SD는 혼합형 검품조건, 즉 선적품질조건과 양륙품질조건을 절충한 조 건부 선적품질조건 이다.

(2) 수량조건(Quantity terms)

1) 수량의 단위결정

매매수량은 상품의 종류, 성질, 관습 등에 따라 중량, 용적, 개수, 포장단위, 길이, 면적 등에 의해 정해진다.

① 중량의 단위

kg, pound, ton 등이 사용되는데 ton은 아래와 같이 구분된다.

Long ton(L/l)	1,016kg	영국계 ton
Metric ton(M/T)	1,000kg	프랑스계 ton
Short ton(S/T)	907kg	미국계 ton

② 용적의 단위

㉠ 목재 등 : Cubic meter(CBM), Cubic feet(cft)

㉡ 액량 등 : barrel, gallon, liter 등

③ 개수의 단위

㉠ piece, dozen, gross 등을 사용한다.

㉡ dozen = 12piece

㉢ gross = 12 dozen(12 × 12 = 144)

㉣ small gross = 10dozen(12 × 10 = 120)

㉤ great gross = 144dozen(12 × 144 = 1,728)

2) 중량결정의 방법

① 총중량조건(Gross weight term)

외포장, 내포장, 내부 충전물, 순수 내용물까지 모두 합쳐 계량하는 조건이다. 소맥분, 면화 등에 적용된다.

② 순중량조건(Net weight term)

총중량에서 외포장 무게를 제외한 중량을 계량하는 조건으로 비누, 화장품 등 소매 판매 시 적용된다.

③ 정미중량조건(Net net weight term)

중량에서 내포장과 충전물을 제외한 물품내용물만의 순수한 중량만을 계량하는 조건이다.

3) 수량의 결정시기

품질 결정시기와 마찬가지로 수량의 결정시기도 선적수량조건과 양륙수량조건으로 구분할 수 있다.

① 선적수량조건(Shipped Quantity Terms)

　선적수량조건은 선적지에 있어서 선적의 수량이 계약상의 수량과 일치하느냐 여부를 조사하여 계약상의 수량과 일치하였을 경우에는 비록 해상운송 중에 어떠한 감량이 일어났더라도 매도인이 그 책임을 부담하지 않는 조건이다.(예 당사자 사이에 특약이 없는 한 FOB나 CIF 조건과 같은 선적품질조건은 선적수량조건으로 해석되며, 기타의 선적품질조건도 마찬가지다)

② 양륙수량조건

　양륙수량조건은 목적항에서 물품을 양륙할 때에 수량 검사의 결과로 계약이행 여부를 판정하는 조건이다. 양륙수량조건은 양륙항에서 화물을 양하할 때의 중량을 대금 계산의 기준으로 하는 것이며, 수송 도중에서 일어난 감량은 매도인의 부담이 된다. (예 당사자가 별도로 약정하지 않는 한 DAP 규칙, DPU 규칙, DDP 규칙은 양륙수량조건이며, 기타의 양륙품질조건도 특약이 없는 한 양륙수량조건으로 해석된다)

(3) 대금결제조건(Payment terms)

대금결제방식에는 신용장방식, 추심방식, 송금방식 등이 있다. 결제는 PART Ⅱ를 참고 하기 바란다.

(4) 가격조건(Price terms)

1) 의의

가격조건이란 매매가격의 제시에 관련한 수출입 요소비용 부담의 귀속에 관한 조건을 의미한다. 가격 조건은 정형거래조건과 용어를 같이 하며 그 내용이 되기도 한다. 대부분의 가격조건에 관한 용어는 그대로 정형거래조건에 쓰여지고 있다.

2) 정형거래조건의 활용

가격조건을 표시하기 위해 정형거래조건을 사용하는데, 인코텀스에서 규정하는 정형 거래조건은 가격조건을 나타내는 비용분기 이외에도 인도의무, 위험분기, 운송 및 보험 계약 의무 등 매도인과 매수인의 의무를 규정하고 있다. 따라서 전통적으로 가격을 구성하는 비용요소를 나타내는 가격조건의 역할을 하며, 그 조건에 따라 매도인과 매수인의 비용부담의 범위 및 위험부담의 분기점도 달라진다.

(5) 포장조건(Packing terms)

1) 포장의 종류

① 개장(Unitary Packing)

개장이란 소매의 단위가 되는 상품의 최소 묶음을 개별적으로 하나씩 포장하는 것을 의미한다. 개장에는 보통 상표나 제조업체의 회사명이 기재되고 구매 의욕을 자극하도록 디자인된 포장지를 사용하는 것이 일반적이나 수출 포장에서는 물품의 보호 기능에 중심을 두고 포장 재료나 포장 용기의 선택에 주의해야 한다.

② 내장(Inner Packing : Interior Protection)

내장이란 개장 물품을 수송과 취급에 편리하도록 보통 내장별로 또는 몇 개의 개장을 합하여 포장한다. 내장은 개장보다 튼튼한 용기를 사용하고, 보통 상품이 외부에 의해서 손상되지 않도록 외장의 내부에 판지나 합성수지를 사용한다.

③ 외장(Outer Packing)

외장이란 수송 도중의 변질, 손상, 파손, 도난 등을 막고 취급을 간편히 하도록 몇 개의 내장을 포장한 것이다. 외장은 일반적으로 내장보다 더 튼튼한 포장재를 사용하고 정형화된 포장격식이 사용되며 나무상자(Wooden Case), 판지상자(Carton), 부대(Bag), 드럼(Drum) 등이 사용된다.

2) 화인(Shipping Mark : Cargo Mark)

화인이란 각 화물의 외포장에 특정 기호와 포장의 번호, 목적지 또는 목적항, 취급 문구 등을 표시하는 것을 의미한다.

〈화인의 기능〉

화물의 식별 기능	매도인의 창고에서 매수인의 창고까지 전 운송기간 동안 화물을 확인하며 타 화물과의 혼합과 지연 없이 신속, 원활, 안전한 운송과 화물 및 화물 관련 서류의 대조 점검을 위하여 일정한 식별기능을 제공
화물의 내용 표시 기능	화물의 중량이나 용적 등의 화물의 내용을 표시
취급주의 표시 기능	화물의 운송 또는 보관 시에 취급상의 주의사항을 표시

(6) 선적조건(Shipment terms)

1) 선적의 방법

① 분할선적(Partial shipment)

화물을 둘 이상의 단위로 나눠 선적하는 것이다. 물량이 너무 많거나 금액이 너무 큰 경우, 한꺼번에 선적하기 곤란하거나 매수인이 매수인의 판매 계획이나 시장상황으로 인해 한 번에 모두 선적하는 것을 원하지 않는 경우에 사용된다. 신용장에서 분할선적 금지 문언이 없으면 분할선적이 허용되는 것으로 간주한다.

② 할부선적(Installment shipment)

특정기간 동안 일정량의 화물을 수 회에 걸쳐서 선적하는 방법이다. 분할선적과 다른 점
은 할부선적은 분할횟수, 수량, 각 선적시기 등을 구체적으로 정하여야 하며 만약 할부분
마다 지정된 기간과 수량을 위반 선적한 경우는 위반된 할부분과 이후 모든 할부분에 대해
효력이 상실된다는 점이다.

③ 환적(Tran(s)shipment)

환적이란 선적된 화물을 목적지로 운송 도중 다른 선박이나 운송수단에 옮겨 싣는(재적재) 것을 의
미한다. 신용장 상에 금지 특약이 없는 한 허용되며 환적을 원하지 않는 경우 'Transshipment is
prohibited.'라는 표현을 명시해야 한다.

2) 선적시기의 약정

① 특정시기선적조건

㉠ 선적시기를 특정월로 정하거나(Shipment during March)

㉡ 연이은 월로 정하거나(Shipment during in March/April)

㉢ 특정일 이전 또는 이후(Until April. 25)

② 즉시선적조건

Immediately, promptly, as soon as possible 등의 용어는 의미가 애매모호하므로
UCP 600에서는 무시하도록 규정하고 있다.

③ UCP상 선적시기의 해석

㉠ to, till, until, from, between : 해당 일자가 포함

㉡ before, after : 해당일자가 제외

㉢ first half : 1일~15일

　　second half : 16일~말일까지

㉣ beginning : 1일~10일

　　middle : 11일~20일

　　end : 21일~말일까지

3) 선적지연(Delayed shipment)

① 의의

선적지연 또는 선적지체는 매도인이 약정된 기한 내에 선적을 이행하지 않는 것과 약정된
기한을 경과하여 선적한 것을 포함한다.

② 선적지연의 효과

구분	효과
매도인의 고의 과실	계약 위반이므로 매도인이 책임, 매수인은 계약을 해제 可 .
천재지변 등	매매계약서에 불가항력 조항 등이 있는 경우 매도인 면책, 관련 증명서를 제출하고 선적기한을 연장 可

4) 선적일자 해석

본선에 적재가 되었다는 것이 미리 인쇄된 경우라면 운송서류 발행일을 선적일로 간주하고, 운송서류에 본선적재 부기가 표시된 경우는 발행일이 아닌 본선적재일(On board date)을 선적일로 간주한다. 운송서류 발행일자가 선적일자의 결정적 증빙으로 간주되지만, 별도로 본선적재의 부기가 있는 경우에는 부기일자가 우선된다.

(7) 보험조건(Insurance terms)

1) 보험계약의 당사자와 부보의무자

보험조건을 설정할 때 보험계약자와 피보험자를 누구로 할 것인지를 협의해야 한다. 즉 매도인와 매수인 중 누가 보험에 가입을 할 것인지 그리고 보험계약의 수혜자는 누가 될 것인지를 말한다. Incoterms의 CIF, CIP 조건에서는 보험가입이 의무사항으로 규정되어 있으나, 기타 조건에서는 보험부보는 의무사항이 아니므로 당사자들의 약정에 따라 적용토록 한다.

2) 보험가액(Insurable value)과 보험금액(Insured amount)

① 보험가액과 보험금액

보험가액	피보험자가 입게 되는 손해액의 최고한도
보험금액	보험자가 부담하는 보상책임의 최고한도

보험금액은 어떠한 경우에도 보험가액을 초과할 수 없다. 즉 실손의 범위에서 보험금액을 지급하게 된다.

② 부보금액

일반적으로 보험금액은 CIF로 환산한 송장금액의 110%를 부보한다.

3) 담보조건

구약관	ICG(FPA)	ICC(WA)	ICC(AR)
신약관	ICC(C)	ICC(B)	ICC(A)

① 구약관

담보조건으로 협회적하약관(Institute Cargo Clause : ICC)을 많이 사용하고 있는 데, 신약관이 새로 제정되었으나 현재는 구약관과 신약관 모두 사용되고 있다. 구약관의 담보조건은 ICC(AR), ICC(WA), ICG(FPA) 3가지로 나뉜다.

② 신약관

구약관이 난해하여 신약관을 제정하여 1982년부터 사용하고 있다. 화물의 종류에 따라 ICC(A), ICC(B), ICC(C) 조건 중 선택하여 사용할 수 있다. 이 중 ICC(A)의 담보 범위가 가장 크다.

3. 분쟁해결조항

무역거래는 국가 간 관습, 문화, 언어, 법률 등이 상이하기 때문에 분쟁이 발생할 수 있는 가능성이 국내 거래보다 크다. 무역계약의 기본조건뿐만 아니라 분쟁에 대비하여 불가항력 조항, 중재조항 등에 대하여 약정하는 것이 좋다.

(1) 재판관련 사전합의

1) 중재조항(Arbitration clause)

중재(Arbitration)란 당사자 간의 합의로 사법상의 법률관계를 법원의 소송절차에 의하지 않고 제3자인 중재인을 선임하여 그 분쟁을 중재인에게 맡겨 중재인의 판단에 의해 해결하는 방법을 말한다. 중재합의는 중재의 대상이 되는 분쟁이 발생하기 전과 이미 발생 후에 가능 하나, 이미 분쟁 발생 후에 중재에 의해 해결할 것을 합의 하지 못하는 경우는 중재제도를 이용할 수도 없기 때문에 계약 체결 시 중재조항을 삽입하여 두는 것이 바람직하다. 중재조항에는 중재기관, 중재장소, 준거법, 중재에 의뢰할 사항 등과 중재 결정에 구속 된다는 내용을 포함시킨다.

2) 재판관할조항(Jurisdiction clause)

재판관할조항은 재판을 진행함에 있어 필요한 사항 중 하나인 재판장소를 결정짓는 조항 이다. 뉴욕협약에 가입되어 있지 않거나 기타 이유로 중재합의가 이뤄지지 못하는 거래에 대해서는 어느 국가 법원을 관할법원으로 할 것인지 대해 재판관할조항을 두는 것이 좋다. 예를 들면, 계약과 관련하여 당사자 간에 원만히 해결할 수 없는 사안은 대한민국 법원에서 관할한다는 내용을 계약서에 명기하는 것이다.

3) 준거법조항(Governing law clause : applicable law)

무역 당사자들은 서로 다른 국가에 소재하기 때문에 법률제도도 다르다. 그리하여 계약 내용의 해석에 대해 의견차이나 분쟁이 발생할 수 있다. 무역계약과 같은 사적 계약에서 준거법의 결정은 당사자의 약정을 우선 적용하는 의사주의가 적용되기 때문에 미리 계약서에 적용될 준거법을 약정하는 것이 좋다. '어느 나라의 법률에 의거하여 해석하는지'에 대한 즉, 적용 법률을 정해둘 필요가 있다.

(2) 불가항력의 사전합의

1) 불가항력조항(Force majeure clause)

① 불가항력조항이란 당사자의 통제가 못 미치는 모든 사건인 불가항력이 발생하여 적절한 의무이행이 불가능하게 된 경우 당사자의 권리의무에 대해 규정해 놓은 조항이다.

② 불가항력(Force majeure=superior force)이란 당사자들이 통제할 수 없고 예견이 불가능하며 피할 수 없는 사안을 말하는 것이다. 여기에는 천재지변(Act of God) 등의 자연적인 사태, 동맹 파업(Strike), 공장폐쇄(Lock-out), 내란(Insurrection) 등의 인위적인 요소, 생산기계의 고장, 운송수단의 부족, 원재료의 부족 등의 돌발적인 사태까지도 포함된다. 매도인의 능력으로 통제가 불가능한 여건을 포함하는 개념으로 이해되고 있다.

③ 규정된 조항의 범위 내에서 우발적인 사고의 발생으로 인하여 실제 불가항력의 사태가 발생했을 경우에 계약당사자는 약정된 계약의 이행으로부터 면책된다.

불가항력 발생 시 당사자의 면책요건

① 당사자는 귀책사유가 없어야 한다. : 당사자가 고의로 사태를 야기했거나 과실로 야기된 경우 당사자를 면책시키는 것은 부당하다.
② 장애발생이 계약 체결할 때 예견가능하지 않아야 한다.
③ 장애 또는 결과를 극복하는 것이 예상되지 않아야 한다.
④ 당사자는 성실히 의무를 이행할 책임이 있으므로 사태가 경미하거나 극복가능하다면 극복할 의무를 부담한다.

---

2) 하드쉽조항(Hardship clause)

계약체결 당시에는 예기치 못했던 경제적 또는 정치적 사태가 계약 체결 후에 발생하여, 당초 계약대로 이행을 할 수 없어 계약의 본질적 변경이 필요해진 경우에는 당사자는 계약 변경을 요청할 수 있고 그 때 상대방은 반드시 이에 응해야 한다는 조항이다.

(3) 신속한 분쟁해결을 위한 합의

1) 손해배상액의 예정조항(Liquidated damage clause)

상대방의 계약불이행에 대비하여 청구할 손해배상을 미리 계약서에 명기하는 조항

2) 충돌조항(Conflict clause)

여러 언어로 계약서가 준비된 경우에 번역상의 오류 등으로 인해 계약 내용에 대한 해석이 다를 때를 대비하여 만든 조항으로, 특정언어로 된 계약서를 우선하는 것으로 취급하겠다는 취지를 나타내는 조항이다.

(4) 계약관련 합의

1) 완전합의조항(Entire agreement clause)

계약서가 유일한 합의서이고 다른 것의 내용은 인정하지 않는다는 완전합의조항이다. 당사자 사이의 합의사항은 모두 계약서에 기재된다는 것을 전제로 "이 계약서 작성 이전에 있었던 당사자 간의 구술 및 서면합의는 기속력을 상실한다."는 내용을 규정하는 조항이다.

2) 비포기조항(Non-waiver clause)

계약당사자의 어느 일방이 일시적으로 계약상의 어떤 조항에 의한 이행청구를 하지 않았더라도 이를 이유로 그 후의 동일조항에 의한 이행청구권을 포기한 것으로 보거나 이를 박탈할 수 없다는 조항을 말한다. 과거에 행사하지 않은 이행청구권은 그 후의 동일내용의 이행청구권에 영향을 미치지 않고 상호독립적임을 명시하는 조항이라고 할 수 있다.

3) 분리조항(Severability clause)

비록 계약내용 일부 조항이 어떤 사유로 무효화 되더라도 그로 인해 그 계약 전체가 실효 또는 무효로 되는 것은 아니라고 규정하는 조항이다. 분리가능조항이라고도 한다.

(5) 당사자 권리ㆍ의무 명확화

1) 양도조항(Assignment clause)
계약의 양도를 금지한다는 조항을 말한다.

2) Warranty clause(품질보증 조항)

통상적으로 요구되는 정도의 안정성 또는 기능 등에 대해 묵시적으로 보장하는 조항으로 품질의 보증내용 및 하자 담보 위반 시 구제조치 등에 대해 규정하는 조항이다.

3) Warranty Disclaimer clause(보증면책 조항)

품질보증에 대한 권리, 권한 및 책임 면책에 대한 조항이다.

4) 비밀유지조항(Secrecy clause)

기술도입이나 무역거래 과정에서 알게 된 비밀정보를 보호하겠다는 조항이다.

(6) 당사자의 권리보호

1) 권리침해조항(Infringement clause)

매수인이 지정한 상표, 디자인, 특허 및 기술 등을 채택하여 제조·공급한 물품에 향후 예기치 않은 특허 침해문제가 발생할 수도 있다. 무역계약과 관련하여 매매 당사자 중의 일방이 제3자의 권리를 침해하는 물품을 주문하거나 인도한 경우 제3자의 배상청구로부터 면책된다는 것을 규정한 조항이다.

2) 가격변동조항(Escalation clause)

계약기간 중 물가상승이나 다른 사유로 인해 계약한 해당 물품이나 용역의 가격이 일정 비율 이상 상승할 경우에는 그에 비례하여 물품 및 용역의 가액을 증액할 것을 규정하는 조항이다. 쉽게 말해, 시황에 따라 가격이 변할 수도 있다는 조항이다.

(7) 기타 추가 조항

채무불이행조항 (Default clause)	매수인이 지급의무를 이행하지 않는 경우에는 매도인은 해당물품을 다른 제3자에게 매각하고 그에 따른 손해배상을 청구한다는 것 혹은 매도인의 인도불이행 시 그 계약의 특정한 이행을 청구할 수 있도록 규정하는 조항이다. 즉, 매매계약에 있어서 당사자의 서로간의 계약불이행에 대비하여 삽입된 조항이다.
검사조항 (Inspection Clause)	검사는 품질조건과 수량조건에 관련되는 것이지만, 검사기관, 검사장소, 검사 시기나 검사비용을 누가 부담할 것인가가 구체적으로 제시되어야 한다.
관계조항 (Privity Clause)	계약당사자 관계를 기재하는 조항. 예를 들어, 계약체결 당사자의 법적지위가 본인 대 본인(principal to principal)인지, 대리인 대 대리인(agent to agent)인지를 기재하는 조항
손해배상 책임제한 조항 (Limit of Liability)	계약위반의 상대방은 계약위반으로 인해 직접적으로 입은 손해에 대해서만 배상을 청구 할 수 있을 뿐, 기업명성 등에 피해가 발생되었다고 주장하면서 배상을 요구할 수 없다는 조항
보상조항, 면책조항 (Indemnification Clause)	계약위반 및 계약 불이행, 제3자에 대한 의무불이행으로 발생한 손해에 대해서 배상할 것을 규정한다.
제조물배상책임조항 (Product liability)	제조된 물품의 하자로 인하여 그 물품의 사용자 또는 제3자가 인적 손상이나 재산상의 손해를 입은 경우 제조사, 수출자, 수입자, 유통자 등이 부담하는 배상책임을 제조물책임(product liability)이라고 하는데 매도인과 매수인 중 누가 책임을 질 것인지 결정하는 조항

제3절 국제물품매매계약에 관한 국제연합 협약(CISG)

1. 개요

국제물품매매계약에 관한 국제연합 협약(United Nations Convention on Contracts for the International Sale of Goods : CISG)이란 유엔국제무역법위원회(United Nations Commission, on International Trade Law : UNCITRAL)에 의해 안건이 만들어져 1988년 1월 1일부터 발효된 국제물품매매법의 통일을 위한 국제협약을 말한다. "비엔나 협약(Vienna Convention)" 또는 영문약어의 CISG로도 불리고 있다. 우리나라는 2005년 3월 1일부터 체약국으로서의 효력이 발생되었다.

2. 통일법의 필요성

서로 다른 국가와 환경에 있는 무역 당사자 간의 거래는 언어와 문화, 상관습, 준거법 등 적용을 둘러싼 이해관계, 분쟁 해결 방법의 복잡성 등으로 분쟁의 소지가 많다. 그렇기 때문에 준거법을 통일하고 통일된 규정을 적용하여 국제매매계약에 있어 분쟁의 예방과 해결에 이바지하기 위해 통일법이 필요하게 되었다.

3. CISG 목차

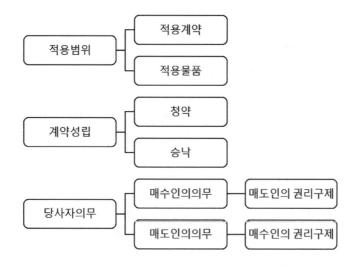

4. 적용

(1) 적용계약

1) 원칙

이 협약은 다음과 같은 경우에 영업소가 상이한 국가에 있는 당사자 간의 물품 매매계약에 적용된다.

① 당해 국가가 모두 체약국인 경우, 또는
② 국제사법의 규칙에 따라 어느 체약국의 법률을 적용하게 되는 경우

2) 예외

당사자가 상이한 국가에 그 영업소를 갖고 있다는 사실이 계약의 체결 전 또는 그 당시에 당사자 간에 행한 계약이나 모든 거래에서, 또는 당사자가 밝힌 정보로부터 나타나지 아니한 경우에는 이를 무시할 수 있다.

3) 고려요소

당사자의 국적이나, 또는 당사자 또는 계약의 민사상 또는 상사상의 성격은 이 협약의 적용을 결정함에 있어서 고려되지 아니한다.

(2) 적용물품

1) 적용제외물품(다음과 같은 매매에는 적용되지 아니한다)

① 개인용, 가족용 또는 가사용으로 구입되는 물품의 매매. 다만 매도인이 계약의 체결 전 또는 그 당시에 물품이 그러한 용도로 구입된 사실을 알지 못하였거나 알았어야 할 것도 아닌 경우에는 제외한다.
② 경매에 의한 매매
③ 강제 집행 또는 기타 법률상의 권한에 의한 매매
④ 주식, 지분, 투자증권, 유통증권 또는 통화의 매매
⑤ 선박, 부선, 수상익선(水上翼船), 또는 항공기의 매매
⑥ 전기의 매매 등

2) 서비스계약 등 적용 배제(제3조)

① 특수한 공급계약

물품을 제조하거나 생산하여 공급하는 계약은 이를 매매로 본다. 다만 물품을 주문한 당사자가 그 제조 또는 생산에 필요한 재료의 중요한 부분을 공급하기로 약정한 경우에는 그러하지 아니하다.

② 서비스계약

이 협약은 물품을 공급하는 당사자의 의무 중에서 대부분이 노동 또는 기타 서비스의 공급으로 구성되어 있는 계약의 경우에는 적용되지 아니한다.

3) 효력의 문제(제4조)

이 협약은 단지 매매계약의 성립과 그러한 계약으로부터 발생하는 매도인과 매수인의 권리와 의무를 규율한다. 특히 이 협약에서 별도의 명시적인 규정이 있는 경우를 제외하고, 이 협약은 다음과 같은 사항에는 관계되지 아니한다.
① 계약 또는 그 어떠한 조항이나 어떠한 관행의 유효성
② 매각된 물품의 소유권에 관하여 계약이 미칠 수 있는 효과

4) 제조물책임 등 적용제외(제5조)

이 협약은 물품에 의하여 야기된 어떠한 자의 사망 또는 신체적인 상해에 대한 매도인의 책임에 대해서는 적용되지 아니한다.

5) 사적자치원칙(제6조)

당사자는 이 협약의 적용을 배제하거나 제12조를 제외하고, 이 협약의 어느 규정에 관해서는 그 효력을 감퇴시키거나 변경시킬 수 있다.

5. 계약의 성립

적용범위 > 계약성립 > 당사자의무 > 권리구제

(1) 청약

1) 청약의 기준(제14조)

① 청약의 요건

1인 이상의 특정한 자에게 통지된 계약 체결의 제의는 그것이 충분히 확정적이고 또한 승낙이 있을 경우에 구속된다고 하는 청약자의 의사를 표시하고 있는 경우에는 청약으로 된다.

확정성

어떠한 제의가 물품을 표시하고, 또한 그 수량과 대금을 명시적 또는 묵시적으로 지정하거나 또는 이를 결정하는 규정을 두고 있는 경우에는 이 제의는 충분히 확정적인 것으로 한다.

---

② 청약의 유인

1인 이상의 특정한 자에게 통지된 것 이외의 어떠한 제의는 그 제의를 행한 자가 반대의 의사를 명확히 표시하지 아니하는 한, 이는 단순히 청약을 행하기 위한 유인으로만 본다.

2) 청약의 효력 발생(제15조)

청약은 피청약자에게 도달한 때 효력이 발생한다.(도달주의)

3) 청약의 효력소멸

① 청약의 철회

청약은 그것이 취소 불능한 것이라도 그 철회가 청약의 도달 전 또는 그와 동시에 피청약자에게 도달하는 경우에는 이를 철회할 수 있다.

② 청약의 취소

계약이 체결되기까지는 청약은 취소될 수 있다. 다만 이 경우에 취소의 통지는 피청약자가 승낙을 발송하기 전에 피청약자에게 도달하여야 한다.

취소의 제한

㉠ 청약이 승낙을 위한 지정된 기간을 명시하거나 기타의 방법으로 그것이 취소불능임을 표시하고 있는 경우

㉡ 피청약자가 청약을 취소불능이라고 신뢰하는 것이 합리적이고, 또 피청약자가 그 청약을 신뢰하여 행동한 경우

---

4) 청약의 거절(제17조)

청약은 그것이 취소불능한 것이라도 어떠한 거절의 통지가 청약자에게 도달한 때에는 그 효력이 상실된다.

(2) 승낙

1) 승낙의 시기 및 방법(제18조)

청약에 대한 동의를 표시하는 피청약자의 진술 또는 기타의 행위는 이를 승낙으로 한다. 침묵 또는 부작위 그 자체는 승낙으로 되지 아니한다.

행위에 의한 승낙

당사자 간에 확립된 관습 또는 관행의 결과에 따라, 피청약자가 청약자에게 아무런 통지 없이 물품의 발송이나 대금의 지급에 관한 행위를 이행함으로써 동의의 의사표시를 할 수 있는 경우에는, 승낙은 그 행위가 이행되어진 때에 그 효력이 발생한다. 다만 그 행위는 전항에 규정된 기간 내에 이행되어진 경우에 한한다.

---

2) 승낙의 기간

승낙은 다음의 기간내 청약자에게 도달해야 한다.
① 청약자가 지정한 기간
② 어떠한 기간도 지정되지 아니한 때에는 청약자가 사용만 통신 수단의 신속성을 포함하여 거래의 사정을 충분히 고려한 상당한 기간
③ 구두의 청약은 별도의 사정이 없는 한 즉시

승낙기간의 해석(제20조)

(1) 기산일
　① 전보가 발신을 위하여 교부된 때로부터 기산
　② 서신에 표시된 일자로부터, 또는 그러한 일자가 표시되지 아니한 경우에는 봉투에 표시된 일자로부터 기산
　③ 동시적 통신수단(전화, 텔렉스 등)의하여 청약자가 지정한 승낙의 기간은 청약이 피청약자에게 도달한 때로부터 기산

(2) 공휴일의 처리
　승낙의 기간 중에 들어 있는 공휴일 또는 비영업일은 그 기간의 계산에 산입된다. 그러나 기간의 말일이 청약자의 영업소에서의 공휴일 또는 비영업일에 해당하는 이유로 승낙의 통지가 기간의 말일에 청약자의 주소에 전달될 수 없는 경우에는, 승낙의 기간은 이에 이어지는 최초의 영업일까지 연장된다.

---

3) 승낙의 효력발생

청약에 대한 승낙은 동의의 의사표시가 청약자에게 도달한 때에 그 효력이 발생한다.

4) 승낙의 철회(제22조)

승낙은 그 승낙의 효력이 발생하기 이전 또는 그와 동시에 철회가 청약자에게 도달하는 경우에는 이를 철회할 수 있다.

5) 조건부 승낙

① 변경된 승낙(제19조)

　⊙ 개념

　　승낙을 의도하고는 있으나 이에 추가, 제한 또는 기타의 변경을 포함하고 있는 청약에 대한 회답은 청약의 거절이면서 또한 반대청약을 구성한다.

　ⓒ 변경된 승낙의 효과

　　승낙을 의도하고 있으나 청약의 조건을 실질적으로 변경하지 아니하는 추가적 또는 상이한 조건을 포함하고 있는 청약에 대한 회답은 승낙을 구성한다. 다만 청약자가 부당한 지체 없이 그 상위를 구두로 반대하거나 또는 그러한 취지의 통지를 발송하지 아니하여야 한다. 청약자가 그러한 반대를 하지 아니하는 경우에는, 승낙에 포함된 변경사항을 추가한 청약의 조건이 계약의 조건으로 된다.

> **실질적 변경의 범위**
>
> 　대금지급, 물품의 품질 및 수량, 인도의 장소 및 시기, 상대방에 대한 당사자 일방의 책임의 범위 또는 분쟁의 해결에 관한 추가적 또는 상이한 조건은 청약의 조건을 실질적으로 변경하는 것으로 본다.

② 지연된 승낙(제21조)

　⊙ 개념

　　지연된 승낙은 그럼에도 불구하고 청약자가 지체 없이 구두로 피청약자에게 유효하다는 취지를 통지하거나 그러한 취지의 통지를 발송한 경우에는, 이는 승낙으로서의 효력을 갖는다.

　ⓒ 지연된 승낙의 효과

　　지연된 승낙이 포함되어 있는 서신 또는 기타의 서면상으로, 이것이 통상적으로 전달된 경우라면 적시에 청약자에게 도달할 수 있었던 사정에서 발송되었다는 사실을 나타내고 있는 경우에는, 그 지연된 승낙은 승낙으로서의 효력을 갖는다. 다만 청약자가 지체 없이 피청약자에게 청약이 효력을 상실한 것으로 본다는 취지를 구두로 통지하거나 그러한 취지의 통지를 발송하지 아니하여야 한다.

6. 매매계약의 이행

매도인의 의무(제30조)	매수인의 의무(제53조)
① 물품 인도(제31조~제33조) ② 서류 교부(제34조) ③ 소유권 이전(제30조)	① 대금 지급(제54조~제59조) ② 인도 수령(제60조)

(1) 매도인의 의무

매도인은 계약과 이 협약에 의하여 요구된 바에 따라 물품을 인도하고, 이에 관련된 모든 서류를 교부하며, 또 물품에 대한 소유권을 이전하여야 한다.

1) 인도장소(제31조)

① 특정장소

매도인이 물품을 특정장소에서 인도할 의무가 있는 경우에는 그러한 장소에서 인도를 해야 한다.

② 특정장소에서 인도할 의무가 없는 경우

매도인이 물품을 다른 특정한 장소에서 인도할 의무가 없는 경우에는, 매도인의 인도의 의무는 다음과 같이 구성된다.

운송을 포함하는 경우	매수인에게 전달하기 위하여 물품을 최초의 운송인에게 인도하는 것
운송을 포함하지 않는 경우6)	그 장소에서 물품을 매수인의 임의 처분하에 두는 것.
기타의 경우	매도인이 계약 체결 시에 영업소를 가지고 있던 장소에서 물품을 매수인의 임의 처분하에 두는 것.

2) 인도의 시기(제33조)

매도인은 다음과 같은 시기에 물품을 인도하여야 한다.

① 특정일자

어느 기일이 계약에 의하여 지정되어 있거나 결정될 수 있는 경우에 그 기일

---

6) 전항의 규정에 해당되지 아니하는 경우로서 계약이 특정물, 또는 특정한 재고품으로부터 인출되어야 하거나 제조되거나 생산되어야 하는 불특정물에 관련되어 있으며, 또한 당사자 쌍방이 계약 체결 시에 물품이 특정한 장소에 존재하거나 그 장소에서 제조되거나 생산된다는 것을 알고 있었던 경우

② 지정시기

어느 기간이 계약에 의하여 지정되어 있거나 결정될 수 있는 경우에는 매수인이 기일을 선택하여야 하는 사정이 명시되어 있지 않는 한 그 기간 내의 어떠한 시기

③ 기타

기타의 모든 경우에는 계약 체결 후의 상당한 기간 내

(2) 매수인의 의무(제53조)

매수인은 계약 및 이 협약에 의하여 요구된 바에 따라 물품의 대금을 지급하고 물품의 인도를 수령하여야 한다.

1) 대금지급의무

① 대금의 결정

일반적으로 계약대금은 계약서에 합의하여 결정함이 일반적이지만, 계약서에 약정하지 아니한 경우에는 다음에 따라서 계약대금을 결정한다.

동종물품	관련거래와 유사한 사정하에서 매각되는 동종의 물품에 대하여 일반적으로 청구되는 대금을 묵시적으로 참조한 것으로 본다.
순중량	대금을 중량에 의해 결정하기로 한 경우 의혹이 있으면 순중량에 의해 결정한다.

② 대금 지급장소(제57조)

㉠ 매수인이 기타 어느 특정한 장소에서 대금을 지급하여야 할 의무가 없는 경우에는 매수인은 다음과 같은 장소에서 매도인에게 이를 지급하여야 한다.

㉡ 매도인의 영업소, 또는

㉢ 지급이 물품 또는 서류의 교부와 상환으로 이루어져야 하는 경우에는, 그 교부가 행하여지는 장소

③ 추가비용부담

매도인은 계약 체결 후에 그 영업소를 변경함으로 인하여 야기된 지급의 부수적인 비용의 모든 증가액을 부담하여야 한다.

④ 대금 지급시기(제58조)

㉠ 매수인이 기타 어느 특정한 시기에 대금을 지급하여야 할 의무가 없는 경우에는 매수인은 매도인이 계약 및 이 협약에 따라 물품 또는 그 처분을 지배하는 서류 중에 어느 것을 매수인의 임의 처분하에 인도한 때에 대금을 지급하여야 한다. 매도인은 그러한 지급을 물품 또는 서류의 교부를 위한 조건으로 정할 수 있다.

ⓛ 계약이 물품의 운송을 포함하는 경우에는, 매도인은 대금의 지급과 상환하지 아니하면 물품 또는 그 처분을 지배하는 서류를 매수인에게 교부하지 아니한다는 조건으로 물품을 발송할 수 있다.

ⓒ 매수인은 물품을 검사할 기회를 가질 때까지는 대금을 지급하여야 할 의무가 없다. 다만, 당사자 간에 합의된 인도 또는 지급의 절차가 매수인이 그러한 기회를 가지는 것과 모순되는 경우에는 그러하지 아니하다.

2) 인도수령의무

CISG상에서 매수인은 매도인의 인도를 가능하게 하기 위해 매수인에게 합리적으로 기대될 수 있었던 모든 행위를 적기에 해야 한다. 매수인은 물품의 인도 장소에서 물품을 수령해야 하는데, 매도인의 이행이 본질적 위반에 해당된다면 계약해제나 대체품인도를 위해 수령을 거절 할 수 있다. 본질적 위반에 미치지 않는다면 수령을 거절할 수는 없고, 물품 수령 이후 대금감액이나 하자보완청구 등을 행사할 수 있다.

3) 물품검사의무 및 하자통지의무

매수인이 물품부적합을 발견했거나 발견했어야 하는 때로부터 합리적인 기간 내에 매도인에 대하여 부적합의 성질을 명확히 한 통지를 발송하지 않으면 매수인은 부적합의 사실을 주장할 권리를 상실한다. 물품이 매수인에게 교부된 날로부터 늦어도 2년 이내에 부적합 통지를 발송하여야 한다.

7. 매매계약의 종료 및 권리구제

계약종료는 매매계약자 당사자 간에 성립되었던 계약이 여러 사유로 인해 효력이 소멸(Discharge)되는 것을 말한다. 계약종료 사유는 이행, 합의, 계약위반, Frustration에 의한 소멸이 있다. 이행 및 합의로 인한 종료는 문제가 없으나 계약위반 및 Frustration에 의한 종료는 중재 또는 소송으로 계약이 소멸된다.

(1) 매매계약의 종료사유

1) 이행에 의한 소멸(Discharge by performance)

이행에 의한 종료는 의무를 완전히 이행한 후 계약이 소멸되는 것이다.

2) 합의에 의한 소멸(Discharge by agreement)

합의에 의한 종료는 계약 내용을 상호합의에 따라 소멸시키는 것이다. 서명날인에 의한 해제, 상호해제, 계약자체의 소멸규정을 두고 사유가 발생한 경우에 의해 소멸될 수 있다.

3) 계약위반에 의한 소멸(Discharge by breach)

귀책사유로 계약내용에 합치되는 이행을 하지 않은 것 즉, 계약내용의 불이행(Non-performance)을 의미한다. 예를 들어 물품을 인도하지 않거나 물품대금지급을 하지 않는 경우이다. 계약위반이 있다고 바로 계약이 소멸되는 것은 아니고 피해 당사자에게 해제권이 발생하고 이를 행사해야만 계약이 소멸된다.

4) 그 밖의 계약종료사유

법류규정에 의한 소멸	국내외의 강행법규 등에 명시된 사유에 해당되어 당사자 간 계약이 강제적으로 소멸되는 경우가 있다.
기간만료에 의한 소멸	무역계약이 유효기간을 정하고 있는 계약인 경우에는, 그 기간이 말료하여도 계약연장이나 추가계약을 하지 않는 경우 무역계약이 소멸될 수 있다.
이행불능에 의한 소멸	계약이행이 불가능하게 되거나, 상황의 변화 등에 따라 소멸하기도 한다.

(2) 매도인의 의무위반에 따른 매수인의 구제

1) 구제의 개념

구제(Remedy)는 일정한 권리가 침해되는 경우에 침해를 방지하거나 보상하게 하는 것을 말한다. 매수인에 대한 배상을 매수인의 구제라고 하고, 매도인에 대한 배상을 매도인의 구제라고 한다.

2) 매도인의 의무위반에 따른 매수인의 구제

CISG상 물품의 계약 부적합이 본질적인 계약위반이 되면 매수인은 계약 해제권이나 대체품인도청구권을 행사하지만, 본질적인 것이 아니라면 대금감액권이나 하자보완청구권을 행사한다. 구제방법은 선택적으로 허용되고 손해배상청구권은 다른 구제수단과 중복하여 행사할 수 있다.

① 특정이행청구권

금전적인 손해배상청구권만으로 피해자에게 충분한 구제가 되지 못할 경우 인정되는 것으로 계약내용인 채무를 적극적으로 이행할 것을 명하는 구제방법이다.

② 대체품인도청구권

계약해제권을 행사할 수 있는 상황에서 선택할 수 있는 대안으로 대체품을 인도해줄 것을 청구하는 권리이다.

③ 추가기간지정권

의무 불이행이 있는 경우 의무 이행을 위해 합리적인 기간을 추가기간으로 부여한다. 합리적인 기간을 정해서, 확정적이고 최종적인 인도일자를 요구한다.

④ 하자보완청구권

물품이 계약에 적합하지 않은 경우 보수청구가 불합리하지 않은 경우에 매수인은 하자보완청구권을 행사할 수 있다.

⑤ 계약해제권

계약을 해소시키는 것이다. CISG에서는 다음의 경우 매수인은 해제가 가능하다.

㉠ 매도인의 계약위반이 본질적인 위반을 구성하는 경우

㉡ 매수인이 정한 추가기간 내에 매도인이 목적물을 인도하지 않은 경우

㉢ 매수인이 정한 추가기간 내에 그 의무를 이행하지 않을 것을 밝힌 때

⑥ 대금감액권

물품이 적합하지 않은 경우 대금이 이미 지급되었는지 여부에 관계없이 매수인은 실제로 인도된 물품의 인도 당시 가치가 계약에 적합한 물품이었더라면 그 당시에 가졌을 가치에 대한 비율에 따라 대금 감액을 청구할 수 있다.

⑦ 일부이행, 조기이행, 초과이행에 대한 구제

㉠ 일부이행 : 일부 물품을 인도하거나, 전부 중 일부만 계약에 적합한 경우는 그 비율에 따라 일부분에 대한 해제권이 인정된다.

㉡ 조기이행 : 약정 기일 전에 인도할 경우 매수인은 인도를 수령하거나 거절할 수 있다.

㉢ 초과이행 : 계약 규정보다 많은 수량을 인도한 경우 매수인은 수령 및 거절할 수 있다.

⑧ 손해배상청구권

매도인이 자신의 의무를 이행하지 않으면 매수인은 손해배상을 청구할 수 있다.

(3) 매수인의 의무위반에 따른 매도인의 구제

① 특정이행청구권

② 추가기간지정권

③ 계약해제권

다음의 경우 매도인은 계약해제가 가능하다.

㉠ 매수인의 계약위반이 본질적인 침해에 해당한 때

        ⓛ 매도인이 설정하여 통지한 추가 이행 기간 이내에 대금지급 또는 매수인이 물품의 인도
         를 수령하지 않을 때
        ⓒ 매도인이 설정하여 통지한 추가 이행 기간 이내에 매수인이 이행하지 않을 것을 밝힌 때

  ④ 손해배상청구권

  ⑤ 물품명세확정권

       계약 상 매수인이 물품형태, 치수, 특징을 지정하기로 하였음에도 불구하고 매수인이 합
      의된 기일이나 매도인으로부터 요청을 받은 후 상당한 기간 내에 그러한 명세사항을 지정
      하지 않은 경우, 매도인이 알고 있는 매수인의 필요요건에 따라 스스로 명세사항을 지정할
      수 있는 권리를 말한다. 그러나 매수인에게 그 명세를 통지하여야 하고 매수인이 명세사항
      을 지정할 수 있도록 합리적인 기간을 설정해야 한다.

<구제조치 비교>

구제권리	매수인	매도인
특정이행청구권	○	○
추가기간설정권	○	○
계약해제권	○	○
손해배상청구권	○	○
물품명세확정권	×	○
대체품인도청구권	○	×
하자보완청구권	○	×
대금감액권	○	×

제4절 인코텀스(Incoterms)

    Incoterms란 International Commercial Terms의 약어로 국제 상거래(매매거래)에 관한 조건들이라는
의미로 11가지의 개별적인 Incoterm으로 구성된 국제상업회의소(ICC : International Chamber of
Commerce)가 제정하여 현재에 이르기까지 8차례에 걸쳐 개정된 정형거래조건의 해석에 관한 국제규칙
(International Rules for the Interpretation of Trade Terms)을 의미한다.

정형거래조건으로서 Incoterms의 필요성

(1) 무역거래 시 정형거래조건의 활용

　무역계약은 쌍무계약으로서의 성질을 가지므로 무역계약의 성립과 동시에 매도인과 매수인은 계약 내용대로 이행할 의무가 있다. 매매거래 당사자가 부담하는 매우 다양한 의무를 거래를 할 때마다 일일이 열거하는 것은 실무상 복잡하고 번거로우므로 FOB나 CIF와 같은 간단한 정형 거래조건을 이용하여 거래하는 것이 일반적이다.

(2) 정형거래관습의 상이성

　정형화된 무역거래 조건(Trade Terms)도 국가나 지역에 따라 각기 다른 상관습과 실정법체계 때문에 그 해석에 통일성이 결여된다면 국가 간 혹은 당사자 간 무역 분쟁의 원인이 된다.

(3) 동일한 정형거래조건의 통일적 해석 추구

　동일한 정형거래조건 또는 정형거래관습의 해석의 상이함에 따른 불확실성을 배제하도록 통일된 국제 규칙에 의한 확실성을 추구하게 되었다.

　2020년 INCOTERMS는 8차 개정을 통하여 새로운 버전이 공표되었으며, 아래에서 주요개정 사항을 먼저 살펴보고 각 규칙에 대해서 준비해보도록 하자

1. 소개문 요약

(1) 거래조건 설명

　Incoterms 규칙은 CIF, DAP 등과 같이 가장 일반적으로 사용되는 세 글자로 이루어지고 물품 매매계약상 기업 간 거래관행(business－to－business practice)을 반영하는 11개의 거래조건을 설명한다.

1) 규정사항

① 의무 매도인과 매수인의 의무를 규정한다.(**예** 물품의 운송, 보험, 선적서류, 수출입 허가 등)
② 위험이전 : 위험이 어디서 매도인으로부터 매수인에게 이전하는지를 규정한다.
③ 비용이전 : 어느 당사자가 어떤 비용을 부담하는지를 규정한다.(**예** 운송비용, 포장비용, 적재 또는 양하비용 및 점검 또는 보안 관련 비용)

2) Incoterms 규칙이 하지 않는 역할

① 매매계약의 존부
② 매매물품의 성상
③ 대금 지급의 시기, 장소, 방법 또는 통화
④ 매매계약 위반에 대하여 구제할 수 있는 구제수단
⑤ 계약상 의무이행의 지체 및 그 위반의 효과

⑥ 제재의 효력

⑦ 관세 부과

⑧ 수출 또는 수입의 금지

⑨ 불가항력(force majeure) 또는 이행가혹(hardship)

⑩ 지식재산권

⑪ 의무 위반의 경우 분쟁 해결의 방법, 장소 또는 준거법

가장 중요한 것은, Incoterms 규칙은 매매물품의 소유권/물권의 이전을 다루지 않는다는 점도 강조되어야 한다.

(2) Incoterms 규칙의 편입방법

계약에서 "[선택된 Incoterms 규칙], [지정항구, 장소 또는 지점] Incoterms 2020"과 같은 문구를 통하여 그러한 의사를 명백하게 표시하는 것인데, CIF Shanghai Incoterms 2020 이 예가 될 수 있다.

(3) 장소 표시

선택된 Incoterms 규칙 바로 다음에 기명되는 장소는 더 중요하다.

① C 규칙을 제외한 모든 Incoterms 규칙에서 그러한 지정장소는 위험이 어디서 매도인으로부터 매수인에게 이전하는지를 표시한다.

② D 규칙에서 지정장소는 인도장소이자 목적지이고, 매도인은 그 지점까지 운송을 마련하여야 한다.

③ C 규칙에서 지정장소는 매도인이 그 운송을 마련하고 그 비용도 부담하여야 하는 물품 운송의 목적지이지만, 인도장소는 인도항구는 아니다.

(4) Incoterms 2020 규칙상 인도, 위험 및 비용

Incoterms 규칙에서 세 글자 다음에 부가되는 지정장소나 지정항구는 매도인이 물품을 인도하여야 할 장소를 의미할 뿐만 아니라, 매도인이 부담하여야 할 비용과 위험을 결정하기 때문에 매우 중요하다.

E, F, D 규칙	C 규칙을 제외한 모든 규칙에서는 물품의 인도되는 장소까지 발생하는 위험과 비용을 매도인이 부담하며, 물품이 인도된 이후에 발생하는 위험과 비용은 매수인이 부담하게 된다.
C 규칙	C 규칙에서는 물품이 인도되는 장소에서 위험은 이전하게 되지만, 매도인이 부수계약(운송계약, 보험계약) 체결에 따라 발생하는 비용을 추가적으로 부담하여 비용 부분에서 차이가 발생하게 된다. 특히, C 규칙은 물품의 인도가 선적지에서 이루어지고, 인도지점에서 위험이 이전되는 선적매매(shipment sales) 조건임을 유의하여야 한다. (**예** "CIF the port of Dalian"일 경우, 매도인은 계약물품이 다롄항에 도착할 때까지 발생하는 운임을 부담하여야 하지만, 물품이 계약에 따라 지정된 선적항에서 선박에 적재될 때까지의 위험만 부담함)

(5) Incoterms 2020 규칙의 올바른 사용법

Incoterms에서는 당해 매매계약에 사용된 운송수단에 맞는 올바른 규칙을 사용하도록 하기 위하여 Incoterms 규칙을 아래와 같이 2개의 묶음으로 분류하고 있다.

① 해상 인코텀즈 규칙(maritime Incoterms rule)

FAS, FOB, CFR, CIF 규칙으로서 매도인이 물품을 바다 또는 강의 항구에서 선박에 적재하는 (FAS에서는 선측에는 두는) 경우에 사용하도록 고안된 것으로서, 이러한 지점에서 매도인은 매수인에게 물품을 인도한다. 이러한 규칙이 사용되는 경우에 물품의 멸실 또는 훼손의 위험은 그러한 항구로부터 매수인이 부담한다.

② 복합운송 인코텀즈 규칙(multi-modal Incoterms rule)

EXW, FCA, CPT, CIP, DAP, DPU, DDP 규칙으로서 이러한 각각의 7개 인코텀즈 규칙에서 어디서 인도가 일어나고 위험이 이전하는지는 사용된 당해 규칙이 무엇인지에 달려 있다. 예컨대, CPT의 경우에 인도는 물품이 매도인과 계약을 체결한 운송인에게 교부되는 때 즉, 매도인의 끝단에서 일어난다. 반면에 DAP의 경우에 인도는 물품이 지정목적지 또는 지정목적지점에서 매수인의 처분하에 놓인 때 일어난다.

상기와 같은 분류에도 불구하고 당해 계약의 종류에 맞지 않는 규칙이 선택되는 것이 문제로 제기되는데, 이는 잘못된 Incoterms 규칙의 선택으로 인해 공백부분, 중복부분과 불필요한 비용이 발생되기 때문이다. (**예** FOB airport, FOB warehouse)

잘못된 Incoterms 규칙을 종종 오용하게 되는 이유는 Incoterms 규칙이 종종 전적으로 가격지표라고 오해하기 때문이다. 그러나 Incoterms 규칙은 진직인 가격지표가 아니니 주요한 가격지표도 아니다. Incoterms 규칙은 널리 인정되는 정형적인 매매계약하에서 매도인과 매수인이 서로에 대하여 부담하는 일반적 의무들의 목록이고, 위험이 이전하는 인도항구나 인도장소 또는 인도지점을 표시하는 것이다.

2. 주요변경사항

(1) 조항 순서 변경

	Incoterms 2010	Incoterms 2020
A1/B1	수출자 · 수입자 일반 의무	일반 의무
A2/B2	허가 · 승인 · 안전 확인 및 기타절차	인도/인도의 수령
A3/B3	운송 및 보험계약	위험 이전
A4/B4	인도/인도의 수령	운송
A5/B5	위험 이전	보험
A6/B6	비용 분담	인도/운송서류
A7/B7	수출자 · 수입자 통지	수출/수입통관
A8/B8	서류 배송/배송증명서 수령	점검/포장/화인 표시
A9/B9	점검/포장/화인 표시	비용 분담
A10/B10	정보에 의한 협조와 관련 정보	통지

(2) 본선적재표기가 있는 선하증권과 Incoterms FCA 규칙

구분	Incoterms 2010	Incoterms 2020	
		매수인	매도인
운송서류	컨테이너화물 → 수취식 선하증권 발행	선적식 선하증권 발행지시	선적식 선화증권 제공의무

물품이 FCA 규칙으로 매매되고 해상운송되는 경우에 매도인 또는 매수인(또는 신용장이 개설된 경우에는 그들의 은행)은 본선적재표기가 있는 선하증권을 원할 수 있으나, 물품의 인도가 본선적재 전에 완료되기 때문에 매도인이 운송인으로부터 선적선하증권(on-board B/L)을 취득하는 데 어려움을 느낄 수 있다. 왜냐하면 운송계약상 운송인은 물품이 실제로 선적된 후에야 비로소 선적선하증권을 발행할 의무와 권리가 있기 때문이다.

1) Incoterms 2010 규칙

Incoterms 2010 규칙에서는 FCA 규칙을 사용할 때 매도인이 매수인에게 제공해야 되는 서류로서 통상의 증빙만 갖추도록 요구하고 있으며, 컨테이너화물과 같이 물품의 본선에 적재되기 전에 운송인에게 교부되는 경우에는 FOB 규칙이 아닌 FCA 규칙을 사용하도록 권고하고 있다. 이에 따라 운송인은 통상적으로 본선에 적재되기 전에 발급되는 수취식 선하증권을 교부하였다.

2) Incoterms 2020 규칙

UCP 600 제20조에서 알 수 있듯이 신용장거래 시 본선적재표기가 기재된 선하증권을 요구하기 때문에 수취식 선하증권은 대금 지급이 거절될 수 있다. 이에, Incoterms 2020 규칙에서는 매수인과 매도인은 매수인이 선적 후에 선적선하증권을 매도인에게 발행하도록 그의 운송인에게 지시할 것을 합의할 수 있고, 매도인은 은행을 통하여 매수인에게 선적선하증권을 제공할 의무가 있다고 규정하고 있다.

(3) 비용

1) Incoterms 2010 규칙

Incoterms 2010 규칙에서 각 당사자에게 할당되는 다양한 비용은 개별 Incoterms 규칙의 여러 부분에 나뉘어 규정되었다.

2) Incoterms 2020 규칙

Incoterms 2020 규칙에서는 A9/B9에서 당해 Incoterms 규칙상의 분담비용을 모두 열거한다. 이는 사용자들에게 비용에 관한 일람표(one-stop list)를 제공하는 데 있으며, 그에 따라 매도인과 매수인은 당해 Incoterms 규칙상 자신이 부담하는 모든 비용을 한 곳에서 찾아볼 수 있다.

(4) CIF와 CIP 간 부보수준의 차별화

구분	Incoterms 2010		Incoterms 2020	
부보범위	CIF	CIP	CIF	CIP
	최소 부보	최소 부보	최소 부보	최대 부보

1) Incoterms 2010 규칙

Incoterms 2010 규칙에서는 CIF, CIP 규칙을 체결할 때 매도인에게 최소 부보조건[ICC(C) 또는 이와 유사한 약관]에 따른 적하보험을 취득할 의무를 부과하였다.

2) Incoterms 2020 규칙

Incoterms 2020 규칙으로 개정하는 과정에서 매도인에게 최대 부보조건[ICC(A) 또는 이와 유사한 약관]에 따라 적하보험을 취득할 의무를 부과하자는 의견이 제기되었다. 그러나 1차 산품 해상무역에 종사하는 사람들의 반대로 인해 CIF 규칙과 CIP 규칙의 보험 부보범위에 대하여 다르게 규정하기로 하였다. 이에 따라 CIF 규칙은 기존의 규칙대로 최소 부보를 하기로 하고, CIP 규칙은 최대 부보를 하기로 하였다. 단, 두 가지 규칙 모두 당사자들의 합의를 통해 보험 부보범위를 변경할 수 있다.

(5) FCA, DAP, DPU 및 DDP에서 매도인 또는 매수인 자신의 운송수단에 의한 운송 허용

구분	Incoterms 2010		Incoterms 2020	
	FCA	D 규칙	FCA	D 규칙
운송계약	매수인 제3자 운송계약	매도인 제3자 운송계약	매수인 자체 운송 가능	매도인 자체 운송 가능

1) Incoterms 2010 규칙

Incoterms 2010 규칙에서는 물품이 매도인으로부터 매수인에게 운송되어야 하는 경우, 제3자인 운송인(third-party carrier)을 통하여 물품을 운송하는 것으로 가정하였다.

2) Incoterms 2020 규칙

Incoterms 2020 규칙에서는 기존의 Incoterms 2010 FCA 규칙 또는 D 규칙에서 매도인이 자신의 운송수단을 사용하여 운송하는 것을 제한하는 규정이 없다는 부분에 착안하여, 운송인이 개입하지 않고도 물품을 운송할 수 있다고 판단하였으며, 거래당사자가 운송계약을 체결하지 않고 자체적으로 운송하는 것도 허용한다.

(6) DAT에서 DPU로의 명칭 변경

구분	Incoterms 2010	Incoterms 2020
	DAT	DPU
인도조건	터미널 내 양하의무	지정장소 내 양하의무

1) Incoterms 2010 규칙

Incoterms 2010 규칙에서는 DAT(Delivered at Terminal) 규칙 뒤에 DAP(Delivered at Place) 규칙이 등장하고, DAT 규칙에서의 인도장소인 "터미널"에 대하여 지붕의 유무를 불문하고 모든 장소가 포함되도록 하였다.

2) Incoterms 2020 규칙

Incoterms 2020 규칙에서는 DAP 규칙 뒤에 DPU(Delivered at Place Unloaded) 규칙이 등장하고, 인도장소도 "터미널" 뿐만 아니라 어떤 장소든지 목적지가 될 수 있는 현실을 강조하였다. 그러나 그러한 목적지가 터미널에 있지 않는 경우에, 매도인은 자신이 물품을 인도하고자 하는 장소가 물품의 양하가 가능한 장소인지 꼭 확인하여야 한다.

(7) 운송의무 및 비용조항에 보안 관련 요건 삽입

1) Incoterms 2010 규칙

Incoterms 2010 규칙은 21세기 초반 보안 관련 우려가 널리 확산된 후 시행된 규칙이었기 A10/B10에 규정되었다.

2) Incoterms 2020 규칙

Incoterms 2020 규칙에서는 보안 관련 우려로 성립된 선적관행이 상당히 정립되어 보안 관련 의무에 관한 명시적 규정이 각 규칙 A4와 A7에 추가되었으며, 이와 관련하여 발생하는 비용도 관련 조항인 A9/B9에 명시적으로 규정되었다.

(8) 조달의무 확대

구분	Incoterms 2010	Incoterms 2020
조달의무	FAS, FOB, CFR, CIF	FAS, FOB, CFR, CIF
		FCA, CPT, CIP, DAP, DPU, DDP

1) Incoterms 2010 규칙

Incoterms 2010 규칙에서는 해상 및 내수로 운송에서만 사용 가능한 규칙인 FAS, FOB, CFR, CIF 규칙에 조달의무를 규정하였다.

2) Incoterms 2020 규칙

Incoterms 2020 규칙에서는 해상 및 내수로 운송에서만 사용 가능한 규칙 외 기타 규칙(단, EXW 규칙은 제외)에 대하여도 조달의무를 확대하여 규정하였다.

3. Incoterms 2020 구성

(1) 구성(총 11가지)

모든 운송방식에 적용되는 규칙 Rules for any mode or modes of transport(7가지)	• EXW • FCA • CPT, CIP • DAP, DPU, DDP
해상운송과 내수로 운송에 적용되는 규칙 Rules for sea and inland waterway transport(4가지)	• FAS, FOB • CFR, CIF

(2) Incoterms 2020의 매도인과 매수인의 의무

매도인의 의무(The Seller's Obligations)		매수인의 의무(The Buyer's Obligations)	
A1	일반의무(General Obligations)	B1	일반의무(General Obligations)
A2	인도(Delivery)	B2	인도의 수령(Taking Delivery)
A3	위험이전(Transfer of Risks)	B3	위험이전(Transfer of Risks)
A4	운송(Carriage)	B4	운송(Carriage)
A5	보험(Insurance)	B5	보험(Insurance)
A6	인도/운송서류 (Delivery/Transport Document)	B6	인도/운송서류 (Delivery/Transport Document)
A7	수출/수입통관 (Export/Import clearance)	B7	수출/수입통관 (Export/Import Clearance)
A8	점검/포장/화인표시 (Checking/Packaging/Marking)	B8	점검/포장/화인표시 (Checking/Packaging/Marking)
A9	비용분담(Allocation of Costs)	B9	비용분담(Allocation of Costs)
A10	통지(Notices)	B10	통지(Notices)

4. 모든 운송방식에 적용되는 규칙

> ── 모든 운송방식에 적용되는 규칙의 공통규정 ──
>
> 이 규칙은 선택된 운송방식에 관계없이 사용될 수 있으며 둘 이상의 운송방식이 채택된 경우에도 사용될 수 있다.

(1) EXW(EX Works) : 공장인도

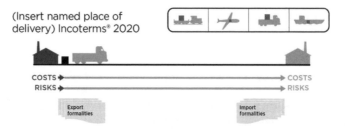

1) 개요

"Ex Works" means that the seller delivers the goods to the buyer when it places the goods at the disposal of the buyer at a named place(like a factory or warehouse), and that named place may or may not be the sellers premises.

2) 인도방법

"공장인도"는 매도인이 물품을(공장이나 창고와 같은) 지정장소에서 매수인의 처분하에 두는 때 매수인에게 물품을 인도하는 것을 의미한다. 그 지정장소는 매도인의 영업구내일 수도 있고 아닐 수도 있다.

3) 특징

매도인은 물품을 수취용 차량에 적재하지 않아도 되고, 물품의 수출통관이 요구되더라도 수행할 필요가 없다.

4) 주의사항

EXW는 매도인의 최소의무를 지우는 인코텀즈 규칙으로서 다음에 주의하여 사용해야 한다.

① 적재위험의 부담

매도인은 물품적재의무를 부담하지 않는다. 그러나 일반적으로 매도인의 영업장 구내에서 적재장비를 가지고 있을 가능성이 많기 때문에 매도인이 적재하는 경우에 이는 매수인의 위험과 비용으로 적재를 하는 것으로 본다. 이처럼 매도인이 적재하는 것이 유리한 경우에는 매도인이 적재의무를 부담하는 FCA규칙을 사용하는 것이 바람직하다.

② 수출통관

매도인은 수출통관이나 운송 중에 물품이 통과할 제3국의 통관을 수행할 의무가 없다. 즉 EXW 조건은 수출이 일어나지 않는 국내거래에 적합하다 따라서 매수인이 물품을 수출하려는 경우나 수출통관에 어려움이 예상되는 경우에는 FCA규칙을 사용하는 것이 바람직하다.

5) 당사자의 의무

운송계약 의무	매수인
보험계약 의무	매도인은 보험계약의무를 부담하지 않음 매수인 스스로 보험계약을 체결
수출통관 의무	매수인
수입통관 의무	매수인

(2) FCA(Free Carrier) : 운송인인도

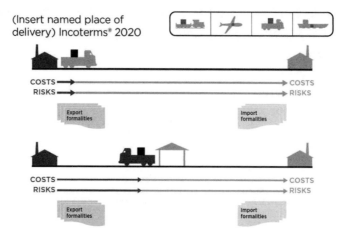

1) 개요

"Free Carrier" means that the seller delivers the goods to the buyer in one or other of two ways.

① First, when the named place is the seller's premises, the goods are delivered when they are loaded on the means of transport arranged by the buyer.

② Second, when the named place is another place, the goods are delivered when, having been loaded on the seller's means of transport, they reach the named other place and are ready for unloading from that seller's means of transport and at the disposal of the carrier or of another person nominated by the buyer.

2) 인도방법

운송인인도는 매도인이 물품을 매수인에게 다음과 같은 두 가지 방법 중 어느 하나로 인도하는 것을 의미한다.

① 첫째, 지정장소가 매도인의 영업구내인 경우, 물품이 매수인이 마련한 운송수단에 적재된 때

② 둘째, 지정장소가 그 밖의 장소인 경우, 매도인의 운송수단에 적재되어서 지정장소에 도착하고 매도인의 운송수단에 실린 채 양하준비된 상태로 매수인이 지정한 운송인이나 제3자의 처분하에 놓인 때

3) 인도장소

FCA매매는 지정장소 내의 정확한 인도지점을 명시하지 않고서 매도인의 영업구내나 그 밖의 장소 중에서 어느 하나의 장소를 지정하여 체결될 수 있다. 그러나 당사자들은 지정인도장소 냉에 정확한 지점을 가급적 명확하게 명시하는 것이 좋다.

4) 통관의무

FCA에서는 해당하는 경우 매도인은 수출통관을 해야 한다. 그러나 매도인은 물품의 수입을 위한 또는 제3국을 위한 통관을 하거나 수입관세를 납부하거나 수입통관절차를 이행할 의무가 없다.

5) 당사자의 의무

운송계약 의무	매수인
보험계약 의무	매도인은 보험계약의무를 부담하지 않음 매수인 스스로 보험계약을 체결
수출통관 의무	매도인
수입통관 의무	매수인

(3) CPT(Carriage Paid To) : 운송비지급인도

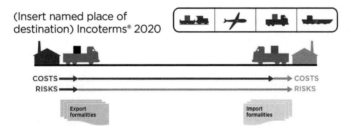

1) 개요

"Carriage Paid To" means that the seller delivers the goods and transfers the risk to the buyer by handing them over to the carrier contracted by the seller or by procuring the goods so delivered.

2) 인도방법

"운송비지급인도"는 매도인이 매수인에게 물품을 인도하는 것을 그리고 위험을 이전하는 것을 의미한다.
① 매도인과 계약을 체결한 운송인에게 물품을 교부함으로써
② 또는 그렇게 인도된 물품을 조달함으로써
③ 매도인은 운송인에게 물품의 물리적 점유를 이전함으로써 물품을 인도할 수 있다

3) 위험과 비용의 이전

매도인은 다음의 장소까지 위험과 비용을 부담한다. 따라서 당사자들은 각각의 인도지점, 목적지 내 정소 내의 지점을 가능하게 상세하게 명시할 것이 권고된다.

위험이전	합의한 인도장소 또는 최초의 운송인에게 교부된 시점
비용이전	합의된 목적지 장소내의 지점까지의 운임

4) 목적지양하비용

매도인이 운송계약상 목적지 지정장소에서 양하와 관련된 비용을 부담한 경우, 당사자 간 별다른 합의가 없는 한 매도인은 그러한 비용을 매수인으로부터 상환 받을 권리가 없다.

통상 적재비용은 매도인이 양하비용은 매수인이 부담하는 것이 일반적이나 운송계약상 양하비용이 운임에 포함되어 있기도 하다. Incoterms에서는 해당비용에 대해 매도인이 매수인에게 상환청구 할 수 없다는 점을 확실히 하였다.

5) 당사자의 의무

운송계약 의무	매도인
보험계약 의무	없음(매수인이 자신을 위해서 보험에 드는 것이 바람직)
수출통관 의무	매도인
수입통관 의무	매수인

(4) CIP(Carriage and Insurance Paid to) : 운송비, 보험료지급인도

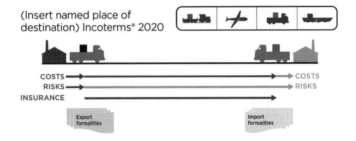

1) 개요

① "Carriage and Insurance Paid To" means that the seller delivers the goods and transfers the risk to the buyer by handing them over to the carrier contracted by the seller or by procuring the goods so delivered.

② The seller must also contract for insurance cover against the buyer's risk of loss of or damage to the goods from the point of delivery to at least the point of destination. This may cause difficulty where the destination country requires insurance cover to be purchased locally : in this case the parties should consider selling and buying under CPT.

③ The buyer should also note that under the CIP Incoterms 2020 rule the seller is required to obtain extensive insurance cover complying with Institute Cargo Clauses (A) or similar clause, rather than with the more limited cover under Institute Cargo Clauses (C). It is, however, still open to the parties to agree on a lower level of cover.

2) 인도방법

"운송비·보험료지급인도"는 매도인이 매수인에게 물품을 인도하는 것을 그리고 위험을 이전하는 것을 의미한다.

① 매도인과 계약을 체결한 운송인에게 물품을 교부함으로써
② 또는 그렇게 인도된 물품을 조달함으로써
③ 매도인은 운송인에게 물품의 물리적 점유를 이전함으로써 물품을 인도할 수 있다

3) 위험과 비용의 이전

매도인은 다음의 장소까지 위험과 비용을 부담한다. 따라서 당사자들은 각각의 인도지점, 목적지 내 정소 내의 지점을 가능하게 상세하게 명시할 것이 권고된다.

위험이전	합의한 인도장소 또는 최초의 운송인에게 교부된 시점
비용이전	합의된 목적지 장소내의 지점까지의 운임·보험료

4) 목적지양하비용

매도인이 운송계약상 목적지 지정장소에서 양하와 관련된 비용을 부담한 경우, 당사자 간 별다른 합의가 없는 한 매도인은 그러한 비용을 매수인으로부터 상환 받을 권리가 없다.

5) 보험의무

매도인은 인도지점으로부터 적어도 목적지점까지 물품의 멸실 또는 훼손 위험에 대하여 보험계약을 체결하여야 한다. 또한 매도인은 ICC(C)약관이 아닌 ICC(A)약관 또는 이와 유사한 약관에 따른 보험을 부보해야 한다는 것에 유의해야한다.

6) 당사자의 의무

운송계약 의무	매도인
보험계약 의무	매도인(ICC(A) 또는 이와 유사한 약관)
수출통관 의무	매도인
수입통관 의무	매수인

(5) DAP(Delivered At Place) : 도착지인도

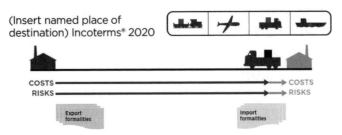

(Insert named place of destination) Incoterms® 2020

1) 개요

① "Delivered at Place" means that the seller delivers the goods and transfers risk to the buyer when the goods are placed at the disposal of the buyer on the arriving means of transport ready for unloading at the named place of destination or at the agreed point within that place.

② The seller bears all risks involved in bringing the goods to the named place of destination or to the agreed point within that place.

2) 인도방법

"도착지인도"는 다음과 같이 된 때 매도인이 매수인에게 물품을 인도하는 것을 그리고 위험을 이전하는 것을 의미한다.

① 지정목적지에서 또는 지정목적지 내에 어떠한 지점이 합의된 경우에는 그 지점에서

② 도착운송수단에 실어둔 채 양하준비된 상태로

③ 매수인의 처분하에 놓인 때

매도인은 물품을 지정목적지까지 또는 지정목적지 내의 합의된 지점까지 가져가는 데 수반되는 모든 위험을 부담

3) 위험과 비용의 이전

매도인은 다음의 장소까지 위험과 비용을 부담한다. 따라서 당사자들은 각각의 인도지점, 목적지 내 정소 내의 지점을 가능하게 상세하게 명시할 것이 권고된다.

위험이전	합의한 목적지나 목적지 내의 지점
비용이전	합의된 목적지 장소내의 지점까지의 운임(양하비용 부담×)

4) 목적지양하비용

매도인은 도착운송수단으로부터 물품을 양하할 필요가 없다. 그러나 매도인이 운송계약상 목적지 지정장소에서 양하와 관련된 비용을 부담한 경우, 당사자 간 별다른 합의가 없는 한 매도인은 그러한 비용을 매수인으로부터 상환 받을 권리가 없다.

5) 당사자 의무

운송계약 의무	매도인
보험계약 의무	매도인 임의부보
수출통관 의무	매도인
수입통관 의무	매수인

(6) DPU(Delivered at Place Unloaded) : 도착지양하인도

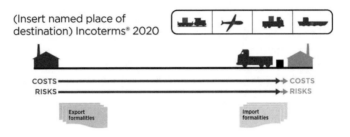

1) 개요

① "Delivered at Place Unloaded" means that the seller delivers the goods and transfers risk to the buyer when the goods once unloaded from the arriving means of transport, are placed at the disposal of the buyer at a named place of destination or at the agreed point within that place.

② The seller bears all risks involved in bringing the goods to and unloading them at the named place of destination. DPU is the only Incoterms rule that requires the seller to unload goods at destination. The seller should therefore ensure that it is in a position to organise unloading at the named place. Should the parties intend the seller not to bear the risk and cost of unloading, the DPU rule should be avoided and DAP should be used instead

2) 인도방법

"도착지양하인도"는 다음과 같이 된 때 매도인이 매수인에게 물품을 인도하는 것을 그리고 위험을 이전하는 것을 의미한다.

① 물품이 지정목적지에서 또는 지정목적지 내에 어떠한 지점이 합의된 경우에 는 그 지점에서

② 도착운송수단으로부터 양하된 상태로

③ 매수인의 처분하에 놓인 때

269

3) DAP규칙의 사용(양하비용을 매수인이 부담하고자 하는 경우)

매도인은 물품을 지정목적지까지 가져가서 그곳에서 물품을 양하하는데 수반되는 모든 위험을 부담. DPU는 매도인이 목적지에서 물품을 양하하도록 하는 유일한 인코텀즈 규칙. 따라서 매도인 은 자신이 그러한 지정장소에서 양하를 할 수 있는 입장에 있는지를 확실히 해야함. 당사자들은 매도인이 양하의 위험과 비용을 부담하기를 원하지 않는 경우에는 DPU를 피하고 그 대신 DAP를 사용해야 한다.

4) 위험과 비용의 이전

매도인은 다음의 장소까지 위험과 비용을 부담한다. 따라서 당사자들은 각각의 인도지점, 목적지 내 정소 내의 지점을 가능하게 상세하게 명시할 것이 권고된다.

위험이전	합의한 목적지나 목적지 내의 지점
비용이전	합의된 목적지 장소내의 지점까지의 운임(양하비용 부담)

5) 당사자 의무

운송계약 의무	매도인
보험계약 의무	매도인 임의부보
수출통관 의무	매도인
수입통관 의무	매수인

(7) DDP(Delivered Duty Paid) : 관세지급인도

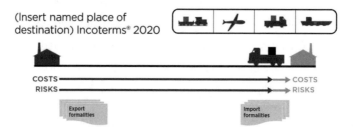

1) 개요

① "Delivered Duty Paid" means that the seller delivers the goods to the buyer when the goods are placed at the disposal of the buyer, cleared for import, on the arriving means of transport, ready for unloading, at the named place of destination or at the agreed point within that place, if any such point is agreed.

② DDP requires the seller to clear the goods for export, where applicable, as well as for import and to pay any import duty or to carry out any customs formalities. Thus if the seller is unable to obtain import clearance and would rather leave that side of things in the buyer's hands in the county of import, then the seller should consider choosing DAP or DPU under which rules delivery still happens at destination, but with import clearance being left to the buyer. There may be tax implications and this tax may not be recoverable from the buyer.

2) 인도방법

"관세지급인도"는 다음과 같이 된 때 매도인이 매수인에게 물품을 인도하는 것을 의미한다.
① 물품이 지정목적지에서 또는 지정목적지 내의 어떠한 지점이 합의된 경우에는 그러한 지점에서
② 수입통관 후 도착운송수단에 실어둔 채 양하 준비된 상태로
③ 매수인의 처분하에 놓인 때

3) 대체규칙의 사용

DDP에서는 해당되는 경우에 매도인이 물품의 수출통관 및 수입통관을 하여야 하고 또한 수입관세를 납부하거나 모든 통관절차를 수행해야 한다. 따라서 매도인은 수입통관을 완료할 수 없는 경우에 수입통관은 매수인이 하도록 되어 있는 DAP나 DPU를 선택하는 것을 고려해야 한다.

4) 매도인의 최대책임

DDP규칙에서는 매도인이 수입관세를 납부할 책임을 지므로 11개의 모든 인코텀즈 규칙 중에서 매도인에게 최고수준의 의무를 부과하는 규칙이다.

5) 위험과 비용의 이전

매도인은 다음의 장소까지 위험과 비용을 부담한다. 따라서 당사자들은 각각의 인도지점, 목적지 내 정소 내의 지점을 가능하게 상세하게 명시할 것이 권고된다.

위험이전	합의한 목적지나 목적지 내의 지점
비용이전	합의된 목적지 장소내의 지점까지의 운임(양하비용 부담) + 수입관세

6) 당사자의 의무

운송계약 의무	매도인
보험계약 의무	매도인 임의부보
수출통관 의무	매도인
수입통관 의무	매도인

5. 해상 및 내수로 운송에 사용가능한 규칙

> **— 해상운송규칙 공통규정 —**
>
> 해상운송규칙에서는 연속매매에 대응하기 위해 조달의무를 규정하고 있다. 그러나 8차 개정을 통하여 복합운송규칙(모든 운송방식에 적용되는 규칙)에도 조달규정이 신설되었다.
>
> 이미 선적되어 운송중인 물품이 전매된 경우 해당물품의 매수인은 후속 매수인에게 물품을 매매하기 위하여 선적할 수 없으므로 그렇게 인도된 물품을 조달(procure)함으로써 물품을 인도한다. 즉 연속매매에 대응하기 위한 개념이다.

(1) FAS(Free Alongside Ship) : 선측인도

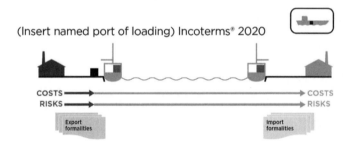

1) 개요

"Free Alongside Ship" means that the seller delivers the goods to the buyer when the goods are placed alongside the ship(e.g. on a quay or a barge) nominated by the buyer at the named port of shipment or when the seller procures goods already so delivered. The risk of loss of or damage to the goods transfers when the goods are alongside the ship, and the buyer bears all costs from that moment.

2) 인도방법

"선측인도"는 다음과 같이 되 때 매도인이 물품을 매수인에게 인도하는 것을 의미한다.

① 지정선적항에서 매수인이 지정한 선박의

② 선측에(예컨대 부두 또는 바지(barge)에) 물품이 놓인 때

③ 또는 이미 그렇게 인도된 물품을 조달한 때

물품의 멸실 또는 희손의 위험은 물품이 선측에 놓인 때 이전하고, 매수인은 그 순간부터 향후의 모든 비용을 부담

3) 대체규칙의 사용(컨테이너화물)

컨테이너에 적재된 화물은 선측이 아니라 터미널에서 인도되는 것이 전형적이므로 이런 경우 FAS 대신 FCA규칙이 사용되어야 한다.

4) 통관의무

FAS규칙에서는 해당되는 경우에 매도인이 물품의 수출통관을 하여야 한다. 그러나 매도인은 물품의 수입 또는 제3국 통과하기 위한 통관을 하거나 수입관세를 납부하거나 수입통관절차를 수행할 의무가 없다.

5) 당사자의 의무

운송계약 의무	매수인
보험계약 의무	없음(매수인이 자신을 위해서 보험에 드는 것이 바람직)
수출통관 의무	매도인
수입통관 의무	매수인

(2) FOB(Free On Board) : 본선인도

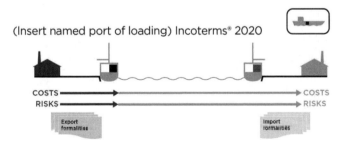

(Insert named port of loading) Incoterms® 2020

1) 개요

① "Free on Board" means that the seller delivers the goods to the buyer on board the vessel nominated by the buyer at the named port of shipment or procures the goods already so delivered.

② The risk of loss of or damage to the goods transfers when the goods are on board the vessel, and the buyer bears all costs from that moment onwards.

2) 인도방법

"본선인도"는 매도인이 다음과 같이 물품을 매수인에게 인도하는 것을 말함

① 지정선적항에서 매수인이 지정한

② 선박에 적재하거나

③ 또는 이미 그렇게 인도된 물품을 조달하여

물품의 멸실 또는 훼손의 위험은 물품이 선박에 적재된 때 이전하고 매수인은 그 순간부터 향후의 모든 비용을 부담

3) 대체규칙의 사용(컨테이너화물)

컨테이너에 적재된 화물은 선측이 아니라 터미널에서 인도되는 것이 전형적이므로 이런 경우 FOB 대신 FCA규칙이 사용되어야 함

4) 통관의무

FOB규칙에서는 해당되는 경우에 매도인이 물품의 수출통관을 하여야 한다. 그러나 매도인은 물품의 수입 또는 제3국 통과하기 위한 통관을 하거나 수입관세를 납부하거나 수입통관절차를 수행할 의무가 없다.

5) 당사자의 의무

운송계약 의무	매수인
보험계약 의무	매수인 임의부보
수출통관 의무	매도인
수입통관 의무	매수인

(3) CFR(Cost and Freight) : 운임포함인도

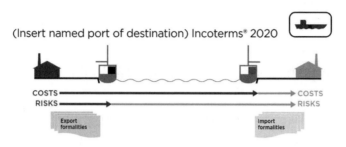

(Insert named port of destination) Incoterms® 2020

1) 개요

"Cost and Freight" means that the seller delivers the goods to the buyer on board the vessel or procures the goods already so delivered.

2) 인도방법

"운임포함인도"는 매도인이 다음과 같이 물품을 매수인에게 인도하는 것을 의미한다.
① 선박에 적재하거나
② 이미 그렇게 인도된 물품을 조달하여
물품의 멸실 또는 훼손의 위험은 물품이 선박에 적재된 때 이전한다. CFR에서 매도인은 매수인에 대하여 보험 부보의무가 없다. 따라서 매수인은 필요에 따라 자기의 계산으로 보험에 부보하게 된다. CPT와 CFR의 비교 : CPT는 모든 운송수단에 적용, CFR은 해상, 내수로에 적용한다.

3) 대체규칙의 사용

CFR규칙은 물품이 본선에 적재되기 전에 터미널에서 운송인에게 교부되는 것이 전형적인 컨테이너 물품에 대해서는 적절하지 않다. 컨테이너물품의 경우에는 CPT규칙이 사용되어야한다.

4) 위험과 비용이 이전

매도인은 다음의 장소까지 위험과 비용을 부담한다. 따라서 당사자들은 각각의 선적항과 목적항을 가급적 정확하게 지정할 것이 권고된다.

위험이전	선적항에서 본선적재 또는 조달된 때
비용이전	목적항까지의 운임

5) 당사사의 의무

운송계약 의무	매도인
보험계약 의무	매수인 임의부보

수출통관 의무	매도인
수입통관 의무	매수인

(4) CIF(Cost, Insurance and Freight) : 운임 · 보험료포함인도

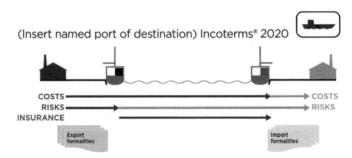

(Insert named port of destination) Incoterms® 2020

1) 개요

① "Cost Insurance and Freight" means that the seller delivers the goods to the buyer on board the vessel or procures the goods already so delivered.

② The seller must also contract for insurance Cover against the buyer's risk of loss of or damage to the goods from the port of shipment to at least the port of destination. This may cause difficulty where the destination country requires insurance cover to be purchased locally : in this case the parties should consider selling and buying under CFR.

③ The buyer should also note that under the CIF Incoterms® 2020 rule the seller is required to obtain limited insurance cover complying with Institute Cargo Clauses (C) or similar clause, rather than with the more extensive cover under Institute Cargo Clauses (A). It is, however, still open to the parties to agree on a higher level of cover.

2) 인도방법

운임 · 보험료포함인도는 다음과 같이 매도인이 물품을 매수인에게 인도하는 것을 의미한다.
① 선박에 적재하거나
② 또는 이미 그렇게 인도된 물품을 조달하여

3) 대체규칙의 사용

물품이 컨테이너터미널에서 운송인에게 교부되는 경우에 둘 이상의 운송방식이 사용되는 경우에 사용하기 적절한 규칙은 CIF가 아니라 CIP이다.

276

또한 매도인은 또한 선적항부터 적어도 목적항까지 매수인의 물품의 멸실 또는 해소 위험에 대하여 보험계약을 체결해야 한다. 이는 목적지 국가가 자국의 보험자에게 부보하도록 요구하는 경우에는 당사자들은 CFR로 매매하는 것을 고려할 필요가 있다.

4) 보험가입의무

① 매수인은 인코텀즈 2020 C1F 하에서 매도인은 협회적하약관의 A – 약관에 의한 보다 광범위한 담보조건이 아니라 협회적하약관의 C – 약관이나 그와 유사한 약관에 따른 제한적인 담보조건으로 부보하여야 한다는 것을 유의해야 함. 그러나 당사자들은 여전히 더 높은 수준의 담보조건으로 부보하기로 합의할 수 있음

② 매도인은 협회적하약관의 A – 약관에 의한 보다 광범위한 담보조건이 아니라 협회적하약관의 C – 약관이나 그와 유사한 약관에 따른 제한적인 담보조건으로 부보. 더 높은 수준의 담보조건으로 부보하기로 합의 가능

③ 보험금액 : 최소한 매매계약에서 약정된 대금에 10%를 더한 금액.

④ 보험의 통화 : 매매계약의 통화와 같아야 함

⑤ CIP와 CIF의 비교 : 어는 모든 운송수단에 적용, CIF은 해상, 내수로에 적용

5) 위험과 비용이 이전

매도인은 다음의 장소까지 위험과 비용을 부담한다. 따라서 당사자들은 각각의 선적항과 목적항을 가급적 정확하게 지정할 것이 권고된다.

위험이전	선적항에서 본선적재 또는 조달된 때
비용이전	목적항까지의 운임＋보험료(ICC(C) 또는 이와 유사한 약관)

6) 당사자의 의무

운송계약 의무	매도인
보험계약 의무	매도인(ICC(C) 또는 이와 유사한 약관)
수출통관 의무	매도인
수입통관 의무	매수인

Chapter 02. 무역운송

제1절 국제해상운송

무역운송은 크게 운송이론과 운송협약으로 구분되고 운송이론은 운송서류와 운송계약으로 나눌 수 있습니다. 해당 내용은 계약, 결제와도 연결되는 부분으로서 우리시험에서 빠질 수 없는 부분입니다. 그러나 운송협약 파트는 내용이 어렵고 공부할 량이 방대하여 수험생에게 혼란을 주는 파트입니다.

따라서 운송협약파트는 본 교재에서 다루지 않고 선택과 집중을 통하여 운송이론파트에 집중하여 절약한 시간을 다른 과목에 투자하여 합격전략을 펼치는 것을 추천해 드립니다. 다만 본 교재에서 다루지 않더라도 각 운송방식에 적용될 수 있는 국제협약의 명칭정도는 기억해 주시기 바랍니다.

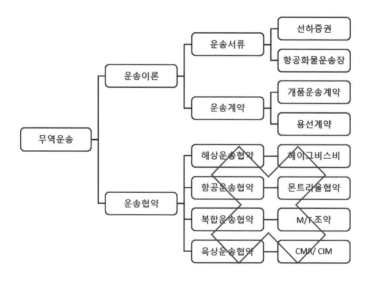

아래에서는 선하증권(B/L) 등의 운송서류와 개품운송계약과 용선계약으로 구분할 수 있는 운송계약파트로 크게 2파트로 구분하여 학습하도록 하겠습니다.

1. 운송서류

(1) 선하증권(Bill of Lading, B/L)

1) 개요

B/L은 화주와 운송인 간에 체결된 운송계약의 증빙서류이다. B/L은 운송인이 물품을 수령하여 선적하고 해상운송을 거쳐 선하증권의 정당한 소지자에게 인도할 것을 약정하는 유가증권의 성격을 띤다. 일반적으로 B/L은 3통이 발행되며 신용장에서 말하는 전통(full set)은 3통을 의미한다.

2) B/L의 기능

운송계약의 증빙	통상 운송계약에서는 별도의 계약서가 작성되지 않고 B/L이 계약서의 기능을 대신한다. 따라서 B/L에 기재된 사항은 송하인과 운송인 사이에 체결된 화물에 대한 해상운송계약의 증거로서의 효력을 가진다.
화물 수령증	화물이 선박 본선에 선적된 것을 증명하는 수령증의 기능이 있다. B/L에는 '외관상 양호한 상태로 선적됨(Shipped in apparent good order and condition)'이라는 문구가 명시되어 있는 것은 운송인이 B/L에 기재된 대로 물품을 수령하였다는 증거이다.
권리증권	화물 점유에 대한 권리를 말하는 것으로, B/L 소지인에게 배서 · 인도에 의해 물건을 이전하거나 수령할 권한을 주는 증권의 효력을 가진다.

3) 선하증권의 유통방식

① 기명식 선하증권(Straight B/L)

수화인(Consignee)란에 특정인이 기입된 B/L로 화물소유권은 그 사람에게 귀속된다. 배서, 교부에 의한 양도를 목적으로 하지 않는다. 수하인이 물품을 받기 위해 본인이 B/L에 기재된 자임을 증명해야 한다. 일반적으로 송금방식(T/T)방식에서 사용 된다.

② 지시식 선하증권(Order B/L)

수화인(Consignee)란에 특정인이 아닌 'to order', 'to order of shipper', 'order of X'(X가 지시하는 사람), 'order of X bank'(X은행이 지시하는 사람) 등으로 기재 하여 유통을 목적으로 하는 B/L이다. 이 경우 매수인은 수하인란이 아닌 Notify party란에 기재된다. 매수인이 화물이나 화물인도지시서(Delivery order : D/O)를 선사에서 발급받기 위해서는 선하증권 원본을 제출해야 한다. 그러므로 송하인은 원본에 백지배서(in blank) 혹은 특정 수하인 또는 그 지시인 앞으로 배서(Endorse)하여 유통해야 한다.

배서(Endorsement)

배(뒷면)＋서(사인)이란 뜻으로 일반적으로 B/L 뒷면에 회사 이름, 사인 그리고 B/L을 양도받는 사람을 기재한다. 백지배서(Blank Endorsement)는 수출자 이름, 사인만 하고 양도받는 사람을 기재하지 않는 것을 말한다.

---

③ 무기명식 선하증권

Consignee란에 특정 권리자를 표시하지 않고, 그 B/L을 소지한 사람이 권리인으로 인정되는 B/L로서 교부에 의해 양도, 처분 가능하다. 수하인란에 소지인을 뜻하는 'bearer', 'X of bearer'로 기재된다.

4) 선하증권의 구분

① 발행 시기에 따른 종류

　㉠ 수취 선하증권(Received B/L)

　　운송인이 화물을 수령하고 발행한 B/L을 말하는데 이는 본선선적 전 발행된다. 선적 전에 발행되기 때문에 반드시 선적된다는 보장이 없으므로 별도명시가 없는 한, 은행에서는 수리하지 않는다.

　㉡ 본선적재 선하증권(On board B/L)

　　선주나 본선책임자가 수출화물을 일정한 수령 장소에서 선적을 위하여 인수하고 수령 선하증권을 발급한 뒤 현실적으로 본선에 적재를 완료하였을 경우에 발행하는 본선 적재표시(On board notation)를 한 선하증권을 말한다. 그 표기에는 본선적재 표현 및 일자가 적혀있어야 한다. UCP상에서 수리가능하다.

　㉢ 선적 선하증권(Shipped B/L)

　　화물이 선박에 적재되면 발행하는 B/L로서 발행일이 본선적재일자가 된다. UCP상에서 수리가능하다.

5) 화물의 이상 유무에 따른 종류

① 무사고 선하증권(Clean B/L)

　운송인이 본선적재 시 화물이 외관 상태에 이상이 없을 때 발행된 B/L로서 'Shipped on board in apparent good order and condition'('외관상 양호한 상태로 선적 됨')이라는 문구를 B/L에 기재한다. 은행에서 요구하는 B/L이다.

② 사고부 선하증권(Foul B/L, Dirty B/L)

　적재물품의 포장이나 수량 등에 대해 언급한 사고부 문언 표시가 비고(Remarks)란에 기재되어 있는 B/L이다. 운송사가 화물 인수할 당시 포장상태가 불완전하거나 하자가 있거나 수량이 모자란 경우 이 사실을 기재한다.

은행은 물품하자 시 발행되는 Foul B/L의 수리를 거절한다. 그렇기 때문에 수출자는 선사에 '화물에 문제가 발생하더라도 화주가 선사에 책임을 전가시키지 않겠다'는 파손화물보상장(Letter of Indemnity, L/I)을 제공하고 Clean B/L로 교부받아 은행에 제시한다.

6) 유통가능 여부에 따른 종류

① 유통가능 선하증권(Negotiable B/L)

양도가 가능한 지시식으로 된 선하증권으로 B/L상 Negotiable B/L이라고 명시되어 있다.

② 유통불능 선하증권(Non-negotiable B/L)

양도가 불가능한 선하증권으로서 선사가 발급하는 원본 이외의 B/L은 모두 Non-negotiable B/L이라는 도장이 찍혀 발급된다. 기명식으로 발행되고 배서금지 문구가 있는 경우에 양도가 안 되므로 유통이 불가능하고 은행에서도 수리하지 않는다.

(BILL OF LADING)

SHIPPER/EXPORTER			
CONSIGNEE			
NOTIFY PARTY			
PRE CARRIAGE BY	PLACE OF RECEIPT	ONWARD INLAND ROUTING	
OCEAN VESSEL/VOYAGE/FLAG	PORT OF LOADING	FOR TRANSSHIPMENT TO	
PORT OF DISCHARGE	PLACE OF DELIVERY	FINAL DESTINATION FOR THE MERCHANT'S REFERENCE ONLY	

PARTICULARS FURNISHED BY SHIPPER					
MARKS AND NUMBERS	NO.OF CONT.	DESCRIPTION OF PACKAGES AND GOODS		GROSS WEIGHT (KGS)	MEASUREMENT (CBM)

FREIGHT AND CHARGES REVENUE TONS RATE PER	PREPAID	COLLECT	IN ACCEPTING THIS BILL OF LADING, the shipper, owner and consignee of the goods, and the holder of the bill of lading expressly accept and agree to all its stipulations, exceptions and conditions, whether written, stamped or printed as fully as if signed by such shipper, owner, consignee and/or holder. No agent is authorized to waive any of the provisions of the within clauses. IN WITNESS WHEREOF, the master or agent of the said ship has affirmed to THREE(3) bills of lading, all of this tenor and date, ONE of which being accomplished, the others to stand void.
			B/L NO. DATED AT _____ BY _____

〈선하증권 SAMPLE〉

┌── 선하증권의 위기 ──

1. 의의

선하증권의 위기란 물품이 서류보다 수입국에 먼저 도착하게 된 경우, 수입상은 물품을 인수할 수 없게 되는데 이를 선하증권의 위기라 한다. 이는 서류업무로 인한 업무처리 지연 및 컨테이너선 등장 등으로 인해 운송기간이 감소한데 기인한 문제이다.

2. 해결방법

(1) 권리증권성 배제

① 해상화물운송장의 사용(유럽국가)

해상화물운송장(sea waybill)은 해상운송인에 의해서 비유통성으로 발행되는 운송서류로 보통 수하인을 기명하여 발행된다. 따라서 목적지에서 수하인임을 입증하면 바로 물품을 인수할 수 있다.

② B/L의 권리포기(우리나라)

선하증권의 위기가 발생하게 된 서류업무로 인한 발송지연을 해소하기 위하여 B/L의 권리증권성을 포기하고 선사에 반환된 B/L을 Surrendered B/L이라 한다. 이 경우 수하인은 원본 선하증권의 제시 없이 권리권자임이 확인되면 물품을 수령할 수 있다. 즉 사본 B/L만으로도 물품수령이 가능한 방법이다.

해상화물운송장 그리고 권리포기선하증권은 결과적으로 동일한 방법이지만, 관행적으로 우리나라에서는 권리포기선하증권을 사용하고 유럽국가 등에서는 해상화물운송장을 사용한다.

(2) 수입화물선취보증서(L/G(Letter of Guarantee))의 사용

선하증권의 도착이 지연되어 화물을 인수할 수 없는 경우 수입상은 보편적으로 거래은행(신용장개설은행)에 수입화물선취보증서(Letter of Guarantee)의 발급을 신청하여 선하증권 원본 대신 선박회사에 수입화물선취보증서를 제출하고 화물을 인수하는 것이다. 실무 현장에서는 수입화물선취보증서에 의한 보증도의 관행이 일상적으로 행해지고 있다.

(3) 전자식 선하증권의 사용

실제 운송서류를 발송하는데 지연이 발생하는 문제를 해결하기 위해 전자선하증권을 이용할 수 있다. 전자선하증권은 선사의 네트워크 등을 통해 데이터로 이동하기 때문에 이동에 따른 지연이 발생할 가능성은 거의 없지만, 전자적인 권리이전의 복잡함 문제 등으로 인해 활성화 되지 못하고 있다.

(2) 특수한 선하증권

1) 기간경과선하증권(Stale B/L)

선적일자를 기준으로 선하증권이 발행된 후 21일 이내에 매입은행에 제시되지 못한 선하증권을 말한다. 선적일자를 기준으로 선하증권이 발행된 후 수출업자는 수출상품 대금을 회수하기 위하여 발급 후 21일 이내에 매입은행에 선하증권을 제시하여야 한다. 만약 그렇지 않을 경우, 원칙적으로 은행에서는 이 선하증권의 매입을 거절하지만 신용장에 'stale B/L acceptable'에 상당하는 문구가 들어가 있을 경우 은행에서 매입하기도 한다. 일명 기간경과선하증권이라고 한다.

Back date B/L

　선(先)선하증권 또는 소급일자 선하증권은 물품이 실제로 본선 상에 적재 완료된 일자가 아니라 그 이전의 일자로 발행된 선하증권을 말한다. 매도인의 부득이한 사정으로 계약된 선적일에 선적하지 못한 경우 계약위반을 피하기 위하여 부득이하게 사용되지만, 법적 적합성의 문제가 있어 사용에 주의가 필요하다.

---

2) 스위치선하증권(Switch B/L)

중계무역에서 중계무역업자가 실공급자와 실수요자를 서로 모르게 하기 위해 사용하는 B/L이다. 중계무역이란 재수출하기 위해 수입을 하여 이를 제3국으로 재수출하는 무역으로 수입대금과 수출대금의 차액이 목적이므로 실공급자와 실수요자가 서로의 존재를 알게 되면 안 되기 때문에 사용한다. 중계무역업자는 수출자가 자신이고 수출지도 자국으로 표시된 B/L로 교환(switch)하여 재수출할 때 사용한다.

변경가능	변경불가
착화통지처	적재항
송하인	양륙항
수하인	물품명세

(3) 해상화물운송장(Sea Waybill : SWB)

신용장과 함께 B/L 사용 시 수하인이 은행을 통하여 B/L을 인도받지 않으면 화물 수취가 불가능하기 때문에 소요시간이 오래 걸릴뿐더러, L/G(Letter of Guarantee)를 받기 위해 비용이 발생하고 절차가 복잡하였다. 이런 문제점을 해결하기 위해 Sea Waybill이 사용되기 시작했다.

	B/L	SWB
운송계약의 증거	○	○
화물수취증	○	○
권리증권	○	×

SWB는 운송계약의 증빙서류이고 물품 수령증의 역할을 하지만 권리증권은 아니며 물품청구권이 없고 유가증권도 아니다. 그러므로 수하인은 물품을 인도받을 때 운송인에게 B/L을 제시할 필요가 없고 자신이 SWB에 기재된 수하인이라는 것만 입증하면 된다.

〈B/L과 SWB의 비교〉

	B/L	SWB
기능	해상운송에서 발행되는 증거증권으로서 화물수취증의 기능	
발행방식	지시식, 무기명식	기명식(약정된 수하인이 화물의 소유권자)
유통가능성	유통가능(운송 중 전매가능)	유통불가(운송 중 전매불가)
권리 행사자	적법한 소지인	수하인

해상화물운송장은 선하증권과 동일한 양식으로 발행되며, 단지 Consignee가 기명되어 있으며, 유통불가(Non-negotialbe)이라고 기재되어 있을 뿐이다.

(SEA WAY BILL)

SHIPPER/EXPORTER	*[NON-NEGOTIALBE]*	
CONSIGNEE[기명식발행]		
NOTIFY PARTY		
PRE CARRIAGE BY	PLACE OF RECEIPT	ONWARD INLAND ROUTING
OCEAN VESSEL/VOYAGE/FLAG	PORT OF LOADING	FOR TRANSSHIPMENT TO
PORT OF DISCHARGE	PLACE OF DELIVERY	FINAL DESTINATION FOR THE MERCHANT'S REFERENCE ONLY

PARTICULARS FURNISHED BY SHIPPER

MARKS AND NUMBERS	NO.OF CONT.	DESCRIPTION OF PACKAGES AND GOODS	GROSS WEIGHT (KGS)	MEASUREMENT (CBM)

FREIGHT AND CHARGES REVENUE TONS RATE PER	PREPAID	COLLECT	IN ACCEPTING THIS BILL OF LADING, the shipper, owner and consignee of the goods, and the holder of the bill of lading expressly accept and agree to all its stipulations, exceptions and conditions, whether written, stamped or printed as fully as if signed by such shipper, owner, consignee and/or holder. No agent is authorized to waive any of the provisions of the within clauses. IN WITNESS WHEREOF, the master or agent of the said ship has affirmed to THREE(3) bills of lading, all of this tenor and date. ONE of which being accomplished, the others to stand void.
			B/L NO. DATED AT _____
			BY _____

2. 해상운송 절차

해상운송은 크게 정기선운송과 부정기선운송으로 구분되고, 각각 개품운송계약과 용선계약의 방식으로 운송계약을 체결하게 된다. 용선계약은 다시 전부용선과 일부용선으로 구분할수 있으며, 전부용선은 계약의 성격에 따라 나용선, 정기용선 항해용선으로 구분한다. 운송파트는 실제무역에서 아주 중요한 부분을 차지하지만, 시험에서는 많이 다뤄지지는 않기 때문에 비교정리 포인트에 주안점을 두고 정리해 보도록 하자.

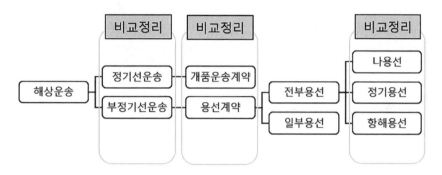

(1) 해상운송의 종류

1) 정기선(Liner)

정기선이란 정해진 항로를 규칙적으로 반복 운항하는 선박을 말한다. 미리 운항일정과 운임을 공시하고 불특정 다수의 화주에게 선복(배 공간)을 제공하여 운송서비스를 제공한다. 운송화물 대상은 주로 컨테이너화물, 소량화물, 공산품 및 가공화물 등이다. 정기선은 한 건 한건 계약을 통해 화물을 운송하는 계약을 뜻하는 개품운송계약을 맺는다.

2) 부정기선(Tramper)

정기선과는 반대로 정해진 항로가 없이 화주의 화물 수요에 따라 운항시기, 운항항로를 결정하는 불규칙적인 운항을 하는 선박이다. 대량수송을 하며 화물자체의 가치가 낮아 고가의 운임을 부담하기 힘든 화물을 대상으로 운송서비스를 제공한다. 일반적으로 배를 빌리는 계약을 뜻하는 용선계약을 통해 운송된다.

〈정기선과 부정기선의 비교〉

	정기선	부정기선
규칙성	규칙적 항해	불규칙적 항해
선박	취항항로의 특성에 맞춰 설계	벌크화물의 경우 비교적 단순하게 설계, 특수전용선－용도에 맞춰서 설계 (*ex* : LNG선, 원유수송선)
운임	공시운임	협상운임
대상화물	일반화물(주로 컨테이너 화물)	벌크 화물
운송계약서	개품운송계약, 선하증권(B/L)	용선계약, 용선계약서(C/P)
장점	안정적인 스케줄 관리	정기선보다 낮은 운임(대량운송에 적합)
단점	부정기선에 비해 운임이 높음	상황에 따라 운임 변동 폭이 큼

해운동맹(Shipping conference)

1. 의의

특정 항로에 취항하고 있는 2개 이상의 정기선사들이 모여 각자의 기업 독립성은 유지하되 과다경쟁을 상호간에 피하고 서로의 이익을 증진하기 위해 운임, 적취량과 배선(선박을 배치) 등 조건에 관해 협정한 국제 카르텔을 말한다. 해운동맹은 국제운임안정과 양질의 정기선 서비스 공급이라는 혜택을 주었지만, 대규모 선사들이 주축이 되어 독점적으로 시장을 장악하여 왔고 이에 대한 논란과 규제로 인하여 현재는 많이 쇠퇴하였다.

2. 장단점

장점	• 양질의 운송서비스 제공 • 정기운송 유지, 운임안정 및 배선의 합리성 • 균등운임 적용(중소화주에 대한 차별대우 없음)
단점	• 독점적 성격으로 인한 과대이윤을 추구 • 독단적인 운임률 책정 등 합리성 결여 • 화주구속(계약운임제 및 운임연환급제 등)

3. 운영방법(화주구속)

계약운임제	동맹선에만 선적할 것으로 약정하면 낮은 운임을 적용하여 화주를 유인하는 제도
충실보상제	일정기간동안 동맹선에만 선적한 화주에 대하여 일정비율을 환급해주는 제도
운임연환급제(이연환급)	충실보상제와 동일하지만 환급은 일정기간 후에 환급을 해주는 제도다. 다만, 일정기간동안에도 동맹선에만 선적해야한다.

(2) 해상국제운송 계약의 종류

1) 개품운송계약

개별 화주의 물품운송. 해상 운송인이 개별 화주들에게 운송을 약속하고 화주에게 운임을 지불받기로 한 계약을 일컫는다. 개품운송계약은 다시 화물종류에 따라서 재래화물과 컨테이너화물로 구분할 수 있다.

① 재래화물 선적절차

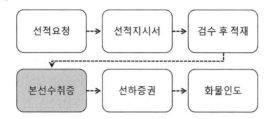

⊙ 계약체결

송하인은 선사에 선복을 신청하는 선복신청서(S/R : Shipping Request)를 제출하고, 선사는 선적을 승낙 또는 인수하여 인수확인서(Booking Note)를 교부한다.

ⓛ 선적

운송계약이 체결되면, 선박회사는 선장에게 선적지시서(S/O : Shipping Order)를 발급하고, 검수인이 화물상태를 점검 후에 물품을 본선에 적재한다.

ⓒ 본선수취증 발급

선적이 완료되면 본선수취증(M/R : Mate Receipt)을 송하인에게 발급한다.

ⓔ 선하증권 발급

송하인은 본선수취증을 선박회사에 제출하고 선하증권을 발급받는다. 선하증권을 발급받을 때 경우에 따라 운임을 지급한다(운임후불인 경우 제외).

ⓜ 화물인도

화물이 목적지에 도착하면 선하증권의 착화통지처에 기재된 수하인에게 도착통지를 하고, 수하인은 선하증권을 선사에게 제출하고 화물인도지시서(D/O : Delivery Order)를 발급받아 화물인도장소에 제시하고 물품을 회수한다.

② 컨테이너화물

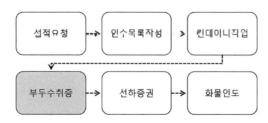

㉠ 계약체결

송하인(수출자)은 선박회사에 출항예정일 및 운임을 확인 후 선박회사에 선적요청서 (Shipping request, S/R)를 제출하여 선복예약(Booking)을 하고 수출 관련서류를 제공한 다. 선박회사는 인수목록(Booking note)을 작성 관련부서에 교부한다.

㉡ 컨테이너작업

FCL화물인 경우, 해상운송인은 내륙운송업자가 송하인에게 공컨테이너를 배송하여 화물을 적입, 봉인한 후 CY로 운송하도록 한다. LCL화물은 항만의 CFS에 물품을 반 입한다.

- FCL화물인 경우, 운송사는 CY에서 공컨테이너를 반출하며 CY로부터 기기수도증 (Equipment Receipt : E/R)을 발급받는다. 운송사는 공컨테이너를 가지고 가는 픽업트럭을 수출자에게 보내 컨테이너에 화물을 적입하게 한다. 수출자 측에서 컨 테이너 적입(stuffing) 작업이 완료되면 수출자가 직접 seal(자물쇠)을 봉인하게 한다. 그 후 수출신고를 하고 CY로 운송한다.
- LCL화물인 경우, 일반적으로 화주는 운송사가 지정한 대정에 물품을 반입시켜 도 착 보고를 한다. 도착보고 시, CFS operator는 Booking note와 실제화물이 일치 하는지 확인한다. CFS operator는 CLP(Container Load Plan)를 토대로 LCL화 물들을 한 개의 컨테이너로 만드는 작업인 혼재(consolidation)를 한다.

㉢ 부두수취증 발급

CY Operator는 송하인이 제출한 서류와 컨테이너에 적입된 화물과 대조 후에 부두수취 증(D/R : Dock Receipt)을 발행하여 송하인에게 교부한다.

㉣ 선하증권 발급

선박회사는 부두수취증을 근거로 B/L을 매도인에게 발급해준다. 실무적으로 D/R을 화주에게 교부하기 보다는 선박회사의 내부전달 체계에 의해 확인된 이후에 B/L이 자동 발급된다.

〈FCL화물과 LCL화물〉

FCL	• Full Container Load • 컨테이너 하나 분량을 채우는 화물
LCL	• Less than Container Load • 컨테이너 하나 분량을 채우지 못하는 소량화물 • 일반적으로 LCL화물은 같은 목적지로 가는 화물을 혼재하여 FCL로 만듦

〈CY와 CFS〉

CY(Container Yard)	• 좁은 범위 : 컨테이너를 인도, 인수 및 보관하는 장소를 의미 • 넓은 범위 : 컨테이너 터미널 전체(marshalling yard, apron, CFS 등 모두 포함) • CY에는 FCL화물이 반입됨
CFS (Container Freight Station)	• LCL화물을 인도, 인수, 보관, 집하, 혼재, 분류 작업을 하는 장소 • CFS에는 LCL화물이 반입됨

〈컨테이너 화물의 운송형태〉

FCL/FCL(CY/CY)	• 한 명의 수출자와 한 명의 수입자 관계 • 수출항 CY에서부터 수입항 CY까지 운송되는 형태 • 수출자 작업장에서부터 수입자 작업장까지 중간에 컨테이너를 개폐하지 않아 신속 · 안전 • 문전(door to door) 일관운송의 대표적인 형태
FCL/LCL(CY/CFS)	• 한 명의 수출자와 다수의 수입자 관계(shipper's consolidation) • 수출항 CY에서부터 수입항 CFS까지 운송하는 형태
LCL/FCL(CFS/CY)	• 다수의 수출자와 한 명의 수입자 관계(buyer's consolidation) • 포워더가 수입자의 위탁을 받아 다수의 수출자로부터 화물을 집하하여 운송하는 형태 • 수출항 CFS에서 수입항 CY까지 운송
LCU/LCL(CFS/CFS)	• 다수 수출자와 다수 수입자 관계(forwarder's consolidation) • 포워더가 다수 수출자로부터 화물을 집화, 혼재하여 수입국의 파트너 포워더를 통해 다수 수입자에게 운송해주는 형태 • 수출항 CFS에서 수입항 CFS까지 운송 • 콘솔 화물의 대표적인 형태 • pier to pier와 같은 말

〈컨테이너의 구분〉

TEU	• Twenty−foot Equivalent Unit, 20피트 컨테이너 • 길이가 20피트($20' \times 8' \times 8.6'$)
FEU	• Forty−foot Equivalent Unit, 40피트 컨테이너 • 길이가 40피트($40' \times 8' \times 8.6'$)

(3) 용선계약

용선운송계약이란 타인 소유의 선박에 대하여 일정한 조건을 정하여 차용할 때의 계약을 말한다. 다시 말하면 선주가 제공한 선박의 전부 또는 일부의 선복에 의하여 화물을 운송할 것을 약정하고, 이에 대하여 보수를 지급할 것을 약속하는 해상운송방법을 말한다. 용선계약에 이용되는 화물은 주로 특수한 화물로, 곡물, 석탄, 원목, 광석 등 1회의 적하가 대량일 때 부정기선을 사용하는 것이 일반적이다. 용선운송계약은 일부 용선계약과 전부 용선계약으로 구별되고, 전부용선계약은 다시 항해용선계약과 기간용선계약으로 구분되며, 특수한 형태의 나용선이 있다.

1) 일부 용선계약(partial charter)

일부 용선계약이란 용선운송계약 시 선복의 전부를 빌리는 것이 아니고 일부만 차용하는 경우 체결되는 계약을 말한다.

2) 전부 용선계약(whole charter)

전부 용선계약이란 용선계약 시 선복의 전부를 빌리는 경우에 체결되는 계약을 말한다.

구분	용선기간	용선자	용선목적
항해용선	선박의 일회성 사용계약	화주	물품운송
정기용선	일정기간(1년~2년) 동안의 사용계약	운송인	영업목적
나용선	장기(10년 이상) 선박사용계약	운송인	선박구매

① 항해용선계약(voyage charter, trip charter)

항해용선계약이란 일정한 항구에서 항구까지 화물의 운송을 의뢰하는 화주(용선주)와 선박회사 간의 용선계약을 말하는데, '항로용선계약'이라고도 한다. 이를 항해용선계약의 경우 적화의 수량에 따라 운임을 계산하는 방식을 운임용선계약이라고 하며, 적량과는 관계없이 본선의 선복을 대상으로 하여 1회 항해에 대한 운임을 포괄적으로 약정하는 선복운임(Lump Sum Freight)에 의한 방식을 선복용선계약(Lump Sum Charter)이라고 한다.

② 기간용선계약(voyage charter, trip charter)

기간(혹은 정기)용선계약이란 선박을 일정한 기간을 정하여 용선하는 계약으로, 이 경우 선주는 일체의 선박 부속 용구를 갖추고 선원을 승선시키는 등 선박의 운항 상태를 갖추어 선박을 소정의 항구에서 용선자에게 인도하여야 하므로 전부용선이 된다.

③ 나용선계약(bareboat charter)

일반적으로 용선계약을 체결하면 선주가 선박과 함께 선원도 제공하도록 되어 있으며, 항해용선계약인 경우에는 선주가 수선비 및 보험료 등도 부담하도록 되어 있으나, 용선자가 일종의 대차 방식에 의하여 선원의 수배는 물론 운행에 관한 일체의 모든 감독 및 관리 권한까지 행사하도록 하는 것이 나용선계약이다.

〈용선계약의 비교〉

부담 비용	항해용선	기간용선	선박임대차(나용선)
선주	고정비[7] 운항비용[8]	고정비	상각비
용선자	용선료 지불	용선료 지불 + 운항비용	상각비 외 모든 비용

3) 항해용선계약 하역비 및 정박기간의 산정

하역비부담과 정박기간 산정문제는 항해용선계약의 경우에만 해당되는 내용이기 때문에 따로 정리할 필요가 있다.

정기용선과 나용선계약에서 용선자는 선박을 운영하는 주체로서 하역비부담문제가 발생하지 않으며(하역비용은 용선자가 부담), 또한 선박운용계획에 따라 항구에서 정박함으로 정박기간을 별도로 합의할 필요가 없다. 즉 정기용선과 나용선계약에서 용선자는 운송인에 해당하고 선박운용에 따른 위험과 책임을 부담하는 주체(정박기간에 따른 모든 비용은 용선자가 부담)가 된다는 점에서 항해용선계약과 구별된다.

① 하역비 부담조건에 따른 구분

하역이란 운송·보관·포장의 전후에 부수하는 물품의 취급으로서, 선박 등으로 운송되는 물품의 적재·양륙 등의 일체의 작업을 말한다. 항해용선계약에서 하역비 부담의 결적은 적재비용과 양륙비용과 관련된 비용을 선주와 화주 중에 누가 부담하는가를 합의하는 것이다.

하역비 부담 조건	선적비용(In)	양륙비용(Out)
Berth terms	선주 부담	선주 부담
FI(Free In)	화주(용선자) 부담	선주 부담
FO(Free Out)	선주 부담	화주(용선자) 부담
FIO(Free In & Out)	화주(용선자) 부담	화주(용선자) 부담

② 정박기간

정박기간은 화주가 계약화물의 전량을 완전히 적재 또는 양륙하는데 필요한 일수로서 선주가 화주에게 부여하는 기간을 말한다. 불필요한 정박기간은 선주에게 비용적인 손해를 의미하므로, 선주와 화주는 정박기간을 사전에 합의하게 된다. 만약 주어진 정박기간을 초과하면 화주는 체선료를 부담하게 되면, 정박기간보다 먼저 하역이 종료하면 화주는 선주로부터 조출료를 지급받게 된다.

---

7) 선원인건비, 식료, 유지비, 수선비, 보험료, 상각비 등
8) 연료비, 항비, 하역비, 예선료, 도선료

체선료(Demurrage)

정박은 배가 머무른다는 뜻으로 정박기간(Laytime, Layday)은 용선자에게 허용된 무료 하역기간을 말한다. 정박기간이 늘면 비용이 증가하므로 정박기간을 초과하는 경우 용선자가 선주에게 내야 하는 페널티 비용을 체선료라고 한다.

조출료(Despatch)

체선료와 반대 개념으로 오히려 배가 일찍 출항할 때, 허용기간보다 더 일찍 하역을 마치면 선주가 용선자에게 주는 사례금을 말한다. 일반적으로 체선료의 반액을 지급하게 된다.

---

③ 정박기간의 산정 방법

계약서에 정박기간을 확실히 정한 경우와 CQD(Customary Quick Despatch)와 같이 확실히 정하지 않은 경우가 있는데, 정박기간의 조건은 다음과 같다.

㉠ 연속24시간(Running Laydays)

우천, 동맹파업 등 어떠한 이유도 상관없이 하역을 일단 개시하면 종료될 때까지의 일수를 모두 정박기간에 산입

㉡ 관습적 조속하역(CQD : Customary Quick Despatch)

관습적 조기하역. 항의 관습적인 하역능력에 따라 될 수 있는 한 빨리 선적과 양륙을 마친다는 조건

㉢ 호척하역일에 따른 구분

• WWD(Weather Working Days)

기상조건이 하역가능한 날만 산입

• WWD SHEX(Weather Working Days Sundays and Holidays EXcepted)

일요일, 공휴일에 하역을 하더라도 산입하지 아니함

• WWD SHEXUU(Weather Working Days Sundays and Holidays EXcepted Unless Used)

일요일, 공휴일에 작업을 안했으면 산입하지 않고. 작업했으면 산입함

제2절 국제항공운송

1. 항공운송 개요

항공운송은 항공기로 여객 또는 화물을 운송하는 것을 의미한다. 무역거래에서 항공운송 대상이 되는 항공화물은 승객의 수화물(Baggage)과 우편물(Mail)을 제외한 항공화물운송장(Air Waybill : AWB)에 의해 수송되는 화물이다. 최근 소형·경량의 고부가가치제품이 증가하고 국제적 분업과 적정재고정책으로 인해 항공운송에 의한 정시배달이 선호되면서 항공화물 운송량이 증가하고 있다.

항공운송파트는 시험에서 큰 비중을 차지하지는 않지만 정리할 내용이 많지 않다. 따라서 해상운송과 마찬가지로 운송서류와 운송계약으로 구분하여 해상운송 운송서류인 B/L과 비교하여 정리하고 계약체결 시 대리점계약과 운송주선업자와의 계약의 차이점정도를 준비하면 충분하다.

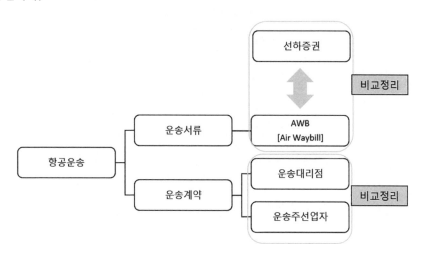

2. 항공화물운송장(Air Waybill, AWB)

(1) 개요

항공화물운송장(Air Waybill, AWB)은 항공운송인과 송하인과의 운송계약 체결 및 운송인에 의한 화물의 수령사실과 운송의 조건에 관한 증거가 되는 서류이다. AWB은 원칙적으로 송하인이 작성하지만, 실무상 운송인이 송하인을 대신하여 작성한다. AWB는 3통의 원본이 작성되는데 이 중 제1원본은 운송인용, 제2원본은 수하인용, 제3원본은 송하인용으로 구분된다는 점을 기억해야한다.

(2) AWB의 기능

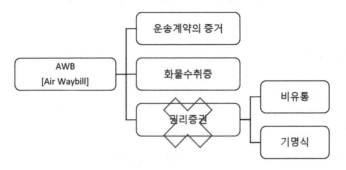

AWB은 단순한 화물운송장이며 유가증권은 아니다. 창고에서 수취하고 AWB을 발행할 수 있기 때문에 수취식이라고 하며 원칙적으로는 수화인란에 이름을 기재하는 기명식이고 양도가 안 되므로 비유통성이다. 항공운송은 해상운송과 비교하여 매우 신속하게 운송되므로 굳이 유통성을 부여하지 않아도 문제가 발생하지 않는다.

〈B/L과 AWB의 비교〉

	AWB	B/L
유통가능	비유통성(non-negotiable)	유통성(negotiable)
권리증권성	단순 화물 수취증	권리증권
발행형식	운송사가 화물 수취 후 AWB 발행 (Received B/L)	선적 후에 B/L 발행 (shipped B/L)
작성주체	송하인이 작성 (실무에서는 운송사가 대리 작성)	운송사가 작성
수하인표시	기명식 (수화인 란에 실제 수화인으로 기재)	지시식 (무기명식)

Shipper's Name and Address	Shipper's Account Number	Not Negotiable **Air Waybill** Issued by
		Copies 1,2 and 3 of this Air Waybill are originals and have the same validity.
Consignee's Name and Address	Consignee's Account Number	It is agreed that the goods described herein are accepted in apparent good order and condition (except as noted)for carriage SUBJECT TO THE CONDITIONS OF CONTRACT ON THE REVERSE HEREOF. ALL GOODS MAY BE CARRIED BY ANY OTHER MEANS INCLUDING ROAD OR ANY OTHER CARRIER UNLESS SPECIFIC CONTRARY INSTRUCTIONS ARE GIVEN HEREON BY THE SHIPPER, AND SHIPPER AGREES THAT THE SHIPMENT MAY BE CARRIED VIA INTERMEDIATE STOPPING PLACES WHICH THE CARRIER DEEMS APPROPRIATE. THE SHIPPER'S ATTENTION IS DRAWN TO THE NOTICE CONCERNING CARRIERS' LIMITATION OF LIABILITY. Shipper may increase such limitation of liability by declaring a higher value for carriage and paying a supplemental charge if required.
Issuing Carrier's Agent Name and City		Accounting Information
Agent's IATA Code	Account No.	

Airport of Departure(Addr. of First Carrier)and Requested Routing		Reference Number	Optional Shipping Information

to	By First Carrier Routing and Destination	to	by	to	by	Currency CHGS Code	WT/VAL PPD COLL	Other PPD COLL	Declared Value for Carriage	Declared Value for Customs
	Airport of Destination		Requested Flight/Date			Amount of Insurance		INSURANCE-If Carrier offers insurance, and such insurance is requested in accordance with the conditions thereof indicate amount to be insured in figures in box marked Amount of Insurance		

Handling Information

							SCI

No.of Pieces RCP	Gross Weight	kg lb	Rate Class Commodity Item No.	Chargeable Weight	Rate Charge	Total	Nature and Quantity of Goods (incl. Dimensions or Volume)

Prepaid	Weight Charge	Collect	Other Charges
	Valuation Charge		
	Tax		
Total Other Charges Due Agent			Shipper certifies that the particulars on the face hereof are correct and that insofar as any part of the consignment contains dangerous goods, such part is properly described by name and is in proper condition for carriage by air according to the applicable Dangerous Goods Regulations.
Total Other Charges Due Carrier			
			_____ Signature of Shipper or his Agent
Total Prepaid	Total Collect		
Currency Conversion Rates	CC Charges in Dest, Currency		Executed on(Date) at (Place) Signature of Issuing Carrier or its Agent
For Carrier's Use only at Destination	Charges at Destination	Total Collect Charges	

ORIGINAL 3 (FOR SHIPPER)

〈HAWB 기재 예시〉

3. 항공운송계약

항공운송계약은 일반화주가 항공사와 직접 운송계약을 체결할 수 없고 항공화물대리점이나 항공화물운송주선인과 운송계약을 체결하게 된다.

항공화물대리점 (Air Cargo Agent)	'항공사의 판매 대리인'이라고 말할 수 있다. 이들은 항공사 또는 총대리점을 대신하여 수출입화물을 유치하고 운송계약을 체결하고 Master Air Waybill(MAWB)을 발행하며 수수료를 취득한다. 대리점은 자신의 명의로 운송을 하는 것이 아니고 항공사를 대리하므로 주선업자와는 달리 독자적인 항공화물운송장을 발행할 수 없으며 대신 항공회사의 명의로 발행한다.
항공운송주선인 (Air Freight Forwarder)	항공운송주선인은 포워더라고 하는데, 포워더는 항공기를 직접 운항하지는 않지만, 송하인과 운송계약을 맺고 운송책임을 부담하며 집화한 화물을 하나의 화물단위로 모아서 항공사에게 운송을 위탁한다. 이들은 항공사 대량화물 운임할인을 통해 자체적으로 설정한 요율 및 운송약관을 적용한다. 다수 송하인들의 소량 화물을 집화하여 항공사에게 대형 화물로 운송을 위탁하여 중량이 커짐에 따라 운임을 할인받게 되는데, 이때 항공사에서 제시받은 운임과 포워더가 화주에게 제시하는 운임의 차액을 통해 수익을 창출한다. 주선인은 자체적으로 요율을 설정하고 화주에게 House Air Waybill(HAWB)을 발행한다.

〈항공화물대리점과 항공운송주선인 비교〉

구분	항공화물대리점(Agent)	항공운송주선인(Air freight forwarder)
tariff(운임요율)	항공사의 tariff 따름	자체 tariff 사용
책임부담	항공사	주선인
운송약관	항공사 약관을 따름	자체 약관을 따름
발행형식	MAWB 발행	HAWB 발행
수수료	운임의 5%나 기타 수수료	운임의 5%(IATA 판매수수료)와 항공사에 지불하는 운임과 화주에게 지불받는 운임 차액

제3절 국제복합운송

1. 복합운송 개요

복합운송(Multimodal transport)은 화물을 해상, 항공, 육상, 철도, 내수로 등 운송수단 중 적어도 2개 이상의 다른 종류의 운송수단에 의해 운송하는 것을 말한다. 출발창고에서 도착창고까지 2개 이상의 운송수단을 유기적으로 결합하여 단일의 운송계약하에 복합운송인이 일괄해서 일관 수송하는 운송이다. 복합운송은 컨테이너의 발달과 운송기술 및 장비의 혁신에 따라 종래의 tackle to tackle 운송개념에서 CY to CY로, 그리고 door to door의 운송형태로 나타나게 되었다.

2. 국제복합운송의 특징

운송수단의 결합	복합운송은 복합운송인이 둘이상의 운송수단을 결합하여 선적지에서 양륙지까지 일괄운송을 실현하는 것이 특징이다
단일 운송서비스	재래식 화물운송의 경우 여러 번의 환적이 수반되므로 운송중의 멸실 손상의 위험이 있지만, 복합운송의 경우 출발지에서 목적지까지 일괄운송서비스를 제공하므로 위험이 상대적으로 낮고 운송의 신속성이 증진된다.
단일책임	복합운송인은 자기의 명의와 계산으로 송하인을 상대로 복합운송계약을 체결하고, 여러 운송구간을 적절히 연결하여 운송이 원활하게 이루어지도록 하며 전 구간에 걸쳐 화주에게 단일책임을 부담한다.
단일운임	운송 시작부터 끝까지의 운송구간에 최초의 운송인이 단일운임으로 징수한다.
복합운송서류	통운송장은 통운송을 위해 발행되는 운송증권으로서 Multimodal transport document, Combined Transport B/L, Through B/L 등으로. 불린다.

3. 국제복합운송의 주요경로

(1) 랜드브리지 시스템 개념

랜드브리지(Land bridge)란 해상 – 육상 – 해상으로 이어지는 운송구간 중 중간구간인 육상운송구간(Land)이 해상과 해상을 잇는 다리(Bridge)여할을 한다고 헤서 붙여진 이름이다. 랜드브리지 시스템(Land bridge system)은 해상운송을 주체로 하여 운송구간 일부에 육상구간을 다리나 육교처럼 이용하여 시간과 경비를 절약시키기 위해 개발된 복합운송방식을 뜻한다.

(2) 북미대륙

ALB (America Land Bridge)	극동의 주요 항만에서 북미 서안의 주요 항만까지 해상운송하며, 북미 서안에서 철도를 이용하여 미 대륙을 횡단하고, 북미 동부 또는 남부항에서 다시 대서양을 해상운송으로 횡단하여 유럽 지역 또는 유럽 내륙까지 일관 수송하는 운송경로이다.
MLB (Mini Land Bridge)	철도 bridge로서 극동－미국 서부 연안까지 해상운송 후, 철도로 내륙운송하여 미국 동안(대서양)이나 멕시코 만까지 수송하는 방식으로 그 반대로도 서비스가 가능하다. MLB는 출발지나 목적지나 출발지가 항만지역에 한정되는 port to port 서비스이고, ALB에서 대서양횡단을 제외한 것이 MLB이다.
IPI (Interior Point Intermodal)	Micro bridge로도 불리는데, 극동－미국 서부 해안까지 해상 운송 후, 로키산맥의 동부 내륙까지 철도운송하는 루트이다. 미 내륙 지점을 출발지나 목적지로 하는 복합운송으로서 MLB는 항구까지만 서비스가 가능 하지만 IPI는 내륙까지 서비스가 가능 하다.
RIPI (＝Reverse Interior Point Intermodal)	IPI서비스에 대응하여 개발된 루트로서 극동에서 파나마 운하를 경유하여 미국 동부 해안으로 해상운송 후, 철도나 트럭으로 내륙지역으로 육상운송하는 방식이다.

(3) 유라시아

TSR (Trans Siberian Railroad)	SLB(Siberia land bridge)라고도 한다. TSR은 시베리아 횡단 철도로서 극동 지역에서 러시아 극동항구인 보스토치니 항까지 해상운송 후, 시베리아철도로 시베리아대륙을 횡단하여 러시아 및 유럽지역으로 철도 및 트럭 운송하는 방식이다.
TCR (Trans China Railroad)	중국 횡단 철도로서 중국의 연운항에서부터 우름치, 알라산쿠(Alaraw Shankou)를 잇는 총길이 4,018km의 철도로 이후 러시아 및 유럽까지 연결 된다. 중국의 개방화와 경제발전 및 재원확보를 위해 유럽과 교역물량을 원활히 수송하기 위하여 중국대륙을 관통하여 TSR과 연계하기 위해 건설되었다.

4. 국제복합운송인(Multimodal Transport Operator : MTO)

국제복합운송인은 동종, 이종 운송 수단을 조합하여 2개국 이상을 수송하는 운송인을 말한다. 따라서 복합운송인은 자기의 명의와 책임으로 화주를 상대로 복합운송계약을 체결한 계약 당사자일 뿐만 아니라 운송전반을 계획하며 운송기간 중 여러 운송구간을 적절히 연결하고 총괄하여 운송이 원활하게 이뤄지도록 조정하고 감독할 지위에 있는 자이다. 복합운송인 유형은 다음과 같이 2가지로 구분된다.

(1) 실제운송인(Actual carrier)형

실제운송인은 UNCTAD/ICC 복합운송규칙에서 실제로 운송의 전부 또는 일부를 행하거나 또는 이행을 인수하는 자라고 정의함에 따라 실제운송인은 자신이 직접 운송수단(선박, 트럭, 항공기 등)을 보유하면서 복합운송인의 역할을 수행하는 운송인을 말한다. 예를 들어, 선사, 항공사, 철도회사 및 트럭 운수회사가 있다.

(2) 계약운송인(Contractual carrier, contracting carrier)형

계약운송인은 선박, 항공기, 트럭 등을 직접 보유하지는 않으나 실제운송인처럼 운송주체자로서의 기능과 책임을 다하는 운송인을 말한다. 운송주선인이나 무선박운송인(NVOCC) 등이 여기에 속한다.

5. 복합운송인의 책임체계

기본적으로 복합운송은 단일책임체계에 따라 복합운송인이 화주에게 보상하지만, 어떤 한도를 적용할지가 문제된다. 즉, 해상운송, 항공운송, 육상운송의 운송인의 책임체계가 다르기 때문에 어떠한 책임체계를 적용할지의 문제이다. 현실적으로 이종책임체계를 적용하며 이외에도 단일책임체계, 절충식책임체계가 있다.

(1) 이종책임체계

화주에 대해 복합운송계약자인 복합운송인이 전 운송구간에 걸쳐서 책임을 부담하는데, 그 책임은 각 운송구간의 고유의 원칙에 의해 결정하는 책임체계이다. 즉, 해상운송구간은 헤이그 규칙, 항공운송구간은 바르샤바 협약, 도로운송구간은 CMR 및 각국 화물자동차 운송약관, 철도운송구간은 CIM에 의해 결정하는 책임체계이다.

(2) 단일책임체계

화물 손해가 발생된 장소와 수단에 상관없이 동일한 책임원칙에 따라 복합운송인이 책임을 부담하는 것이다. 그러므로 운송구간과 운송방식에 상관없이 항상 동일한 책임원칙을 적용한다. 단일책임체계는 화주에게 유리하지만 동일한 책임을 부담하므로 복합운송인에게 불리하나.

(3) 수정단일책임체계(절충식책임체계)

Uniform liability system(단일책임체계)과 Network liability system(이종책임체계)의 절충안이다. 기본적으로 손해발생구간의 확인 여부에 관계없이 동일한 책임원칙(Uniform liability system)을 적용하나, 손해발생구간이 확인되고 그 구간에 적용될 법에 규정된 책임한도액이 UN국제복합운송 조약의 책임한도액보다 높은 경우에는 그 구간에 적용되는 법의 책임한도액을 적용한다. 1978년 함부르크 규칙, 1992년 UNCTAD/ICC 복합운송증권 규칙 및 1980년 UN국제복합운송 조약에서 채택되었다.

	운송인의 책임	장단점
이종책임	손해발생구간의 준거법	기존의 책임체계와 조화를 이루지만, 손해발생구간 확인 안 되는 경우 운송인 약관 적용가능
단일책임	일률적 책임원칙 (손해발생구간 상관×)	이론적으로는 이상적, 합리적 그러나 기존 책임체계와 충돌되어 적용되지 않음
수정단일책임	일률적인 책임원칙 (한도 : 손해발생구간의 준거법)	현실성이 결여되어 적용되지 않음

(4) 복합운송증권(Multimodal transport documents)

컨테이너에 의한 복합운송이 급격히 발달함에 따라 육·해·공 등 운송 전 구간을 커버하기 위해 등장한 운송서류로서 복합운송인에 의하여 물품이 인도된 것을 증명하는 증권이며 계약상의 조항에 따라 물품을 인도할 것을 약속하는 복합운송계약을 증명하는 증권이다. 복합운송증권은 복합운송인이 운송주선인(포워더)에 의해서 발행가능하다.

> **FIATA B/L**
>
> ICC가 1992년에 '복합운송증권에 관한 UNCTAD/ICC 통일규칙'을 제정하자 FIATA도 기존에 사용하던 FIATA B/L을 개정하여 현재 포워더들이 가장 많이 사용하고 있는 FIATA MT B/L (Multimodal transport B/L)을 만들었다. FIATA B/L은 유가증권으로서 해상선하증권(B/L)과 다르지 않으며 UCP 600의 적용을 받는다.

Chapter 03. 해상보험

제1절 해상적하보험

해상보험파트에서는 크게 MIA라고 불리는 영국해상보험법과 ICC규칙이라고도 불리는 협회적하약관의 면책위험과 담보위험을 정리하면 된다.

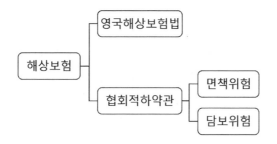

영국해상보험법은 영국의 국내법임에도 불구하고 국제협약 이상으로 전 세계적으로 널리 이용되고 있다. 그 이유는 해상보험증권의 약관에서 MIA를 준거법으로 채택하고 있기 때문이다. 우리나라에서도 상법에서 보험관련 규정을 두고 있지만, 국제해상보험에서는 여전히 MIA가 우선하여 적용되므로 MIA는 상당히 중요하다고 할 수 있다.

또한 해상보험증권의 약관으로 채택되는 것이 바로 협회적하약관이다. 따라서 영국해상보험법과 협회적하약관은 상호유기적인 관계 속에서 사용되고 있는 것으로 이해할 수 있다.

1. 해상보험계약

해상보험계약(Contract of marine insurance)은 계약에 의해 합의한 방법과 범위 내에서 해상손해(Marine losses), 즉 해상사업(Marine adventure)에 수반하는 손해를 보험자(Insurer)가 피보험자(Insured)에게 보상할 것을 약속하는 계약이다. 항해에 관한 위험을 담보로 하나, 항해에 부수되거나 접속되는 육상, 내수로, 항공 운송 중의 위험 및 창고까지도 확장담보가 가능하다.

2. 해상보험증권

해상보험계약 성립과 내용을 증명하기 위해 계약내용을 기재하고 보험자가 기명날인하여 보험계약자에게 교부하는 증권을 해상보험증권이라고 한다. 보험계약 체결 후 보험자는 보험증권(Insurance policy)을 보험계약자(피보험자)에게 발급한다.

해상보험증권에 내용이 구현되어 있지 않은 것은 증거로 인정되지 않기 때문에 증권상 보험계약 내용이 기재되어 있어야 한다. MIA에서는 해상보험증권의 필수 기재사항으로 피보험자의 성명이나 피보험자를 대신하여 계약을 체결하는 자의 성명을 반드시 기재하도록 규정하고 있다. 그리고 보험자에 의해 서명되거나 또는 보험자를 대리하여 서명되어야 한다.

(1) 보험증권의 해석

보험계약과 관련하여 계약 내용에 대한 해석의 문제가 발생하거나 보험증권의 조항과 문언이 상호 모순되어 계약당사자 간에 분쟁이나 소송이 진행될 수 있기 때문에 보험증권상 우선권을 부여하여 모순을 제거해야 한다. 법의 규정이 있는 경우를 제외하고는, 보험증권의 내용상 별도 해석이 필요하지 않는 한 보험증권의 해석규칙이 적용된다.

(2) 해석원칙

① 수기문언 우선원칙

보험증권에 기재된 수기문언은 타이핑된 문언, 인쇄문언에 우선하여 적용된다. 일반적으로 약관을 중심으로 보험이 체결되지만 수정·추가할 필요가 있을 때는 수기로 기재하기도 하기 때문이다.

② 판례 및 당사자 의사의 존중원칙

해상보험증권은 과거의 판례와 계약당사자 간의 의사에 따라 해석된다. 역사적으로 영국을 중심으로 발전해왔는데 이는 영국은 관습과 판례를 존중하기 때문이다.

③ POP의 원칙

보험증권상 문언은 학문적·이론적으로 해석되면 안 되고, 평이하면서(Plain) 통상적으로(Ordinary) 그리고 통속적(Popular)으로 해석되어야 한다.

④ 동종제한의 원칙

보험증권에는 서로 비슷한 단어들이 많은데 이들 단어들은 앞의 단어와 유사한 뜻을 지니고 있는 것을 해석한다.

⑤ 문언작성자 불이익의 원칙(Contra proferentem)

문언상 애매모호한 점으로 인해 야기되는 문제점은 문언을 작성한 사람에게 불리한 방향으로 해석한다.

(3) 계약방식에 따른 해상보험증권

① 확정보험증권(Definite policy)

보험계약 체결 시 피보험자가 고지의무를 이행하고 중요한 사항이 고지되어 보험계약 체결 시 모든 기재내용이 밝혀져 있는 거래에 대한 보험증권

② 예정보험증권(Open policy)

화물선적 전에 선박명이나 보험가액을 정하지 않고, 후일 확정하기로 하고 계약하는 보험의 증권

　　㉠ 개별예정보험증권(Provisional policy)

개별화물에 대해 계약을 체결하되 보험목적물에 대한 일부내용이 확정되지 않은 보험의 증권

　　㉡ 포괄예정보험증권(General open policy)

포괄예정보험은 특정항로에 연속적으로 운송되는 다수 화물에 대해 일일이 계약하는 번거로움을 없애기 위해, 회사가 부보를 하고자 하는 예상금액, 항로, 화물, 보험조건을 정하고 보험계약을 한 다음 선적 때마다 명세를 보험사에 통지하여 예정보험금액에 달할 때까지 포괄적으로 보상되는 보험을 말하는데 바로 이 보험의 증권

③ 선명미정보험증권(Floating policy)

총괄적 문언으로 보험계약을 기술하고 선박명 등 자세한 사항은 추후 확정통지(Declaration)에 의해 확정시키는 보험의 증권

(4) 해상보험증권의 양도

보험증권은 양도 금지문언이 있는 경우를 제외하고 양도가 가능하고 손해 발생 전이나 후 언제든지 양도 가능하다. 이익을 갖지 않은 피보험자는 증권을 양도할 수 없다. 배서나 기타 관습적인 방법에 의해서도 양도 가능하다.

제2절 영국해상보험법

영국해상보험법은 실제 보험계약을 체결한다고 가정하고 당사자 결정부터 손해발생시 보험금을 청구하는 과정을 해상보험이 아니라 일반적인 보험금청구과정으로 받아들이면 이해하기 쉽다.

1. 보험계약의 당사자

보험자 (Insurer, assurer)	보험료를 받고 보험계약을 인수한 자. 즉, 보험회사
보험계약자 (Policy holder)	보험계약의 당사자, 계약체결 및 보험료 지급을 약속한 자. 보험자에 대하여 고지의무 · 위험의 변경 · 증가의 통지의무를 부담
피보험자 (Insured, assured)	피보험이익이 귀속되는 주체. 손해가 발생하면 보험자에게 직접 손해배상을 청구할 수 있는 자. 보험계약자와 피보험자는 일치하는 경우가 많지만 반드시 그렇지는 않다.
보험대리상 (Insurance agent)	보험계약 체결을 대리하거나 매개하는 것을 업으로 하는 독립된 상인. 특정한 보험자로부터 위임을 받아 계속적으로 대리, 중계한다는 점에서 보험중개인과 다름
보험중개인 (Insurance broker)	불특정한 보험자를 위해 보험자와 보험계약자 사이에서 보험계약 체결을 중개하는 것을 업으로 하는 독립된 상인. 보험대리상과 다른 점은 보험중개인은 특정한 보험자에게 종속되지 않는다는 차이가 있음

피보험자와 피보험이익

피보험이익(Insurable interest) 이란 특정인이 보험계약에 의해 보험의 보호를 받을 수 있는 이익이 있을 때 그가 가지고 있는 경제적 이익을 말하는데 재산 그 자체가 아니라 재산과 특정인이 가지는 이해관계를 의미한다. "이익이 없으면 보험도 없다."는 말과 같이, 피보험이익이 있어야 보험이 있을 수 있고 하나의 보험목적물에 대해서도 각종의 보험계약이 존재할 수 있다.

MIA 제6조

[피보험이익의 확정시기]
피보험자는 보험계약이 체결될 때 피보험이익이 존재할 필요는 없지만 손해발생 시에는 반드시 보험목적물에 이해관계를 가져야 한다.

[소급보험]
그러나 보험의 목적이 "멸실여부를 불문함"이란 조건으로 보험가입이 되는 경우에는 피보험자는 손해발생시까지 피보험이익을 취득하지 않아도 손해를 보험자로부터 회수할 수 있다.

---

2. 보험금액과 가액

보험가액(Insurable value)	피보험목적물의 평가액(협정보험가액, 법정보험가액)
보험금액(Insured amount)	보험자의 최고 보상한도액. 보험계약 체결 이후 보험가액이 시가에 따라 변동할 수 있으므로 체결당시에 일정금액으로 협정하여 보험금액을 정한다.

〈보험가액과 보험금액의 관계〉

전부보험(full insurance)	보험가액 = 보험금액
초과보험(over insurance)	보험가액 < 보험금액
일부보험(under insurance)	보험가액 > 보험금액

〈동일한 목적물에 대해서 여러 보험자와 둘 이상의 보험계약을 체결〉

중복보험(double insurance)	보험가액 < 보험금액
공동보험(Co-Insurance)	보험가액 = 보험금액

[One more] **보험기간(Duration of risk)과 보험계약기간(Duration of policy)**

(1) 보험기간

해상보험계약이 체결되면 해상보험자의 책임이 일정기간 동안 계속되는데 이를 보험기간이라고 한다. 즉, 책임기간을 의미한다.

(2) 보험계약기간

보험계약의 성립부터 그 종료에 이르기까지의 기간, 즉 보험계약의 존속기간을 의미한다.

(3) 보험기간과 보험계약기간

보험계약기간은 일반적으로 보험기간과 일치하지만 소급보험이나 예정보험은 반드시 그렇지는 않다.

① 소급보험

보험계약은 미래에 발생할 우연한 위험에 대해 보상하는 것이므로 원칙적으로 소급보험은 성립하지 않지만, 소급조건의 보험계약을 할 때에는 계약체결 시 보험계약당사 자가 손해 발생의 사실 또는 항해무사고종료의 사실을 알지 못하는 것을 전제로 한다.

② 포괄예정보험(Open policy)

㉠ 일정한 기준에 의하여 정한 다수의 보험에 관하여 포괄적으로 이뤄지는 보험을 말한다. 개별예정보험은 개개의 선적화물에 대해 부보하나 포괄예정보험은 미래에 출하될 불특정화물(종류나 항로에 제한이 있음)에 대해 부보하며 이를 체결하면 Open policy나 Open contract가 작성된다.

㉡ Open policy는 보험회사가 발행하는 보험증권이고 Open contract는 양 당사자의 서명에 의해 유효하게 되는 보험계약서이다. 포괄예정보험계약이 체결된 경우 화물이 선적된 때에 보험자에게 확정통지(definite declaration)하여야 한다. 보험자는 확정통지가 된 화물에 대하여 위험의 개시시점으로부터 자동적으로 책임을 부담함과 동시에 보험증명서(Certificate of insurance) 또는 필요에 따라 보험증권을 발행한다.

3. 계약체결

보험계약의 당사자가 결정되고 보험목적물의 가액과 금액이 결정되면 보험계약자와 보험자는 보험계약을 체결하게 된다. 이때 보험계약자는 보험자에게 최대선의 원칙[9]에 따라서 고지의무와 담보의무를 부담하게 된다. 보험계약이 체결되면 보험자는 피보험자에게 보험금지급의무를 진다.

---

9) 해상보험계약은 보험자와 피보험자의 최대선의에 의해 이루어지는 계약으로써, 보험자와 계약자가 계약의 내용을 거짓 없이 사실 그대로 고지 또는 표시하여 계약을 체결해야 한다는 원칙을 말한다.

(1) 고지의무(Duty of Disclosure)

1) 개요

보험자는 보험계약자보다 위험의 정도에 대해 잘 알지 못하므로 보험계약이 체결될 때까지 보험계약자가 인수여부 또는 계약내용의 결정에 영향을 줄 수 있는 모든 중요한 사실을 보험자에게 알릴 것을 의무로 정한다. 이것을 고지의무라고 한다. 이는 보험자 자신이 화물 상태나 성질을 모르므로 보험자가 모든 중요한 사항을 일일이 점검하는 부담을 덜어주기 위한 것이다. 피보험자가 그러한 고지를 하지 않으면 보험자는 계약을 취소할 수 있다.

2) 고지사항

고지사항	고지할 필요가 없는 사항
보험자가 보험료산정, 위험인수 여부를 결정함에 있어 그 판단에 영향을 미칠 수 있는 모든 사실(피보험자가 알고 있는 사실, 피보험자가 당연히 알고 있을 것이라고 추측되는 사실, 대리인이 알고 있는 사실이 포함)	• 위험을 감소시키는 일체의 사항 • 보험자가 알고 있거나 또는 알고 있는 것으로 추정되는 일체의 사항 • 보험자가 그에 관한 정보를 포기한 일체의 사항 • 어떠한 명시 또는 묵시담보 때문에 고지할 필요가 없는 일체의 사항

3) 위반시 조치

보험자는 피보험자에게 고지의무이행을 강제할 수 없고, 고지의무위반에 대해 손해배상 청구권을 행사할 수 없다. 단, 취소권(해제권) 또는 해지권은 행사할 수 있다.

(2) 담보(Warranty)

1) 개요

담보란 특정조건의 준수를 보증하는 보험계약자의 약속을 의미한다. 피보험자가 담보를 위반할 경우 보험자는 위반시점으로부터 면책된다.

2) 필요성

보험계약자는 고지의무를 충실히 이행해야 하는데 계약 당시 불고지, 부실고지 사실이 있었음을 입증하기에는 어려움이 있다. 게다가 그 사실은 보험사고가 일어난 후 발견되기 때문에 보험자는 보험계약자 측에 엄격히 이행해야 할 사항을 부험증권상에 담보사항으로 명시하여 안전장치를 마련할 필요가 있는 것이다.

3) 담보의 유형

① 명시담보

명시담보란 담보의 내용이 보험증권에 기재되거나 명시적으로 언급되는 내용의 담보를 말한다. 그러므로 보험증권이나 기타 서류에 기재되었거나 타이프, 각인 또는 인쇄로 되어 있어야 한다.

안전담보	보험목적이 특정일 또는 특정기간동안 언제라도 안전해야 한다는 조항
중립담보	보험목적이 피보험자가 통제할 수 있는 한 중립적이어야 한다는 조항

② 묵시담보

묵시담보란 보험증권에 명시되어 있지는 않지만 피보험자가 반드시 충족시켜야 하는 담보로서 법적으로 계약서에 포함되어 있다고 간주하는 담보를 말한다. 가장 중요한 묵시담보는 감항성담보와 적법성 담보이다.

감항성담보	선박이 항해를 개시할 때에 항해를 완수할 수 있을 정도로 적합한 감항성이 있어야 한다는 조항
적법성담보	모든 해상사업은 그 내용이 합법적이어야 한다는 조항

4. 해상위험과 해상손해

(1) 해상위험

해상위험(maritime perils or marine risks)은 '항해에 기인 또는 부수하는 위험, 즉 해상고유의 위험, 화재, 전쟁위험, 해적, 표도, 포획, 나포, 군주 및 국민의 억류 또는 억지, 투하, 선원의 악행과 상기의 여러 위험과 동종의 위험 또는 보험 증권에 기재되는 기타 모든 위험을 말한다.'고 영국 해상보험법에서 규정한다(MIA : Marine Insurance Act, 1906).

(2) 해상위험의 분류

담보위험	보험자가 해상위험에 의하여 발생한 손해를 보상할 것을 약속한 위험이다. 따라서 보험자가 보상책임을 부담하기 위해서는 그 손해가 담보위험과 인과관계를 가지는 손해여야 한다.
면책위험	어떤 특정한 대상 위험에 의하여 발생된 손해에 대하여 보험자가 보상책임을 면할 것을 정한 위험이다.
비담보위험	담보위험 및 면책위험 이외의 모든 위험을 의미한다. 담보위험은 보험자가 보상하겠다는 위험이고 면책위험은 면책되는 위험이다. 비담보위험은 보상여부에 관해 의사표시를 하지 않은 위험이므로 보험자의 보상책임에 대해 적극적 효과를 갖지 못한다.

(3) 해상손해

해상손해는 항해 중 적하, 선박 기타의 보험 목적물이 해상위험으로 인하여 피보험이익의 전부 또는 일부의 멸실 또는 손상으로 피보험자가 입게 되는 재산상의 불이익이나 경제상의 부담을 말한다. 그러나 해상에서 발생하는 손해만을 의미하지는 않으며 해상항해에 부수되는 내수 및 육상의 손해까지도 포함하고 있다.

1) 물적손해

직접적인 손해로 특정인이 특정물에 대한 이해관계, 즉 소유, 취득, 담보, 사용, 수익 등을 통한 재산상, 금전상의 손해를 말한다.

① 전손(Total loss)

전체 손해라는 뜻으로 선박이나 화물 등 피보험목적물 전부가 담보된 위험에 의해 완전히 멸실되거나, 손상이 너무 심해서 구조나 수리하기 위한 비용이 부보된 금액보다 많은 경우를 말한다.

현실전손	피보험이익의 전멸, 피보험사고로 피보험이익이 전부 상실되어 피보험자가 다시 회복할 수 없는 경우에 성립된다. 다음의 경우 현실전손이 있는 것으로 본다. • 파괴 • 존재할 수 없을 정도로 심한 손상 • 보험목적물을 박탈당하여 회복 불가능 • 선박 행방불명 • 침몰선박이 인양 불가한 경우 등
추정전손	보험목적물이 멸실한 것은 아니지만 손해정도가 너무 심해 사용할 수 없을 정도인 경우나 그것을 수선, 수리하는 비용이 목적물 시가보다 크기 때문에 합리적으로 포기된 경우에 추정전손 처리한다. 현실적인 손해를 입증할 수 없는 경우 혹은 전손 여부가 확실하지 않더라도 피보험자에 대한 보상을 인정하기 위한 편의적인 방법으로서 추정전손 제도가 사용되고 있다.

┌─ **추정전손의 처리방법** ─────────────────────────────┐

추정전손이 있을 경우 피보험자는 그 손해를 분손으로 처리할 수 있고 보험자에게 보험목적물을 위부하고 그 손해를 현실전손의 경우에 준하여 전손에 해당하는 보험금을 청구할 수 있게 된다.

└──┘

② 분손(Partial loss)

부분적인 손해라는 뜻, 즉 피보험목적물의 일부만 손상을 입는 경우로서 전손이 아니면 모두 분손으로 간주한다.

유형	개념	유형
단독해손	MIA에 의하면, 분손 중 공동해손이 아닌 것을 말하는데 분손 중에서 피보험자가 단독으로 입은 손해이다.	선박의 수선비, 해수유입, 선내화재, 화물의 훼손·수량부족 등
공동해손	선박과 적하의 공동위험을 면하기 위한 선장의 선박 또는 적하에 대한 처분으로 인하여 생긴 손해나 비용을 모든 당사자들이 합리적인 비율에 따라서 상호분담하는 제도이다.	• 화물의 바다 투하 및 공동안전을 위한 희생으로 인한 손해 • 좌초 선박을 가볍게 하기 위해 바다로 투하한 화물에 대한 손해와 비용 • 연료로 사용한 적하물 손해 등

┌─ **[공동해손의 성립요건] MIA 제66조** ─────────────────────┐

위험이 현실적으로 절박하며, 다수위험의 공동안전을 위하여 취한 행위이고, 인위적, 이례적(extraordinary)이고 합리적인 희생(sacrifice) 및 비용(expenditure)이 발생하여야 하며, 그 결과로 유효한 재산이 구조되었어야 한다. 또한 공동의 희생손해나 비용손해는 이례적이어야 한다. 희생이나 비용은 최종적으로 이익을 본 당사자들이 공동으로 보상한다.

└──┘

2) 비용손해

간접적인 손해로 물체의 멸실이나 파손과는 관계가 없고 보험사고의 발생으로부터 손해 경감이나 방지를 위해 지출된 비용을 말한다.

① 구조료(Salvage charge)

위험에 처한 선박 및 적하화물을 자발적으로 구조한 제3자가 해법상으로 회수할 수 있는 비용을 말한다. 즉 구조 활동에 따라 발생한 비용을 보험금액을 한도로 보험자가 보상하는 것을 말한다.

② 손해방지비용(Sue & labor charges)

보험자가 보상하게 될 손실을 피하거나 경감시키기 위해 지출된 비용을 말한다. 해양 사고 발생 시 선장은 선박, 적하의 손해를 방지하거나 되도록 적게 하기 위하여 모든 조치를 취할 의무를 취해야 하며, 실패했더라도 보험자의 이익을 보호하기 위하여 선장이 자주적으로 그 능력의 한도까지 최선의 방법으로 필요한 일체의 조치를 취하도록 하기 위해 만든 약관이다. 피난항에서의 가축사료비용, 담보위험으로 인한 재포장비 등이 있다. 손해방지 비용은 보험금액을 초과하더라도 보험자가 보상한다는 점에서 구조료와 차이가 있다.

③ 특별비용(Particular charges)

보험목적의 안전, 보존을 위해 피보험자가 지출한 기타 비용을 말한다. 긴급사태가 발생하여 피난항에서 지출하게 된 양륙비, 창고보관료, 재포장비용, 재선적비용, 재운송비용 등이 있다. 특별비용은 손해방지경감비용을 제외한 부대비용이다.

> ───── **배상책임손해** ─────
>
> 선박보험에서 발생하는 손해로 피보험선박이 다른 선박과 충돌로 인하여 피보험선박 자체가 입게 된 물적 손해는 물론, 그 충돌로 인한 상대선박의 선주 및 그 화물의 화주에 대하며 피보험자가 책임져야 하는 손해배상금을 보험자가 담보해주는 손해를 의미한다.

5. 보험금 청구

(1) 대위(Subrogation)

보험사고에 의하여 손해가 발생한 경우 보험자가 보험금을 지급한 후에도 피보험자에게 잔존물, 제3자에게 청구권이 있는 경우, 잔존물을 통해 이익을 취할 수 있고 혹은 3자에게 손해보상금을 받을 수 있다.

이렇게 이중이득을 취하는 것을 방지하기 위해서 잔존물 및 손해 발생 책임이 있는 제3자에 대한 손해배상청구권을 보험자에게 이전하여 이중취득을 방지하는데 이러한 권리 이전을 대위라고 한다.

목적물 대위	보험자는 보험사고 발생 시 보험가액과 잔존물가액을 산정해야 하지만, 잔존물 가치 평가가 실질적으로는 어렵고 시간이 소요되므로 전손보험금을 지급한 후에 잔존물에 대한 권리를 보험자에게 이전하는 것이다. 보험자가 대위에 의해 취득하는 보험목적물에 대한 피보험자의 권리는 피보험이익이므로 잔존물의 권리가 보험자에게로 이전된다. 보험자는 대위권을 행사하거나 포기할 수 있으며 취득시점은 보험사고가 발생한 때로 소급한다.
청구권 대위	보험사고가 제3자에 의해 생긴 경우, 보험자가 피보험자에게 보험금을 지급하고 피보험자가 다시 손해배상금을 받는 경우 이중이득이 발생한다. 따라서 보험자가 피보험자에 대하여 지급해야 할 보험금을 지급했을 때에는 그 지급한 한도 내에서 피보험자가 제3자에 대하여 갖는 권리를 취득한다. 이것이 제3자에 대한 보험자대위이다. 그리하여 보험자는 보험자가 지급한 금액한도 내에서 제3자에 대한 손해배상청구권을 취득한다.

(2) 위부(Abandonment)

1) 개념

위부란 피보험자가 보험자에게 보험목적물에 대한 손해를 전손으로 추정토록 하기 위하여 소유권과 제3자에 대한 구상권을 보험자에게 양도하는 것을 말한다. 추정전손의 사유가 발생한 경우 피보험자가 이것을 현실전손으로 처리하기 위해서는 피보험이익을 위부 하여야 한다. 피보험자가 일방적으로 위부를 밝힌다고 해서 위부가 성립되는 것은 아니다. 위부 의사를 밝히고 보험자가 승인할 때만 위부가 성립한다. 위부에 의해서 추정전손이 성립하는 것이며, 보험금 전액청구권의 발생은 위부에 의하여 추정전손이 유효하게 성립한 것에 대한 효과이다. 위부는 반드시 서면으로 할 필요는 없고 서면이든 구두이든 위부 의사통지를 알리면 된다.

2) 위부의 요건(상법 제714조)

무조건적	조건이 없어야 한다는 뜻이다. 즉, 피보험자가 가지는 보험목적물에 관한 이익을 보험자에게 무조건 이전해야지 조건부나 기한부로 해서는 안 된다는 것이다
목적물 전부	위부는 보험목적물의 전부에 대해 불가분적으로 이뤄져야 하는데, 위부는 전손과 동일시할 수 있는 경우에 인정되기 때문에 보험목적물 전부에 대해 행해져야 한다. 즉, 보험목적물 중 일부를 나누거나 떼고 위부하면 안 된다는 것이다.
일부보험	보험가액의 일부를 보험에 붙인 경우에는 위부는 보험금액과 보험가액에 대한 비율에 따라서만 할 수 있다.

3) 위부의 효과

보험자는 위부를 통하여 보험의 목적에 관한 피보험자의 모든 권리를 취득하며, 이러한 권리에는 잔존이익 뿐 아니라 제3자에 대한 청구권도 포함된다. 피보험자는 위부를 통해 추정전손의 형식적 요건을 충족함에 따라 피보험자는 보험자에게 보험금 전액을 청구할 수 있다.

(3) 위부와 대위의 비교

	대위	위부
인정범위	모든 손해보험	해상보험
목적	피보험자의 권리양도	추정전손을 현실전손처리하기 위해 필요한 절차
요건	자동성립(보험금을 지급시)	보험자의 승낙
승계범위	보험금 지급범위 내	무제한
효과	보험자는 잔존물에 대한 피보험자의 권리 및 제3자에 대한 구상권 획득	피보험자는 보험자에게 보험금 전액청구 可

제3절 협회적하약관

1. 개요

신협회적하약관은 1963년의 약관을 변경하여 1982년에 새롭게 제정, 2009년에 개정하였다. 2009 약관이라고 부르기도 한다. Lloyd's S.G.Policy는 고어체였고 문장이 난해하여 New Lloyd's S.G.Policy가 신증권으로 제정되었다.

신협회적하약관은 Lloyd's S.G.Policy의 본문약관과 영국해상보험법 및 구협회적하약관을 참조하여 ICC(A), ICC(B), IGC(C) 조건으로 제정되었다. ICC(A)가 모든 위험(All risks)에 대한 담보를 규정하는 전위험담보조항으로 포괄책임주의의 성격을 띤다면 ICC(C), ICC(B)는 약관에 열거된 위험을 담보하는 열거책임주의 성격을 띠고 있다.

포괄책임주의의 경우, 보험자가 담보위험으로부터 손해가 발생하지 않았음을 증명해야 면책된다. 열거책임주의의 경우, 피보험자가 보험자로부터 손해를 보상받기 위해서는 담보위험과 인과관계가 있는 손해임을 증명해야 하며 보험개시 후에 발생한 멸실이나 훼손임을 입증해야 한다.

ICC(A)	면책약관을 제외한 모든 위험을 담보. 담보범위 가장 넓음
ICC(B)	담보위험을 구체적으로 열거함
ICC(C)	담보범위가 가장 좁음

〈구협회적하약관과 신협회적하약관의 비교〉

구분	구증권과 구약관	신증권과 신약관
증권	Lloyd's S.G. Policy	New Lloyd's Policy
약관	ICC(A/R) ICC(W.A) ICC(FPA)	ICC(A) ICC(B) ICC(C)
체계	손해를 기준으로 보상	담보위험을 기준으로 보상

2. 신협회적하약관상의 담보 위험(Risks covered)

ICC(A)는 포괄담보로서 면책위험을 제외한 모든 위험을 보상한다. 따라서 수험목적상 ICC(B)에서 담보위험과 ICC(C)담보위험의 차이점과 면책위험의 종류를 학습하는 것으로 충분하다

약관조항	담보위험	A	B	C
제1조	① 화재. 폭발		○	○
	② 선박. 부선의 좌초, 교사. 침몰, 전복		○	○
	③ 육상운송용구의 전복, 탈선		○	○
	④ 선박, 부선, 운송용구의 타물과의 충돌. 접촉		○	○
	⑤ 조난항에서의 화물의 양하		○	○
	⑥ 지진, 분화. 낙뢰		○	×
	⑦ 공동해손의 희생		○	○
	⑧ 투하		○	○
	⑨ 갑판유실		○	×
	⑩ 해수, 조수. 하천수의 운송용구. 컨테이너. 지게차, 보관 장소에의 침입		○	×

약관조항	담보위험	A	B	C
제1조	⑪ 적재, 양하 중의 수몰, 낙하에 의한 포장당 전손		○	×
	⑫ 상기 이외의 일체의 위험		×	×
제2조	공동해손조항		○	○
제3조	쌍방과실충돌조항		○	○

3. 신협회적하약관상의 면책위험(Exclusions)

약관조항	담보위험
제4조 일반 면책조항	① 피보험자의 고의적인 불법행위
	② 통상의 누손, 중량, 용적의 통상의 감소, 자연소모
	③ 포장 또는 운송용구의 불완전, 부적합
	④ 물품고유의 하자성질
	⑤ 지연
	⑥ 지급불능 · 채무불이행
	⑦ 어떤 자의 불법행위에 의한 의도적인 손상 또는 파괴(ICC(A)에서는 면책위험에 해당하지 않음)
	⑧ 원자핵무기에 의한 손해
제5조 불감항 · 부적합 면책조항	피보험자, 사용인이 인지하는 선박의 내항성 결여, 부적합
제6조 전쟁면책조항	전쟁위험, 포획위험, 유기병기위험
제7조 동맹파업면책조항	동맹파업

① 불감항 · 부적합 면책조항

선박 감항능력은 묵시담보로 감항성을 갖추지 못하면 묵시담보를 위반한 것이므로 보험계약은 담보위반 시점에 무효가 된다. 그러나 선박감항성 여부는 화주와 별개의 일이기 때문에 피보험자나 사용인이 불감항성에 대해 알고 있을 경우에 한해 보험자에게 면책을 규정한다.

② 전쟁면책조항(제6조)

전쟁위험에 근인한 손해에 대해 보험자의 면책을 규정한 것으로 A, B, C조건에 공통된 조항이다. 전쟁위험을 담보하고자 하는 경우에는 협회전쟁약관(Institute War Clause, IWC)으로 특약을 맺고 추가보험료를 지급하면 된다. 해상요율은 각 보험사가 결정하나, 전쟁요율은 런던의 전쟁보험요율위원회가 산정하여 각 국가들의 보험회사가 이를 따르고 있다. 전쟁의 개념은 국가 간의 전쟁상태 이외에 내란, 혁명 등을 포함한다.

③ 동맹파업면책조항(제7조)

A, B, C 공통조항이다. 동맹파업위험을 담보 받고자 하는 경우에는 협회동맹파업위험약관(Institute Strike Clause, ISC)으로 특약을 맺고 추가보험료를 지급하면 된다. 동맹파업 위험은 노동쟁의(Strike), 폭동(Riot), 소요(Civil Commotion) 등의 위험을 뜻한다. 실무상으로는 전쟁위험과 동맹파업 위험이 단일 할증보험료의 지급으로 동시에 부보되는 것이 보통이다.

예 W/SRCC(War/Strike, Riot, Civil Commotion)

④ 보험기간(제8조)

ICC 제8조에서는 운송약관을 규정하는데 이는 일명 창고관약관이라고 하며, 해상적하보험에서의 보험자의 책임의 시기와 종기를 규정한 약관이다.

책임시작	보험기간은 보험증권에 기재된 선적지의 창고 또는 보관 장소를 떠난 때에 개시하며, 통상의 운송과정을 거쳐 다음 중 어느 것이든 먼저 생긴 때 종료한다.
책임종료	보험기간의 종기는 다음 네 가지 중 가장 먼저 도래하는 때가 된다. ① 보험증권에 기재된 목적지의 최종창고 또는 보관 장소에 인도된 때 ② 피보험자 또는 그 사용인이 통상적인 운송과정상의 보관 이외의 보관을 위해서, 또는 할당 또는 분배를 위하여 사용하고자 선택한 기타의 창고 또는 보관 장소에서 운송차량 또는 기타운송용구로부터 양하가 완료된 때 ③ 피보험자 또는 그 사용인이 통상의 운송과정이 아닌 보관을 목적으로 운송차량 또는 기타운송용구 또는 컨테이너를 사용하고자 선택한 때 ④ 본선 양하 후 60일이 경과된 때

4. 특별약관

ICC(A)는 범위가 가장 크기 때문에 부가위험을 부보할 필요가 없으나 ICC(B)나 ICC(C)의 경우는 담보범위가 좁기 때문에 경우에 따라 부가위험을 추가로 부보할 필요가 있고 부보 시 추가보험료를 지불해야 한다.

① 위험에 관한 부가약관

TPND(Theft, Pilferage & Non-Delivery)	도난, 좀도둑, 불도착 손해
JWOB(Jettison & Washing Over Board)	투하, 갑판 유실
RFWD(Rain and/or Fresh Water Damage)	비, 담수 손해
COOC(Contact with Oil and/or Other Cargo)	유류 및 다른 화물과의 접촉 손해
Breakage	파손(깨질 수 있는 화물에 해당)
Sweat & heating damage	수분, 열 증발 손해

Leakage and/or shortage	누수 및 부족 손해(유류 및 곡물에 해당)
Hook & hole	작업 중 갈고리에 의한 구멍 손해

② 보험기간 연장을 위한 확장담보약관

내륙 보관 연장담보(ISE, Inland Storage Extension)는 최종 양하항에서 외항선으로부터 피보험화물의 하역 완료 후 60일 이내 운송이 완료되지 못하는 경우 보험기간을 연장할 때 사용되는 약관이다. 육상운송 중의 위험을 적하보험에서 추가로 담보하기 위한 것으로 내륙운송 연장담보(ITE, Inland Transit Extension)도 있다.

③ 갑판적 약관

특별약관 중 On-deck clause(갑판적 약관)이라는 것이 있다. 적하보험은 통상 피보험화물이 선창 내에 적재되는 것을 전제로 하고 있다. 영국해상보험법 규정에 의하면 반대의 관습이 없는 한 갑판적 화물은 보험에 가입할 수 없다. 그러나 해상보험실무에서는 증권상 갑판적 약관을 첨부하여, 고지되지 않은 상태로 갑판적된 화물에 대해서도 보험을 유효하게 유지시킬 수 있도록 하고 있다.

Memo

Part

IV

무역영어

Chapter 01. 무역영어

제1절 무역 관련 서류

1. Distributor Agreement(국제판매권계약서)

Distributor Agreement Template

Distributor Agreement

THIS AGREEMENT is entered into between **XYZ Corporation**, a corporation duly organized under the laws of the _____ (State Name) and _____whose principal place of business is listed below ("Distributor") on the _____ day of_____ ,_____ , the effective date of this agreement.

WHEREAS, XYZ is the inventor, developer and producer of a _____

AND

WHEREAS, Distributor desires to market, promote, sell and service _____ upon the terms and conditions set forth herein:

NOW, THEREFORE, in consideration of the property and the joint agreements herein contained, the parties hereto agree as follows:

1. **XYZ** grants to Distributor the non-exclusive right to lease or sell _____ at prices set by the Distributor.
2. Distributor shall acquire and promote the sale and/or lease of _____ to its dealers and customers. Distributor shall obtain and transmit to **XYZ** all of the information that **XYZ** requires to be included in Distributor Order Form.
3. Distributor shall compensate **XYZ** for its services for each order received by **XYZ** from Distributor which has not been returned by the Customer. Distributor must use the Distributor ID assigned by **XYZ**. The Distributor may assign its own Representative IDs.
4. Distributor shall be responsible for compensating its Representatives. If requested by Distributor, **XYZ** will provide to Distributor reports detailing sales by its Representatives.
5. Distributor will conduct all advertising and selling activities including mailings, telephone, space advertising and direct selling to solicit and gain customer commitment and do so at Distributor's own expense. Distributor shall make available to **XYZ** copies of all promotional material relating to _____, whether written, video, or sales scripts and such advertising shall not be placed without **XYZ**'s prior authorization and approval. Neither Distributor nor its Representatives shall make any representation, guarantee or warranty concerning_____ except as expressly authorized by **XYZ**.
6. **XYZ** shall provide artwork, copy and printed data sheets for Distributor's use and Distributor can, at Distributor's expense, have XYZ's printer overprint Distributor's name, address, telephone number, etc. on XYZ's data sheets.
7. Distributor shall provide itself with, and be solely responsible for, such facilities and business organization and such permits, licenses and other forms of clearance from governmental or regulatory agencies, if any, as is necessary for the conduct of its operations in accordance with this Agreement.
8. It is agreed and acknowledged that Distributor is an independent contractor and shall only hold itself out as such with respect to **XYZ**. Nothing in this Agreement shall be considered to constitute Distributor as the partner, employee, joint venturer, franchisee, legal representative or agent of **XYZ** and Distributor shall not represent itself as any of the foregoing. In furtherance of the foregoing, in no event shall Distributor have any authority to assume or create any liability or obligation, express or implied, on behalf of **XYZ**, and any representation to the contrary will constitute a material breach of this Agreement. Distributor shall assume full responsibility for its Representatives under the applicable Workmen's Compensation, Unemployment Insurance, Employers Liability and other Social Security Acts and similar foreign laws. Distributor acknowledges that it is solely liable for any and all claims, liabilities, damages and debts of any type whatsoever that may arise as a result of Distributor's activities hereunder or the performance of this Agreement.

9. In the conduct of its services hereunder, Distributor and/or its Representatives, shall (a) safeguard and promote the reputations of **XYZ** and _____, (b) refrain from any conduct which might be harmful to such reputations or the marketing of _____ and (c) avoid all illegal, unfair, deceptive, misleading or unethical practices.

10. This Agreement shall terminate _____ (x) years from the effective date unless renewed by mutual consent. Either party may terminate the Agreement at any time by giving the other party prior written notice of termination sent by certified mail, return receipt requested to the address listed below. Termination is effective upon receipt by the other party or once delivery of the notice was attempted to the address below. Upon termination, amounts owed to either party are due and payable within _____ (xx) days. Moreover, **XYZ** shall continue to provide services to customers that distributor or its representatives have sold _____Units to or customers that have already ordered service to be set up so long as distributor pays the applicable monthly fees. The customer base that the distributor develops belongs to the distributor. The representative base that the distributor develops belongs to the distributor. Distributor shall, upon termination, return to **XYZ** all confidential information relating to **XYZ** and _____ that it has in its possession.

11. Distributor acknowledges that _____ by **XYZ** to develop _____ involves confidential information and data of substantial value to **XYZ**, which value would be impaired if said information and data were disclosed to third parties. Therefore, Distributor agrees that, during the term of this Agreement and after the termination hereof Distributor and its Representatives shall keep and treat as strictly confidential, and shall not publicize, disclose or otherwise divulge or use for its own benefit or for the benefit of any third party, all proprietary rights or confidential data and information which have been or may hereafter be made available, directly or indirectly, to it by **XYZ** or any other person, or which it acquires as a result of any relationship with **XYZ** or with the prior written consent of **XYZ** . Distributor shall not duplicate, reproduce or photocopy any documents, data or correspondence furnished or disclosed to it by **XYZ** without the prior written consent of **XYZ**..

12. Distributor and **XYZ** agree to indemnify and hold each other harmless from and against any and all claims, demands, causes of action, suits, proceedings, judgments, decrees, liabilities, losses, damages and costs (including any legal fees and expenses incident thereto) which the parties may sustain in connection with damage to an indemnified party's property or injury to the person or property of others caused by, arising out of, or resulting from the indemnifying party's negligence or the negligence of the indemnifying party's employees, salesmen, agents or affiliates.

13. Distributor shall not assign this Agreement nor any rights hereunder, including any assignment by merger, sale or operation of law, without the prior written consent of **XYZ**. Subject to the foregoing, this Agreement shall bind and inure to the benefit of the respective parties hereto and their heirs, personal representative, successors and assign.

14. Any disputes or disagreements arising out of or relating to this Agreement, which cannot be settled by the parties on a mutually satisfactory basis shall be resolved by binding arbitration in _____ State Name, in accordance with the rules of the _____, by three arbitrators appointed in accordance with such Rules.

Company

By: _____

Name: _____

Title: _____

Address: _____

_____

Phone: _____, Fax: _____

Distributor

By: _____

Name: _____

Title: _____

Organization: _____

Address: _____

Phone: _____, Fax: _____

2. Agency Agreement(대리점계약서)

<u>Sales Agency Contract</u>

Between: *(Supplier)*

 whose registered office is at:

_____

_____

(hereinafter called "the Principal")

and: *(Sales Agency)*

 whose registered office is at:

_____

_____

(hereinafter called "the Agent")

it is agreed as follow:

<u>Article 1   Territory and Products</u>

1.1   The Principal appoints the Agent, who accepts, as his commercial agent to promote the sale of the products listed in Annex I, paragraph 1 (hereinafter called "the Products") in the territory defined in Annex I, paragraph 2 (hereinafter called "the Territory").

<u>Article 2   Good faith and fair dealing</u>

2.1   In carrying out their obligations under this agreement the parties will act in accordance with good faith and fair dealing.

2.2   The provisions of this agreement, as well as any statements made by the parties in connection with this agency relationship, shall be interpreted in good faith.

<u>Article 3   Agent's functions</u>

3.1   The Agent agrees to use his best endeavours to promote the sale of the Products in the Territory in accordance with the Principal's reasonable instructions and shall protect the Principal's interests with the diligence of a responsible businessman.

3.2   When negotiating with customers, the Agent shall offer Products strictly in accordance with the terms and conditions of the offers of sale that the Principal has communicated to him.

<u>Article 4   Acceptance of orders by the Principal</u>

The Principal shall inform the Agent without undue delay of his acceptance or rejection of the orders transmitted by the latter. The Principal may accept or reject any individual order transmitted by the Agent at his own discretion.

<u>Article 5   Sub-agents</u>

The Agent may engage sub-agents, provided he informs the Principal. The agent shall be responsible for the activities of his sub-agents.

<u>Article 6   Financial responsibility</u>

The Agent shall satisfy himself, with due diligence, of the solvency of customers whose orders he transmits to the Principal. He shall not transmit orders from customers concerning which he knows or ought to know that they are in a critical financial position, without informing the Principal in advance of such fact.

Article 7   Complaints by Customers

The Agent shall immediately inform the Principal of any observations or complaints received from customers in respect of the Products. The parties hereto shall deal promptly and properly with such complaints.

Article 8   Exclusivity

8.1   The Principal shall not, during the life of this contract, grant any other person or undertaking within the Territory the right to represent or sell the Products.

8.2   The Principal is, whenever necessary, entitled to deal directly, without the Agent's intervention (provided he informs the latter) with customers situated in the Territory but in respect of any sales arising therefrom, the Agent shall be entitled to the normal commission rate.

Article 9   Agent to be kept informed

9.1   The Principal shall provide the Agent with all necessary written information relating to the Products as well as with the information needed by the Agent for carrying out his obligations under the contract.

9.2   He shall furthermore inform the Agent without undue delay of his acceptance, refusal and/or non execution of any business transmitted by the Agent.

9.3   The Principal shall keep the Agent informed of any relevant communication with customers in the Territory.

Article 10   Agent's commission
10.1   The Agent is entitled to the commission of five percent (5%) on all the sales of the Products which are made during the period of this contract to customers established in the Territory regardless of point of delivery of the goods.

10.2   If the Agent, when dealing with customers established in the Territory, solicits orders resulting in contracts of sale with customers established outside the Territory, and if the Principal accepts such orders, the Agent shall be entitled to receive half of the normal commission rate.

Article 11   Method of calculating commission and payment

11.1   Commission shall be calculated on the net amount of the invoices, i.e. on the effective sales price clear of all tariffs or taxes (including V.A.T.) of any kind, provided that such additional charges, tariffs and taxes are separately stated in the invoice.

11.2   For the first order signed with a new customer, the Agent shall be paid of 50% of the commission within 30 days from order signature regardless of payment conditions negotiated with that customer. Balance of commission due on first order shall be paid according paragraph 11.3 below. Payment of commissions due on all following orders with that customer shall be paid as per paragraph 11.3 below.

11.3 The Agent shall acquire the right to commission after all payment by the customers of the invoiced price. In case of partial payment made in compliance with the sales contract, the Agent shall be entitled to a proportional advance payment. In case the Principal is insured against the risk of non payment by his customers, the Agent is entitled to the normal commission on the sums obtained by the Principal from the insurer.

11.4 The Agent shall submit to the Principal an invoice in respect of each order for which a commission is payable. The commission shall be paid by return.

11.5 The Agent is entitled to all information, and in particular to extracts from the Principal's books, in order to check the amount of the commission due to him. The Principal shall permit an independent auditor appointed for that purpose by the Agent to inspect the Principal's books for the purpose of checking the data relevant for the calculation of the Agent's commission. The costs of such inspection shall be borne by the Agent.

11.6 Should any governmental authorisation (e.g. due to exchange control regulations in the Principal's country) be necessary for the Principal to transfer abroad the commission (or of any other sum the Agent may be entitled to receive), then the payment shall be made after such authorisation has been given. The Principal shall take all necessary steps for obtaining the above authorisations.

11.7 Except as otherwise agreed, the commission shall be calculated in the currency of the sales contract in respect of which the commission is due.

Article 12   Unconcluded business

12.1 No commission shall be due in respect of offers or orders transmitted by the Agent and not accepted by the Principal.

12.2 If a contract made by the Principal as a result of orders transmitted by the Agent is not thereafter put into effect, the Agent shall be entitled to a normal commission unless non-performance of the contract is due to reasons for which the Principal is not responsible.

Article 13   Term of the Contract

13.1 This contract enters into force on _____/_____/_____

13.2 This contract shall be automatically renewed for successive periods of one year, unless terminated by either party by notice given in writing by means of communication   ensuring evidence and date of receipt (e.g. registered mail with return receipt, special courier), not less than four months before the date of expiry. If the contract has lasted for more than five years, the period of notice will be of six months.

Article 14   Unfinished business

14.1 All orders transmitted by the Agent or received by the Principal from customers established in the Territory but not delivered before the expiry or termination of this contract shall entitle the agent to normal commission.

14.2 All orders received after expiry or termination of this contract shall entitle the Agent to normal commission provided the enquiries were received before the expiry or termination of this agreement. The Agent must however inform the Principal in writing, before the expiry or termination of this agreement, of the pending enquiries, offers and negotiations which may give rise to commission under this paragraph.

Article 15   Earlier termination

15.1   Each party may terminate this contract with immediate effect, by notice given in writing by means of communication ensuring evidence of date of receipt (e.g. registered mail with return receipt, special courier), in case of substantial breach by the other party of the obligations arising from the contract, or in case of exceptional circumstances justifying the earlier termination.

15.2   Any failure by a party to carry out all or part of his obligations under the contract resulting in such detriment to the other party as to substantially deprive him of what he is entitled to expect under the contract, shall be considered as a substantial breach for the purpose of article 15.1, above. Circumstances in which it would be unreasonable to require the terminating party to continue to be bound by this contract shall be considered as exceptional circumstances for the purpose of article 15.1, above.

15.3   The parties hereby agree that the violation of the provisions under Articles 8 - 10.1 of the present contract is to be considered in principle, unless the contrary is proved, as a substantial breach of the contract. Moreover, any violation of the contractual obligations may be considered as a substantial breach, if such violation is repeated notwithstanding a request by the other party to fulfil the contract obligations.

15.4   Furthermore, the parties agree that the following situations shall be considered as exceptional circumstances that justify earlier termination by the other party: bankrupcy, moratorium,receivership liquidation or any kind of composition between the debtor and the creditors, or any circumstances that are likely to affect substantially one's party's ability to carry out his obligations under this contract.

15.5   If a party terminates the contract according to this article, but the judges ascertain that the reasons put forward by that party did not justify the earlier termination, the termination will be effective, but the other party will be entitled to damages for the unjustified earlier termination. Such damages will be equal to the average commission for the period the contract would have lasted in case of normal termination, unless the damaged party proves that the actual damage is higher (or, respectively, the party having terminated the contract proves that the actual damage is lower). The above damages are in addition to the indemnity which may be due under article 16.

Article 16   Indemnity in case of termination

16.1   The Agent shall be entitled to an indemnity ("goodwill indemnity") if and to the   extent that:

a)   he has brought the Principal new customers or has significantly increased the volume of business with existing customers and the Principal continues to derive substantial benefits from the business with such customers, and

b)   the payment of this indemnity is equitable having regard to all the circumstances and, in particular, the commission lost by the Agent on the business transacted with such customers.

16.2   The amount of the idemnity shall be equivalent to an indemnity for one year calculated from the Agent's average annual remuneration over the preceding five years and, if the contract lasted for less than five years, the indemnity shall be calculated on the average for the period in question.

16.3   The Agent will lose the right to idemnity if he does not claim the idemnity in writing within one year from contract termination.

16.4   The Agent shall have no right to indemnity in the following cases:

a) where the Principal has terminated the contract according to the conditions set out in article 15;

b) where the Agent has terminated the contract, unless the termination is justified under article 15 or on grounds of age, infirmity or illness in consequence of which the Agent cannot reasonably be required to continue his activities;

16.5 The goodwill indemnity provided for under this article is in lieu of any compensation for loss or damage arising out of the contract expiration or termination (except damages for breach of contract)

Article 17   Applicable law

17.1 Any dispute arising out of or on connection with the present contract shall be finally settled in accordance with the French Laws at the Court House of Troyes, France.

17.2 The judges shall apply the provisions contained in this contract and the principles recognized in international trade as applicable to international agency contracts, with the exclusion - subject to article 17.3 hereunder - of national laws. Since the Agent is headquartered in the EEC, the mandatory provisions of the EEC Directive of 18 December 1986 shall also apply.

17.3 The judges shall in any case consider such mandatory provisions of the law of the country where the Agent is established which would be applicable even if the parties submit the agreement to a foreign law. The judges may take the above provisions into account to the extent they embody principles that are universally recognized and provided their application appears reasonable in the context of international trade and/or appear to be relevant for the enforcement of the judgment award.

Article 18   Inclusion under the present contract

The annexes attached to this contract form integral part of the agreement.

Article 19   Modifications - Nullity

19.1 No addition or modification to this contract shall be valid unless made in writing. However, a party may be precluded by his conduct from asserting the invalidity of additions or modifications not made in writing to the extent that the other party has relied on such conduct.

19.2 The nullity of a particular clause of this contract shall not entail the nullity of the whole agreement, unless such clause is to be considered as substantial, i.e. if the clause is of such importance that the parties (or the party to benefit of which such clause is made) would not have entered into the contract if it had known that the clause would not be valid.

Article 20   Authentic text

The English text of this contract is the only authentic text.

Made in   on

The Principal   The Agent

ANNEX I   **PRODUCTS and TERRITORY**
(Article 1.1)

Paragraph 1   Products

    All pieces of equipment required in the Territory and for which the Principal has a demonstrated competitive advantage.

Paragraph 2   Territory

    Buyers disclosed to Principal via RFQs posted on Subcontract Solutions website.

3. Joint Venture Agreement(합작투자계약서)

JOINT VENTURE AGREEMENT

THIS AGREEMENT is entered into this [21st   ] day of [Jan, 20   ] by and between [X, INC.   ] a corporation organized and existing under the laws of the Republic of Korea(hereinafter referred to as "Korea"), with its principal office at [_____] (hereinafter referred to as "X") and [Y CO., LTD.   ] a company organized and existing under the laws of the State of [New York, USA   ], with its principal office at [_____](hereinafter referred to as "Y").

WITNESSETH:

WHEREAS, [X   ] is engaged in the business of [   ] in Korea; and

WHEREAS, [Y   ], which is engaged in the business of [   ]; and

WHEREAS, the parties hereto desire to establish a company in Korea, for the principal purpose of [engaging in the business of manufacturing and selling of _____   ].

NOW THEREFORE, for and in consideration of the premises and mutual covenants herein contained, [X   ] and [Y   ] hereby agree as follows:

Section 1.00 DEFINITIONS

When used in this Agreement, each of the terms set forth in this section shall have the meaning indicated:

1.01 New Company

The joint stock company to be incorporated under the laws of Korea by the parties hereto in the manner provided in section 3.00 hereof, and to be known in Korean as "[   ]" and in English as "[   ]"](hereinafter referred to as "NEWCO").

1.02 "EFFECTIVE DATE"

The date of the signing of this Agreement.

1.03 "ASSOCIATED AGREEMENTS"

Those agreements related to this Agreement which are to be entered into between or among [X], [Y] and NEWCO, as the case may be, pursuant to section 4.00 hereof.

1.04 "SHARES"

Those shares of par value common voting stock which are to be issued by NEWCO to the promoters of NEWCO and the parties hereto in exchange for their respective contributions which are to be made pursuant to section 3.00 hereof, as well as any additional shares of the capital stock NEWCO which may be issued from time to time pursuant to section 7.00 hereof or otherwise.

1.05 "AFFILIATE"

Any corporation, other juridical entity, partnership or other business enterprise :

1.05.1 which owns or controls, directly or indirectly, fifty percent(50%) or more of the voting rights with respect to the election of directors of either party hereto;

1.05.2 of which fifty percent (50%) or more of the voting rights with respect to the election of directors is owned or controlled, directly or indirectly, by a party hereto;

1.05.3 of which fifty percent (50%) or more of the voting rights with respect to the election of directors is owned or controlled, directly or indirectly, by any corporation, other juridical entity, partnership or other business enterprise qualifying under sub-paragraph 1.05.1 or 1.05.2 above.

Section 2.00 APPROVALS BY GOVERNMENTS

2.01 Promptly after the execution of this Agreement, [Y   ] shall make application to the appropriate authorities of the Korean Government for approvals under the Foreign Capital Inducement Law, of the acquisition by [Y   ] of shares of NEWCO and of the technical assistance to be rendered to NEWCO by [Y   ] pursuant to certain of the Associated Agreements, and for such other licenses or approvals therefor under the Foreign Exchange Control Law as may be required by said Law. Such licenses or approvals, if any, must include assurance by the Korean Government of the convertibility and remittance in United States dollar currency to a bank in [the United States of America   ] designated by [Y   ] of any and all dividends, royalties, interest payments, reimbursable costs, and repatriated capital and any other payment to [Y   ] contemplated under this Agreement and all Associated Agreements, during any period in which any such agreements are in effect. [X   ] will extend all reasonable assistance to [Y   ] in obtaining such licenses or approvals.

2.02 Promptly after the execution of this Agreement, [Y   ] shall prepare and file applications for such rulings, licenses or other approvals as it may be required to obtain pursuant to the [United States Export Control Act   ] in connection with the disclosure to and use by NEWCO of [Y   ]'s Technical Information in accordance with this Agreement or any of the Associated Agreements.

2.03 Except with respect to the obligation hereby acknowledged by the parties to cooperate in good faith in the diligent prosecution of the applications referred to in paragraphs 2.01 and 2.02 above, this Agreement shall remain wholly executory and conditional until such time as full authorization required by the provisions of Paragraphs 2.01 and 2.02 shall have been obtained.

Section 3.00 FORMATION OF NEWCO

3.01 Organization and Registration

As soon as practically possible after the EFFECTIVE DATE, [X   ] and [Y   ] shall cause NEWCO to be organized and registered under the laws of Korea. The registered principal office of NEWCO shall be located at [   ]. The parties hereto shall closely cooperate and consult with each other with respect to the procedures and particulars of the organization and registration of NEWCO.

3.02 Articles of Incorporation and Regulations of the Board of Directors

At the time of the organization and registration of NEWCO pursuant to Paragraph 3.01 hereof, the parties hereto shall cause NEWCO to adopt the Articles of Incorporation annexed hereto and marked as Exhibit [1], and the regulations of the Board of Directors annexed hereto and marked as Exhibit [2].

3.03 Authorized and Paid-in Capital

At the time of the organization and registration of NEWCO ...

3.04 Capital Contributions by [X] and [Y]

Of the initial paid-in capital of NEWCO, .,.. .

3.05 Formation Costs

All costs and expenses of the formation of NEWCO shall, to the extent the same are not incurred or assumed by NEWCO, be borne equally by the parties hereto. Expenses incurred by each party up to time of execution of this Agreement, including travel expenses and legal fees, shall be borne by the party so incurring such expenses.

Section 4.00 ASSOCIATED AGREEMENTS

[Immediately, after the registration of NEWCO, the following agreements shall be entered into between the relevant parties :

(i) License Agreement between [Y] and NEWCO

(ii) Management Assistance Agreement between [X   ] and NEWCO

(iii) Distributorship Agreement between [X   ] and NEWCO

(iv) Plant and Equipment Lease Agreement between [X   ] and NEWCO

(v) Personnel Transfer Agreement between NEWCO and [X   ]

(vi) Technical Assistance and Technology Transfer Agreement between NEWCO and [Y   ]

Section 5.00 MANAGEMENT OF NEWCO

5.01 Meetings and Resolutions of Shareholders

Meeting of the shareholders shall be held in Korea or at such other place as the Board of Directors shall determine subject to the unanimous written consent of the shareholders. Except as otherwise provided by the Articles of Incorporation of NEWCO or as otherwise required by mandatory provisions or Korean law, resolutions of a general meeting of the shareholders of NEWCO shall be adopted by a majority vote of the shareholders present at a meeting at which more than half of total number of shares issued are represented in person or by proxy. To the extent now or hereinafter permitted by law, shareholders shall have the right to act by written consent in lieu of holding a general shareholder's meeting. All other matters concerning shareholders shall be determined in accordance with the Articles of Incorporation of NEWCO, or as otherwise required by mandatory provisions of law.

5.02 The Board of Directors of NEWCO

Except as otherwise required by mandatory provisions of law or provided for in the Articles of Incorporations of NEWCO, responsibility for the management, direction and control of NEWCO shall be vested in ... .

5.02.1 The directors of NEWCO shall be elected at general meetings of shareholders. The Articles of Incorporations of NEWCO shall provide ... .

I

II

III

IV

5.02.2 Meetings of the Board of Directors of NEWCO shall be convened and conducted not less than [once   ] during each accounting period of NEWCO. Meetings of the Board of Directors shall be called by the President of NEWCO or such other officer or Directors as may be designated by the Board of Directors; provided, however, that [X   ] agrees to cause the President of NEWCO or such other officer or director as may be designated by the Board of Directors as aforesaid and who has been nominated by [X   ], to convene a Board of Directors meeting at any time when [Y   ] indicates that in its opinion there is an important reason for holding such a meeting.

5.02.3 The parties hereto shall cause Directors of NEWCO nominated by them in accordance with Paragraph 5.02.2 hereof to submit to the Board of Directors for approval any matter requiring such approval pursuant to the Articles of Incorporation, the next section hereof or regulations of the Board of Directors of NEWCO.

5.03 Representative Directors

NEWCO shall have not more than two (2) Representative Directors   ... :

5.03.1 The parties hereto shall initially cause the Board of Directors of NEWCO to appoint only one(1) Representative Director, who shall be an individual nominated by [X   ] and acceptable to [Y   ].

5.03.2 In addition to the Representative Director elected in accordance with above sub-paragraph 5.03.1 hereof, [Y   ] shall have the option at any time to request that one of the Directors of NEWCO nominated by [Y   ] and acceptable to [X   ] shall be elected as the second Representative Director. In the event such request is made by [Y   ], the parties hereto shall immediately cause the Board of Directors of NEWCO to elect such additional Representative Director. Such additional Representative Director shall be resident in Korea and shall be a full-time employee or officer of NEWCO.

5.04 President and Vice-President

5.04.1 NEWCO shall have a President who shall be the representative Director nominated by [X   ] and acceptable to [Y   ] in accordance with ... .

5.04.2 NEWCO may have a Vice-President who shall be a Director nominated by [Y] and acceptable to [X] ... .

5.05 Auditor

NEWCO shall have [one(1)] statutory auditor who shall be nominated by [X] and acceptable to [Y].

5.06 Cooperation in Election of Directors, Representative Director(s) and Auditor

Each of the parties hereto hereby covenants and agrees to vote its shares of NEWCO, and to cause the Directors of NEWCO nominated by it to cast their votes, so as to appoint as Directors, Representative Director(s) and auditor of NEWCO, as the case may be, individuals qualified under the foregoing provisions of this section 5.00. In the event of the death, incapacity, resignation or the removal of a Director, Representative Director or Auditor prior to the end of his term of office, each of the parties hereto agrees to vote its shares of NEWCO, and to cause the Directors of NEWCO nominated by it to cast their votes, so as to appoint as his replacement a nominee qualified under the said foregoing provisions of this section 5.00.

5.07 Accounting Period and Books of Account

5.07.1 Accounting Period

The accounting period of NEWCO shall commence on [January 1st] of each year and end on [December 31st] of the such year; provided, however, that the first accounting period of NEWCO shall commence as of the date of organization of NEWCO pursuant to Paragraph 3.01 hereof and end on December 31st of that year.

5.07.2 Books of Account

NEWCO shall keep accurate books of account and financial and related records in accordance with generally accepted Korean accounting practices, standards and procedures as prescribed by the firm of accountants to be designated pursuant to the following paragraph.

5.07.3 Audit

At the end of each accounting period of NEWCO, the books of account and records of NEWCO shall be audited, at the expense of NEWCO, by a firm of certified public accountants licensed to practice, and of recognized standing, in Korea, and mutually acceptable to the parties hereto. Such firm of independent public accountants shall prepare for and supply to [X] and [Y] certified financial reports suitable for use by each of the parties hereto in connection with its financial and tax reports.

5.07.4 Reporting and Inspection of NEWCO Records

Promptly after the close of each semi-annual period, NEWCO shall submit to each of the parties hereto in the Korean and English languages the balance sheet and profit and loss statement of NEWCO in respect of such semiannual period. Further, NEWCO shall make available at its principal place of business to each of the parties hereto, or to its designated representative(s), its books of account and record, if and when either party hereto shall so request.

Section 6.00 BUSINESS AND OPERATIONS OF NEWCO

6.01 Corporate Purpose of NEWCO

... .

6.02 Sale of Products

NEWCO shall sell its products in Korea only to [X] in accordance with the Distributorship Agreement annexed hereto and marked as Exhibit [5] and [X] shall have the exclusive right to distribute NEWCO's products in Korea.

6.03 Export of Products

Except as otherwise specifically agreed to, NEWCO shall have the right to export the Products throughout the world; provided, however, that the quantity of the Products for export and the quantity of the Products or sale to [X] shall be determined upon consultation of the parties hereto.

6.04 Selling Price for Products

Prices for the Products to be sold to [X] or to be exported, pursuant to paragraphs 6.02 and 6.03, shall be fixed by NEWCO after consultation with [X] and [Y]; provided, however, that the prices for the Products so fixed shall be competitive in the market in which the Products are sold.

6.05 Non-Competition

... .

6.06 Plant and Equipment of NEWCO

[X] shall lease to NEWCO the whole of its laboratory building and manufacturing facilities located in [   ] in accordance with the Plant and Equipment Lease Agreement annexed hereto and marked as Exhibit [6].

6.07 NEWCO Personnel

[X] shall transfer to NEWCO all of its employee currently assigned to its laboratory in accordance with the Personnel transfer Agreement annexed hereto and marked as Exhibit [7].

Section 7.00 FINANCING

7.01 Working Capital

NEWCO shall obtain its necessary working capital over and above its share capital by commercial borrowing in Korea. If, as a condition to granting any such loan, the lender requires guarantee(s), the parties shall undertake to provide the guarantee(s), each is in proportion to its equity interest in NEWCO. In the event NEWCO is unable to borrow funds considered by [X] and [Y] to be necessary, the parties agree to lend(directly or indirectly) to NEWCO the necessary funds in the ratio of their shareholdings in NEWCO up to such amounts as they may from time to time mutually agree upon. Each party shall make each loan to NEWCO, unless otherwise agreed, on the same terms and conditions regarding duration, interest, repayment and otherwise, as the corresponding loan made by the other party.

7.02 Manner of Providing Additional Equity Capital

The Parties agree that, should it be determined by agreement between them in accordance with sound and prudent business practices that additional equity capital is required for NEWCO beyond that to be contributed pursuant to section 3.00 hereof, such additional equity capital will be provided by [X] and [Y], each in proportion to its equity interest in NEWCO. Such additional capital may be contributed in cash, or upon agreement of the parties, in machinery, other equipment, technology or other contributions in kind at fair market value. Upon the contribution of such capital to NEWCO the parties shall receive additional shares of common voting stock in an amount equal to their contribution.

7.03 Condition for Obligation of [Y]

Anything to the contrary in this section 7.00 notwithstanding, [Y] shall not be required to provide any guarantee, loan or additional equity capital for NEWCO unless and until it shall first obtain such governmental authorizations, licenses or other approvals as may be necessary or desirable under applicable laws or regulations in force at the time; provided, however, that [Y] agrees to exert its best efforts to obtain such approvals. Should [Y] fail to obtain such approvals and therefore fail to provide its share of any guarantee, loan or additional equity capital, the parties shall consult to determine further steps, if any, which might be taken; provided that [X] will be under no obligation to provide its share of guarantee, loan or additional equity capital.

Section 8.00 TRANSFERS OF SHARES

8.01 General Restriction on Transfer Etc.

Except as otherwise expressly provided for in this section 8.00, [X] and [Y] mutually covenant and agree not to ... .

8.02 Right of First Refusal

Each party to the extent permitted by law hereby extends to the other party a right of final refusal with respect to ... :

(i) dispatch of written notice of rejection by the party to whom such offer is made of the first offer so extended; or

(ii) a lapse of [ninety (90)] days after the date of receipt of such first offer.

If the terms and conditions proposed by the offer of are not agreeable to the other party, the parties shall negotiate in good faith during the [90 days] after the date of receipt of such first offer in an attempt to reach agreement. Acceptance of any such first offer which has been made pursuant to this Paragraph 8.02 shall be effective upon receipt by the party who made such offer of acceptance thereof, if receipt of acceptance occurs within [ninety(90) days] after the date of receipt of such offer.

8.03 Failure or Refusal to Accept First Offer

If, after a first offer has been extended pursuant to Paragraph 8.02 hereof, the offeree shall refuse or fail to accept the offer for all or any portion of the shares of NEWCO so offered, the offeror shall have the right, for a period of [one hundred and twenty (120) days], ...

8.04 General Requirement of Governmental Approvals

Prior to effectuation of any transfer of the share of NEWCO pursuant to the foregoing provisions of this section 8.00, both or either of the parties hereto shall make application for and obtain such governmental approvals as shall be necessary in connection with any such transfer as aforesaid or acts or transactions relating thereto.

8.05 Effect of Failure to Obtain Requisite Governmental Approvals

The failure to obtain any governmental license or other approval for which application is made pursuant to Paragraph 8.04 hereof shall in no event be interpreted to give the offeror the right to offer the shares in question to a third party, or otherwise to permit the offeror to sell, assign, pledge or in any other manner transfer title in, or rights to, such shares. Further, in the event that any such governmental approval for which application may be filed as aforesaid shall not have been obtained within [ninety (90) days] subsequent to the date of filing an application thereof, if the offeror continues to desire to dispose of the shares of NEWCO in respect of which the first offer has been made and accepted, unless the parties hereto otherwise mutually agree, all appropriate procedures shall be instituted leading to the retirement by NEWCO of all such shares, including but not limited to the delivery and cancellation of any share certificate representing such shares and the consequent reduction by NEWCO of its paid-in capital. The redemption price for any such shares shall be the price at which such shares were offered to the other party hereto subject to the relevant law and government ruling.

8.06 Limitation of Obligations upon Sale of SHARES

If either party sells or otherwise disposes of all or substantially all of its shares of NEWCO in accordance with the provisions of this Agreement, the obligations and liabilities of such party under this Agreement shall terminate except as otherwise expressly provided herein.

Section 9.00 PAYMENT AND TAXES

9.01 Manner and Place of Payments

Any and all payments to be made to [Y] by NEWCO in consequence of or in connection with the acts or transactions comprehended or contemplated by this Agreement and the Associated Agreements, including but not limited to dividends, royalties, interest payments, reimbursable expenses and repatriated capital, shall be made, except as otherwise provided herein, in Korean Won or in United States Dollars at a bank or such other address in Korea or in [the United States of America], as the case may be, all as may be designated in writing by [Y] to NEWCO from time to time.

9.02 Withholding Taxes

Any sum required under Korean tax laws to be withheld by NEWCO for the account of [Y] from payments due to [Y] shall be withheld and shall be promptly paid by NEWCO to the appropriate tax authorities; and the parties hereto shall cause NEWCO to furnish [Y] official tax receipts or other appropriate evidence issued by the Korean tax authorities sufficient to enable [Y] to support a claim for credit, in respect of any sum so withheld, against [United States] income taxes.

Section 10.00 CONFIDENTIALITY OF INFORMATION

10.01 Duty of Secrecy and Confidentiality

Except to the extent that disclosures to NEWCO may be permitted by any of the ASSOCIATED AGREEMENTS, each party hereto agrees to keep strictly secret and confidential all information obtained from the other party hereto or NEWCO which is designated as confidential by said other party or NEWCO, as the case may be. To that end, all records, copies, reproductions, reprints and translations of such information shall be plainly marked to indicate the secret and confidential nature thereof and to prevent unauthorized use or reproduction thereof.

10.02 Restriction on Use

The parties hereto agree that they shall not use any confidential information obtained from the other party or from NEWCO for any purpose whatsoever except in a manner expressly provided for in any of the ASSOCIATED AGREEMENTS.

10.03 Limitations and Survival of Obligations

Such obligations, as undertaken by the parties hereto pursuant to this section 10.00, shall survive termination of this Agreement and shall remain in effect and be binding on the parties hereto for a period of [seven (7) years] after the termination of this Agreement except for information that becomes part of the public domain or is received from an independent source.

Section 11.00 TERM AND TERMINATION

Ⅰ

Ⅱ

Ⅲ

Ⅳ

11.01 Term

The term of this Agreement shall begin as of the EFFECTIVE DATE and shall continue in force and effect for an indefinite term thereafter, until NEWCO shall be dissolved or otherwise cease to exist as a separate entity, or until this Agreement is sooner terminated pursuant to the following provisions of this section 11.00.

11.02 Events of Termination

Should any of the following events occur, i.e.:

11.02.1 either party becomes insolvent, or files a petition in bankruptcy or for reorganization, or has such a petition filed against it which is not dismissed within [ninety (90) days   ] or

11.02.2 either party makes an assignment or like arrangement for the benefit of its creditors, or is dissolved or liquidated (except pursuant to a merger, consolidation, spin-off or like arrangement which in the reasonable opinion of the other party would not have a material adverse effect on the ability of the party to perform its obligations hereunder and under the ASSOCIATED AGREEMENTS and which would not, in the other party's reasonable opinion change the nature of the party in a manner to the substantial detriment of the other party); or

11.02.3 either party commits a breach of this Agreement or the ASSOCIATED AGREEMENTS and such breach has a material and adverse effect on the implementation or performance of this Agreement or the ASSOCIATED AGREEMENT, or on the successful operation of NEWCO, and such breach remains unremedied for [sixty (60) days   ] after written notice thereof; or

11.02.4 it becomes illegal for either party to perform its obligations, or receive payments to which it is entitled, hereunder or under the ASSOCIATED AGREEMENTS;

11.02.5 there arises a difference of opinion between the parties in respect of any major matter relating to the operation of NEWCO and such difference is not resolved by negotiations in good faith between the parties for a period of [ninety (90) days] after a shareholders' or directors meeting at which meeting the parties could not resolve the difference between them;

then, in case of 11.02.3 and 11.02.4, the party not in breath or not subject to the illegality, respectively, shall have the option, upon written notice, of purchasing the shares of the other party at fair value as determined by independent appraisal(or as agreed between the parties) subject to the relevant law and government ruling, or of proceeding to a dissolution of NEWCO. In case of 11.02.1 and 11.02.2 the parties shall, when and if permitted by law, proceed to a dissolution of NEWCO. And in the case of 11.02.5 the parties shall proceed to dissolution of NEWCO unless they agree to a sale of the Shares to one party or the other.

11.03 Survival of Rights, Duties and Obligations

Termination of this Agreement for any cause shall not release either party hereto from any liability which at the time of termination has already accrued to the other party hereto or which thereafter may accrue in respect of any act or omission prior to such termination, nor shall any such termination hereof affect in any way the survival of any right, duty or obligation of either party hereto which is expressly stated elsewhere in this Agreement to survive termination hereof.

Section 12.00 INTERPRETATION

12.01 Applicable Law

The validity, construction and performance of this Agreement shall be governed by and interpreted in accordance with the laws of Korea.

12.02 Governing Language

This Agreement may be executed in English and in other languages (including Korean). In the event of any difference or inconsistency among different versions of this Agreement, the English version shall prevail over in all respect.

12.03 Arbitration

Any dispute arising out of or in connection with this contract shall be finally settled by arbitration in Seoul in accordance with the Arbitration Rules of the Korean Commercial Arbitration Board.

12.04 Effect of Headings

The headings to sections and paragraphs of this Agreement, excepting those in section 1.00 hereof, are to facilitate reference only, do not form a part of this Agreement, and shall not in any way affect the interpretation hereof.

12.05 Modification, Etc. of Agreement

This Agreement embodies the entire agreement of the parties with respect to the subject matter hereof and supersedes and cancels any and all prior understandings or agreements, verbal or otherwise, in relation hereto, which may exist between the parties. No oral explanation or oral information by either of the parties hereto shall alter the meaning or interpretation of this Agreement. No amendment or change hereof or addition hereto shall be effective or binding on either of the parties hereto unless reduced to writing and executed by the respective duly authorized representatives of each of the parties hereto.

12.06 Non-Waiver

The waiver, expressed or implied, by either of the parties hereto of any right hereunder or against any failure to perform or breach hereof by the other party hereto shall not constitute or be deemed a waiver of any other right hereunder or against any other failure to perform or breach hereof by such other party, whether of a similar or dissimilar nature thereto.

Section 13.00 MISCELLANEOUS

13.01 Assignment

This Agreement, and all rights and obligations hereunder, are personal as to the parties hereto and shall not be assigned by either of the parties hereto to any third party without the prior written consent thereto by the other party hereto; provided, however, that either party hereto may assign this Agreement, without such prior consent of the other party hereto, in connection with a transfer of all or substantially all of its shares of NEWCO in accordance with section 8.00 hereof, or with an assignment to any corporation acquiring all or substantially all of its assets to or any surviving or newly formed corporation in connection with a merger or amalgamation involving such assigning party, subject to a prior undertaking in writing by the assignee assuming all of the obligations and duties of the assigning party under this Agreement and further subject to the issuance of any governmental authorizations, licenses or rulings then required under applicable law in connection with such assignment.

13.02 Force Majeure

A party hereto shall not be liable to the other party for any loss, injury, delay, damages or other casualty suffered or incurred by the latter due to strikes, riots, storms, fires, explosions, acts of God, war, action of any government or any other cause beyond the reasonable control of the party, and any failure or delay by either party hereto in performance of any of its obligations under this Agreement due to one or more of the foregoing causes shall not be considered a breach of this Agreement.

13.03 Severability

In the event any term or provision of this Agreement shall for any reason be invalid, illegal or unenforceable in any respect, such invalidity, illegality or unenforceability shall not affect any other terms or provisions hereof; in such event, this Agreement shall be interpreted and construed as if such term or provision, to the extent, same shall have been held invalid, illegal or unenforceable, had never been contained herein.

13.04 Notices

Except as otherwise provided in this Agreement, all notices required or permitted to be given hereunder shall be in writing and shall be valid and sufficient if dispatched by registered airmail, delivered personally, or sent by telex or cable(confirmed by letter sent the same day).

IN WITNESS WHEREOF, and having been approved by the Board of Directors of each of the parties, the parties hereto have caused this Agreement to be executed by their duly authorized representatives on the day and year first set forth above.

Exhibits : 1. The Articles of Incorporation

2. The Regulations of the Board of Directors

3. License Agreement between [　Y　] and NEWCO

4. Management Assistance Agreement between [　X　] and NEWCO

5. Distributorship Agreement between [　X　] and NEWCO

6. Plant and Equipment Lease Agreement between [　X　] and NEWCO

7. Personnel Transfer Agreement between [　X　] and NEWCO

8. Technical Assistance and Technology Transfer Agreement between [　Y　] and NEWCO

[　X, INC.　]

BY :

[　Y, CO., LTD.　]

BY :

4. MOU(Memorandum Of Understanding, 양해각서)

Sample Memorandum of Understanding Template

Memorandum of Understanding

Between

(Partner)

and

(Partner)

This Memorandum of Understanding (MOU) sets for the terms and understanding between the (partner) and the (partner) to (insert activity).

Background
(Why partnership important)

Purpose
This MOU will (purpose/goals of partnership)

The above goals will be accomplished by undertaking the following activities:
(List and describe the activities that are planned for the partnership and who will do what)

Reporting
(Record who will evaluate effectiveness and adherence to the agreement and when evaluation will happen)

Funding
(Specify that this MOU is not a commitment of funds)

Duration
This MOU is at-will and may be modified by mutual consent of authorized officials from (list partners). This MOU shall become effective upon signature by the authorized officials from the (list partners) and will remain in effect until modified or terminated by any one of the partners by mutual consent. In the absence of mutual agreement by the authorized officials from (list partners) this MOU shall end on (end date of partnership).

Contact Information
Partner name
Partner representative
Position
Address
Telephone
Fax
E-mail

Partner name
Partner representative
Position
Address
Telephone
Fax
E-mail

_____Date:
(Partner signature)
(Partner name, organization, position)

_____Date:
(Partner signature)
(Partner name, organization, position)

5. Inquiry(상품조회서)

Inquiry Letter Sample for a product

I am writing to inquire about the availability of [product name]. I have seen the product details on your [website] and I'm very interested in buying one. I appreciate if you can send me samples so I can test before taking a decision. I have confidence in your commitment to quality but part of our procurement process is to test before any purchase. I also appreciate if you could send me the price of one unit as well as discounts on bulk orders. I need to take a decision in the coming few days so it's really very important that I receive this information as soon as possible. Awaiting your reply.

Best Regards

---

6. Offer sheet(물품매도확약서)

Kim & Park Trading Corporation
Fl 51, 100-1, Samsung-Dong, Kangnam-Gu, Seoul, 100-100, Korea
Tel: 82-2-123-1234, Fax: 82-2-123-1234, www.Kim&Park.com

OFFER SHEET

Messrs.: Amazon.com Offer No.: K-13-0613

Date : 2015. 06. 13

Attn.: Mr. Mcdonald / manager

WE HAVE THE PLEASURE OF OFFERING YOU THE UNDER MENTIONED GOODS ON THE TERMS AND CONDITIONS AS STATED BELOW;

Item No	COMMIDITY & DESCRIPTION	Q'ty	UNIT PRICE	AMOUNT
Jellypack1	Jelly Pack Speaker White	1,000pcs	USD13.50	USD13,500.00
Jellypack2	Jelly Pack Speaker Pink	1,000pcs	USD13.50	USD13,500.00
Jellypack3	Jelly Pack Speaker Blue	1,000pcs	USD13.50	USD13,500.00
Jellypack4	Jelly Pack Speaker Orange	1,000pcs	USD13.50	USD13,500.00

TOTAL AMOUNT 4,000pcs USD54,000.00

-. Origin: Republic Of Korea

-. Packing: Export Standard Packing

- Time of shipment : within 14days after receipt of Letter of Credit

-. Shipping Port: Busan Port

- Inspection : The buyer's inspection to be final

- Price Term: FOB Korea

-. Payment: L/C at 60days after sight

-. Validity : by the Jul. 10, 2015

349

YOURS VERY TRULY

ACCEPTED BY

_____   _____

7. Purchase Order(구매주문서)

Purchase Order

Seoul, July 5, 2015
Wilson & co., Inc.
50 Libeity st.,
New York, N.Y. 10005
U.S.A.

Gentlemen;

    Please kindly supply the following goods under the terms and conditions as below :

1. Item : Cotton Shirts (Style No.10)

2. Quantity : 500 Dozen

3. Unit Price : US $ 10.50 per dozen

4. Total Amount : US $ 5,250 - C.I.F. New York

5. Origin : Republic of Korea

6. Shipping Port : Korean Port

7. Destination : New York, U.S.A.

8. Shipping / Expiry Date : August 25, 2015.

- partial shipments are prohibited.

9. Payment Terms : Document against acceptance 120 days after B/L date.

- Document should be sent to the Commercial Bank of New York, Head Office.

Document required are :

1. Signed commercial invoice in triplicate

2. Packing list in triplicate

3. Full set of clean on board bills of lading made out to the order of Wilson & Company Inc., 50

I

II

III

IV

Liberty Street, New York N.Y. 10005, U.S.A. marked "freight prepaid" and notify accountee.

4. Marine insurance policy or certificate in duplicate endorsed in blank for 110% of the invoice

value covering I.C.C.(A). TPND.

Yours truly,

8. 무역개별계약서

Kim & Park Trading Corporation
Fl 51, 100-1, Samsung-Dong, Kangnam-Gu, Seoul, 100-100, Korea
Tel: 82-2-123-1234, Fax: 82-2-123-1234, www.Kim&Park.com

SALES CONTRACT

MESSRS, COM TRADING   Date : October 30, 20XX   Hobart, Australia
                       No. : K&P-1126

    We as Seller confirm having sold you as Buyer the following goods on the terms and conditions as stated below and on the back hereof.

DESCRIPTION	QUANTITY UNIT PRICE		AMOUNT
LED Moniter	1,000 set	CIF Hobart, Australia	US$100,000.00
(Item no: KP-0113)	U$100.00/set		

SHIPMENT	: On or about December 15, 20xx.
PAYMENT	: By a Documentary Letter of Credit at 90 days after sight in favour of Kim & Park Trading.
INSURANCE	: Seller to cover the invoice amount plus 10% against All Risks including War and SRCC Risks
PACKING	: Each piece to be packed in a carton and each piece has to be packed with air cap

SHIPPING MARK
"COM" in Triangle
Hobart, Australia
Box No. 1/Up

Made in Korea

DESTINATION	: Hobart, Australia
REMARKS	:

PLEASE SIGN AND RETURN THE DUPLICATE

(BUYER)   (SELLER)

_____   _____

9. 무역포괄계약서

Agreement on General Terms and Conditions of Business

This Agreement entered into between COM TRADING, SW, Canada (hereinafter called the Buyers), and Kim&Park Trading Corporation, Seoul, Korea (hereinafter called to as the Sellers) witness as follows;

1. Business : Both Sellers and Buyers act shall as Principals and not as Agents.

2. Quality : Good sold on sample shall be warranted by the seller to confirm about equal to sample upon arrival at destination.

3. Quantity : Weight and Quantity determined by the seller, as set forth in shipping documents, shall be final.

4. Prices : Unless otherwise specified, prices shall be quoted in U.S. Dollars on CIF basis.

5. Firm Offers : All firm offers shall remain effective for a week including the day cabled. Sundays and National Holidays shall not be counted as days.

6. Orders : Except in cases where firm offers are accepted all orders shall be subject to the Seller's final confirmation.

7. Packing : Proper export carton case packing shall be carried out, each case bearing the mark K&P with diamond mark, running case numbers, and the country of origin.

8. Payment : Draft shall be drawn (at sight) under irrevocable Letter of Credit which shall be opened in favor of seller immediately. Bill of Lading, Insurance Policy, Commercial

Invoice and other documents which each contract requires.

9. Shipment : Shipment shall be made within the time stipulated in each contract. The date of Bill of Lading shall be taken as conclusive proof of the day of shipment. Unless expressly agreed upon, the port of shipment shall be at the Seller's option.

10. Marine Insurance : All shipments shall be covered on All Risks including War and SRCC for the invoice amount plus 10 percents. All policies shall be made out in U.S. Dollar and claims payable in New York.

11. Force Majeure : The Sellers shall not be responsible for the delay in shipment due to force majeure, including mobilization, war, strikes, riots, civil commotion, hostilities, blockade, requisition of vessels, prohibition of export, fires, floods, earthquakes, tempest and any other contingencies, which prevent shipment within the stipulated period. In the event of any of the aforesaid causes arising, documents proving its occurrence or existence shall be sent by the Sellers to the Buyers without delay.

12. Delayed Shipment : In all cases of force majeure provided in the Article No. 11 the period of shipment stipulated shall be extended for a period of twenty one (21) days. In case shipment within the extended period should still be prevented by a continuance of the causes mentioned in the Article No.11 or the consequences of any of them, It shall be at the Buyer's option either to allow the shipment of late goods or to cancel the order by giving the Sellers the notice of cancellation by cable.

13. Claims : Claims, if any, shall be submitted by cable within fourteen (14) days after arrival of goods at destination. Certificated by recognized surveyors shall be sent by

mail without delay.

14. Arbitration : All claims which cannot be amicably settled between Sellers and Buyers shall be finally settled by arbitration in Seoul, Korea in accordance with the Commercial Arbitration Rules of the Korea Commercial Arbitration Board and under the Laws of Korea. The award rendered by the arbitrator shall be final and binding upon both parties concerned.

15. Trade Terms : Unless specially stated, the trade terms under this contract shall be governed and interpreted by the latest Incoterms.(Incoterms 2010)

16. Governing Law : This Agreement shall be governed as to matters including validity, construction and performance under and by United Nations Convention on Contract for the International Sale of Good 1980.

This Agreement shall be valid on and after Oct. 26, 20XX

(BUYER)   (SELLER)

_____   _____

10. 적하보험서류

LG Insurance Co., Ltd.
CERTIFICATE OF MARINE CARGO INSURANCE

Assured(s), etc ② THE SAMWON CORPORATION	

Certificate No. ① 002599A65334	Ref. No.③ Invoice No. DS-070228 L/C No. IOMP20748
Claim, if any, payable at : ⑥ GELLATLY HANKEY MARINE SERVICE 842 Seventh Avenue New York 10018 Tel(201)881~9412 Claims are payable in	Amount insured ④ USD 65,120.- (USD59,200 XC 110%)
Survey should be approved by ⑦ THE SAME AS ABOVE	Conditions ⑤ * INSTITUTE CARGO CLAUSE(A) 1982 * CLAIMS ARE PAYABLE IN AMERICA IN THE CURRENCY OF THE DRAFT.

⑧ Local Vessel or Conveyance	⑨ From(interior port or place of loading)	
Ship or Vessel called the ⑩ KAJA-HO V-27	Sailing on or about ⑪ MARCH 3, 2007	
at and from ⑫ PUSAN, KOREA	⑬ transshipped at	
arrived at ⑭ NEW YORK	⑮ thence to	

Goods and Merchandiese ⑯
16,000YDS OF PATCHWORK COWHIDE LEATHER

Subject to the following Clauses as per back hereof institute Cargo Clauses Institute War Clauses(Cargo) Institute War Cancellation Clauses(Cargo) Institute Strikes Riots and Civil Commotions Clauses Institute Air Cargo Clauses(All Risks) Institute Classification Clauses Special Replacement Clause(applying to machinery) Institute Radioactive Contamination Exclusion Clauses Co-Inssurance Clause Marks and Numbers as

Place and Date signed in ⑰ SEOUL, KOREA MARCH 2, 1999   No. of Certificates issued. ⑱ TWO
⑳ This Certificate represents and takes the place of the Policy and conveys all rights of the original policyholder
(for the purpose of collecting any loss or claim) as fully as if the property was covered by a Open Policy direct to the holder of this Certificate.
This Company agrees lossed, if any, shall be payable to the order of Assured on surrender of this Certificate.
Settlement under one copy shall render all otehrs null and viod.
Contrary to the wording of this form, this insurance is governed by the standard from of English Marine Insurance Policy.
In the event of loss or damage arising under this insurance, no claims will be admitted unless a survey has been held with the approval of this Compay's office or Agents specified in this Certificate.

SEE IMPORTANT INSTRUCTIONS ON REVERSE
㉑ LG Insurance Co., Ltd.

AUTHORIZED SIGNATORY

This Certificate is not valid unless the Declaration be signed by an authorized representative of the Assued.

I

II

III

IV

357

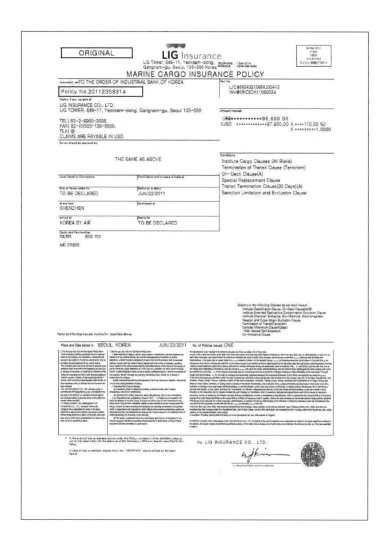

Chapter 02. 무역관련 국제규칙

KFO

제1절 국제물품매매계약에 관한 유엔협약 (CISG = Vienna Convention)

1. Sphere of application and general provisions(적용범위 및 통칙)

(1) SPHERE OF APPLICATION(적용범위)

Article 1

(1) This Convention applies to contracts of sale of goods between parties whose places of business are in different States :

(a) when the States are Contracting States ; or

(b) when the rules of private international law lead to the application of the law of a Contracting State.

(2) The fact that the parties have their places of business in different States is to be discarded whenever this fact does not appear either from the contract or from any dealings between, or from information disclosed by, the parties at any time before or at the conclusion of the contract.

(3) Neither the nationality of the parties nor the civil or commercial character of the parties or of the contract is to be taken into consideration in determining the application of this Convention.

제1조

(1) 이 협약은 다음의 경우에, 영업소가 서로 다른 국가에 있는 당사자 간의 물품매매계약에 적용된다.

    (a) 해당 국가가 모두 체약국인 경우. 또는

    (b) 국제사법 규칙에 의하여 체약국법이 적용되는 경우

(2) 당사자가 서로 다른 국가에 영업소를 가지고 있다는 사실은 계약으로부터 또는 계약체결 전이나 그 체결 시에 당사자 간의 거래나 당사자에 의하여 밝혀진 정보로부터 드러나지 아니하는 경우에는 고려되지 아니한다.

(3) 당사자의 국적 또는 당사자나 계약의 민사적 상시적 성격은 이 협약의 적용 여부를 결정하는 데에 고려되지 아니한다.

Article 2

This Convention does not apply to sales :

    (a) of goods bought for personal, family or household use, unless the seller, at any time before or at the conclusion of the contract, neither knew nor ought to have known that the goods were bought for any such use ;

    (b) by auction ;

    (c) on execution or otherwise by authority of law ;

    (d) of stocks, shares, investment securities, negotiable instruments or money ;

    (e) of ships, vessels, hovercraft or aircraft ;

    (f) of electricity.

제2조

이 협약은 다음의 매매에는 적용되지 아니한다.

    (a) 개인용 · 가족용 또는 가정용으로 구입된 물품의 매매 다만, 매도인이 계약체결 전이나 그 체결 시에 물품이 그와 같은 용도로 구입된 사살을 알지 못하였고 알았어야 했던 것도 아닌 경우에는 그러하지 아니하다.

    (b) 경매에 의한 매매

    (c) 강제집행 그 밖의 법령에 의한 매매

    (d) 주식, 지분, 투자증권, 유통증권 또는 통화의 매매

    (e) 선박, 소선(小船), 부선(浮船), 또는 항공기의 매매

    (f) 전기의 매매

Article 3

(1) Contracts for the supply of goods to be manufactured or produced are to be considered sales unless the party who orders the goods undertakes to supply a substantial part of the materials necessary for such manufacture or production.

(2) This Convention does not apply to contracts in which the preponderant part of the obligations of the party who furnishes the goods consists in the supply of labour or other services.

제3조

(1) 물품을 제조 또는 생산하여 공급하는 계약은 이를 매매로 본다. 다만, 물품을 주문한 당사자가 그 제조 또는 생산에 필요한 재료의 중요한 부분을 공급하는 경우에는 그러하지 아니하다.

(2) 이 협약은 물품을 공급하는 당사자의 의무의 주된 부분이 노무 그 밖의 서비스의 공급에 있는 계약에는 적용되지 아니한다.

Article 4

This Convention governs only the formation of the contract of sale and the rights and obligations of the seller and the buyer arising from such a contract. In particular, except as otherwise expressly provided in this Convention, it is not concerned with :

(a) the validity of the contract or of any of its provisions or of any usage ;

(b) the effect which the contract may have on the property in the goods sold.

제4조

이 협약은 매매계약의 성립 및 그 계약으로부터 발생하는 매도인과 매수인의 권리의무만을 규율한다. 이 협약에 별도의 명시규정이 있는 경우를 제외하고, 이 협약은 특히 다음과 관련이 없다.

(a) 계약이나 그 조항 또는 관행의 유효성

(b) 매매된 물품의 소유권에 관하여 계약이 미치는 효력

Article 5

This Convention does not apply to the liability of the seller for death or personal injury caused by the goods to any person.

제5조

이 협약은 물품으로 인하여 발생한 사람의 사망 또는 상해에 대한 매도인의 책임에는 적용되지 아니한다.

Article 6

The parties may exclude the application of this Convention or, subject to article 12, derogate from or vary the effect of any of its provisions.

제6조

당사자는 이 협약의 적용을 배제할 수 있고, 제12조에 따를 것을 조건으로 하여 이 협약의 어떠한 규정에 대하여도 그 적용을 배제하거나 효과를 변경할 수 있다.

(2) GENERAL PROVISIONS(총칙)

Article 7

(1) In the interpretation of this Convention, regard is to be had to its international character and to the need to promote uniformity in its application and the observance of good faith in international trade.

(2) Questions concerning matters governed by this Convention which are not expressly settled in it are to be settled in conformity with the general principles on which it is based or, in the absence of such principles, in conformity with the law applicable by virtue of the rules of private international law.

제7조

(1) 이 협약의 해석에는 그 국제적 성격 및 적용상의 통일과 국제거래상의 신의 준수를 증진할 필요성을 고려하여야 한다.

(2) 이 협약에 의하여 규율되는 사항으로서 협약에서 명시적으로 해결되지 아니하는 문제는, 이 협약이 기초하고 있는 일반원칙, 그 원칙이 없는 경우에는 국제사법 규칙에 의하여 적용되는 법에 따라 해결되어야 한다.

Article 8

(1) For the purposes of this Convention statements made by and other conduct of a party are to be interpreted according to his intent where the other party knew or could not have been unaware what that intent was.

(2) If the preceding paragraph is not applicable, statements made by and other conduct of a party are to be interpreted according to the understanding that a reasonable person of the same kind as the other party would have had in the same circumstances.

(3) In determining the intent of a party or the understanding a reasonable person would have had, due consideration is to be given to all relevant circumstances of the case including the negotiations, any practices which the parties have established between themselves, usages and any subsequent conduct of the parties.

제8조

(1) 이 협약의 적용상, 당사자의 잔술 그 밖의 행위는 상대방이 그 당사자의 의도를 알았거나 모를 수 없었던 경우에는 그 의도에 따라 해석되어야 한다.

(2) 제1항이 적용되지 아니하는 경우에 당사자의 잔술 그 밖의 행위는, 상대방과 동일한 부류의 합리적인 사람이 동일한 상황에서 이해하였을 바에 따라 해석되어야 한다.

(3) 당사자의 의도 또는 합리적인 사람이 이해하였을 바를 결정함에 있어서는 교섭, 당사자 간에 확립된 관례, 관행 및 당사자의 후속 행위를 포함하여 관련된 모든 사항을 적절히 고려하여야 한다.

Article 9

(1) The parties are bound by any usage to which they have agreed and by any practices which they have established between themselves.

(2) The parties are considered, unless otherwise agreed, to have impliedly made applicable to their contract or its formation a usage of which the parties knew or ought to have known and which in international trade is widely known to, and regularly observed by, parties to contracts of the type involved in the particular trade concerned.

제9조

(1) 당사자는 합의한 관행과 당사자 간에 확립된 관례에 구속된다.

(2) 별도의 합의가 없는 한. 당사자가 알았거나 알 수 있었던 관행으로서 국제거래에서 당해 거래와 동종의 계약을 하는 사람에게 널리 알려져 있고 통상적으로 준수되고 있는 관행은 당사자의 계약 또는 그 성립에 묵시적으로 적용되는 것으로 본다.

Article 10

For the purposes of this Convention :

(a) if a party has more than one place of business, the place of business is that which has the closest relationship to the contract and its performance, having regard to the circumstances known to or contemplated by the parties at any time before or at the conclusion of the contract ;

(b) if a party does not have a place of business, reference is to be made to his habitual residence.

제10조

이 협약의 적용상.

(a) 당사자 일방이 둘 이상의 영업소를 가지고 있는 경우에는, 계약체결 전이나 그 체결 시에 당사자 쌍방에 알려지거나 예기된 상황을 고려하여 계약 및 그 이행과 가장 밀접한 관련이 있는 곳이 영업소가 된다.

(b) 당사자 일방이 영업소를 가지고 있지 아니한 경우에는 그의 상거소를 영업소로 본다.

Article 11

A contract of sale need not be concluded in or evidenced by writing and is not subject to any other requirement as to form. It may be proved by any means, including witnesses.

제11조

매매계약은 서면에 의하여 체결되거나 입증될 필요가 없고 방식에 관한 그 밖의 어떠한 요건도 요구되지 아니한다. 매매계약은 증인을 포함하여 어떠한 방법에 의하여도 입증될 수 있다.

Article 12

Any provision of article 11, article 29 or Part Ⅱ of this Convention that allows a contract of sale or its modification or termination by agreement or any offer, acceptance or other indication of intention to be made in any form other than in writing does not apply where any party has his place of business in a Contracting State which has made a declaration under article 96 of this Convention. The parties may not derogate from or vary the effect of this article.

제12조

매매계약, 합의에 의한 매매계약의 변경이나 종료, 청약·승낙 그 밖의 의사표시를 서면 이외의 방법으로 할 수 있도록 허용하는 이 협약 제11조, 제29조 또는 제2편은 당사자가 이 협약 제96조에 따라 유보선언을 한 체약국에 영업소를 가지고 있는 경우에는 적용되지 아니한다. 당사자는 이 조를 배제하거나 그 효과를 변경할 수 없다

Article 13

For the purposes of this Convention "writing" includes telegram and telex.

제13조

이 협약의 적용상 "서면"에는 전보와 텔렉스가 포함된다.

2. Formation of the contract(계약의 성립)

Article 14

(1) A proposal for concluding a contract addressed to one or more specific persons constitutes an offer if it is sufficiently definite and indicates the intention of the offeror to be bound in case of acceptance. A proposal is sufficiently definite if it indicates the goods and expressly or implicitly fixes or makes provision for determining the quantity and the price.

(2) A proposal other than one addressed to one or more specific persons is to be considered merely as an invitation to make offers, unless the contrary is clearly indicated by the person making the proposal.

제14조

(1) 1인 또는 그 이상의 특정인에 대한 계약체결의 제안은 충분히 확정적이고 승낙 시 그에 구속된다는 청약자의 의사가 표시되어 있는 경우에 청약이 된다. 제안이 물품을 표시하고, 명시적 또는 묵시적으로 수량과 대금을 지정하거나 그 결정을 위한 조항을 두고 있는 경우에, 그 제안은 충분히 확정적인 것으로 한다.

(2) 불특정 다수인에 대한 제안은 제안자가 반대 의사를 명확히 표시하지 아니하는 한 단지 청약을 하기 위한 유인으로 본다.

Article 15

(1) An offer becomes effective when it reaches the offeree.

(2) An offer, even if it is irrevocable, may be withdrawn if the withdrawal reaches the offeree before or at the same time as the offer.

제15조

(1) 청약은 상대방에게 도달한 때에 효력이 발생한다.

(2) 청약은 철회될 수 없는 것이더라도, 회수의 의사표시가 청약의 도달 전 또는 그와 동시에 상대방에게 도달하는 경우에는 회수될 수 있다.

Article 16

(1) Until a contract is concluded an offer may be revoked if the revocation reaches the offeree before he has dispatched an acceptance.

(2) However, an offer cannot be revoked :

(a) if it indicates, whether by stating a fixed time for acceptance or otherwise, that it is irrevocable ;　or

(b) if it was reasonable for the offeree to rely on the offer as being irrevocable and the offeree has acted in reliance on the offer.

제16조

(1) 청약은 계약이 체결되기까지는 철회될 수 있다 다만, 상대방이 승낙의 통지를 발송하기 전에 철회의 의사 표시가 상대방에게 도달되어야 한다.

(2) 그러나 다음의 경우에는 청약은 철회될 수 없다.

(a) 승낙기간의 지정 그 밖의 방법으로 청약이 철회될 수 없음이 청약에 표시되어 있는 경우, 또는

(b) 상대방이 청약이 철회될 수 없음을 신뢰하는 것이 합리적이고, 상대방이 그 청약을 신뢰하여 행동한 경우

Article 17

An offer, even if it is irrevocable, is terminated when a rejection reaches the offeror.

제17조

청약은 철회될 수 없는 것이더라도, 거절의 의사표시가 청약자에게 도달한 때에는 효력을 상실한다.

Article 18

(1) A statement made by or other conduct of the offeree indicating assent to an offer is an acceptance. Silence or inactivity does not in itself amount to acceptance.

(2) An acceptance of an offer becomes effective at the moment the indication of assent reaches the offeror. An acceptance is not effective if the indication of assent does not reach the offeror within the time he has fixed or, if no time is fixed, within a reasonable time, due account being taken of the circumstances of the transaction, including the rapidity of the means of communication employed by the offeror. An oral offer must be accepted immediately unless the circumstances indicate otherwise.

(3) However, if, by virtue of the offer or as a result of practices which the parties have established between themselves or of usage, the offeree may indicate assent by performing an act, such as one relating to the dispatch of the goods or payment of the price, without notice to the offeror, the acceptance is effective at the moment the act is performed, provided that the act is performed within the period of time laid down in the preceding paragraph.

제18조

(1) 청약에 대한 동의를 표시하는 상대방의 잔술, 그 밖의 행위는 승낙이 된다. 침묵 또는 부작위는 그 자체만으로 승낙이 되지 아니한다.

(2) 청약에 대한 승낙은 동의의 의사표시가 청약자에게 도달하는 시점에 효력이 발생한다. 동의의 의사표시가 청약자가 지정한 기간 내에, 기간의 지정이 없는 경우에는 청약자가 사용한 통신수단의 신속성 등 거래의 상황을 적절히 고려하여 합리적인 기간 내에 도달하지 아니하는 때에는, 승낙은 효력이 발생하지 아니한다. 구두의 청약은 특별한 사정이 없는 한 즉시 승낙되어야 한다.

(3) 청약에 의하여 또는 당사자 간에 확립된 관례나 관행의 결과로 상대방이 청약자에 대한 통지 없이, 물품의 발송이나 대금지급과 같은 행위를 함으로써 동의를 표시할 수 있는 경우에는, 승낙은 그 행위가 이루어진 시점에 효력이 발생한다. 다만, 그 행위는 제2항에서 정한 기간 내에 이루어져야 한다.

Article 19

(1) A reply to an offer which purports to be an acceptance but contains additions, limitations or other modifications is a rejection of the offer and constitutes a counter offer.

(2) However, a reply to an offer which purports to be an acceptance but contains additional or different terms which do not materially alter the terms of the offer constitutes an acceptance, unless the offeror, without undue delay, objects orally to the discrepancy or dispatches a notice to that effect. If he does not so object, the terms of the contract are the terms of the offer with the modifications contained in the acceptance.

(3) Additional or different terms relating, among other things, to the price, payment, quality and quantity of the goods, place and time of delivery, extent of one party's liability to the other or the settlement of disputes are considered to alter the terms of the offer materially.

제19조

(1) 승낙을 의도하고 있으나, 부가, 제한 그 밖의 변경을 포함하는 청약에 대한 응답은 청약에 대한 거절이면서 또한 새로운 청약이 된다.

(2) 승낙을 의도하고 있고 청약의 조건을 실질적으로 변경하지 아니하는 부가적 조건 또는 상이한 조건을 포함하는 청약에 대한 응답은 승낙이 된다. 다만, 청약자가 부당한 지체 없이 그 상위(相違)에 구두로 이의를 제기하거나 그러한 취지의 통지를 발송하는 경우에는 그러하지 아니하다. 청약자가 이의를 제기하지 아니하는 경우에는 승낙에 포함된 변경이 가하여진 청약 조건이 계약 조건이 된다.

(3) 특히 대금, 대금지급, 물품의 품질과 수량, 인도의 장소와 시기, 당사자 일방의 상대방에 대한 책임범위 또는 분쟁해결에 관한 부가적 조건 또는 상이한 조건은 청약 조건을 실질적으로 변경하는 것으로 본다.

Article 20

(1) A period of time for acceptance fixed by the offeror in a telegram or a letter begins to run from the moment the telegram is handed in for dispatch or from the date shown on the letter or, if no such date is shown, from the date shown on the envelope. A period of time for acceptance fixed by the offeror by telephone, telex or other means of instantaneous communication, begins to run from the moment that the offer reaches the offeree.

(2) Official holidays or non−business days occurring during the period for acceptance are included in calculating the period. However, if a notice of acceptance cannot be delivered at the address of the offeror on the last day of the period because that day falls on an official holiday or a non−business day at the place of business of the offeror, the period is extended until the first business day which follows.

제20조

(1) 청약자가 전보 또는 서신에서 지정한 승낙기간은 전보가 발송을 위하여 교부된 시점 또는 서신에 표시되어 있는 일자 서신에 일자가 표시되지 아니한 경우에는 봉투에 표시된 일자 로부터 기산한다. 청약자가 전화, 텔렉스, 그 밖의 동시적 통신수단에 의하여 지정한 승낙 기간은 청약이 상대방에게 도달한 시점으로부터 기산

(2) 승낙기간 중의 공휴일 또는 비영업일은 기간의 계산에 산입한다. 다만, 기간의 말일이 청 약자의 영업소 소재지의 공휴일 또는 비영업일에 해당하여 승낙의 통지가 기간의 말일에 청약자에게 도달될 수 없는 경우에는, 기간은 그 다음의 최초 영업일까지 연장된다.

Article 21

(1) A late acceptance is nevertheless effective as an acceptance if without delay the offeror orally so informs the offeree or dispatches a notice to that effect.

(2) If a letter or other writing containing a late acceptance shows that it has been sent in such circumstances that if its transmission had been normal it would have reached the offeror in due time, the late acceptance is effective as an acceptance unless, without delay, the offeror orally informs the offeree that he considers his offer as having lapsed or dispatches a notice to that effect.

제21조

(1) 연착된 승낙은 청약자가 상대방에게 지체 없이 승낙으로서 효력을 가진다는 취지를 구두로 통고하거나 그러한 취지의 통지를 발송하는 경우에는 승낙으로서의 효력이 있다.

(2) 연착된 승낙이 포함된 서신 그 밖의 서면에 의하여, 전달이 정상적이었다면 기간 내에 청약자에게 도달되었을 상황에서 승낙이 발송되었다고 인정되는 경우에는 그 연착된 승낙은 승낙으로서의 효력이 있다. 다만, 청약자가 상대방에게 지체 없이 청약이 실효되었다는 취지를 구두로 통고하거나 그러한 취지의 통지를 발송하는 경우에는 그러하지 아니하다.

Article 22

An acceptance may be withdrawn if the withdrawal reaches the offeror before or at the same time as the acceptance would have become effective.

제22조

승낙은 그 효력이 발생하기 전 또는 그와 동시에 회수의 의사표시가 청약자에게 도달하는 경우에는 회수될 수 있다.

Article 23

A contract is concluded at the moment when an acceptance of an offer becomes effective in accordance with the provisions of this Convention.

제23조

계약은 청약에 대한 승낙이 이 협약에 따라 효력을 발생하는 시점에 성립된다.

Article 24

For the purposes of this Part of the Convention, an offer, declaration of acceptance or any other indication of intention "reaches" the addressee when it is made orally to him or delivered by any other means to him personally, to his place of business or mailing address or, if he does not have a place of business or mailing address, to his habitual residence.

제24조

이 협약 제2편의 적용상, 청약, 승낙 그 밖의 의사표시는 상대방에게 구두로 통고된 때 또는 그 밖의 방법으로 상대방 본인, 상대방의 영업소나 우편주소에 전달된 때, 상대방이 영업소나 우편주소를 가지지 아니한 경우에는 그의 상거소에 전달된 때에 상대방에게 "도달"된다.

3. Sale of goods(물품의 매매)

(1) GENERAL PROVISIONS(총칙)

Article 25

A breach of contract committed by one of the parties is fundamental if it results in such detriment to the other party as substantially to deprive him of what he is entitled to expect under the contract, unless the party in breach did not foresee and a reasonable person of the same kind in the same circumstances would not have foreseen such a result.

제25조

당사자 일방의 계약위반은, 그 계약에서 상대방이 기대 할 수 있는 바를 실질적으로 박탈할 정도의 손실을 상대방에게 주는 경우, 본질적인 것으로 한다. 다만, 위반 당사자가 그러한 결과를 예견하지 못하였고, 동일한 부류의 합리적인 사람도 동일한 상황에서 그러한 결과를 예견하지 못하였을 경우에는 그러하지 아니하다.

Article 26

A declaration of avoidance of the contract is effective only if made by notice to the other party.

제26조

계약해제의 의사표시는 상대방에 대한 통지로 행하여진 경우에만 효력이 있다.

Article 27

Unless otherwise expressly provided in this Part of the Convention, if any notice, request or other communication is given or made by a party in accordance with this Part and by means appropriate in the circumstances, a delay or error in the transmission of the communication or its failure to arrive does not deprive that party of the right to rely on the communication.

제27조

이 협약 제3편에 별도의 명시규정이 있는 경우를 제외하고, 당사자가 이 협약 제3편에 따라 상황에 맞는 적절한 방법으로 통자 청구 그 밖의 통산을 한 경우에. 당사자는 통신의 전달 중에 지연이나 오류가 있거나 또는 통신이 도달되지 아니하더라도 그 통산을 주장할 권리를 상실하지 아니한다.

Article 28

If, in accordance with the provisions of this Convention, one party is entitled to require performance of any obligation by the other party, a court is not bound to enter a judgement for specific performance unless the court would do so under its own law in respect of similar contracts of sale not governed by this Convention.

제28조

당사자 일방이 이 협약에 따라 상대방의 의무이행을 요구할 수 있는 경우에도, 법원은 이 협약이 적용되지 아니하는 유사한 매매계약에 관하여 자국법에 따라 특정이행을 명하는 판결을 하여야 하는 경우가 아닌 한 특정이행을 명하는 판결을 할 의무가 없다.

Article 29

(1) A contract may be modified or terminated by the mere agreement of the parties.

(2) A contract in writing which contains a provision requiring any modification or termination by agreement to be in writing may not be otherwise modified or terminated by agreement. However, a party may be precluded by his conduct from asserting such a provision to the extent that the other party has relied on that conduct.

제29조

(1) 계약은 당사자의 합의만으로 변경 또는 종료될 수 있다.

(2) 서면에 의한 계약에 합의에 의한 변경 또는 종료는 서면에 의하여야 한다는 규정이 있는 경우에, 다른 방법으로 합의 변경 또는 합의 종료될 수 없다 다만, 당사자는 상대방이 자신의 행동을 신뢰한 한도까지는 그러한 규정을 원용할 수 없다.

(2) OBLIGATIONS OF THE SELLER(매도인의 의무)

Article 30

The seller must deliver the goods, hand over any documents relating to them and transfer the property in the goods, as required by the contract and this Convention.

제30조

매도인은 계약과 이 협약에 따라 물품을 인도하고, 관련 서류를 교부하며 물품의 소유권을 이전하여야 한다.

Section I. Delivery of the goods and handing over of documents(물품의 인도와 서류의 교부)

Article 31

If the seller is not bound to deliver the goods at any other particular place, his obligation to deliver consists :

(a) if the contract of sale involves carriage of the goods − in handing the goods over to the first carrier for transmission to the buyer ;

(b) if, in cases not within the preceding subparagraph, the contract relates to specific goods, or unidentified goods to be drawn from a specific stock or to be manufactured or produced, and at the time of the conclusion of the contract the parties knew that the goods were at, or were to be manufac-tured or produced at, a particular place − in placing the goods at the buyers disposal at that place ;

(c) in other cases − in placing the goods at the buyers disposal at the place where the seller had his place of business at the time of the conclusion of the contract.

제31조

매도인이 물품을 다른 특정한 장소에서 인도할 의무가 없는 경우에, 매도인의 인도의무는 다음과 같다.

(a) 매매계약에 물품의 운송이 포함된 경우에는, 매수인에게 전달하기 위하여 물품을 제1운송인에게 교부하는 것.

(b) (a)호에 해당되지 아니하는 경우로서 계약이 특정물에 관련되거나 또는 특정한 재고품에서 인출되는 불특정물이나 제조 또는 생산되는 불특정물에 관련되어 있고, 당사자 쌍방이 계약 체결 시에 그 물품이 특정한 장소에 있거나 그 장소에서 제조 또는 생산되는 것을 알고 있었던 경우에는. 그 장소에서 물품을 매수인의 처분하에 두는 것.

(c) 그 밖의 경우에는. 계약 체결 시에 매도인이 영업소를 가지고 있던 장소에서 물품을 매수인의 처분하에 두는 것.

Article 32

(1) If the seller, in accordance with the contract or this Convention, hands the goods over to a carrier and if the goods are not dearly identified to the contract by markings on the goods, by shipping documents or otherwise, the seller must give the buyer notice of the consignment specifying the goods.

(2) If the seller is bound to arrange for carriage of the goods, he must make such contracts as are necessary for carriage to the place fixed by means of transportation appropriate in the circumstances and according to the usual terms for such transportation.

(3) If the seller is not bound to effect insurance in respect of the carriage of the goods, he must, at the buyer's request, provide him with all available information necessary to enable him to effect such insurance.

제32조

(1) 매도인이 계약 또는 이 협약에 따라 물품을 운송인에게 교부한 경우에, 물품이 하인(荷印), 선적서류 그 밖의 방법에 의하여 그 계약의 목적물로서 명확히 특정되어 있지 아니한 때에는 매도인은 매수인에게 물품을 특정하는 탁송통지를 하여야 한다.

(2) 매도인이 물품의 운송을 주선하여야 하는 경우에, 매도인은 상황에 맞는 적절한 운송수단 및 그 운송에서의 통상의 조건으로, 지정된 장소까지 운송하는 데 필요한 계약을 체결하여야 한다.

(3) 매도인이 물품의 운송에 관하여 부보(附保)할 의무가 없는 경우에도, 매도인은 매수인의 요구가 있으면 매수인이 부보하는 데 필요한 모든 가능한 정보를 매수인에게 제공하여야 한다.

Article 33

The seller must deliver the goods :
  (a) if a date is fixed by or determinable from the contract, on that date ;
  (b) if a period of time is fixed by or determinable from the contract, at any time within that period unless circumstances indicate that the buyer is to choose a date ; or
  (c) in any other case, within a reasonable time after the conclusion of the contract.

제33조

매도인은 다음의 시기에 물품을 인도하여야 한다.
  (a) 인도기일이 계약에 의하여 지정되어 있거나 확정될 수 있는 경우에는 그 기일
  (b) 인도기간이 계약에 의하여 지정되어 있거나 확정될 수 있는 경우에는 그 기간 내의 어느 시가 다만, 매수인이 기일을 선택하여야 할 사정이 있는 경우에는 그러하지 아니하다. 또는
  (c) 그 밖의 경우에는 계약 체결 후 합리적인 기간 내.

Article 34

If the seller is bound to hand over documents relating to the goods, he must hand them over at the time and place and in the form required by the contract. If the seller has handed over documents before that time, he may, up to that time, cure any lack of conformity in the documents, if the exercise of this right does not cause the buyer unreasonable inconvenience or unreasonable expense. However, the buyer retains any right to claim damages as provided for in this Convention.

제34조

매도인이 물품에 관한 서류를 교부하여야 하는 경우에, 매도인은 계약에서 정한 시기, 장소 및 방식에 따라 이를 교부하여야 한다. 매도인이 교부하여야 할 시기 전에 서류를 교부한 경우에는, 매도인은 매수인에게 불합리한 불편 또는 비용을 초래하지 아니하는 한 계약에서 정한 시기까지 서류상의 부적합을 치유할 수 있다. 다만, 매수인은 이 협약에서 정한 손해배상을 청구할 권리를 보유한다.

Section Ⅱ. Conformity of the goods and third-party claims(물품의 적합성과 제3자의 권리주장)

Article 35

(1) The seller must deliver goods which are of the quantity, quality and description required by the contract and which are contained or packaged in the manner required by the contract.

(2) Except where the parties have agreed otherwise, the goods do not conform with the contract unless they :

    (a) are fit for the purposes for which goods of the same description would ordinarily be used ;

    (b) are fit for any particular purpose expressly or impliedly made known to theseller at the time of the conclusion of the contract, except where the circumstances show that the buyer did not rely, or that it was unreasonable for him to rely, on the sellers skill and judgement ;

    (c) possess the qualities of goods which the seller has held out to the buyer as a sample or model ;

    (d) are contained or packaged in the manner usual for such goods or, where there is no such manner, in a manner adequate to preserve and protect the goods.

(3) The seller is not liable under subparagraphs (a) to (d) of the preceding paragraph for any lack of conformity of the goods if, at the time of the conclusion of the contract, the buyer knew or could not have been unaware of such lack of conformity.

제35조

(1) 매도인은 계약에서 정한 수량, 품질 및 종류에 적합하고, 계약에서 정한 방법으로 용기에 담겨지거나 포장된 물품을 인도하여야 한다.

(2) 당사자가 달리 합의한 경우를 제외하고 물품은 다음의 경우에 계약에 적합하지 아니한 것으로 한다.

(a) 동종 물품의 통상 사용목적에 맞지 아니한 경우,

(b) 계약 체결 시 매도인에게 명시적 또는 묵시적으로 알려진 특별한 목적에 맞지 아니한 경우. 다만, 그 상황에서 매수인이 매도인의 기술과 판단을 신화하지 아니하였거나 또는 신뢰하는 것이 불합리하였다고 인정되는 경우에는 그러하지 아니하다.

(c) 매도인이 견본 또는 모형으로 매수인에게 제시한 물품의 품질을 가지고 있지 아니한 경우.

(d) 그러한 물품에 대하여 통상의 방법으로, 통상의 방법이 없는 경우에는 그 물품을 보존하고 보호하는 데 적절한 방법으로 용기에 담겨지거나 포장되어 있지 아니한 경우.

(3) 매수인이 계약 체결 시에 물품의 부적합을 알았거나 또는 모를 수 없었던 경우에는 매도인은 그 부적합에 대하여 제2항의 (a)호 내지 (d)호에 따른 책임을 지지 아니한다.

Article 36

(1) The seller is liable in accordance with the contract and this Convention for any lack of conformity which exists at the time when the risk passes to the buyer, even though the lack of conformity becomes apparent only after that time.

(2) The seller is also liable for any lack of conformity which occurs after the time indicated in the preceding paragraph and which is due to a breach of any of his obligations, including a breach of any guarantee that for a period of time the goods will remain fit for their ordinary purpose or for some particular purpose or will retain specified qualities or characteristics.

제36조

(1) 매도인은 위험이 매수인에게 이전하는 때에 존재하는 물품의 부적합에 대하여, 그 부적합이 위험 이전 후에 판명된 경우라도, 계약과 이 협약에 따라 책임을 진다.

(2) 매도인은 제항에서 정한 때보다 후에 발생한 부적합이라도 매도인의 의무위반에 기인하는 경우에는 그 부적합에 대하여 책임을 진다 이 의무위반에는 물품이 일정기간 통상의

목적이나 특별한 목적에 맞는 상태를 유지한다는 보증 또는 특정한 품질이나 특성을 유지한다는 보증에 위반한 경우도 포함된다.

Article 37

If the seller has delivered goods before the date for delivery, he may, up to that date, deliver any missing part or make up any deficiency in the quantity of the goods delivered, or deliver goods in replacement of any. non−conforming goods delivered or remedy any lack of conformity in the goods delivered, provided that the exercise of this right does not cause the buyer unreasonable inconvenience or unreasonable expense. However, the buyer retains any right to claim damages as provided for in this Convention.

제37조

매도인이 인도기일 전에 물품을 인도한 경우에는, 매수인에게 불합리한 불편 또는 비용을 초래하지 아니하는 한, 매도인은 그 기일까지 누락분을 인도하거나 부족한 수량을 보충하거나 부적합한 물품에 갈음하여 물품을 인도하거나 또는 물품의 부적합을 치유할 수 있다. 다만, 매수인은 이 협약에서 정한 손해배상을 청구할 권리를 보유한다.

Article 38

(1) The buyer must examine the goods, or cause them to be examined, within as short a period as is practicable in the circumstances.

(2) If the contract involves carriage of the goods, examination may be deferred until after the goods have arrived at their destination.

(3) If the goods are redirected in transit or redispatched by the buyer without a reasonable opportunity for examination by him and at the time of the conclusion of the contract the seller knew or ought to have known of the possibility of such redirection or redispatch, examination may be deferred until after the goods have arrived at the new destination.

제38조

(1) 매수인은 그 상황에서 실행가능한 단기간 내에 물품을 검사하거나 검사하게 하여야 한다.

(2) 계약에 물품의 운송이 포함되는 경우에는, 검사는 물품이 목적지에 도착한 후까지 연기될 수 있다.

(3) 매수인이 검사할 합리적인 기회를 가지지 못한 채 운송 중에 물품의 목적지를 변경하거나 물품을 전송(轉送)하고, 매도인이 계약 체결 시에 그 변경 또는 전송의 가능성을 알았거나 알 수 있었던 경우에는 검사는 물품이 새로운 목적지에 도착한 후까지 연기 될 수 있다.

Article 39

(1) The buyer loses the right to rely on a lack of conformity of the goods if he does not give notice to the seller specifying the nature of the lack of conformity within a reasonable time after he has discovered it or ought to have discovered it.

(2) In any event, the buyer loses the right to rely on a lack of conformity of the goods if he does not give the seller notice thereof at the latest within a period of two years from the date on which the goods were actually handed over to the buyer, unless this time limit is inconsistent with a contractual period of guarantee.

제39조

(1) 매수인이 물품의 부적합을 발견하였거나 발견할 수 있었던 때로부터 합리적인 기간 내에 매도인에게 그 부적합한 성질을 특정하여 통지하지 아니한 경우에는 매수인은 물품의 부적합을 주장할 권리를 상실한다.

(2) 매수인은 물품이 매수인에게 실제적으로 교부된 날부터 늦어도 2년 내에 매도인에게 제1항의 통지를 하지 아니한 경우에는 물품의 부적합을 주장할 권리를 상실한다. 다만, 이 기간제한이 계약상의 보증기간과 양립하지 아니하는 경우에는 그러하지 아니하다.

Article 40

The seller is not entitled to rely on the provisions of articles 38 and 39 if the lack of conformity relates to facts of which he knew or could not have been unaware and which he did not disclose to the buyer.

제40조

물품의 부적합이 매도인이 알았거나 모를 수 없었던 사실에 관한 것이고, 매도인이 매수인에게 이를 밝히지 아니한 경우에는, 매도인은 제38조와 제39조를 원용할 수 없다.

Article 41

The seller must deliver goods which are free from any right or claim of a third party, unless the buyer agreed to take the goods subject to that right or claim. However, if such right or claim is based on industrial property or other intellectual property, the seller's obligation is governed by article 42,

제41조

매수인이 제3자의 권리나 권리주장의 대상이 된 물품을 수령하는 데 동의한 경우를 제외하고, 매도인은 제3자의 권리나 권리주장의 대상이 아닌 물품을 인도하여야 한다. 다만, 그러한 제3자의 권리나 권리주장이 공업소유권, 그 밖의 지적재산권에 기초하는 경우에는 매도인의 의무는 제42조에 의하여 규율된다.

Article 42

(1) The seller must deliver goods which are free from any right or claim of a third party based on industrial property or other intellectual property, of which at the time of the conclusion of the contract the seller knew or could not have been unaware, provided that the right or claim is based on industrial property or other intellectual property :

  (a) under the law of the State where the goods will be resold or otherwise used, if it was contemplated by the parties at the time of the conclusion of the contract that the goods would be resold or otherwise used in that State ; or

  (b) in any other case, under the law of the State where the buyer has his place of business.

(2) The obligation of the seller under the preceding paragraph does not extend to cases where :

  (a) at the time of the conclusion of the contract the buyer knew or could not have been unaware of the right or claim ; or

  (b) the right or claim results from the sellers compliance with technical drawings, designs, formulae or other such specifications furnished by the buyer.

제42조

(1) 매도인은, 계약 체결 시에 자신이 알았거나 모를 수 없었던 공업소유권, 그 밖의 지적재산 권에 기초한 제3자의 권리나 권리주장의 대상이 아닌 물품을 인도하여야 한다. 다만, 제3 자의 권리나 권리주장이 다음 국가의 법에 의한 공업소유권 그 밖의 지적재산권에 기초한 경우에 한한다.

  (a) 당사자 쌍방이 계약 체결 시에 물품이 어느 국가에서 전매되거나 그 밖의 방법으로 사 용될 것을 예상하였던 경우에는. 물품이 전매되거나 그 밖의 방법으로 사용될 국가의 법, 또는

  (b) 그 밖의 경우에는 매수인이 영업소를 가자는 국가의 법

(2) 제1항의 매도인의 의무는 다음의 경우에는 적용되지 아니한다.

  (a) 매수인이 계약 체결 시에 그 권리나 권리주장을 알았거나 모를 수 없었던 경우, 또는

  (b) 그 권리나 권리주장이 매수인에 의하여 제공된 기술설계, 디자인, 방식, 그 밖의 지정 에 매도인이 따른 결과로 발생한 경우

Article 43

(1) The buyer loses the right to rely on the provisions of article 41 or article 42 if he does not give notice to the seller specifying the nature of the right or claim of the third party within a reasonable time after he has become aware or ought to have become aware of the right or claim.

(2) The seller is not entitled to rely on the provisions of the preceding paragraph if he knew of the right or claim of the third party and the nature of it.

제43조

(1) 매수인이 제3자의 권리나 권리주장을 알았거나 알았어야 했던 때로부터 합리적인 기간 내에 매도인에게 제3자의 권리나 권리주장의 성질을 특정하여 통지하지 아니한 경우에는 매수인은 제41조 또는 제42조를 원용할 권리를 상실한다.

(2) 매도인이 제3자의 권리나 권리주장 및 그 성질을 알고 있었던 경우에는 제1항을 원용할 수 없다.

Article 44

Notwithstanding the provisions of paragraph (1) of article 39 and paragraph (1) of article 43, the buyer may reduce the price in accordance with article 50 or claim damages, except for loss of profit, if he has a reasonable excuse for his failure to give the required notice.

제44조

제39조 제1항과 제43조 제1항에도 불구하고, 매수인은 정하여진 통지를 하지 못한 데에 합리적인 이유가 있는 경우에는 제50조에 따라 대금을 감액하거나 이익의 상실을 제외한 손해배상을 청구할 수 있다.

Section Ⅲ. Remedies for breach of contract by the seller(매도인의 계약위반에 대한 구제)

Article 45

(1) If the seller fails to perform any of his obligations under the contract or this Convention, the buyer may :

(a) exercise the rights provided in articles 46 to 52 ;

(b) claim damages as provided in articles 74 to 77.

(2) The buyer is not deprived of any right he may have to claim damages by exercising his right to other remedies.

(3) No period of grace may be granted to the seller by a court or arbitral tribunal when the buyer resorts to a remedy for breach of contract.

제45조

(1) 매도인이 계약 또는 이 협약상의 의무를 이행하지 아니하는 경우에 매수인은 다음을 할 수 있다.

(a) 제46조 내지 제52조에서 정한 권리의 행사

(b) 제74조 내지 제77조에서 정한 손해배상의 청구

(2) 매수인이 손해배상을 청구하는 권리는 다른 구제를 구하는 권리를 행사함으로써 상실되지 아니한다.

(3) 매수인이 계약위반에 대한 구제를 구하는 경우에, 법원 또는 중재판정부는 매도인에게 유예기간을 부여 할 수 없다.

Article 46

(1) The buyer may require performance by the seller of his obligations unless the buyer has resorted to a remedy which is inconsistent with this requirement.

(2) If the goods do not conform with the contract, the buyer may require delivery of substitute goods only if the lack of conformity constitutes a fundamental breach of contract and a request for substitute goods is made either in conjunction with notice given under article 39 or within a reasonable time thereafter.

(3) If the goods do not conform with the contract, the buyer may require the seller to remedy the lack of conformity by repair, unless this is unreasonable having regard to all the circumstances. A request for repair must be made either in conjunction with notice given under article 39 or within a reasonable time thereafter.

제46조

(1) 매수인은 매도인에게 의무의 이행을 청구할 수 있다. 다만, 매수인이 그 청구와 양립하지 아니하는 구제를 구한 경우에는 그러하지 아니하다.

(2) 물품이 계약에 부적합한 경우에 매수인은 대체물의 인도를 청구할 수 있다. 다만, 그 부적합이 본질적 계약위반을 구성하고, 그 청구가 제39조의 통지와 동시에 또는 그 후 합리적인 기간 내에 행하여진 경우에 한한다.

(3) 물품이 계약에 부적합한 경우에, 매수인은 모든 상황을 고려하여 불합리한 경우를 제외하고, 매도인에게 수리에 의한 부적합의 치유를 청구할 수 있다. 수리 청구는 제39조의 통지와 동시에 또는 그 후 합리적인 기간 내에 행하여져야 한다.

Article 47

(1) The buyer may fix an additional period of time of reasonable length for performance by the seller of his obligations.

(2) Unless the buyer has received notice from the seller that he will not perform within the period so fixed, the buyer may not, during that period, resort to any remedy for breach of contract. However, the buyer is not deprived thereby of any right he may have to claim damages for delay in performance.

제47조

(1) 매수인은 매도인의 의무이행을 위하여 합리적인 부가기간을 정할 수 있다.

(2) 매도인으로부터 그 부가기간 내에 이행을 하지 아니하겠다는 통지를 수령한 경우를 제외하고 매수인은 그 기간 중 계약위반에 대한 구제를 구할 수 없다. 다만, 매수인은 이행지체에 대한 손해배상을 청구할 권리를 상실하지 아니한다.

Article 48

(1) Subject to article 49, the seller may, even after the date for delivery, remedy at his own expense any failure to perform his obligations, if he can do so without unreasonable delay and without causing the buyer unreasonable inconvenience or uncertainty of reimbursement by the seller of expenses advanced by the buyer. However, the buyer retains any right to claim damages as provided for in this Convention.

(2) If the seller requests the buyer to make known whether he will accept performance and the buyer does not comply with the request within a reasonable time, the seller may perform within the time indicated in his request. The buyer may not, during that period of time, resort to any remedy which is inconsistent with performance by the seller.

(3) A notice by the seller that he will perform within a specified period of time is assumed to include a request, under the preceding paragraph, that the buyer make known his decision.

(4) A request or notice by the seller under paragraph (2) or (3) of this article is not effective unless received by the buyer.

제48조

(1) 제49조를 따를 것을 조건으로 매도인은 인도기일 후에도 불합리하게 지체하지 아니하고 매수인에게 불합리한 불편 또는 매수인의 선급비용을 매도인으로 부터 상환 받는 데 대한 불안을 초래하지 아니하는 경우에는 자신의 비용으로 의무의 불이행을 치유할 수 있다 다만, 매수인은 이 협약에서 정한 손해배상을 청구할 권리를 보유한다.

(2) 매도인이 매수인에게 이행의 수령 여부를 알려 달라고 요구하였으나 매수인이 합리적인 기간 내에 그 요구에 응하지 아니한 경우에는 매도인은 그 요구에서 정한 기간 내에 이행을 할 수 있다. 매수인은 그 기간 중에는 매도인의 이행과 양립하지 아니하는 구제를 구할 수 없다.

(3) 특정한 기간 내에 이행을 하겠다는 매도인의 통지는 매수인이 그 결정을 알려야 한다는 제2항의 요구를 포함하는 것으로 추정한다.

(4) 이 조의 제2항 또는 제3항의 매도인의 요구 또는 통자는 매수인에 의하여 수령되지 아니하는 한 그 효력이 발생하지 아니한다.

Article 49

(1) The buyer may declare the contract avoided :

    (a) if the failure by the seller to perform any of his obligations under the contract or this Convention amounts to a fundamental breach of contract ; or

    (b) in case of non-delivery, if the seller does not deliver the goods within the additional period of time fixed by the buyer in accordance with paragraph (1) of article 47 or declares that he will not deliver within the period so fixed.

(2) However, in cases where the seller has delivered the goods, the buyer loses the right to declare the contract avoided unless he does so :

    (a) in respect of late delivery, within a reasonable time after he has become aware that delivery has been made ;

    (b) in respect of any breach other than late delivery, within a reasonable time :

        (i) after he knew or ought to have known of the breach ;

        (ii) after the expiration of any additional period of time fixed by the buyer in accordance with paragraph (1) of article 47, or after the seller has declared that he will not perform his obligations within such an additional period ; or

        (iii) after the expiration of any additional period of time indicated by the seller in accordance with paragraph (2) of article 48, or after the buyer has declared that he will not accept performance.

제49조

(1) 매수인은 다음의 경우에 계약을 해제할 수 있다.

    (a) 계약 또는 이 협약상 매도인의 의무 불이행이 본질적 계약위반으로 되는 경우, 또는

    (b) 인도 불이행의 경우에는, 매도인이 제47조 제1항에 따라 매수인이 정한 부가기간 내에 물품을 인도하지 아니하거나 그 기간 내에 인도하지 아니하겠다고 선언한 경우.

(2) 그러나 매도인이 물품을 인도한 경우에는 매수인은 다음의 가간 내에 계약을 해제하지 아니하는 한 계약 해제권을 상실한다.

(a) 인도지체의 경우. 매수인이 인도가 이루어진 것을 안 후 합리적인 기간 내

(b) 인도자체 이외의 위반의 경우 다음의 시가로부터 합리적인 기간 내

　(ⅰ) 매수인이 그 위반을 알았거나 또는 알 수 있었던 때

　(ⅱ) 매수인이 제47조 제1항에 따라 정한부가기간이 경과한 때 또는 매도인이 그 부가 기간 내에 의무를 이행하지 아니하겠다고 선언한 때, 또는

　(ⅲ) 매도인이 제48조 제2항에 따라 정한 부가가간이 경과한 때 또는 매수인이 이행을 수령하지 아니하겠다고 선언한 때

Article 50

If the goods do not conform with the contract and whether or not the price has already been paid, the buyer may reduce the price in the same proportion as the value that the goods actually delivered had at the time of the delivery bears to the value that conforming goods would have had at that time. However, if the seller remedies any failure to perform his obligations in accordance with article 37 or article 48 or if the buyer refuses to accept performance by the seller in accordance with those articles, the buyer may not reduce the price.

제50조

물품이 계약에 부적합한 경우에. 대금의 지급 여부에 관계없이 매수인은 실제로 인도된 물품이 인도 시에 가지고 있던 가액이 계약에 적합한 물품이 그때에 가지고 있었을 가액에 대하여 가지는 비율에 따라 대금을 감액할 수 있다. 다만, 매도인이 제37조나 제48조에 따라 의무의 불이행을 치유하거나 매수인이 동 조항에 따라 매도인의 이행 수령을 거절한 경우에는 대금을 감액할 수 없다.

Article 51

(1) If the seller delivers only a part of the goods or if only a part of the goods delivered is in conformity with the contract, articles 46 to 50 apply in respect of the part which is missing or which does not conform.

(2) The buyer may declare the contract avoided in its entirety only if the failure to make delivery completely or in conformity with the contract amounts to a fundamental breach of the contract.

제51조

(1) 매도인이 물품의 일부만을 인도하거나 인도된 물품의 일부만이 계약에 적합한 경우에, 제46조 내지 제50조는 부족 또는 부적합한 부분에 적용된다.

(2) 매수인은 인도가 완전하게 또는 계약에 적합하게 이루어지지 아니한 것이 본질적 계약위반으로 되는 경우에 한하여 계약 전체를 해제할 수 있다.

Article 52

(1) If the seller delivers the goods before the date fixed, the buyer may take delivery or refuse to take delivery.

(2) If the seller delivers a quantity of goods greater than that provided for in the contract, the buyer may take delivery or refuse to take delivery of the excess quantity. If the buyer takes delivery of all or part of the excess quantity, he must pay for it at the contract rate.

제52조

(1) 매도인이 이행기일 전에 물품을 인도한 경우에, 매수인은 이를 수령하거나 거절할 수 있다.

(2) 매도인이 계약에서 정한 것보다 다량의 물품을 인도한 경우에 매수인은 초과분을 수령하거나 이를 거절할 수 있다 매수인이 초과분의 전부 또는 일부를 수령한 경우에는 계약대금의 비율에 따라 그 대금을 지급하여야 한다.

(3) OBLIGATIONS OF THE BUYER(매수인의 의무)

Article 53

The buyer must pay the price for the goods and take delivery of them as required by the contract and this Convention.

제53조

매수인은 계약과 이 협약에 따라 물품의 대금을 지급하고 물품의 인도를 수령하여야 한다.

Section Ⅰ. Payment of the price(대금의 지급)

Article 54

The buyer's obligation to pay the price includes taking such steps and complying with such formalities as may be required under the contract or any laws and regulations to enable payment to be made.

제54조

매수인의 대금지급의무에는 그 지급을 위하여 계약 또는 법령에서 정한 조치를 취하고 절차를 따르는 것이 포함된다.

Article 55

Where a contract has been validly concluded but does not expressly or implicitly fix or make provision for determining the price, the parties are considered, in the absence of any indication to the contrary, to have impliedly made reference to the price generally charged at the time of the conclusion of the contract for such goods sold under comparable circumstances in the trade concerned.

제55조

계약이 유효하게 성립되었으나 그 대금을 명시적 또는 묵시적으로 정하고 있지 아니하거나 이를 정하기 위한 조항을 두지 아니한 경우에는, 당사자는 반대의 표시가 없는 한, 계약 체결 시에 당해 거래와 유사한 상황에서 매도되는 그러한 종류의 물품에 대하여 일반적으로 청구되는 대금을 묵시적으로 정한 것으로 본다.

Article 56

If the price is fixed according to the weight of the goods, in case of doubt it is to be determined by the net weight.

제56조

대금이 물품의 중량에 따라 정하여지는 경우에, 의심이 있는 때에는 순 중량에 의하여 대금을 결정하는 것으로 한다.

Article 57

(1) If the buyer is not bound to pay the price at any other particular place, he must pay it to the seller :
  (a) at the sellers place of business ; or
  (b) if the payment is to be made against the handing over of the goods or of documents, at the place where the handing over takes place.
(2) The seller must bear any increase in the expenses incidental to payment which is caused by a change in his place of business subsequent to the conclusion of the contract.

제57조

(1) 매수인이 다른 특정한 장소에서 대금을 지급할 의무가 없는 경우에는 다음의 장소에서 매도인에게 이를 지급하여야 한다.

    (a) 매도인의 영업소. 또는

    (b) 대금이 물품 또는 서류의 교부와 상환하여 지급되어야 하는 경우에는 그 교부가 이루어지는 장소

(2) 매도인은 계약 체결 후에 자신의 영업소를 변경함으로써 발생하는 대금지급에 대한 부수비용의 증가액을 부담하여야 한다.

Article 58

(1) If the buyer is not bound to pay the price at any other specific time, he must pay it when the seller places either the goods or documents controlling their disposition at the buyers disposal in accordance with the contract and this Convention. The seller may make such payment a condition for handing over the goods or documents.

(2) If the contract involves carriage of the goods, the seller may dispatch the goods on terms whereby the goods, or documents controlling their disposition, will not be handed over to the buyer except against payment of the price.

(3) The buyer is not bound to pay the price until he has had an opportunity to examine the goods, unless the procedures for delivery or payment agreed upon by the parties are inconsistent with his having such an opportunity.

제58조

(1) 매수인이 다른 특정한 시기에 대금을 지급할 의무가 없는 경우에는 매수인은 매도인이 계약과 이 협약에 따라 물품 또는 그 처분을 지배하는 서류를 매수인의 처분하에 두는 때에 대금을 지급하여야 한다. 매도인은 그 지급을 물품 또는 서류의 교부를 위한 조건으로 할 수 있다.

(2) 계약에 물품의 운송이 포함되는 경우에는, 매도인은 대금의 지급과 상환하여서만 물품 또는 그 처분을 지배하는 서류를 매수인에게 교부한다는 조건으로 물품을 발송할 수 있다.

(3) 매수인은 물품을 검사할 기회를 가질 때까지는 대금을 지급할 의무가 없다. 다만, 당사자 간에 합의된 인도 또는 지급절차가 매수인이 검사 기회를 가지는 것과 양립하지 아니하는 경우에는 그러하지 아니하다.

Article 59

The buyer must pay the price on the date fixed by or determinable from the contract and this Convention without the need for any request or compliance with any formality on the part of the seller.

제59조

매수인은 계약 또는 이 협약에서 지정되거나 확정될 수 있는 기일에 대금을 지급하여야 하며, 이 경우 매도인의 입장에서는 어떠한 요구를 하거나 절차를 따를 필요가 없다.

Section Ⅱ. Taking delivery(인도의 수령)

Article 60

The buyer s obligation to take delivery consists :
   (a) in doing all the acts which could reasonably be expected of him in order to enable the seller to make delivery ; and
   (b) in taking over the goods.

제60조

매수인의 수령의무는 다음과 같다.
   (a) 매도인의 인도를 가능하게 하기 위하여 매수인에게 합리적으로 기대될 수 있는 모든 행위를 하는 것, 및
   (b) 물품을 수령하는 것.

Section Ⅲ. Remedies for breach of contract by the buyer(매수인의 계약위반에 대한 구제)

Article 61

(1) If the buyer fails to perform any of his obligations under the contract or this Convention, the seller may :
   (a) exercise the rights provided in articles 62 to 65 ;
   (b) claim damages as provided in articles 74 to 77.
(2) The seller is not deprived of any right he may have to claim damages by exercising his right to other remedies.
(3) No period of grace may be granted to the buyer by a court or arbitral tribunal when the seller resorts to a remedy for breach of contract.

제61조

(1) 매수인이 계약 또는 이 협약상의 의무를 이행하지 아니하는 경우에 매도인은 다음을 할 수 있다.

    (a) 제62조 내지 제65조에서 정한 권리의 행사

    (b) 제74조 내지 제77조에서 정한 손해배상의 청구

(2) 매도인이 손해배상을 청구하는 권리는 다른 구제를 구하는 권리를 행사함으로써 상실되지 아니한다.

(3) 매도인이 계약위반에 대한 구제를 구하는 경우에, 법원 또는 중재판정부는 매수인에게 유예기간을 부여할 수 없다.

Article 62

The seller may require the buyer to pay the price, take delivery or perform his other obligations, unless the seller has resorted to a remedy which is inconsistent with this requirement.

제62조

매도인은 매수인에게 대금의 지급, 인도의 수령 또는 그 밖의 의무의 이행을 청구할 수 있다 다만, 매도인이 그 청구와 양립하지 아니하는 구제를 구한 경우에는 그러하지 아니하다.

Article 63

(1) The seller may fix an additional period of time of reasonable length for performance by the buyer of his obligations.

(2) Unless the seller has received notice from the buyer that he will not perform within the period so fixed, the seller may not, during that period, resort to any remedy for breach of contract. However, the seller is not deprived thereby of any right he may have to claim damages for delay in performance.

제63조

(1) 매도인은 매수인의 의무이행을 위하여 합리적인 부가기간을 정할 수 있다.

(2) 매수인으로부터 그 부가기간 내에 이행을 하지 아니하겠다는 통지를 수령한 경우를 제외하고, 매도인은 그 기간 중 계약위반에 대한 구제를 구할 수 없다. 다만, 매도인은 이행지체에 대한 손해배상을 청구할 권리를 상실하지 아니한다.

Article 64

(1) The seller may declare the contract avoided :

    (a) if the failure by the buyer to perform any of his obligations under the con-
tract or this Convention amounts to a fundamental breach of contract ; or

    (b) if the buyer does not, within the additional period of time fixed by the sell-
er in accordance with paragraph (1) of article 63, perform his obligation to
pay the price or take delivery of the goods, or if he declares that he will not
do so within the period so fixed.

(2) However, m cases where the buyer has paid the price, the seller loses the right
to declare the contract avoided unless he does so :

    (a) in respect of late performance by the buyer, before the seller has become
aware that performance has been rendered ; or

    (b) in respect of any breach other than late performance by the buyer, within
a reasonable 仕me :

      (i) after the seller knew or ought to have known of the breach ; or

      (ii) after the expiration of any additional period of time fixed by the seller
in accordance with paragraph (1) of article 63, or after the buyer has
declared that he will not perform his obligations within such an addi-
tional period.

제64조

(1) 매도인은 다음의 경우에 계약을 해제할 수 있다.

    (a) 계약 또는 이 협약상 매수인의 의무 불이행이 본질적 계약위반으로 되는 경우, 또는

    (b) 매수인이 제63조 제1항에 따라 매도인이 정한 부가기간 내에 대금지급 또는 물품수
령 의무를 이행하지 아니하거나 그 기간 내에 그러한 의무를 이행하지 아니하겠다고
선언한 경우

(2) 그러나 매수인이 대금을 지급한 경우에는, 매도인은 다음의 기간 내에 계약을 해제하지 아
니하는 한 계약 해제권을 상실한다.

    (a) 매수인의 이행지체의 경우, 매도인이 이행이 이루어진 것을 알기 전.

    (b) 매수인의 이행지체 이이이 위반외 경우, 다음의 시기로부터 합리적인 기간 내

      (i) 매도인이 그 위반을 알았거나 또는 알 수 있었던 때

      (ii) 매도인이 제63조 제1항에 따라 정한 부가기간이 경과한 때 또는 매수인이 그 부
가기간 내에 의무를 이행하지 아니하겠다고 선언한 때

Article 65

(1) If under the contract the buyer is to specify the form, measurement or other features of the goods and he fails to make such specification either on the date agreed upon or within a reasonable time after receipt of a request from the seller, the seller may, without prejudice to any other rights he may have, make the specification himself in accordance with the requirements of the buyer that may beknown to him.

(2) If the seller makes the specification himself, he must inform the buyer of the details thereof and must fix a reasonable time within which the buyer may make a different specification. If, after receipt of such a communication, the buyer fails to do so within the time so fixed, the specification made by the seller is binding.

제65조

(1) 계약상 매수인이 물품의 형태, 규격, 그 밖의 특징을 지정하여야 하는 경우에. 매수인이 합의된 기일 또는 매도인으로부터 요구를 수령한 후 합리적인 기간 내에 그 지정을 하지 아니한 경우에는 매도인은 자신이 보유하는 다른 권리를 해함이 없이. 자신이 알고 있는 매수인의 필요에 따라 스스로 지정할 수 있다.

(2) 매도인은 스스로 지정하는 경우에 매수인에게 그 상세한 사정을 통고하고. 매수인이 그와 다른 지정을 할 수 있도록 합리적인 가간을 정하여야 한다. 매수인이 그 통지를 수령한 후 정하여진 기간 내에 다른 지정을 하지 아니하는 경우에는, 매도인의 지정이 구속력을 가진다.

(4) PASSING OF RISK(위험의 이전)

Article 66

Loss of or damage to the goods after the risk has passed to the buyer does not discharge him from his obligation to pay the price, unless the loss or damage is due to an act or omission of the seller.

제66조

위험이 매수인에게 이전된 후에 물품이 멸실 또는 훼손되더라도 매수인은 대금지급의무를 면하지 못한다. 다만, 그 멸실 또는 훼손이 매도인의 작위 또는 부작위로 인한 경우에는 그러하지 아니하다.

Article 67

(1) If the contract of sale involves carriage of the goods and the seller is not bound to hand them over at a particular place, the risk passes to the buyer when the goods are handed over to the first carrier for transmission to the buyer in accordance with the contract of sale. If the seller is bound to hand the goods over to a carrier at a particular place, the risk does not pass to the buyer until the goods are handed over to the carrier at that place. The fact that the seller is authorized to retain documents controlling the disposition of the goods does not affect the passage of the risk.

(2) Nevertheless, the risk does not pass to the buyer until the goods are dearly identified to the contract, whether by markings on the goods, by shipping documents, by notice given to the buyer or otherwise.

제67조

(1) 매매계약에 물품의 운송이 포함되어 있고, 매도인이 특정한 장소에서 이를 교부할 의무가 없는 경우에, 위험은 매매계약에 따라 매수인에게 전달하기 위하여 물품이 제1운송인에게 교부된 때에 매수인에게 이전한다. 매도인이 특정한 장소에서 물품을 운송인에게 교부하여야 하는 경우에는 위험은 그 장소에서 물품이 운송인에게 교부될 때까지 매수인에게 이전하지 아니한다. 매도인이 물품의 처분을 지배하는 서류를 보유할 권한이 있다는 사실은 위험의 이전에 영향을 미치지 아니한다.

(2) 제1항에도 불구하고 위험은 물품이 하인(荷印), 선적서류 매수인에 대한 통지 그 밖의 방법에 의하여 계약상 명확히 특정될 때까지 매수인에게 이전하지 아니한다.

Article 68

The risk in respect of goods sold in transit passes to the buyer from the time of the conclusion of the contract. However, if the circumstances so indicate, the risk is assumed by the buyer from the time the goods were handed over to the carrier who issued the documents embodying the contract of carriage. Nevertheless, if at the time of the conclusion of the contract of sale the seller knew or ought to have known that the goods had been lost or damaged and did not disclose this to the buyer, the loss or damage is at the risk of the seller.

제68조

운송 중에 매도된 물품에 관한 위험은 계약 체결 시에 매수인에게 이전한다. 다만, 특별한 사정이 있는 경우에는 위험은 운송계약을 표창하는 서류를 발행한 운송인에게 물품이 교부된 때부터 매수인이 부담한다. 그럼에도 불구하고, 매도인이 매매계약의 체결 시에 물품이 멸실 또는 훼손된 것을 알았거나 알았어야 했고, 이를 매수인에게 이를 밝히지 아니한 경우에는. 그 멸실 또는 훼손은 매도인의 위험으로 한다.

Article 69

(1) In cases not within articles 67 and 68, the risk passes to the buyer when he takes over the goods or, if he does not do so in due time, from the time when the goods are placed at his disposal and he commits a breach of contract by failing to take delivery.

(2) However, if the buyer is bound to take over the goods at a place other than a place of business of the seller, the risk passes when delivery is due and the buyer is aware of the fact that the goods are placed at his disposal at that place.

(3) If the contract relates to goods not then identified, the goods are considered not to be placed at the disposal of the buyer until they are clearly identified to the contract.

제69조

(1) 제67조와 제68조가 적용되지 아니하는 경우에. 위험은 매수인이 물품을 수령한 때, 매수인이 적시에 이를 수령하지 아니한 경우에는 물품이 매수인의 처분하에 놓여지고 매수인이 이를 수령하지 아니하여 계약을 위반하는 때에 매수인에게 이전한다.

(2) 매수인이 매도인의 영업소 이외의 장소에서 물품을 수령하여야 하는 경우에는, 위험은 인도기일이 도래하고 물품이 그 장소에서 매수인의 처분하에 놓여진 것을 매수인이 알 때에 이전한다.

(3) 불특정물에 관한 계약의 경우에 물품은 계약상 명확히 특정될 때까지 매수인의 처분하에 놓여지지 아니한 것으로 본다.

Article 70

If the seller has committed a fundamental breach of contract, articles 67, 68 and 69 do not impair the remedies available to the buyer on account of the breach.

제70조

매도인이 본질적 계약위반을 한 경우에는, 제67조, 제68조 및 제69조는 수인이 그 위반을 이유로 구할 수 있는 구제를 방해하지 아니한다.

(5) PROVISIONS COMMON TO THE OBLIGATIONS OF THE SELLER AND OF THE BUYER(매도인과 매수인의 의무에 공통되는 규정)

Section Ⅰ. Anticipatory breach and instalment contracts(이행이전의 계약위반과 분할인도계약)

Article 71

(1) A party may suspend the performance of his obligations if, after the conclusion of the contract, it becomes apparent that the other party will not perform a substantial part of his obligations as a result of :

(a) a serious deficiency in his ability to perform or in his creditworthiness ; or

(b) his conduct in preparing to perform or in performing the contract.

(2) If the seller has already dispatched the goods before the grounds described in the preceding paragraph become evident, he may prevent the handing over of the goods to the buyer even though the buyer holds a document which entitles him to obtain them. The present paragraph relates only to the rights in the goods as between the buyer and the seller.

(3) A party suspending performance, whether before or after dispatch of the goods, must immediately give notice of the suspension to the other party and must continue with performance if the other party provides adequate assurance of his performance.

제71조

(1) 당사자는 계약체결 후 다음의 사유로 상대방이 의무의 실질적 부분을 이행하지 아니할 것이 판명된 경우에는, 자신의 의무 이행을 정지할 수 있다.

(a) 상대방의 이행능력 또는 신용노의 숭대한 결함, 또는

(b) 계약의 이행 준비 또는 이행에 관한 상대방의 행위

(2) 제1항의 사유가 명백하게 되기 전에 매도인이 물품을 발송한 경우에는 매수인이 물품을 취득할 수 있는 증권을 소지하고 있더라도 매도인은 물품이 매수인에게 교부되는 것을 저지할 수 있다. 이 항은 매도인과 매수인 간의 물품에 관한 권리에 대하여만 적용된다.

(3) 이행을 정지한 당사자는 물품의 발송 전후에 관계없이 즉시 상대방에게 그 정자를 통지하여야 하고, 상대방이 그 이행에 관하여 적절한 보장을 제공한 경우에는 이행을 계속하여야 한다.

Article 72

(1) If prior to the date for performance of the contract it is clear that one of the parties will commit a fundamental breach of contract, the other party may declare the contract avoided.

(2) If time allows, the party intending to declare the contract avoided must give reasonable notice to the other party in order to permit him to provide adequate assurance of his performance.

(3) The requirements of the preceding paragraph do not apply if the other party has declared that he will not perform his obligations.

제72조

(1) 계약의 이행기일 전에 당사자 일방이 본질적 계약위반을 할 것이 명백한 경우에는 상대방은 계약을 해제 할 수 있다.

(2) 시간이 허용하는 경우에는. 계약을 해제하려고 하는 당사자는 상대방이 이행에 관하여 적절한 보장을 제공할 수 있도록 상대방에게 합리적인 통지를 하여야 한다.

(3) 제2항의 요건은 상대방이 그 의무를 이행하지 아니하겠다고 선언한 경우에는 적용되지 아니한다.

Article 73

(1) In the case of a contract for delivery of goods by instalments, if the failure of one party to perform any of his obligations in respect of any instalment constitutes a fundamental breach of contract with respect to that instalment, the other party may declare the contract avoided with respect to that instalment.

(2) If one party's failure to perform any of his obligations in respect of any instalment gives the other party good grounds to conclude that a fundamental breach of contract will occur with respect to future instalments, he may declare the contract avoided for the future, provided that he does so within a reasonable time.

(3) A buyer who declares the contract avoided in respect of any delivery may, at the same time, declare it avoided in respect of deliveries already made or of future deliveries if, by reason of their interdependence, those deliveries could not be used for the purpose contemplated by the parties at the time of the conclusion of the contract.

제73조

(1) 물품을 분할하여 인도하는 계약에서 어느 분할부분에 관한 당사자 일방의 의무 불이행이 그 분할부분에 관하여 본질적 계약위반이 되는 경우에는, 상대방은 그 분할부분에 관하여 계약을 해제할 수 있다.

(2) 어느 분할부분에 관한 당사자 일방의 의무 불이행이 장래의 분할부분에 대한 본질적 계약 위반의 발생을 추단하는 데에 충분한 근거가 되는 경우에는, 상대방은 장래에 향하여 계약을 해제할 수 있다. 다만, 그 해제는 합리적인 기간 내에 이루어져야 한다.

(3) 어느 인도에 대하여 계약을 해제하는 매수인은 이미 행하여진 인도 또는 장래의 인도가 그 인도와의 상호의존관계로 인하여 계약 체결 시에 당사자 쌍방이 예상했던 목적으로 사용될 수 없는 경우에는, 이미 행하여진 인도 또는 장래의 인도에 대하여도 동시에 계약을 해제할 수 있다.

Section Ⅱ. Damages(손해배상액)

Article 74

Damages for breach of contract by one party consist of a sum equal to the loss, including loss of profit, suffered by the other party as a consequence of the breach. Such damages may not exceed the loss which the party in breach foresaw or ought to have foreseen at the time of the conclusion of the contract, in the light of the facts and matters of which he then knew or ought to have known, as a possible consequence of the breach of contract.

제74조

당사자 일방의 계약위반으로 인한 손해배상액은 이익의 상실을 포함하여 그 위반의 결과 상대방이 입은 손실과 동등한 금액으로 한다. 그 손해배상액은 위반 당사자가 계약 체결 시에 알았거나 알 수 있었던 사실과 사정에 비추어, 계약위반의 가능한 결과로서 발생할 것을 예견하였거나 예견할 수 있었던 손실을 초과할 수 없다.

Article 75

If the contract is avoided and if, in a reasonable manner and within a reasonable time after avoidance, the buyer has bought goods in replacement or the seller has resold the goods, the party claiming damages may recover the difference between the contract price and the price in the substitute transaction as well as any further damages recoverable under article 74.

제75조

계약이 해제되고 계약해제 후 합리적인 방법으로 합리적인 기간 내에 매수인이 대체물을 매수하거나 매도인이 물품을 재매각한 경우에, 손해배상을 청구하는 당사자는 계약대금과 대체거래대금과의 차액 및 그 외에 제74조에 따른 손해액을 배상받을 수 있다.

Article 76

(1) If the contract is avoided and there is a current price for the goods, the party claiming damages may, if he has not made a purchase or resale under article 75, recover the difference between the price fixed by the contract and the current price at the time of avoidance as well as any further damages recoverable under article 74. If, however, the party claiming damages has avoided the contract after taking over the goods, the current price at the time of such taking over shall be applied instead of the current price at the time of avoidance.

(2) For the purposes of the preceding paragraph, the current price is the price prevailing at the place where delivery of the goods should have been made or, if there is no current price at that place, the price at such other place as serves as a reasonable substitute, making due allowance for differences in the cost of transporting the goods.

제76조

(1) 계약이 해제되고 물품에 시가가 있는 경우에, 손해배상을 청구하는 당사자는 제75조에 따라 구입 또는 재매 각하지 아니하였다면 계약대금과 계약해제시의 시가와의 차액 및 그 외에 제74조에 따른 손해액을 배상받을 수 있다 다만, 손해배상을 청구하는 당사자가 물품을 수령한 후에 계약을 해제한 경우에는, 해제사의 시가에 갈음하여 물품 수령 시의 시가를 적용한다.

(2) 제1항의 적용상, 시가는 물품이 인도되었어야 했던 장소에서의 지배적인 가격, 그 장소에 시가가 없는 경우에는 물품 운송비용의 차액을 적절히 고려하여 합리적으로 대체할 수 있는 다른 장소에서의 가격을 말한다.

Article 77

A party who relies on a breach of contract must take such measures as are reasonable in the circumstances to mitigate the loss, including loss of profit, resulting from the breach. If he fails to take such measures, the party in breach may claim a reduction in the damages in the amount by which the loss should have been mitigated.

제77조

계약위반을 주장하는 당사자는 이익의 상실을 포함하여 그 위반으로 인한 손실을 경감하기 위하여 그 상황에서 합리적인 조치를 취하여야 한다. 계약위반을 주장하는 당사자가 그 조치를 취하지 아니한 경우에는 위반 당사자는 경감되었어야 했던 손실액만큼 손해배상액의 감액을 청구할 수 있다.

Section Ⅲ. Interest(이자)

Article 78

If a party fails to pay the price or any other sum that is in arrears, the other party is entitled to interest on it, without prejudice to any claim for damages recoverable under article 74.

제78조

당사자가 대금, 그 밖의 연체된 금액을 지급하지 아니하는 경우에, 상대방은 제74조에 따른 손해배상청구권을 해함이 없이, 그 금액에 대한 이자를 청구할 수 있다.

Section Ⅳ. Exemptions(면책)

Article 79

(1) A party is not liable for a failure to perform any of his obligations if he proves that the failure was due to an impediment beyond his control and that he could not reasonably be expected to have taken the impediment into account at the time of the conclusion of the contract or to have avoided or overcome it, or its consequences.

(2) If the party's failure is due to the failure by a third person whom he has engaged to perform the whole or a part of the contract, that party is exempt from liability only if :

   (a) he is exempt under the preceding paragraph ; and

   (b) the person whom he has so engaged would be so exempt if the provisions of that paragraph were applied to him.

(3) The exemption provided by this article has effect for the period during which the impediment exists.

(4) The party who fails to perform must give notice to the other party of the impediment and its effect on his ability to perform. If the notice is not received by the other party within a reasonable time after the party who fails to perform knew or ought to have known of the impediment, he is liable for damages resulting from such non−receipt.

(5) Nothing in this article prevents either party from exercising any right other than to claim damages under this Convention.

제79조

(1) 당사자는 그 의무의 불이행이 자신이 통제할 수 없는 장애에 기인하였다는 것과 계약 체결 시에 그 장애를 고려하거나 또는 그 장애나 그로 인한 결과를 회피하거나 극복하는 것이 합리적으로 기대될 수 없었다는 것을 증명하는 경우에는 그 의무불이행에 대하여 책임이 없다.

(2) 당사자의 불이행이 계약의 전부 또는 일부의 이행을 위하여 사용한 제3자의 불이행으로 인한 경우에는 그 당사자는 다음의 경우에 한하여 그 책임을 면한다.

   (a) 당사자가 제1항의 규정에 의하여 면책되고, 또한

   (b) 당사자가 사용한 제3자도 그에게 제1항이 적용된다면 면책되는 경우

(3) 이 조에 규정된 면책은 장애가 존재하는 기간 동안에 효력을 가진다.

(4) 불이행 당사자는 장애가 존재한다는 것과 그 장애가 자신의 이행능력에 미치는 영향을 상대방에게 통지하여야 한다. 불이행 당사자가 장애를 알았거나 알았어야 했던 때로부터 합리적인 기간 내에 상대방이 그 통자를 수령하지 못한 경우에는, 불이행 당사자는 수령 받지 못함으로 인한 손해에 대하여 책임이 있다

(5) 이 조는 어느 당사자가 이 협익에 따라 손해배상 청구권 이외의 권리를 행사하는 것을 방해하지 아니한다.

Article 80

A party may not rely on a failure of the other party to perform, to the extent that such failure was caused by the first party s act or omission.

제80조

당사자는 상대방의 불이행이 자신의 작위 또는 부작위에 기인하는 한, 상대방의 불이행을 주장할 수 없다.

Section Ⅴ. Effects of avoidance(해제의 효력)

Article 81

(1) Avoidance of the contract releases both parties from their obligations under it, subject to any damages which may be due. Avoidance does not affect any provision of the contract for the settlement of disputes or any other provision of the contract governing the rights and obligations of the parties consequent upon the avoidance of the contract.

(2) A party who has performed the contract either wholly or in part may claim restitution from the other party of whatever the first party has supplied or paid under the contract. If both parties are bound to make restitution, they must do so concurrently.

제81조

(1) 계약의 해제는 손해배상의무를 제외하고 당사자 쌍방을 계약상의 의무로부터 면하게 한다 해제는 계약상의 분쟁해결조항 또는 해제의 결과 발생하는 당사자의 권리의무를 규율하는 그 밖의 계약조항에 영향을 미치지 아니한다.

(2) 계약의 전부 또는 일부를 이행한 당사자는 상대방에게 자신이 계약상 공급 또는 자급한 것의 반환을 청구할 수 있다 당사자 쌍방이 반환하여야 하는 경우에는 동시에 반환하여야 한다.

Article 82

(1) The buyer loses the right to declare the contract avoided or to require the seller to deliver substitute goods if it is impossible for him to make restitution of the goods substantially in the condition in which he received them.

(2) The preceding paragraph does not apply :

    (a) if the impossibility of making restitution of the goods or of making restitution of the goods substantially in the condition in which the buyer received them is not due to his act or omission ;

    (b) if the goods or part of the goods have perished or deteriorated as a result of the examination provided for in article 38 ; or

    (c) if the goods or part of the goods have been sold in the normal course of business or have been consumed or transformed by the buyer in the course of normal use before he discovered or ought to have discovered the lack of conformity.

제82조

(1) 매수인이 물품을 수령한 상태와 실질적으로 동일한 상태로그물품을 반환할 수 없는 경우에는. 매수인은 계약을 해제하거나 매도인에게 대체물을 청구할 권리를 상실한다.

(2) 제1항은 다음의 경우에는 적용되지 아니한다.

    (a) 물품을 반환할 수 없거나 수령한 상태와 실질적으로 동일한 상태로 반환할 수 없는 것이 매수인의 작위 또는 부작위에 기인하지 아니한 경우

    (b) 물품의 전부 또는 일부가 제38조에 따른 검사의 결과로 멸실 또는 훼손된 경우. 또는

    (c) 매수인이 부적합을 발견하였거나 발견하였어야 했던 시점 전에 물품의 전부 또는 일부가 정상적인 거래과정에서 매각되거나 통상의 용법에 따라 소비 또는 변형된 경우

Article 83

A buyer who has lost the right to declare the contract avoided or to require the seller to deliver substitute goods in accordance with article 82 retains all other remedies under the contract and this Convention.

제83조

매수인은 제82조에 따라 계약해제권 또는 대체물인도 청구권을 상실한 경우에도´ 계약과 이 협약에 따른 그 밖의 모든 구제권을 보유한다.

Article 84

(1) If the seller is bound to refund the price, he must also pay interest on it, from the date on which the price was paid.

(2) The buyer must account to the seller for all benefits which he has derived from the goods or part of them :

  (a) if he must make restitution of the goods or part of them ;　or

  (b) if it is impossible for him to make restitution of all or part of the goods or to make restitution of all or part of the goods substantially in the condition in which he received them, but he has nevertheless declared the contract avoided or required the seller to deliver substitute goods.

제84조

(1) 매도인은 대금을 반환하여야 하는 경우에, 대금이 지급된 날부터 그에 대한 이자도 지급하여야 한다.

(2) 매수인은 다음의 경우에는 물품의 전부 또는 일부로부터 발생된 모든 이익을 매도인에게 지급하여야 한다.

  (a) 매수인이 물품의 전부 또는 일부를 반환하여야 하는 경우, 또는

  (b) 물품의 전부 또는 일부를 반환할 수 없거나 수령한 상태와 실질적으로 동일한 상태로 전부 또는 일부를 반환할 수 없음에도 불구하고, 매수인이 계약을 해제하거나 매도인에게 대체물의 인도를 청구한 경우

Section Ⅵ. Preservation of the goods(물품의 보관)

Article 85

If the buyer is in delay in taking delivery of the goods or, where payment of the price and delivery of the goods are to be made concurrently, if he fails to pay the price, and the seller is either in possession of the goods or otherwise able to control their disposition, the seller must take such steps as are reasonable in the circumstances to preserve them. He is entitled to retain them until he has been reimbursed his reasonable expenses by the buyer.

제85조

매수인이 물품 인도의 수령을 지체하거나 또는 대금지급과 물품 인도가 동시에 이루어져야 함에도 매수인이 대금을 지급하지 아니한 경우로서, 매도인이 물품을 점유하거나 그 밖의 방법으로 그 처분을 지배할 수 있는 경우에는 매도인은 물품을 보관하기 위하여 그 상황에서 합리적인 조치를 취하여야 한다. 매도인은 매수인으로부터 합리적인 비용을 상환 받을 때까지 그 물품을 보유할 수 있다.

Article 86

(1) If the buyer has received the goods and intends to exercise any right under the contract or this Convention to reject them, he must take such steps to preserve them as are reasonable in the circumstances. He is entitled to retain them until he has been reimbursed his reasonable expenses by the seller.

(2) If goods dispatched to the buyer have been placed at his disposal at their destination and he exercises the right to reject them, he must take possession of them on behalf of the seller, provided that this can be done without payment of the price and without unreasonable inconvenience or unreasonable expense. This provision does not apply if the seller or a person authorized to take charge of the goods on his behalf is present at the destination. If the buyer takes possession of the goods under this paragraph, his rights and obligations are governed by the preceding paragraph.

제86조

(1) 매수인이 물품을 수령한 후 그 물품을 거절하기 위하여 계약 또는 이 협약에 따른 권리를 행사하려고 하는 경우에는 매수인은 물품을 보관하기 위하여 그 상황에서 합리적인 조치를 취하여야 한다. 매수인은 매도인으로부터 합리적인 비용을 상환 받을 때까지 그 물품을 보유할 수 있다.

(2) 매수인에게 발송된 물품이 목적지에서 매수인의 처분하에 놓여지고 매수인이 그 물품을 거절하는 권리를 행사하는 경우에 매수인은 매도인을 위하여 그 물품을 점유하여야 한다. 다만, 대금 지급 및 불합리한 불편이나 경비 소요 없이 점유할 수 있는 경우에 한한다. 이 항은 매도인이나 그를 위하여 물품을 관리하는 자가 목적지에 있는 경우에는 적용되지 아니한다. 매수인이 이 항에 따라 물품을 점유하는 경우에는 매수인의 권리와 의무에 대하여는 제1항이 적용된다.

Article 87

A party who is bound to take steps to preserve the goods may deposit them in a warehouse of a third person at the expense of the other party provided that the expense incurred is not unreasonable

제87조

물품을 보관하기 위한 조치를 취하여야 하는 당사자는 그 비용이 불합리하지 아니하는 한 상대방의 비용으로 물품을 제3자의 창고에 임치할 수 있다.

Article 88

(1) A party who is bound to preserve the goods in accordance with article 85 or 86 may sell them by any appropriate means if there has been an unreasonable delay by the other party in taking possession of the goods or in taking them back or in paying the price or the cost of preservation, provided that reasonable notice of the intention to sell has been given to the other party.

(2) If the goods are subject to rapid deterioration or their preservation would involve unreasonable expense, a party who is bound to preserve the goods in accordance with article 85 or 86 must take reasonable measures to sell them. To the extent possible he must give notice to the other party of his intention to sell.

(3) A party selling the goods has the right to retain out of the proceeds of sale an amount equal to the reasonable expenses of preserving the goods and of selling them. He must account to the other party for the balance.

제88조

(1) 제85조 또는 제86조에 따라 물품을 보관하여야 하는 당사자는 상대방이 물품을 점유하거나 반환받거나 또는 대금이나 보관비용을 지급하는 데 불합리하게 지체하는 경우에는, 상대방에게 매각의사를 합리적으로 통지하는 한, 적절한 방법으로 물품을 매각할 수 있다.

(2) 물품이 급속히 훼손되기 쉽거나 그 보관에 불합리한 경비를 요하는 경우에는 제85조 또는 세86소에 따라 불품을 보관하여야 하는 당사자는 물품을 매각하기 위하여 합리적인 조차를 취하여야 한다. 이 경우에 가능한 한도에서 상대방에게 매각의사가 통지되어야 한다.

(3) 물품을 매각한 당사자는 매각대금에서 물품을 보관하고 매각하는 데 소요된 합리적인 비용과 동일한 금액을 보유할 권리가 있다. 그 차액은 상대방에게 반환되어야 한다.

제2절 Institute Cargo Clauses(2009) (협회적하약관(2009))

1. RISKS COVERED(담보위험)

1. This insurance covers all risks of loss of or damage to the subject – matter insured except as excluded by the provisions of Clauses 4, 5, 6 and 7 below.

   제1조. 이 보험은 다음의 제4조, 제5조, 제6조 및 제7조에 면책된 경우를 제외하고 보험 목적물의 멸실 또는 손상에 관한 일체의 위험을 담보한다.

(1) Risks Clause ICC(B)(위험약관 ICC(B))

1. This insurance covers, except as excluded by the provisions in Clauses 4, 5, 6 and 7 below,

   1.1 loss of or damage to the subject – matter insured reasonably attributable to

   1.1.1 fire or explosion

   1.1.2 vessel or craft being stranded grounded sunk or capsized

   1.1.3 overturning or derailment of land conveyance

   1.1.4 collision or contact of vessel craft or conveyance with any external object other than water

   1.1.5 discharge of cargo at a port of distress

   1.1.6 earthquake, volcanic eruption or lightning,

   1.2 loss of or damage to the subject – matter insured caused by

   1.2.1 general average sacrifice

   1.2.2 jettison or washing overboard

   1.2.3 entry of sea lake or river water into vessel craft hold conveyance container or place of storage,

   1.3 total loss of any package lost overboard or dropped whilst loading on to, or unloading from, vessel or craft.

제1조. 이 보험은 다음의 제4조, 제5조, 제6조 및 제7조에 규정에 의해 면책된 경우를 제외하고 다음의 멸실 또는 손상에 관한 위험을 담보한다.

1.1 다음의 사유에 상당한 인과관계가 있는 보험의 목적의 멸실 또는 손상

1.1.1 화재 또는 폭발.

1.1.2 본선 또는 부선의 좌초, 교사, 침몰 또는 전복

1.1.3 육상운송용구의 전복 또는 탈선,

1.1.4 본선. 부선 또는 운송용구와 물 이외의 타 물체와의 충돌 또는 접촉.

1.1.5 조난항에서의 양하

1.1.6 지진. 화산의 분화 또는 낙뢰

1.2 다음의 사유에 기인하는 보험의 목적의 멸실 또는 손상.

1.2.1 공동해손희생,

1.2.2 투하 또는 갑판유실

1.2.3 본선, 부선, 선창, 운송용구. 컨테이너, 또는 보관 장소에 해수, 호수 또는 하천수의 침입.

1.3 본선 또는 부선으로의 선적 또는 하역작업 중에 바다로의 낙하 또는 갑판상에 추락한 포장단위 전손.

(2) Risks Clause ICC(C)(위험약관 ICC(C))

1. This insurance covers, except as excluded by the provisions in Clauses 4, 5, 6 and 7 below,

   1.1 loss of or damage to the subject-matter insured reasonably attributable to

   1.1.1 fire or explosion

   1.1.2 vessel or craft being stranded grounded sunk or capsized

   1.1.3 overturning or derailment of land conveyance

   1.1.4 collision or contact of vessel craft or conveyance with any external object other than water

   1.1.5 discharge of cargo at a port of distress,

   1.2 loss of or damage to the subject-matter insured caused by

   1.2.1 general average sacrifice

   1.2.2 jettison.

제1조. 이 보험은 다음의 제4조, 제5조, 제6조 및 제7조에 규정에 의해 면책된 경우를 제외하고, 다음의 멸실 또는 손상에 관한 위험을 담보한다.

1.1   다음의 사유에 상당인과관계가 있는 보험의 목적물의 멸실 또는 손상.

1.1.1 화재 또는 폭발.

1.1.2 본선 또는 부선의 좌초, 교사, 침몰 또는 전복.

1.1.3 육상운송용구의 전복 또는 탈선.

1.1.4 본산 부선 또는 운송용구와 물 이외의 타물과의 충돌 또는 접촉.

1.1.5 조난항에서의 양하.

1.2   다음의 사유에 기인하여 발생하는 보험의 목적의 멸실 또는 손상.

1.2.1 공동해손희생.

1.2.2 투하.

(3) General Average Clause(공동해손약관)

2. This insurance covers general average and salvage charges, adjusted or determined according to the contract of carrige and/or the governing law and practice, incurred to avoid or in connection with the avoidance of loss from any cause except those ex-cluded in Clauses 4, 5, 6 and 7 below.

제2조. 이 보험은 다음의 제4조, 제5조, 제6조 및 제7조의 면책사유를 제외한 일체의 사유에 따른 손해를 피하기 위하여 또는 피함과 관련하여 발생한, 해상운송계약 및 또는 준거법이나 관습에 따라 정산되거나 결정된 공동해손과 구조비를 보상한다.

(4) "Both to Blame Collision" Clause("쌍방과실충돌" 약관)

3. This insurance indemnifies the Assured, in respect of any risk insured herein, against liability incurred under any Both to Blame Collision Clause in the con-tract of carriage. In the event of any claim by carriers under the said Clause, the Assured agree to notify the Insurers who shall have the right, at their own cost and expensive, to defend the Assured against such claim.

제3조. 이 보험은 본 약관에서 담보된 위험과 관련하여, 운송계약의 "쌍방과실충돌"조항에 따라 발생한 책임에 대하여 피보험자에게 보상한다. 상기의 조항에 따라 운송인으로부터 배상청구를 받은 경우에는, 피보험자는 보험자에게 통지할 것을 동의하고 이에 대하여 보험자는 자신의 비용부담으로 피보험자를 보호할 권리를 갖는다.

2. EXCLUSIONS(면책위험)

(1) General Exclusion Clause ICC(A)(일반면책약관 ICC(A))

4. In no case shall this insurance cover,

   4.1   loss damage or expense attributable to wilful misconduct of the Assured

   4.2   ordinary leakage, ordinary loss in weight or volume, or ordinary wear and tear of the subject−matter insured

   4.3   loss damage or expense caused by insufficiency or unsuitability of packing or preparation of the subject−matter insured to withstand the ordinary incidents of the insured transit where such packing or preparation is carried out by the Assured or their employees or prior to attachment of this insurance(for the purpose of theses Cluses "packing" shall be deemed to include stowage in a container and "employees" shall not include independent contractors).

   4.4   loss damage or expense caused by inherent vice or nature of the subject−matter insured

   4.5   loss damage or expense proximately caused by delay, even though the delay be caused by a risk insured against(except expenses payable under Clause 2 above)

   4.6   loss damage or expense caused by insolvency or financial default of the owners managers charterers or operators of the vessel where, at the time of loading of the subject−matter insured on board the vessel, the Assured are aware, or in the ordinary course of business should be aware, that such insolvency of financial default could prevent the normal prosecution of the voyage. This exclusion shall not apply where the contract of insurance has been assigned to the party claiming hereunder who has bought or agreed to buy the subject−matter insured in good faith under a binding contract.

   4.7   loss damage or expense directly or indirectly caused by arising from the use of any weapon or device employing atomic or nuclear fission and/or fusion or other like reaction or radioactive force or matter.

제4조. 어떠한 경우에도 이 보험은 다음의 손해를 담보하지 아니한다.

   4.1   피보험자의 고의의 불법행위에 기인하는 멸실, 손상 또는 비용.

   4.2   보험의 목적의 통상적인 누손, 통상적인 중량손 또는 용적손, 또는 자연소모

4.3 부보된 운송과정 중에 통상적으로 발생할 수 있는 사건을 견디기 위한 보험 목적물의 포장 또는 준비의 불완전. 부적절에 기인하여 발생한 멸실, 손상 또는 비용. 다만 그러한 포장이나 준비가 피보험자나 그의 고용인에 의해 이루어지거나 이 보험의 개시 전에 일어난 경우에 한한다(본 약관의 목적상 "포장"이라 함은 컨테이너에 적입하는 것을 포함하여 "고용인"에 독립적 계약자는 포함하지 않는다).

4.4 보험의 목적의 고유의 하자 또는 성질에 인하여 발생한 멸실, 손상 또는 비용.

4.5 피보험위험에 의해 발생한 경우라도 지연에 기인하여 발생한 멸실 또는 비용(다만, 상기의 제2조에 따라 지급되는 비용은 제외함).

4.6 본선의 소유자, 관리자, 용선자 또는 운항자의 지급불능 또는 금전상의 채무불이행으로 인하여 발생한 멸실. 손상 또는 비용. 다만 보험의 목적이 본선으로 적재될 당시에 피보험자가 그러한 지급불능이나 금전상의 채무불이행이 정상적인 항해를 이행하지 못하게 할 수도 있다는 것을 알았으나 통상적인 사업과정에서 알아야만 했던 경우에 한한다. 이 면책조항은 구속력 있는 계약하에서 선의로 보험의 목적을 구매하였거나 구매하기로 동의하여 보험의 권리를 주장할 수 있는 자에게 이 보험계약이 양도된 경우에는 적용하지 아니한다.

4.7 원자력 또는 핵의 분열 및/또는 융합 또는 기타 이와 유사한 반응 또는 방사능이나 방사성의 물질을 응용한 무기나 장치의 사용에 직·간접적으로 기인하여 발생한 멸실 손상 또는 비용은 담보하지 아니한다.

(2) General Exclusion Clause ICC(B) · ICC(C)(일반면책약관 ICC(B) · ICC(C))

4. In no case shall this insurance cover,

4.1 loss damage or expense attributable to wilful misconduct of the Assured

4.2 ordinary leakage, ordinary loss in weight or volume, or ordinary wear and tear of the subject—matter insured

4.3 loss damage or expense caused by insufficiency or unsuitability of packing or preparation of the subject—matter insured(for the purpose of this Clause 4.3 "packing" shall be deemed to include stowage in a container or liftvan but only when such stowage is carried out prior to attachment of this insurance or by the Assured or their servants)

4.4 loss damage or expense caused by inherent vice or nature of the subject—matter insured

4.5 loss damage or expense proximately caused by delay, even though the delay be caused by a risk insured against(except expenses payable under Clause 2 above)

4.6 loss damage or expense caused by insolvency or financial default of the owners managers charterers or operators of the vessel where, at the time of loading of the subject—matter insured on board the vessel, the Assured are aware, or in the ordinary course of business should be aware, that such in-solvency of financial default could prevent the normal prosecution of the voyage. This exclusion shall not apply where the contract of insurance has been assigned to the party claiming hereunder who has bought or agreed to buy the subject—matter insured in good faith under a binding contract.

4.7 deliberate damage to or deliberate destruction of the subject—matter in-sured or any part thereof by the wrongful act of any person or persons

4.8 loss damage or expense directly or indirectly caused by arising from the use of any weapon or device employing atomic or nuclear fission and/or fusion or other like reaction or radioactive force or matter.

제4조. 어떠한 경우에도 이 보험은 다음의 손해를 담보하지 아니한다.

4.1 피보험자의 고의의 불법행위에 기인하는 멸실, 손상 또는 비용.

4.2 보험의 목적의 통상적인 누손, 통상적인 중량손 또는 용적손, 또는 자연소모.

4.3 부보된 운송과정 중에 통상적으로 발생할 수 있는 사건을 견디기 위한 보험 목적의 포장 또는 준비의 불완전, 부적절에 기인하여 발생한 멸실, 손상 또는 비용. 다만 그러한 포장이나 준비가 피보험자나 그의 고용인에 의해 이루어지거나 이 보험의 개시 전에 일어난 경우에 한한다(본 약관의 목적상 "포장"이라 함은 컨테이너에 적입하는 것을 포함하여 "고용인"에 독립적 계약자는 포함하지 않는다).

4.4 보험의 목적의 고유의 하자 또는 성질로 인하여 발생한 멸실, 손상 또는 비용.

4.5 피보험위험에 의해 발생한 경우라도 지연에 기인하여 발생한 멸실 또는 비용(다만, 상기의 제2조에 따라 지급되는 비용은 제외함)

4.6 본선의 소유자, 관리자 용선자 또는 운항자의 자급불능 또는 금잔상의 채무불이행으로 인하여 발생한 멸실. 손상 또는 비용. 다만 보험의 목적이 본선으로 적대될 당시에 피보험자가 그러한 지급불능이나 금전상의 채무불이행이 정상적인 항해를 이행하지 못하게 할 수도 있다는 것을 알았으나 통상적인 사업과정에서 알아야만 했던 경우에 한한다.

이 면책조항은 구속력 있는 계약하에 선의로 보험의 목적을 구매하였거나 구매하가로 동의하여 보험의 권리를 주장할 수 있는 자에게 이 보험계약이 양도된 경우에는 적용하지 아니한다.

4.7 보험의 목적 또는 그 일부에 대한 어떠한 자의 불법행위에 의한 고의적인 손상 또는 고의적인 파과

4.8 원자력 또는 핵의 분열 및/또는 융합 또는 기타 이와 유사한 반응 또는 방사능이나 방사성의 물질을 응용한 무기나 징치의 사용에 직·간접적으로 기인하여 발생한 멸실, 손상 또는 비용.

(3) Unseaworthiness and Unfitness Exclusion Clause(불감항·부적합 면책약관)

5.

5.1 In no case shall this insurance cover loss damage or expense arising from

5.1.1 unseaworthiness of vessel or craft, unfitness of vessel craft for the safe carriage of the subject—matter insured, where the Assured are privacy to such unseaworthiness or unfitness, at the time the subject—matter insured is loaded therein.

5.1.2 unfitness of container or conveyance for the safe carriage of the subject—matter insured, where loading therein or thereon is carried out prior to attachment of this insurance or by the Assured or their employee and they are prior to such unfitness at the time of loading.

5.2 Exclusion 5.1.1 above shall not apply where the contract of insurance has been assigned to the party claiming hereunder who has bought or agreed to buy the subject—matter insured in good faith under a binding contract.

5.3 The Insurers waive any breach of the implied warranties of seaworthiness of the ship and fitness of the ship to carry the subject—matter insured to destination.

제5조.

5.1 어떠한 경우에도 이 보험은 다음의 시항으로 인해 발생한 멸실 손상 또는 바용을 담보하지 아니한다.

5.1.1 보험목적의 안전한 운송을 위한 본선 또는 부선의 불내항성 또는 부적합성 다만 피보험자가 보험 목적을 적재할 때 그러한 불내항성 또는 부적합성을 알고 있는 경우에 한한다.

5.1.2 보험 목적의 안전한 운송을 위한 컨테이너. 운송용구의 부적합성. 다만 보험 목적의 적재가 이 보험의 개시 전에 이루어지거나 피보험자 또는 그 고용인에 의해 이루어자고 그들이 적재시 그러한 불내항성 또는 부적합성을 알고 있는 경우에 한한다.

5.2 상기 5.1.1의 면책조항은 구속력 있는 계약하에서 선의로 보험의 목적을 구매하였거나 구매하기로 동의하여 이 보험의 권리를 주장할 수 있는 자에게 보험계약이 양도된 경우에는 적용하지 아니한다.

5.3 보험의 목적을 목적지까지 운송하기 위해 선박이 내항성을 갖추고 적합하여야 한다는 묵시담보를 위반한 경우에 보험자는 그 권리를 포기한다.

(4) War Exclusion Clause ICC(A)(전쟁위험면책약관 ICC(A))

6. In no case shall this insurance cover loss damage or expense caused by

6.1 war, civil, war revolution rebellion insurrection, or civil strife arising therefrom, or any hostile act by or against a belligerent power

6.2 capture, seizure, arrest, restraint or detainment (piracy excepted), and the consequences thereof or any attempt threat

6.3 derelict mines torpedoes bombs or other derelict weapons of war.

제6조. 어떠한 경우에도 이 보험은 다음의 위험에 인해 발생한 말실 손상 또는 바용을 담보하지 아니한다.

6.1 전쟁, 내란, 혁명, 반역, 반란 또는 이로 인하여 발생하는 국내투쟁, 또는 교전국에 의하거나 또는 교전국에 대하여 가해진 일체의 적대행위.

6.2 포획, 나포, 강요, 억지 또는 억류(해적위험은 제외함) 또는 이러한 행위의 결과 또는 이러한 행위의 기도.

6.3 유기된 기뢰, 어뢰, 폭탄 또는 기타의 유기된 전쟁병기.

(5) War Exclusion Clause ICC(B) · ICC(C)(전쟁위험면책약관 ICC(B) · ICC(C))

6. In no case shall this insurance cover loss damage or expense caused by

6.1 war civil war revolution rebellion insurrection, or civil strife arising therefrom, or any hostile act by or against a belligerent power

6.2 capture seizure arrest restraint or detainment, and the consequences thereof or any attempt threat

6.3 derelict mines torpedoes bombs or other derelict weapons of war.

제6조. 어떠한 경우에도 이 보험은 다음의 위험에 기인하여 발생한 멸실, 손상 또는 비용을 담보하지 아니한다.

6.1 전쟁. 내란. 혁명, 반역, 반란 또는 이로 인하여 발생하는 국내투쟁. 또는 교전국에 의하거나 또는 교전국에 대하여 가해진 일체의 적대행위.

6.2 포획, 나포, 강요, 억지 또는 억류 또는 이러한 행위의 결과 또는 이러한 행위의 기도.

6.3 유기된 기뢰, 어뢰, 폭탄 또는 기타의 유기된 전쟁병기.

(6) Strikes Exclusion Clause(동맹파업위험면책약관)

7. In no case shall this insurance cover loss damage or expense caused by

7.1 strikers, locked—out workmen, or persons taking part in labour dis-turbances, riots or civil commotions

7.2 resulting from strikes, lock—out, labour disturbances, riots or civil commotions

7.3 caused by any act of terrorism being an act any person acting on half of, or in connection with, any organisation which carries out activities directed towards the overthrowing or influencing by force or violence, of any government whether or not legally constituted.

7.4 caused by any person acting from a political, ideological or religious motive.

제7조. 어떠한 경우에도 이 보험은 다음의 위험으로 인한 멸실, 손상 또는 비용을 담보하지 아니한다.

7.1 동맹파업자, 직장폐쇄노동자 또는 노동쟁의와 폭동 또는 소요에 가담한 자에 기인하여 발생한 것.

7.2 동맹파업, 직장폐쇄, 노동쟁의 폭동 또는 소요의 결과로 발생한 것.

7.3 합법적, 혹은 비합법적으로 설립된 정부를 전복하기 위해 혹은 영향을 끼치기 위해 행동하는 어떤 조직을 위하여 혹은 관련하여 행동하는 자의 테러리즘에 의해 발생한 것.

7.4 정치적, 이념적 혹은 종교적 동기에 의해서 행동하는 자에 의해 발생한 것.

3. DURATION(보험기간)

(1) Transit Clause(운송약관)

8.

8.1 Subject to Clause 11 bellow, this insurance attaches from the time the sub-ject—matter insured is first moved in the warehouse or at the place of stor-age(at the place named in the contract of insurance) for the purpose of the immediate loading into a or onto the carring vehicle or other conveyance for commencement of transit, continues during the ordinary course of transit and terminates either

8.1.1 on comletion of unloading from the earring vehicle or other conveyance in or at the final warehouse or place of storage at the destination named in the contract of insurance

8.1.2 on comletion of unloading from the carring vehicle or other conveyance in. or at any other warehouse or place of storage, whether prior to or at the destination named in the contract of insurance, which the Assured or their employees elect to use either for storage other than in the ordinary course of transit or for allocation or distribution, or

8.1.3 when the Assured or their employees elect to use any earring vehicle or other conveyance or any container for storage other than in the ordinary course of transit or

8.1.4 on the expiry of 60 days after completion of discharge overside of the subject−matter insured from the oversea vessel at the final port of discharge, whichever shall first occur.

8.2 If, after discharge overside from the oversea vessel at the final port of discharge, but prior to termination of this insurance, the subject−matter insured is to be forwarded to a destination other than that to which it is nsured, this insurance, whilst remaining subject to termination as provided in Clauses 8.1.1 to 8.1.4 shall not extend beyond the time the subject−matter insured in first moved for the purpose of the commencement of transit to such other destination.

8.3 This insurance shall remain in force(subject to termination as provided for in Clauses 8.1.1 to 8.1.4 above and to the provision of Clause 9 below) during delay beyond the control of the Assured, any deviation, forced discharge, reshipment or transshipment and during any variation of the adventure arising from the exercise of a liberty granted to carriers under the contract of carriage.

제8조

8.1 11조에 따르면서 이 보험은 보험의 목적이 운송 개시를 위하여 운송차량이나 기타 운송용구에 적입되기 위한 목적으로 창고나 보관 장소에서(이 보험계약에 기재된 지역에서) 맨 차음 이동 할 때부터 개시되고, 통상의 운송과정에 있는 동안 계속되며, 다음 중의 어느 것이든 먼저 발생하는 때에 종료한다.

8.1.1 보험계약에 기재된 목적지의 최종창고나 보관 장소에서 혹은 그 안에서 운송차량이나 기타 운송용구로부터 양하가 완료된 때,

8.1.2 보험계약에 기재된 목적지에 도착하기 이전 또는 목적지에서를 불문하고 피보험자 또는 그 고용인이 통상의 운송과정이 아닌 보관, 또는 할당 또는 분배를 위해 선택한 기타의 창고 또는 보관 장소에서 혹은 그 안에서 운송차량이나 기타 운송용구로부터 양하가 완료된 때, 또는

8.1.3 피보험자 또는 그 고용인이 통상의 운송과정이 아닌 보관을 위해 운송차량 또는 운송용구나 컨테이너를 사용하기로 선택한 때, 또는

8.1.4 최종 양륙항에서 외항선으로부터 보험 목적의 양하 작업을 완료한 후 60일이 경과될 때, 이중 가장 먼저 발생한 것

8.2 최종 양륙항에서 외항선으로부터 양하 작업 후, 그러나 이 보험기간의 종료 전에 보험의 목적이 이 보험에 부보된 목적지 이외의 장소로 운송되는 경우에는, 이 보험은 상기의 8.1.1부터 8.1.4의 보험종료 규정에 따라 계속되나 새로운 목적지로 운송이 개시될 목적으로 보험의 목적이 처음 이동할 때 종료한다.

8.3 이 보험은(상기의 8.1.1부터 8.1.4의 보험종료의 규정 및 다음의 제9조의 규정에 따라)피보험자가 통제할 수 없는 지연, 일체의 이로(離路), 불가피한 양하 재선적, 환적 및 운송계약상 운송인에게 부여된 자유재량권의 행사로부터 발생하는 위험의 변경기간 중에는 유효하게 계속된다.

(2) Termination of Contract of Carriage Clause(운송계약종료약관)

9. If owing to circumstances beyond the control of the Assured either the contract of carriage is terminated at a port or place other than the destination named therein or the transit is otherwise terminated before delivery of the goods as provided for in Clause 8 above, then this insurance shall also terminate unless prompt notice is given to the Underwriters and continuation of cover is requested when the insurance shall remain in force, subject to an additional premium if required by the Insurers, either

9.1 until the subject-matter insured is sold and delivered at such port or place, or unless otherwise specially agreed, until the expiry of 60 days after arrival of the subject-matter insured at such port or place, whichever shall first occur, or

9.2 if the subject-matter insured is forwarded within the said period of 60 days(or any agreed extension thereof) to the destination named in the contract of insurance or to any other destination, until terminated in accordance with the provisions of Clause 8 above.

제9조. 피보험자가 통제할 수 없는 사정에 의하여 운송계약이 그 계약서에 기재된 목적지 이외의 항구 또는 장소에서 종료되거나 또는 기타 상기의 제8조에 규정된 보험 목적의 양하 이전에 운송이 종료되는 경우에는 이 보험도 또한 종료한다. 다만 보험자에게 그 취지를 지체 없이 통고하고 담보의 계속을 요망하는 경우에는 보험지로부터 청구가 있으면 추가보험료를 지급할 것을 조건으로 하여 유효하게 계속된다. 또한

9.1 보험의 목적이 상기의 항구 또는 장소에서 매각 된 후 인도될 때까지 또는 별도의 합의가 없는 한, 그러한 항구 또는 장소에서 보험의 목적이 도착한 후 60일이 경과된 것 중의 어느 것이든 먼저 발생한 때까지. 또는

9.2 보험의 목적이 상기의 60일 기간 내에(또는 합의된 연장기간 내에) 보험계약에 기재된 목적지 또는 기타의 어떠한 목적지로 계반되는 경우에는 상기의 제8조 규정에 따라 이 보험이 종료될 때까지 유효하게 계속된다.

(3) Change of Voyage Clause(항해변경약관)

10.

10.1 Where, after attachment of this insurance, the destination is changed by the Assured, this must be notified promptly to insurers for rates and terms to be agreed, Should a loss occur prior to such agreement being obtained cover may be provided but only if cover would have been available at a reasonable commercial market rate on reasonable market terms.

10.2 where the subject−matter insured commences the transit contemplated by this insurance(in accordance with clause 8.1) but, without the knowledge of the Assured or their employees the ship sails another destination, this insurance will nevertheless be deemded to have attachment at commencement of such transit.

제10조.

10.1 이 보험이 개시된 후에 피보험자에 의하여 목적지가 변경되는 경우에는 합의될 보험요율과 보험조건을 위해 보험자에게 지체 없이 통지되어야 한다. 만약 그러한 합의가 확보되기 전에 손해가 발생하면 합리적인 시장 조건으로 합리적인 상업적 시장요율로서 보험부보가 이용될 수 있는 경우에만 보험부보가 제공될 것이다.

10.2 보험의 목적이 이 보험에 의해 예정된 운송(8.1조와 일치하여)을 시작하였으나 피보험자나 그 고용인이 알지 못한 채 선박이 다른 목적지를 항해한 경우에도 이 보험은 그러한 운송 개시에 부보된 것으로 간주한다.

4. CLAIMS(보험금청구)

(1) Insurable Interest Clause(피보험이익약관)

11.

    11.1 In order to recover under this insurance the Assured must have an insurable interest in the subject—matter insured at the time of the loss.

    11.2 Subject to Clause 11.1 above, the Assured shall be entitled to recover for insured loss occurring during the period covered by this insurance, notwithstanding that the loss occurred before the contract of insurance was concluded, unless the Assured were aware of the loss and theinsurers were not.

제11조.

    11.1 이 보험에 따라 보상을 받기 위해서는 파보험자는 손해발생 시에 보험의 목적에 대하여 피보험이익을 갖고 있어야 한다.

    11.2 상기의 제11조 제1항의 규정을 제외하고, 이 보험의 담보기간 중에 발생하는 손해는 그 손해가 보험계약의 체결 이전에 발생한 것이라도 피보험자가 이 손해발생의 사실을 알았고 보험자가 몰랐을 경우가 아닌 한 피보험자는 아를 보상받을 권리가 있다.

(2) Forwarding Charges Clause(계속운송비용약관)

12. Where, as a result of the operation of a risk covered by this insurance, the insured transit is terminated at a port or place other than that to which the subject—matter is covered under this insurance, the Underwriters will reimburse the Assured for any extra charges properly and reasonably incurred in unloading storing and forwarding the subject—matter to the destination to which it is insured hereunder. This Clause 12, which does not apply to general average or salvage charges, shall be subject to the exclusions contained in Clauses 4, 5, 6 and 7 above, and shall not include charges arising from the fault negligence insolvency or financial default of the Assured or theiremployees.

제12조. 이 보험에서 담보되는 위험의 발생결과로 인하여 피보험운송이 이 보험에서 담보되는 보험의 목적의 목적지 이외의 항구 또는 장소에서 종료되는 경우에는 보험자는 피보험자에 대하여 보험의 목적을 양하하고, 보관하고 또 이 보험증권에 기재된 목적지까지 계반하기 위하여 적절히 합리적으로 지출한 추가비용을 보상한다. 이 제12조는 공동해손 또는 구조료에는 적용되지 아니하고 위의 제4조, 제5조. 제6조 및

제7조에 규정된 면책조항의 적용을 받으며, 또 피보험자 또는 그 고용인의 과실, 태만, 지불불능 채무불이행으로부터 야기된 비용을 포함하지 아니한다.

(3) Constructive Total Loss Clause(추정전손약관)

13. No claim for Constructive Total Loss shall be recoverable hereunder unless the subject—matter insured is reasonably abandoned either on account of its actual total loss appearing to be unavoidable or because the cost of recovering, recon—ditioning and forwarding the subject—matter to the destination to which it is insured would exceed its value on arrival.

제13조. 추정전손에 대한 보험금청구는 보험의 목적의 현실전손이 불가피하다고 생각되거나, 또는 보험의 목적물을 회복시켜 거기에 손질을 가하고 부보된 목적지까지의 계반하는 데 소요되는 비용이 그 목적지에 도착하였을 때의 보험의 목적가액을 초과하게 된 이유로 보험 목적물을 위부하지 아니하는 한 이 보험증권하에서는 이를 보상하지 아니한다.

(4) Increased Value Clause(증액약관)

14.

14.1 If any Increased Value insurance is effected by the Assured on the subject—matter insured under this insurance the agreed value of the subject—matter insured shall be deemed to be increased to the total amount insured under this insurance and all Increased Value insurances covering the loss, and liability under this insurance shall be in such proportion as the sum insured under this insurance bears to such total amount insured. In the event of claim the Assured shall provide the Insurers with evidence of the amounts insured under all other insurances.

14.2 Where this insurance is on Increased Value the following clause shall apply :

The agreed value of subject—matter insured shall be deemed to be equal to the total amount insured under the primary insurance and all Increased Value insurances covering the loss and effected on the subject—matter insured by the Assured, and liability under this insurance shall be in such proportion as the sum insured under bears to such total amount insured. In the event of daim the Assured shall provide the Insurers with evidence of the amounts insured under all other insurances.

제14조.

14.1 이 보험의 피보험적하에 대하여 피보험자가 별도의 증액보험에 부보한 경우에는 그 적하의 협정가액은 이 보험 및 이와 동일한 손해를 담보하는 모든 증액보험의 합계보험금액까지 증가된 것으로 본다. 그리고 이 보험에 따른 책임은 이 보험의 보험금액이 합계보험금액에 대하여 갖는 비율로 부담하게 된다. 보험금의 청구 시에는 피보험자는 다른 모든 보험의 보험금액을 증명할 수 있는 서류를 보험자에게 제출하여야 한다.

14.2 이 보험이 증액보험인 경우에는 다음의 조항을 이에 적용한다. 보험의 목적의 협정가액은 원보험 및 파보험자가 그 적하에 대하여 부보한 동일한 손해를 담보하는 모든 증액보험의 합계보험금액과 동액인 것으로 본다. 그리고 이 보험에 따른 책임은 이 보험의 보험금액이 합계보험금액에 대하여 갖는 비율로 부담하게 된다. 보험금의 청구 시에는 피보험자는 다른 모든 보험의 보험금액을 증명할 수 있는 서류를 보험자에게 제출하여야 한다.

5. BENEFIT OF INSURANCE(보험의 이익)

(1) Not to Inure Clause(보험이익불공여약관)

15. This insurance shall not inure to the benefit of the carrier or other bailee.
제15조. 이 보험은 운송인 또는 기타의 수탁자의 이익을 위하여 이용되어서는 아니 된다.

6. MINIMIZING LOSSES(손해의 경감)

(1) Duty of Assured Clause(피보험자의무으우관)

16. It is the duty of the Assured and their employees and agents in respect of loss recoverable hereunder

16.1 to take such measures as may be reasonable for the purpose of averting or minimising such loss, and

16.2 to ensure that all rights against carriers, bailees or other third parties are properly preserved and exercised and the Insurers will, in addition to any loss recoverable hereunder, reimburse the Assured for any charges properly and reasonably incurred in pursuance of these duties.

제16조. 이 보험에 따라 보상하는 손해에 대하여 다음의 사항은 피보험자, 그 고용인 및 대리인의 의무이다.

16.1 손해의 방지 또는 경감을 위하여 합리적인 조치를 취하는 것, 그리고

16.2 운송인, 수탁자 또는 기타의 제3자에 대한 일체의 권리가 적절히 보전되고 행사되도록 확보하는 것.

그리고 보험자는 이 보험에서 보상하는 손해에 추가하여 이러한 의무의 수행상 적절히 합리적으로 발생된 일체의 바용을 파보험자에게 보상한다.

(2) Waiver Clause(포기약관)

17. Measures taken by the Assured or the Insurers with the object of saving, protecting or recovering the subject-matter insured shall not be considered as a waiver or acceptance of abandonment or otherwise prejudice the rights of either party.

제17조. 보험의 목적을 구조하거나, 보호하거나 또는 회복하기 위하여 피보험자 또는 보험자가 취한 조치는 위부의 포기 또는 승낙으로서 보지 아니하며, 또는 그 밖에 각 당사자의 권리를 침해하자도 아니한다.

7. AVOIDANCE OF DELAY(지연의 회피)

(1) Reasonable Despatch Clause(신속조치약관)

18. It is a condition of this insurance that the Assured shall act with reasonable despatch in all circumstances within their control.

제18조. 피보험자는 자신이 통제할 수 있는 모든 사정에 있어서 상당히 신속하게 행동하는 것이 이 보험의 조건이다.

8. LAW AND PRACTICE(법률 및 관습)

(1) English Law and Practice Clause(영국법 및 관습 약관)

19. This insurance is subject to English law and practice.

NOTE

It is necessary for the Assured when they become aware of an event which is "held covered" under this insurance to give prompt notice to the Underwriters and the right to such cover is dependent upon compliance with this obligation,

제19조. 이 보험은 영국의 법률 및 관습에 준거하는 것으로 한다.

주의사항

피보험자가 이 보험에 따라 "계속 담보를 받는" 사유의 발생을 알았을 때에는 그 취지를 지체 없이 보험자에게 통고하여야 하며, 또 계속 담보를 받을 권리는 이러한 의무를 이행하였을 경우에 한한다.

Chapter 03. Incoterms® 2020

1. Introduction(소개)

The purpose of the text of this Introduction is fourfold :
본 소개문의 목적은 다음 네 가지이다.

(1) to explain what the incoterms®2020 rules do and do NOT do and how they are best incorporated ;

(1) 인코텀즈 2020 규칙이 무슨 역할을 하고 또 하지 않는지 그리고 어떻게 인코텀즈규칙을 가장 잘 편입시킬 수 있는지를 설명하는 것

(2) to set out the important fundamentals of the Incoterms®rules : the basic roles and responsibilities of seller and buyer, delivery, risk and the relationship between the Incoterms®rules and the contracts surrounding a typical contract of sale for export/import and also, where appropriate, for domestic sales ;

(2) 다음과 같은 인코텀즈규칙의 중요한 기초들을 기술하는 것. 매도인과 매수인의 기본적 역할과 책임, 인도, 위험 및 인코텀즈규칙과 계약들(전형적인 수출/수입매매계약 및 해당되는 경우 국내매매계약을 둘러싼 계약들) 사이의 관계

(3) to explain how best to choose the right Incoterms® rule for the particular sale contract ; and

(3) 어떻게 당해 매매계약에 올바른 인코텀즈규칙을 가장 잘 선택할지를 설명하는 것

(4) to set of the central changes between Incoterms®2010 and Incoterms®2020

(4) 인코텀즈 2010과 인코텀즈 2020의 주요한 변경사항들을 기술하는 것

2. WHAT THE INCOTERMS® RULES DO
2. 인코텀즈규칙은 무슨 역할을 하는가

(1) The Incoterms® rules explain a set of eleven of the most commonly—used three—letter trade terms, e.g. CIF, DAP, ets., reflecting business—to—business practice in contract for the sale and purchase of goods.

(1) 인코텀즈규칙은 예컨대 CIF, DAP등과 같이 가장 일반적으로 사용되는 세 글자로 이루어 지고 물품매매계약상 기업간 거래관행(business—to—business practice)을 반영하는 11개의 거래조건(trade term)을 설명한다.

(2) The Incoterms® rule describe :

(2) 인코텀즈규칙은 다음 사항을 규정한다.

① Obligations : Who does what as between seller and buyer, e.g. who organises carriage or insurance of the goods or who obtains shipping documents and export or import licences ;

① 의무 : 매도인과 매수인 사이에 누가 무엇을 하는지, 즉 누가 물품의 운송이나 보험을 마련하는지 또는 누가 선적서류의 수출 또는 수입허가를 취득하는지

② Risk : Where and when the seller "delivers" the goods, in other words where risk transfers from seller to buyer ; and

② 위험 : 매도인은 어디서 그리고 언제 물품을 "인도"하는지, 다시 말해 위험은 어디서 매도인으로부터 매수인에게 이전하는지

③ Costs : Which party is responsible for which costs, for example transport, packaging, loading or unloading costs, and checking or security—related costs.

③ 비용 : 예컨대 운송비용, 포장비용, 적재 또는 양하비용 및 점검 또는 보안관련 비용에 관하여 어느 당사자가 어떤 비용을 부담하는지.

The Incoterms® rules cover these areas in set of then articles, numbered A1/B1 etc., the A articles representing the seller's obligations and the B articles representing the buyer's obligations.

인코텀즈규칙은 A1/B1 등의 번호가 붙은 일련의 10개 조항에서 위와 같은 사항들을 다루는 데, 여기서 A조항은 매도인의 의무를, 그리고 B조항은 매수인의 의무를 지칭한다.

3. WHAT THE INCOTERMS® RULES DO NOT DO

3. 인코텀즈규칙이 하지 않는 역할은 무엇인가

(1) The Incoterms® rules are NOT in themselves—and are therefore no substitute for—a contract of sale. They are devised to reflect trade practice for no particular type of goods—and for any. They can be used as much for the trading of a bulk cargo of iron ore as for five containers of electronic equipment or ten pallets of airfreighted fresh flowers.

(1) 인코텀즈규칙 그 자체는 매매계약이 아니며, 따라서 매매계약을 대체하지도 않는다. 인코텀즈규칙은 어떤 특정한 종류의 물품이 아니라 모든 종류의 물품에 관한 거래관행을 반영하도록 고안되어 있다. 인코텀즈규칙은 산적화물(bulk cargo)형태의 철광석 거래에도 적용될 수 있고 5개의 전자장비 컨테이너 또는 항공운송되는 5개의 생화 팔레트의 거래에도 적용될 수 있다.

(2) The Incoterms® rules do NOT deal with the following matters :

(2) 인코텀즈규칙은 다음의 사항을 다루지 않는다.

① whether there is a contract of sale at all ;

① 매매계약의 존부

② the specifications of the goods sold ;

② 매매계약의 성상

③ the time, place, method or currency of payment of the price ;

③ 대금지급의 시기, 장소, 방법 또는 통화

④ the remedies which can be sought for breach of the contract of sale ;

④ 매매계약 위반에 대하여 구할 수 있는 구제수단

⑤ most consequences of delay and other breaches in the performance of contractual obligations ;

⑤ 계약상 의무이행의 지체 및 그 밖의 위반의 효과

⑥ the effect of sanctions ;

⑥ 제재의 효력

⑦ the imposition of tariffs ;

⑦ 관세부과

⑧ export or import prohibitions ;

⑧ 수출 또는 수입의 금지

⑨ forcemaejure or hardship ;

⑨ 불가항력 또는 이행가혹

⑩ intellectual property rights ; or

⑩ 지식재산권 또는

⑪ the method, venue, or law of dispute resolution in case of such breach.

⑪ 의무위반의 경우 분쟁해결의 방법, 장소, 또는 준거법

⑫ Perhaps most importantly, it must be stressed that the incoterms® rules do NOT deal with the transfer of property/title/ownership of the goods sold.

⑫ 아마도 가장 주요한 것으로, 인코텀즈규칙은 매매물품의 소유권/물권의 이전을 다루지 않는다는 점도 강조되어야 한다.

(3) These are matter for which the parties need to make specific provision in their contract of sale. Failure to do so is likely to cause problems later if dispute arise about performance and breach. In essence, the Incoterms® 2020 rules are not themselves a contract of sale : they only become part of that contract when they are incorporated into a contract which already exists. Neither do the incoterms®rules provide the law applicable to the contract. There may be legal regimes which apply to the contract, wether international, like the Convention on the International Sale of Goods (CISG) ; or domestic mandatory law relating, for example, to health and safety or the environment.

(3) 위와 같은 사항들은 당사자들이 매매계약에서 구체적으로 규정할 필요가 있다. 그렇게 하지 않는다면 의무의 이행이나 위반에 관하여 분쟁이 발생하는 경우에 문제가 생길 수 있다. 요컨대 인코텀즈 2020 규칙 자체는 매매계약이 아니다. 즉 인코텀즈규칙은 이미 존재하는 매매계약에 편입되는 때 그 매매계약의 일부가 될 뿐이다. 인코텀즈규칙은 매매계약의 준거법을 정하지도 않는다. 매매계약에 적용되는 법률체계(legal regimes)가 있으며, 이는 국제물품매매협약(CISG)과 같은 국제적인 것이거나 예컨대 건강과 안전 또는 환경에 관한 국내의 강행법률일 수 있다.

4. 인코텀즈2020 규칙 – 11개 개별 규칙

EXW 공장인도(Ex Works)
EXPLANATORY NOTE FOR USERS(사용자를 위한 설명문)

1. Delivery and risk – "Ex Works" means that the seller delivers the goods to the buyer

1. 인도와 위험 – "공장인도"는 매도인이 다음과 같이 한 때 매수인에게 물품을 인도하는 것을 의미한다.

① when it places the goods at the disposal of the buyer at a named place(like a factory or warehouse), and

① 매도인이 물품을(공장이나 창고와 같은) 지정장소에서 매수인의 처분하에 두는 때, 그리고

② that named place may or may not be the seller's premises.

② 그 지정장소는 매도인의 영업구내일 수도 있고 아닐 수도 있다.

for delivery to occur, the seller does not need to load the goods on any collecting vehicle, nor does it need to clear the goods for export, where such clearance is applicable.

인도가 일어나기 위하여 매도인은 물품을 수취용 차량에 적재하지 않아도 되고, 물품의 수출통관이 요구되더라도 이를 수행할 필요가 없다.

2. Mode of transport – This rule may be used irrespective of the mode or modes of transport, if any, selected.

2. 운송방식 본 규칙은 선택되는 어떤 운송방식이 있는 경우에 그것이 어떠한 단일 또는 복수의 운송방식인지를 불문하고 사용할 수 있다.

3. Place or precise point of delivery – The parties need only name the place of delivery. However, the parties are well advised also to specify as clearly as possible the precise point within the named place of delivery. A named delivered and when risk transfers to the buyer ; such precision also marks the

point at which costs are for the buyer's account. if the parties do not name the point of delivery, then they are taken to have left it to the seller to select the point "that best suits its purpose". This means that the buyer may incure the risk that the seller may choose a point just before the point at which goods are lost or damaged. Best for the buyer therefore to select the precise point within a place where delivery will occur.

3. 당사자들은 단지 인도장소만 지정하면 된다. 그러나 당사자들은 또한 지정인도장소 내에 정확한 지점을 가급적 명확하게 명시하는 것이 좋다. 그러한 정확한 지정인도지점은 양당 사자에게 언제 물품이 인도되는지와 언제 위험이 매수인에게 이전하는지 명확하게 하며, 또한 그러한 정확한 지점은 매수인의 비용부담의 기준점을 확정한다. 당사자들 인도지점 을 지정하지 않는 경우에는 매도인이 "그의 목적에 가장 적합한"지점을 선택하기로 한 것 으로 된다. 이는 매수인으로서는 매도인이 물품의 멸실 또는 훼손이 발생한 지점이 아닌 그 직전의 지점을 선택할 수도 있는 위험이 있음을 의미한다. 따라서 매수인으로서는 인도 가 이루어질 장소 내에 정확한 지점을 선택하는 것이 가장 좋다.

4. A note of caution to buyers – EXW is the incoterms® rule which imposes the least set of obligations on the seller. From the buyer's perspective, therefore, the rule should be used with care for different reasons as set out below.

4. 매수인을 위한 유의사항 – EXW는 매도인에게 최소의 일련의 의무를 지우는 인코텀즈규 칙이다. 따라서 매수인의 관점에서 이 규칙은 아래와 같은 여러 가지 이유로 조심스럽게 사용하여여 한다.

5. Loading risks – Delivery happens – and risk transfers – when the goods are placed, not loaded, at the buyer's disposal.

5. 적재위험 – 인도는 물품이 적재된 때가 아니라 매수인의 처분하에 놓인 때에 일어난다. – 그리고 그때 위험이 이전한다.

However, risk of loss of or damage to the goods occuring while the loading operation is carried out by the seller, as it may well be, might arguably lie with the buyer, who has not physically participated in the loading.

그러나 매도인이 적재작업을 수행하는 동안에 발생하는 물품의 멸실 또는 훼손의 위험을 적 재에 물리적으로 참여하지 않은 매수인이 부담하는 것은 으레 그렇듯이 논란이 될 수 있다.

Given this possibility, it would be advisable, where the seller is to load the goods, for the parties to agree in advance who is to bear the risk of any loss of or damage to the goods during loading.

이러한 가능성 때문에 매도인이 물품을 적재하여야 하는 경우에 당사자들은 적재 중 물품의 멸실 또는 훼손의 위험을 누가 부담하는지를 미리 합의하여두는 것이 바람직하다.

This is a common situation simply because the seller is more likely to have necessary loading equipment at its own premises or because applicable safety or security rules prevent access to the seller's premises by unauthorised personnel.

단순히 매도인이 그의 영업구내에서 필요한 적재장비를 가지고 있을 가능성이 더 많기 때문에 혹은 적용가능한 안전규칙이나 보안규칙에 의하여 권한 없는 인원이 매도인의 영업구내에 접근하는 것이 금지되기 때문에 매도인이 물품을 적재하는 것은 흔한 일이다.

Where the buyer is keen to avoid any risk during loading at the seller's premises, then the buyer ought to consider choosing the FCA rule(under which, if the goods are delivered at the seller's premises, the seller owes the buyer an obligation to load, with the risk of loss of or damage to the goods during that operation remaining with the seller).

매도인의 영업구내에서 일어나는 적재작업 중의 위험을 피하고자 하는 경우에 매수인은 FCA규칙을 선택하는 것을 고려하여야 한다(FCA규칙에서는 물품이 매도인의 영업구내에서 인도되는 경우에 매도인이 매수인에 대하여 적재의무를 부담하고 적재작업중에 발생하는 물품의 멸실 또는 훼손의 위험은 매도인이 부담한다).

6. Export clearance – With delivery happening when the goods are at the buyer's disposal either at the seller's premises or at another named point typically within the seller's jurisdiction or within the same Customs Union, there is no obligation on the seller to organise export clearance or clearance within third countires through which the goods pass in transit.

6. 수출통관 – 물품이 매도인의 영업구내에서 또는 전형적으로 매도인의 국가나 관세동맹지역 내에 있는 다른 지정지점에서 매수인의 처분하에 놓인때에 인도가 일어나므로, 매도인은 수출통관이나 운송 중에 물품이 통과할 제3국의 통관을 수행할 의무가 없다.

Indeed, EXW may be suitable for domestic trades, where there is no clearance is limited to providing assistance in obtaining such documents and information as the buyer may require for the purpose of exporting the goods.

사실 EXW는 물품을 수출할 의사가 전혀 없는 국내거래에 적절하다. 수출통관에 관한 매도인의 참여는 물품수출을 위하여 매수인이 요청할 수 있는 서류와 정보를 취득하는데 협력을 제공하는 것에 한정된다.

Where the buyer intends to export the goods and where it anticipates difficulty in obtaining export clearance, the buyer would be better advised to choose the FCA rule, under which the obligation and cost of obtaining export clearance lies with the seller.

매수인이 물품을 수출하기를 원하나 수출통관을 하는 데 어려움이 예상되는 경우에, 매수인은 수출통관을 할 의무와 그에 관한 비용을 매도인이 부담하는 FCA규칙을 선택하는 것이 더 좋다.

FCA 운송인인도(Free Carrier)
EXPLANATORY NOTE FOR USERS

1. Delivery and risk – "Free Carrier (named place)" means that the seller delivers the goods to the buyer in one or other of two ways.

1. 인도와 위험 – "운송인인도(지정장소)"는 매도인이 물품을 매수인에게 다음과 같은 두 가지 방법 중 어느 하나로 인도하는 것을 의미한다.

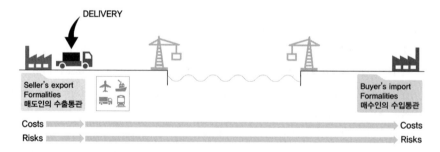

(1) First, when the named place is the seller's premises, the goods are delivered
   첫째, 지정장소가 매도인의 영업구내인 경우, 물품은 다음과 같이 될 때 인도된다.
   – when they are loaded on the means of transport arranged by the buyer.
   – 물품이 매수인이 마련한 운송수단에 적재된 때

(2) Second, when the named place is another place, the goods are delivered

둘째, 지정장소가 그 밖의 장소인 경우, 물품은 다음과 같이 된 때 인도된다.

① when, having been loaded on the seller's means of transport,

① 매도인의 운송수단에 적재되어서

② they reach the named other place and

② 지정장소에 도착하고

③ are ready for unloading from that seller's means of transport and

③ 매도인의 운송수단에 실린 채 양하준비된 상태로

④ at the disposal of the carrier or of another person nominated by the buyer.

④ 매수인이 지정한 운송인이나 제3자의 처분하에 놓인 때

Whichever of the two is chosen as the place of delivery, that place identifies where risk transfers to the buyer and the time from which costs are for the buyer's account.

그러한 두 장소 중에서 인도장소로 선택되는 장소는 위험이 매수인에게 이전하는 곳이자 또한 매수인이 비용을 부담하기 시작하는 시점이 된다.

2. Mode of transport – This rule may be used irrespective of the mode of transport selected and may also be used where more than one mode of transport is employed.

2. 운송방식 – 본 규칙은 어떠한 운송방식이 선택되는지를 불문하고 사용할 수 있고 둘 이상의 운송방식이 이용되는 경우에도 사용할 수 있다.

3. Place or point of delivery — A sale under FCA can be concluded naming only the place of delivery, either at the sell ; er's premises or elsewhere, without specifying the precise point of delivery within that named place.

3. 인도장소 또는 인도지점 — FCA 매매는 지정장소 내에 정확한 인도지점을 명시하지 않고서 매도인의 영업구내나 그 밖의 장소 중 어느 하나를 단지 인도장소로 지정하여 체결될 수 있다.

However, the parties are well advised also to specify as clearly as possible the precise point within the named place of delivery.

그러나 당사자들은 지정인도장소 내에 정확한 지점도 가급적 명확하게 명시하는 것이 좋다.

A named precise point of delivery makes it clear to both parties when the goods are delivered and when risk transfers to the buyer ; such precision also marks the point at which costs are for the buyer's account.

그러한 정확한 지정인도지점은 양당사자에게 언제 물품이 인도되는지와 언제 위험이 매수인에게 이전하는지 명확하게 하며, 또한 그러한 정확한 지점은 매수인의 비용부담의 기준점을 확정한다.

Where the precise point is not identified, however, this may cause problems for the buyer.

그러나 정확한 지점이 지정되지 않는 경우에는 매수인에게 문제가 생길 수 있다.

The seller in this case has the right to select the point "that best suits its purpose" : that point becomes the point of delivery, from which risk and costs transfer to the buyer.

이러한 경우에 매도인은 "그의 목적에 가장 적합한" 지점을 선택할 권리를 갖는다. 즉 이러한 지점이 곧 인도지점이 되고 그곳에서부터 위험과 비용이 매수인에게 이전한다.

If the precise point of delivery is not identified by naming it in the contract, then the parties are taken to have left it to the seller to select the point "that best suits its purpose".

계약에서 이를 지정하지 않아서 정확한 인도지점이 정해지지 않은 경우에, 당사자들은 매도인이 "자신의 목적에 가장 적합한"지점을 선택하도록 한 것으로 된다.

This means that the buyer may incur the risk that the seller may choose a point just before the point at which goods are lost or damaged.

이는 매수인으로서는 매도인이 물품의 멸실 또는 훼손이 발생한 지점이 아닌 그 직전의 지점을 선택할 수도 있는 위험이 있음을 의미한다.

Best for the buyer therefore to select the precise point within a place where delivery will occur.

따라서 매수인으로서는 인도가 이루어질 장소 내에 정확한 지점을 선택하는 것이 가장 좋다.

4. 'or procure goods so delivered' — The reference to "procure" here caters for multiple sales down a chain (string sales), particularly, although not exclusively, common in the commodity trades.

4. '또는 그렇게 인도된 물품을 조달한다' – 여기에 "조달한다"(procure)고 규정한 것은 꼭 이 분야에서 그런 것만은 아니지만 특히 일차산품거래(commodity trades)에서 일반적인 수차에 걸쳐 연속적으로 이루어지는 매매('연속매매', string sales)에 대응하기 위함이다.

5. Export/import clearance — FCA requires the seller to clear the goods for export, where applicable. However, the seller has no obligation to clear the goods for import or for transit through third countries, to pay any import duty or to carry out any import customs formalities.

5. 수출/수입통관 – FCA에서는 해당되는 경우에 매도인이 물품의 수출통관을 하여야 한다. 그러나 매도인은 물품의 수입을 위한 또는 제3국 통과를 위한 통관을 하거나 수입관세를 납부하거나 수입통관절차를 수행할 의무가 없다.

6. Bills of lading with an on—board notation in FCA sales — We have already seen that FCA is intended for use irrespective of the mode or modes of transport used. Now if goods are being picked up by the buyer's road haulier in LAS Vegas, it would be rather uncommon to expect a bill of lading with an on—board notation to be issued by the carrier from Las Vegas, which is not a port and which a vessel cannot reach for goods to be placed on board.

6. FCA 매매에서 본선적재표기가 있는 선하증권 – 이미 언급하였듯이 FCA는 사용되는 운송 방식이 어떠한지를 불문하고 사용할 수 있다. 이제는 매수인의 도로운송인이 라스베이거스에서 물품을 수거(pick up)한다고 할 때, 라스베이거스에서 운송인으로부터 본선적재표기가 있는 선하증권을 발급받기를 기대하는 것이 오히려 일반적이지 않다.

Nonetheless, sellers selling FCA Las Vegas do to be placed on board.

라스베이거스는 항구가 아니어서 선박이 물품적재를 위하여 그곳으로 갈 수 없기 때문이다.

Nonetheless, seller selling FCA Las Vegas do sometimes find themselves in aa situation where they need a bill of lading with an on-board notation(typically because of a bank collection or a letter of credit requirement), albeit necessarily stating that the goods have been placed on board in Los Angeles as well as stating that they were received for carriage in Las Vegas.

그럼에도 FCA Las Vegas 조건으로 매매하는 매도인은 때로는 (전형적으로 은행의 추심조건이나 신용장 조건 때문에) 무엇보다도 물품이 라스베이거스에서 운송을 위하여 수령된 것으로 기재될 뿐만 아니라 그것이 로스엔젤레스에서 선적되었다고 기재된 본선적재표기가 있는 선하증권이 필요한 상황에 처하게 된다.

To cater for this possibility of Incoterms 2020 has, for the first time, provided the following optional mechanism.

본선적재표기가 있는 선하증권을 필요로 하는 FCA 매도인의 이러한 가능성에 대응하기 위하여 인코텀즈 2020 FCA에서는 처음으로 다음과 같은 선택적 기제를 규정한다.

If the parties have so agreed in the contract, the buyer must instruct its carrier to issue a bill of lading with an on-board notation to the seller.

당사자들이 계약에서 합의한 경우에 매수인은 그의 운송인에게 본선적재표기가 있는 선하증권을 매도인에게 발행하도록 지시하여야 한다.

The carrier may or may not, of course, accede to the buyer's request, given that the carrier is only bound and entitled to issue such a bill of lading once the goods are on board in Los Angeles.

물론 운송인으로서는 물품이 로스앤젤레스에서 본선적재된 때에만 그러한 선하증권을 발행할 의무가 있고 또 그렇게 할 권리가 있기 때문에 매수인의 요청에 응할 수도 응하지 않을 수도 있다.

However, if and when the bill of lading is issued to the seller by the carrier at the buyer. who will need the bill of lading in order to obtatin discharge of the goods from the carrier.

그러나 운송인이 매수인의 비용과 위험으로 매도인에게 선하증권을 발행하는 경우에는 매도인은 바로 그 선하증권을 매수인에게 제공하여야 하고 매수인은 운송인으로부터 물품을 수령하기 위하여 그 선하증권이 필요하다.

This optional mechanism becomes unnecessary, of course, if the parties have agreed that the seller will present to the buyer a bill of lading stating simply that the goods have been received for shipment rather than that they have been shipped on board.

물론 당사자들의 합의에 의하여 매도인이 매수인에게 물품의 본선적재 사실이 아니라 단지 물품이 선적을 위하여 수령되었다는 사실을 기재한 선하증권을 제시하는 경우에는 이러한 선택적 기제는 불필요하다.

Moreover, it should be emphasised that even where this optional mechanism is adopted, the seller is under no obligation to the buyer as to the terms of the contract of carriage.

또한 강조되어야 할 것으로 이러한 선택적 기제가 적용되는 경우에도 매도인은 매수인에 대하여 운송계약조건에 관한 어떠한 의무도 없다.

Finally, when this optional mechanism is adopted, the dates of delivery inland and loading on board will necessarily be different, which may well create difficulties for the seller under a letter of credit.

끝으로, 이러한 선택적 기제가 적용되는 경우에 내륙의 인도일자와 본선적재일자는 부득이 다를 수 있을 것이고, 이로 인하여 매도인에게 신용장상 어려움이 발생할 수 있다.

FAS(선측인도) Free Alongside Ship
FAS(insert named port of shipment지정선적항 기입) Incoterms® 2020
EXPLANATORY NOTE FOR USERS

1. Delivery and risk – "Free Alongside Ship" means that the seller delivers the goods to the buyer

1. 인도와 위험 – "선측인도"는 다음과 같이 된 때 매도인이 물품을 매수인에게 인도하는 것을 의미한다.

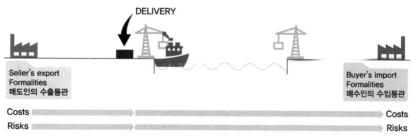

[(FAS-(1) 선측에서 인도되는 경우]

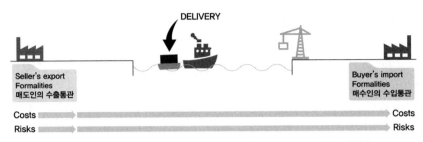

[FAS-(2) 외항이 있는 경우, 부선(Barge)에 실려 인도되는 경우]

① when the goods are placed alongside the ship (e.g. on a quay or a barge)

① 지정선적항에서

② nominated by the buyer

② 매수인이 지정한 선박의

③ at the named port of shipment

③ 선측에 (예컨대 부두 또는 바지(barge)에) 물품이 놓인 때

④ or when the seller procures goods already so delivered.

④ 또는 이미 그렇게 인도된 물품을 조달한 때.

The risk of loss of or damage to the goods transfers when the goods are alongside the ship, and the buyer bears all costs from that moment onwards.

물품의 멸실 또는 훼손의 위험은 물품이 선측에 놓인 때 이전하고, 매수인은 그 순간부터 향후의 모든 비용을 부담한다.

2. Mode of transport – This rule is to be used only for sea or inladn waterway transport where the parties intend to deliver the goods by placing the goods alongside a vessel.

2. 운송방식 – 본 규칙은 당사자들이 물품을 선측에 둠으로써 인도하기로 하는 해상운송이나 내수로운송에만 사용되어야 한다.

Thus the FAS rule is not appropriate where goods are handed over to the carrier before they are alongside the vessel, for example where goods are handed over to a carrier at a container terminal.

따라서 FAS 규칙은 물품이 선측에 놓이기 전에 운송인에게 교부되는 경우, 예컨대 물품이 컨테이너터미널에서 운송인에게 교부되는 경우에는 적절하지 않다.

Where this is the case, parties should consider using the FCA rule rather than the FAS rule.

이러한 경우에 당사자들은 FAS 규칙 대신에 FCA규칙을 사용하는 것을 고려하여야 한다.

3. Identifying the loading point precisely – The parties are well advised to specify as clearly as possible the loading point at the named port of shipment where the goods are to be transferred from the quay or barge to the ship, as the costs and risk to that point are for the account of the seller and these costs and associated handling charges may vary according to the practice of the port.

3. 정확한 적재지점 지정 – 당사자들은 지정선적항에서 물품이 부두나 바지(barge)로부터 선박으로 이동하는 적재지점을 가급적 명확하게 명시하는 것이 좋다. 그 지점까지의 비용과 위험은 매도인이 부담하고, 이러한 비용과 그와 관련된 처리비용(handling charges)은 항구의 관행에 따라 다르기 때문이다.

4. 'or procuring the goods so delivered' – The seller is required either to deliver the goods alongside the ship or to procure goods already so delivered for shipment.

4. '또는 그렇게 인도된 물품을 조달함' – 매도인은 물품을 선측에서 인도하거나 선적을 위하여 이미 그렇게 인도된 물품을 조달하여야 한다.

The reference to "procure" here caters for multiple sale down a chain(string sales), particularly common in the commodity trades.

여기에 "조달한다"(procure)고 규정한 것은 특히 일차산품거래(commodity trades)에서 일반적인 수차에 걸쳐 연속적으로 이루어지는 매매('연속매매', 'string sales')에 대응하기 위함이다.

5. Export/import clearance – FAS requires the seller to clear the goods for export, where applicable.

5. 수출/수입통관 – FAS에서는 해당되는 경우에 매도인이 물품의 수출통관을 하여야 한다.

However, the seller has no obligation to clear the goods for import or for transit through third countries, to pay any import duty or to carry out any import customs formalities.

그러나 매도인은 물품의 수입을 위한 또는 제3국 통과를 위한 통관을 하거나 수입관세를 납부하거나 수입통관절차를 수행할 의무가 없다.

FOB (본선인도) Free On Board
FOB(지정선적항 기입) Incoterms® 2020
EXPLANATORY NOTE FOR USERS

1. Delivery and risk – "Free on Board" means that the seller delivers the goods to the buyer

1. 인도와 위험 – "본선인도"는 매도인이 다음과 같이 물품을 매수인에게 인도하는 것을 의미한다.

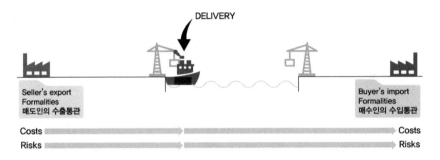

① on board the vessel

① 지정선적항에서

② nominated by the buyer

② 매수인이 지정한

③ at the named port of shipment

③ 선박에 적재함

④ or procures the goods already so delivered.

④ 또는 이미 그렇게 인도된 물품을 조달함

The risk of loss of or damage to the goods transfers when the goods are on board the vessel, and the buyer bears all costs from that moment onwards.
물품의 멸실 또는 훼손의 위험은 물품이 선박에 적재된 때 이전하고, 매수인은 그 순간부터 향후의 모든 비용을 부담한다.

2. Mode of transport – This rule is to be used only for sea or inlad waterway transport where the parties intend to delivery the goods by placing the goods on board a vessel.

2. 본 규칙은 당사자들이 물품을 선박에 적재함으로써 인도하기로 하는 해상운송이나 내수로 운송에만 사용되어야 한다.

Thus, the FOB rule is not appropriate whre goods are handed over to the carrier before they are on board the vessel, for example whre goods are handed over to a carrier at a container terminal.

따라서 FOB규칙은 물품이 선박에 적재되기 전에 운송인에게 교부되는 경우, 예컨대 물품이 컨테이너터미널에서 운송인에게 교부되는 경우에는 적절하지 않다.

Where this is the case, parties should consider using the FCA rule rather than the FOB rule.

이러한 경우에 당사자들은 FOB 규칙 대신에 FCA규칙을 사용하는 것을 고려하여야 한다.

3. 'or procuring the goods so delivered' – The seller is required either to deliver the goods on board the vessel or to procure goods already so delivered for shipment.

3. '또는 그렇게 인도된 물품을 조달함' – 매도인은 물품을 선박에 적재하여 인도하거나 선적을 위하여 이미 그렇게 인도된 물품을 조달하여야 한다.

The reference to "procure" here caters for multiple sales down a chain (string sales), particularly common in the commodity trades.

여기에 "조달한다"(procure)고 규정한 것은 특히 일차산품거래(commodity trades)에서 일반적인 수차에 걸쳐 연속적으로 이루어지는 매매('연속매매', 'string sales')에 대응하기 위함이다.

4. Export/import clearance – FOB requires the seller to clear the goods for export, where applicable.

4. 수출/수입통관 – FOB에서는 해당되는 경우에 매도인이 물품의 수출통관을 하여야 한다.

However, the seller has no obligation to clear the goods for import or for transit through third countries, to pay any import duty or to carry out any import customs formalities.

그러나 매도인은 물품의 수입을 위한 또는 제3국 통과를 위한 통관을 하거나 수입관세를 납부하거나 수입통관절차를 수행할 의무가 없다.

Ⅰ

Ⅱ

Ⅲ

Ⅳ

CFR (운임포함인도) Cost and Freight
CFR (insert named port of destination 지정목적항 기입) Incoterms® 2020
EXPLANATORY NOTE FOR USERS

1. Delivery and risk – "Cost and Freight" means that the seller delivers the goods
   to the buyer
1. 인도와 위험 – "운임포함인도"는 매도인이 물품을 매수인에게 다음과 같이 인도하는 것을
   의미한다.

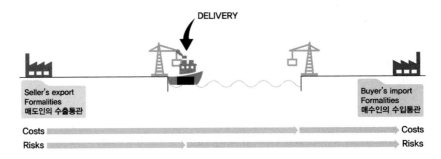

① on board the vessel
① 선박에 적재함

② or procures the goods already so delivered
② 또는 이미 그렇게 인도된 물품을 조달함.

The risk of loss of or damage to the goods transfers when the goods are on board
the vessel, such that the seller is taken to have performed its obligation to deliver
the goods whether or not the goods actually arrive at their destination in sound
condition, in the stated quantity or indeed, at all.
물품의 멸실 또는 훼손의 위험은 물품이 선박에 적재된 때 이전하고, 그에 따라 매도인은 명
시된 수량의 물품이 실제로 목적지에 양호한 상태로 도착하는지를 불문하고 또는 사실 물품
이 전혀 도착하지 않더라도 그의 물품인도의무를 이행한 것으로 된다.

In CFR, the seller owes no obligation to the buyer to purchase insurance cover :
the buyer would be well – advised therefore to purchase some cover for itself.
CFR에서 매도인은 매수인에 대하여 부보의무가 없다. 따라서 매수인은 스스로 부보하는 것
이 좋다.

2. Mode of transport – This rule is to be used only for sea or inland waterway
   transport.
2. 운송방식 – 본 규칙은 해상운송이나 내수로운송에만 사용되어야 한다.

Where more than one mode of transport is to be used, which will commonly be the case where goods are handed over to a carrier at a container terminal, the appropriate rule to use is CPT rather than CFR.

물품이 컨테이너터미널에서 운송인에게 교부되는 경우에 일반적으로 그러하듯이 둘 이상의 운송방식이 사용되는 경우에 사용하기 적절한 규칙은 CFR이 아니라 CPT이다.

3. 'or procuring the goods so delivered' – The reference to "procure" here caters for multiple sales down a chain (string sales), particularly common in the commodity trades.

3. '또는 그렇게 인도된 물품을 조달함' – 여기에 "조달한다"(procure)고 규정한 것은 특히 일차산품거래(commodity trades)에서 일반적인 수차에 걸쳐 연속적으로 이루어지는 매매('연속매매', 'string sales')에 대응하기 위함이다.

4. Ports of delivery and destination – In CFR, two ports are important : the port where the goods are delivered on board the vessel and the port agreed as the destination of the goods.

4. 인도항(port of delviery)과 목적항(port of destination) – CFR에서는 두 항구가 중요하다. 물품이 선박에 적재되어 인도되는 항구와 물품의 목적항으로 합의된 항구가 그것이다.

Risk transfers from seller to buyer when the goods are delivered to the buyer by placing them on board the vessel at the shipment port or by procuring the goods already so delivered.

위험은 물품이 선적항에서 선박에 적재됨으로써 또는 이미 그렇게 인도된 물품을 조달함으로써 매수인에게 인도된 때 매도인으로부터 매수인에게 이전한다.

However, the seller must contract for the carriage of the goods from delivery to the agreed destination.

그러나 매도인은 물품을 인도지부터 합의된 목적지까지 운송하는 계약을 체결해야 한다.

Thus, for example, goods are placed on board a vessel in Shanghai(which is port) for carriage to southampton (also a port).

따라서 예컨대 물품은 (항구인) 사우샘프턴까지 운송을 위하여 (항구인) 상하이에시 선박에 적재된다

Delivery here happens when the goods are on board in Shanghai, with risk transferring to the buyer at that time ; and the seller must make a contract of carriage from Shanghai to Southampton.

그러면 물품이 상하이에서 적재된 때 여기서 인도가 일어나고, 그 시점에 위험이 매수인에게 이전한다. 그리고 매도인은 상하이에서 사우샘프턴으로 향하는 운송계약을 체결해야 한다.

5. Must the shipment port be named? – While the contract will always specify a destination port, it might not specify the port of shipment, which is where risk transfers to the buyer.

5. 선적항은 반드시 지정되어야 하는가? – 계약에서 항상 목적항을 명시할 것이지만, 위험이 매수인에게 이전하는 장소인 선적항은 명시하지 않을 수도 있다.

IF the shipment port is of particular interest to the buyer, as it may be, for example, where the buyer wishes to ascertain that the freight element of the price is reasonable, the parties are well advised to identify it as precisely as possible in the contract.

예컨대 매수인이 매매대금에서 운임요소가 합리적인지 확인하고자 하는 경우에 그러하듯이 선적항이 특히 매수인의 관심사항인 경우에 당사자들은 계약에서 선적항을 가급적 정확하게 특정하는 것이 좋다.

6. Identifying the destination point at the discharge port – The parties are well advised to identify as precisely as possible the point at the named port of destination, as the costs to that point are for the account of the seller.

6. 양륙항 내 목적지점 지정 – 당사자들은 지정목적항 내의 지점을 가급적 정확하게 지정하는 것이 좋다. 그 지점까지 비용을 매도인이 부담하기 때문이다.

The seller must make a contract or contracts of carriage that cover(s) the transit of the goods from delivery to the named port or to the agreed point within that port where such a point has been agreed in the contract of sale.

매도인은 물품을 인도지로부터 지정목적항까지 또는 그 지정목적항 내의 지점으로부터 매매계약에서 합의된 지점까지 물품을 운송하는 단일 또는 복수의 계약을 체결하여야 한다.

7. Multiple carriers — It is possible that carriage is effected through several carriers for different legs of the sea transport, for example, first by a carrier operating a feeder vessel from Hong Kong to Shanghai, and then onto an ocean vessel from Shanghai to Southampton.

7. 복수의 운송인 — 예컨대 먼저 홍콩에서 상하이까지 피더선(feeder vessel)을 운항하는 운송인이 담당하고 이어서 상하이에서 사우샘프턴까지 항해선박(ocean vessel)이 담당하는 경우와 같이, 상이한 해상운송구간을 각기 담당하는 복수의 운송인이 운송을 수행하는 것도 가능하다.

The question which arises here is wheter risk transfers from seller to buyer at Hong Kong or at Shanghai : where does delivery take place?

이때 과연 위험은 매도인으로부터 매수인에게 홍콩에서 이전하는지 아니면 상하이에서 이전하는지 의문이 발생한다. 즉, 인도는 어디서 일어나는가?

The parties may well have agreed this in the sale contract itself.

당사자들이 매매계약 자체에서 이를 잘 합의하였을 수도 있다.

Where, however, there is no such agreement, the default postion is that risk transfers when the goods have been delivered to the first carrier, I.e. Hong Kong, thus increasing the period during which the buyer incurs the risk of loss or damage.

그러나 그러한 합의가 없는 경우에 (본 규칙이 규정하는) 보충적 입장은, 위험은 물품이 제1 운송인에게 인도된 때 즉 홍콩에서 이전하고, 따라서 매수인이 멸실 또는 훼손의 위험을 부담하는 기간이 증가한다는 것이다.

Should the parties wish the risk to transfer at a later stage(here, Shanghai) they need to specify this in their contract of sale.

당사자들은 그 뒤의 어느 단계에서 (여기서는 상하이) 위험이 이전하기를 원한다면 이를 매매계약에 명시하여야 한다.

8. Unloading costs — If the seller incurs costs under its contract of carriage related to unloading at the specified point at the port of destination, the seller is not entitled to recover such costs separately from the buyer unless otherwise agreed between the parties.

8. 양하비용 — 매도인은 자신의 운송계약상 목적항 내의 명시된 지점에서 양하에 관하여 비용이 발생한 경우 당사자간에 달리 합의되지 않은 한 그러한 비용을 매수인으로부터 별도로 상환 받을 권리가 없다.

9. Export/import clearance—CFR requires the seller to clear the goods for export, where applicable.

9. 수출/수입통관—CFR에서는 해당되는 경우에 매도인이 물품의 수출통관을 하여야 한다.

However, the seller has no obligation to clear the goods for import or for transit through third countires, to pay any import duty or to carry out any import customs formalities.

그러나 매도인은 물품의 수입을 위한 또는 제3국 통과를 위한 통관을 하거나 수입관세를 납부하거나 수입통관절차를 수행할 의무가 없다.

CIF (운임 · 보험료포함인도) Cost Insurance and Freight
CIF (insert named port of destination 지정목적항 기입) Incoterms® 2020
EXPLANATORY NOTES FOR USERS

1. Delivery and risk—"Cost Insurance and Freight" means that the seller delivers the goods to the buyer

1. 인도와 위험—"운임 · 보험료포함인도"는 매도인이 물품을 매수인에게 다음과 같이 인도하는 것을 의미한다.

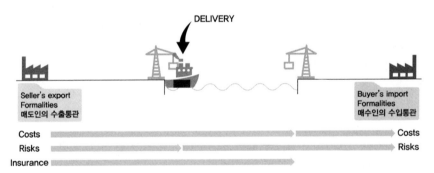

① on board the vessel

① 선박에 적재함

② or procures the goods already so delivered.

② 또는 이미 그렇게 인도된 물품을 조달함

The risk of loss of or damage to the goods transfers when the goods are on board the vessel, such that the seller is taken to have performed its obligation to deliver the goods whether or not the goods actually arrive at their destination in sound condition, in the stated quantity or, indeed, at all.

물품의 멸실 또는 훼손의 위험은 물품이 선박에 적재된 때 이전하고, 그에 따라 매도인은 명시된 수량의 물품이 실제로 목적지에 양호한 상태로 도착하는지를 불문하고 또는 사실 물품이 전혀 도착하지 않더라도 그의 물품인도 의무를 이행한 것으로 된다.

2. Mode of transport — This rule is to be used only for sea or inland waterway transport.

2. 운송방식 — 본 규칙은 해상운송이나 내수로운송에만 사용되어야 한다.

Where more than one mode of transport is to be used, which will commonly be the case where goods are handed over to a carrier at a container terminal, the appropriate rule to use is CIP rather than CIF.

물품이 컨테이너터미널에서 운송인에게 교부되는 경우에 일반적으로 그러하듯이 둘 이상의 운송방식이 사용되는 경우에 사용하기 적절한 규칙은 CIF가 아니라 CIP이다.

3. 'or procuring the goods so delivered' — The reference to "procure" here caters for multiple sales down a chain (string sales), particularly common in the commodity trades.

3. '또는 그렇게 인도된 물품을 조달함' – 여기에 "조달한다"(procure)고 규정한 것은 특히 일차산품거래(commodity trades)에서 일반적인 수차에 걸쳐 연속적으로 이루어지는 매매('연속매매', 'string sales')에 대응하기 위함이다.

4. Ports of delivery and destination — In CIF, two ports are important : the port where the goods are delivered on board the vessel and the port agreed as the destination of the goods.

4. 인도항(port of delivery)과 목적항(port of destination) – CIF에서는 두 항구가 중요하다. 물품이 선박에 적재되어 인도되는 항구와 물품의 목적항으로 합의된 항구가 그것이다.

Risk transfers from seller to buyer when the goods are delivered to the buyer by placing them on board the vessel at the shipment port or by procuring the goods already so delivered.

위험은 물품이 선적항에서 선박에 적재됨으로써 또는 이미 그렇게 인도된 물품을 조달함으로써 매수인에게 인도된 때 매도인으로부터 매수인에게 이전한다.

However, the seller must contract for the carriage of the goods from delivery to the agreed destination.

그러나 매도인은 물품을 인도지부터 합의된 목적지까지 운송하는 계약을 체결해야 한다.

Thus, for example, goods are placed on board a vessel in Shanghai(which is port) for carriage to southampton (also a port).

따라서 예컨대 물품은 (항구인) 사우샘프턴까지 운송을 위하여 (항구인) 상하이에서 선박에 적재된다.

Delivery here happens when the goods are on board in Shanghai, with risk transferring to the buyer at that time ; and the seller must make a contract of carriage from Shanghai to Southampton.

그러면 물품이 상하이에서 적재된 때 여기서 인도가 일어나고, 그 시점에 위험이 매수인에게 이전한다. 그리고 매도인은 상하이에서 사우샘프턴으로 향하는 운송계약을 체결해야 한다.

5. Must the shipment port be named? — While the contract will always specify a destination port, it might not specify the port of shipment, which is where risk transfers to the buyer.

5. 선적항은 반드시 지정되어야 하는가? – 계약에서 항상 목적항을 명시할 것이지만, 위험이 매수인에게 이전하는 장소인 선적항은 명시하지 않을 수도 있다.

IF the shipment port is of particular interest to the buyer, as it may be, for example, where the buyer wishes to ascertain that the freight element of the price is reasonable, the parties are well advised to identify it as precisely as possible in the contract.

예컨대 매수인이 매매대금에서 운임요소가 합리적인지 확인하고자 하는 경우에 그러하듯이 선적항이 특히 매수인의 관심사항인 경우에 당사자들은 계약에서 선적항을 가급적 정확하게 지정하는 것이 좋다.

6. Identifying the destination point at the discharge port — The parties are well advised to identify as precisely as possible the point at the named port of destination, as the costs to that point are for the account of the seller.

6. 양륙항 내 목적지점 지정 – 당사자들은 지정목적항 내의 지점을 가급적 정확하게 지정하는 것이 좋다. 그 지점까지 비용을 매도인이 부담하기 때문이다.

The seller must make a contract or contracts of carriage that cover(s) the transit of the goods from delivery to the named port or to the agreed point within that port where such a point has been agreed in the contract of sale.

매도인은 물품을 인도지로부터 지정목적항까지 또는 그 지정목적항 내의 지점으로부터 매매계약에서 합의된 지점까지 물품을 운송하는 단일 또는 복수의 계약을 체결하여야 한다.

7. Multiple carriers — It is possible that carriage is effected through several carriers for different legs of the sea transport, for example, first by a carrier operating a feeder vessel from Hong Kong to Shanghai, and then onto an ocean vessel from Shanghai to Southampton.

7. 복수의 운송인 — 예컨대 먼저 홍콩에서 상하이까지 피더선(feeder vessel)을 운항하는 운송인이 담당하고 이어서 상하이에서 사우샘프턴까지 항해선박(ocean vessel)이 담당하는 경우와 같이, 상이한 해상운송구간을 각기 담당하는 복수의 운송인이 운송을 수행하는 것도 가능하다.

The question which arises here is wheter risk transfers from seller to buyer at Hong Kong or at Shanghai : where does delivery take place?

이때 과연 위험은 매도인으로부터 매수인에게 홍콩에서 이전하는지 아니면 상하이에서 이전하는지 의문이 발생한다. 즉, 인도는 어디서 일어나는가?

The parties may well have agreed this in the sale contract itself.

당사자들이 매매계약 자체에서 이를 잘 합의하였을 수도 있다.

Where, however, there is no such agreement, the default position is that risk transfers when the goods have been delivered to the first carrier, I.e. Hong Kong, thus increasing the period during which the buyer incurs the risk of loss or damage.

그러나 그러한 합의가 없는 경우에 (본 규칙이 규정하는) 보충적 입장은, 위험은 물품이 제1운송인에게 인도된 때 즉 홍콩에서 이전하고, 따라서 매수인이 멸실 또는 훼손의 위험을 부담하는 기간이 증가한다는 것이다.

Should the parties wish the risk to transfer at a later stage(here, Hanghai) they need to specify this in their contract of sale.

당사자들은 그 뒤의 어느 단계에서 (여기서는 상하이) 위험이 이전하기를 원한다면 이를 매매계약에 명시하여야 한다.

8. Insurance – The seller must also contract for insurance cover against the buyer's risk of loss of or damage to the goods from the port of shipment to at least the port of destination.

8. 보험 – 매도인은 또한 선적항부터 적어도 목적항까지 매수인의 물품의 멸실 또는 훼손 위험에 대하여 보험계약을 체결하여야 한다.

This may caused difficulty where the destination country requires insurance cover to be purchased locally : in this case the parties should consider selling and buying under CFR.

이는 목적지 국가가 자국의 보험자에게 부보하도록 요구하는 경우에는 어려움을 야기할 수 있다. 이러한 경우에 당사자들은 CFR로 매매하는 것을 고려하여야 한다.

The buyer should also note that under the CIF Incoterms® 2020 rule the seller is required to obtain limited insurance cover complying with Institute Cargo Clauses (C) or similar clause, rather than with the more extensive cover under Institute Cargo Clauses (A).

또한 매수인은 인코텀즈 2020 CIF 하에서 매도인은 협회적하약관의 A – 약관에 의한 보다 광범위한 담보조건이 아니라 협회적하약관의 C – 약관이나 그와 유사한 약관에 따른 제한적인 담보조건으로 부보하여야 한다는 것을 유의하여야 한다.

It is, however, still open to the parties to agree on a higher level of cover.

그러나 당사자들은 여전히 더 높은 수준의 담보조건으로 부보하기로 합의할 수 있다.

9. Unloading costs – If the seller incurs costs under its contract of carriage related to unloading at the specified point at the port of destination, the seller is not entitled to recover such costs separately from the buyer unless otherwise agreed between the parties.

9. 양하비용 – 매도인은 자신의 운송계약상 목적항 내의 명시된 지점에서 양하에 관하여 비용이 발생한 경우 당사자 간에 달리 합의되지 않은 한 그러한 비용을 매수인으로부터 별도로 상환 받을 권리가 없다.

10 Export/import clearance – CFR requires the seller to clear the goods for export, where applicable.

10. 수출/수입통관 – CFR에서는 해당되는 경우에 매도인이 물품의 수출통관을 하여야 한다.

However, the seller has no obligation to clear the goods for import or for transit through third countries, to pay any import duty or to carry out any import customs formalities.

그러나 매도인은 물품의 수입을 위한 또는 제3국 통과를 위한 통관을 하거나 수입관세를 납부하거나 수입통관절차를 수행할 의무가 없다.

CPT 운송비지급인도(Carriage paid to)
EXPLANATORY NOTE FOR USERS

1. Delivery and risk — "Carriage Paid To" means that the seller delivers the goods — and transfers the risk — to the buyer

1. 인도와 위험 — "운송비지급인도"는 매도인이 다음과 같이 매수인에게 물품을 인도하는 것을 — 그리고 위험을 이전하는 것을 — 의미한다.

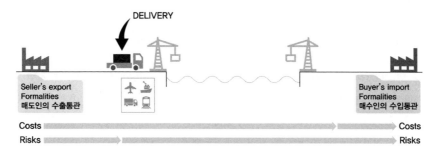

① by handing them over to the carrier
① 매도인과 계약을 체결한 운송인에게

② contracted by the seller
② 물품을 교부함으로써

③ or by procuring the goods so delivered.
③ 또는 그렇게 인도된 물품을 조달함으로써

④ the seller may do so by giving the carrier physical possession of the goods in the manner and at the place appropriate to the means of transport used.

④ 매도인은 사용되는 운송수단에 적합한 방법으로 그에 적합한 장소에서 운송인에게 물품의 물리적 점유를 이전함으로써 물품을 인도할 수 있다.

Once the goods have been delivered to the buyer in this way, the seller does not guarantee that the goods will reach the place of destination in sound condition, in the stated quantity or indeed at all.

물품이 이러한 방법으로 매수인에게 인도되면 매도인은 그 물품이 목적지에 양호한 상태로 그리고 명시된 수량 또는 그 전량이 도착할 것을 보장하지 않는다.

This is because risk transfers from seller to buyer when the goods are delivered to the contract for the carriage of the goods from delivery to the agreed destination.

왜냐하면 물품이 운송인에게 교부됨으로써 매수인에게 인도된 때 위험은 매도인으로부터 매수인에게 이전하기 때문이다. 그러나 매도인은 물품을 인도지로부터 합의된 목적지까지 운송하는 계약을 체결하여야 한다.

Thus, for example, goods are handed over to a carrier in Las Vegas(which is not a port) for carriage to Southampton(a port) or to Winchester(which is not a port).

따라서 예컨대 (항구인) 사우샘프턴이나 (항구가 아닌) 윈체스터까지 운송하기 위하여 (항구가 아닌) 라스베이거스에서 운송인에게 물품이 교부된다.

In either case, delivery transferring risk to the buyer happens in Las Vegas, and the seller must make a contract of carriage to either Southampton or Winchester.

이러한 각각의 경우에 위험을 매수인에게 이전시키는 인도는 라스베이거스에서 일어나고 매도인은 사우샘프턴이나 윈체스터로 향하는 운송계약을 체결하여야 한다.

2. Mode of transport－This rule may be used irrespective of the mode of transport selected and may also be used where more than one mode of transport is employed.

2. 운송방식－본 규칙은 어떠한 운송방식이 선택되는지를 불문하고 사용할 수 있고 둘 이상의 운송방식이 이용되는 경우에도 사용할 수 있다.

3. Place (or point) of delivery and destination－In CPT, two locations are important : the place or point (if any)at which the goods are delivered(for the transfer of risk) and the place or point agreed as the destination of the goods(as the point to which the seller promises to contract for carriage).

3. 인도장소(또는 인도지점)와 목적지－CPT에서는 두 곳이 중요하다. 물품이 (위험이전을 위하여) 인도되는 장소 또는 지점(있는 경우)이 그 하나이고, 물품의 목적지로서 합의된 장소 또는 지점이 다른 하나이다(매도인은 이 지점까지 운송계약을 체결하기로 약속하기 때문이다).

4. Identifying the place or point of delivery with precision — The parties are well advised to identify both places, or indeed points within those places, as precisely as possible in the contract of sale.

4. 정확한 인도장소 또는 인도지점 지정 — 당사자들은 매매계약에서 가급적 정확하게 두 장소(인도장소 및 목적지) 또는 그러한 두 장소 내의 실제 지점들을 지정하는 것이 좋다.

Identifying the place or point(if any) of delivery as precisely as possible is important to cater for the common situation where several carriers are engaged, each for different legs of the transit from delivery to destination.

인도장소나 인도지점(있는 경우)을 가급적 정확하게 지정하는 것은 복수의 운송인이 참여하여 인도부터 목적지까지 사이에 각자 상이한 운송구간을 담당하는 일반적인 상황에 대응하기 위하여 중요하다.

Where this happens and the parties do not agree on a specific place or point of delivery, the default position is that risk trnsfers when the goods have been delivered to the first carrier at a point entirely of the seller's choosing and over which the buyer has no control.

이러한 상황에서 당사자들이 특정한 인도장소나 인도지점을 합의하지 않는 경우에 [본 규칙이 규정하는] 보충적 입장은, 위험은 물품이 매도인이 전적으로 선택하고 그에 대하여 매수인이 전혀 통제할 수 없는 지점에서 제1운송인에게 인도된 때 이전한다는 것이다.

Should the parties wish the risk to transfer at a later stage(e.g. at a sea or river port or at an airport), or indeed an earlier one (e.g an inland point some way away from a sea or river port), they need to specify this in their contract of sale and to carefully think through the consequences of so doing in case the goods are lost or damaged.

그 후의 어느 단계에서 (예컨대 바다나 강의 항구에서 또는 공항에서) 또는 그 전의 어느 단계에서 (예컨대 바다나 강의 항구로부터 멀리 있는 내륙의 어느 지점에서) 위험이 이전되길 원한다면, 당사자들은 이를 매매계약에 명시하고 물품이 실제로 멸실 또는 훼손되는 경우에 그렇게 하는 것의 결과가 어떻게 되는지를 신중하게 생각할 필요가 있다.

5. Identifying the destination as precisely as possible — The parties are also well advised to identify as precisely as possible in the contract of sale the point within the agreed place of destination, as this is the point to which the seller must contract for carriage and this is the point to which the costs of carriage fall on the seller.

5. 가급적 정확한 목적지 지정 — 당사자들은 또한 매매계약에서 합의된 목적지 내의 지점을

가급적 정확하게 지정하는 것이 좋다. 그 지점까지 매도인은 운송계약을 체결하여야 하고 그 지점까지 발생하는 운송비용을 매도인이 부담하기 때문이다.

6. 'or procure goods so delivered' — The reference to "procure"here caters for multiple sales down a chain (string sales), particularly common in the commodity trades.

6. '또는 그렇게 인도된 물품을 조달한다' — 여기에 "조달한다"(procure)고 규정한 것은 특히 일차산품거래(commodity trades)에서 일반적인 수차에 걸쳐 연속적으로 이루어지는 매매('연속매매', 'string sales')에 대응하기 위함이다.

7. costs of unloading at destination — If the seller incurs costs under its contract of carriage related to unloading at the named place of destination, the seller is not entitled to recover such cost separately from the buyer unless otherwise agreed between the parties.

7. 목적지의 양하비용 — 매도인이 자신의 운송계약상 지정목적지에서 양하에 관하여 비용이 발생한 경우에 매도인은 당사자간에 달리 합의되지 않은 한 그러한 비용을 매수인으로부터 별도로 상환 받을 권리가 없다.

8. Export/import clearance — CPT requires the seller to clear the goods for export, where applicable.

8. 수출/수입통관 — CPT에서는 해당되는 경우에 매도인이 물품의 수출통관을 하여야 한다.

However, the seller has no obligation to clear the goods for import or for transit through third countries, or to pay any import duty or carry out any import customs formalities.

그러나 매도인은 물품의 수입을 위한 또는 제3국 통과를 위한 통관을 하거나 수입관세를 납부하거나 수입통관절차를 수행할 의무가 없다.

CIP(운송비 · 보험료지급인도) Carriage and Insurance Paid To

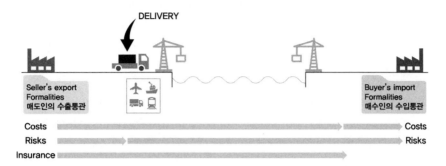

EXPLANATORY NOTE FOR USERS
사용자를 위한 설명문

1. Delivery and risk – "Carriage and Insurance Paid To" means that the seller delivers the goods – and transfers the risk – to the buyer

1. 인도와 위험 – "운송비 · 보험료지급인도"는 매도인이 다음과 같이 매수인에게 물품을 인도하는 것을 – 그리고 위험을 이전하는 것을 – 의미한다.

① by handing them over to the carrier

① 매도인과 계약을 체결한 운송인에게

② contracted by the seller

② 물품을 교부함으로써

③ or by procuring the goods so delivered.

③ 또는 그렇게 인도된 물품을 조달함으로써

④ the seller may do so by giving the carrier physical possession of the goods in the manner and at the place appropriate to the means of transport used.

④ 매도인은 사용되는 운송수단에 적합한 방법으로 그에 적합한 장소에서 운송인에게 물품의 물리적 점유를 이전함으로써 물품을 인도할 수 있다.

Once the goods have been delivered to the buyer in this way, the seller does not guarantee that the goods will reach the place of destination in sound condition, in the stated quantity or indeed at all.

물품이 이러한 방법으로 매수인에게 인도되면 매도인은 그 물품이 목적지에 양호한 상태로 그리고 명시된 수량 또는 그 전량이 도착할 것을 보장하지 않는다.

This is because risk transfers from seller to buyer when the goods are delivered to the contract for the carriage of the goods from delivery to the agreed destination. 왜냐하면 물품이 운송인에게 교부됨으로써 매수인에게 인도된 때 위험은 매도인으로부터 매수인에게 이전하기 때문이다. 그러나 매도인은 물품을 인도지로부터 합의된 목적지까지 운송하는 계약을 체결하여야 한다.

Thus, for example, goods are handed over to a carrier in Las Vegas(which is not a port) for carriage to Southampton(a port) or to Winchester(which is not a port). 따라서 예컨대 (항구인) 사우샘프턴이나 (항구가 아닌) 윈체스터까지 운송하기 위하여 (항구가 아닌) 라스베이거스에서 운송인에게 물품이 교부된다.

In either case, delivery transferring risk to the buyer happens in Las Vegas, and the seller must make a contract of carriage to either Southampton or Winchester. 이러한 각각의 경우에 위험을 매수인에게 이전시키는 인도는 라스베이거스에서 일어나고 매도인은 사우샘프턴이나 윈체스터로 향하는 운송계약을 체결하여야 한다.

2. Mode of transport－This rule may be used irrespective of the mode of transport selected and may also be used where more than one mode of transport is employed.
2. 운송방식－본 규칙은 어떠한 운송방식이 선택되는지를 불문하고 사용할 수 있고 둘 이상의 운송방식이 이용되는 경우에도 사용할 수 있다.

3. Place (or point) of delivery and destination－In CIP, two locations are important : the place or point at which the goods are delivered(for the transfer of risk) and the place or point agreed as the destination of the goods(as the point to which the seller promises to contract for carriage).
3. 인도장소(또는 인도지점)와 목적지－CIP에서는 두 곳이 중요하다. 물품이 (위험이전을 위하여) 인도되는 장소 또는 지점이 그 하나이고, 물품의 목적지로서 합의된 장소 또는 지점이 다른 하나이다(매도인은 이 지점까지 운송계약을 체결하기로 약속하기 때문이다).

4. Insurance－The seller must also contract for insurance cover against the buyer's risk of loss of or damage to the goods from the point of delivery to at least the point of destination.
4. 보험－매도인은 또한 인도지점부터 적어도 목적지점까지 매수인의 물품의 멸실 또는 훼손 위험에 대하여 보험계약을 체결하여야 한다.

This may cause difficulty where the destination country requires insurance cover to be purchased locally : in this case the parties should consider selling and buying under CPT.

이는 목적지 국가가 자국의 보험자에게 부보하도록 요구하는 경우에는 어려움을 야기할 수 있다. 이러한 경우에 당사자들은 CPT로 매매하는 것을 고려하여야 한다.

The buyer should also note that under the CIP Incoterms 2020 rule the seller is required to obtain extensive insurance cover complying with Institute Cargo Clauses (A) or similar clause, rather than with the more limited cover under Institute Cargo Clauses (C).

또한 매수인은 인코텀즈 2020 CIP하에서 매도인은 협회적하약관의 C-약관에 의한 제한적인 담보조건이 아니라 협회적하약관의 A-약관이나 그와 유사한 약관에 따른 광범위한 담보조건으로 부보하여야 한다는 것을 유의하여야 한다.

It is, however, still open to the parties to agree on a lower level of cover.

그러나 당사자들은 여전히 더 낮은 수준의 담보조건으로 부보하기로 합의할 수 있다.

5. Identifying the place or point of delivery with precision—The parties are well advised to identify both places, or indeed points within those places, as precisely as possible in the contract of sale.

5. 정확한 인도장소 또는 인도지점 지정 — 당사자들은 매매계약에서 가급적 정확하게 두 장소(인도장소 및 목적지) 또는 그러한 두 장소 내의 실제 지점들을 지정하는 것이 좋다.

Identifying the place or point(if any) of delivery as precisely as possible is important to cater for the common situation where several carriers are engaged, each for different legs of the transit from delivery to destination.

인도장소나 인도지점(있는 경우)을 가급적 정확하게 지정하는 것은 복수의 운송인이 참여하여 인도지부터 목적지까지 사이에 각자 상이한 운송구간을 담당하는 일반적인 상황에 대응하기 위하여 중요하다.

Where this happens and the parties do not agree on a specific place or point of delivery, the default position is that risk transfers when the goods have been delivered to the first carrier at a point entirely of the seller's choosing and over which the buyer has no control.

이러한 상황에서 당사자들이 특정한 인도장소나 인도지점을 합의하지 않는 경우에 [본 규칙이 규정하는] 보충적 입장은, 위험은 물품이 매도인이 전적으로 선택하고 그에 대하여 매수인이 전혀 통제할 수 없는 지점에서 제1운송인에게 인도된 때 이전한다는 것이다.

Should the parties wish the risk to transfer at a later stage(e.g. at a sea or river port or at an airport), or indeed an earlier one (e.g an inland point some way away from a sea or river port), they need to specify this in their contract of sale and to carefully think through the consequences of so doing in case the goods are lost or damaged.

그 후의 어느 단계에서 (예컨대 바다나 강의 항구에서 또는 공항에서) 또는 그 전의 어느 단계에서 (예컨대 바다나 강의 항구로부터 멀리 있는 내륙의 어느 지점에서) 위험이 이전되길 원한다면, 당사자들은 이를 매매계약에 명시하고 물품이 실제로 멸실 또는 훼손되는 경우에 그렇게 하는 것의 결과가 어떻게 되는지를 신중하게 생각할 필요가 있다.

6. Identifying the destination as precisely as possible − The parties are also well advised to identify as precisely as possible in the contract of sale the point within the agreed place of destination, as this is the point to which the seller must contract for carriage and insurance and this is the point to which the costs of carriage and insurance fall on the seller.

6. 가급적 정확한 목적지 지정 − 당사자들은 매매계약에서 합의된 목적지 내의 지점을 가급적 정확하게 지정하는 것이 좋다. 그 지점까지 매도인은 운송계약과 보험계약을 체결하여야 하고 그 지점까지 발생하는 운송비용과 보험비용을 매도인이 부담하기 때문이다.

7. 'or procure goods so delivered' − The reference to "procure" here caters for multiple sales down a chain (string sales), particularly common in the commodity trades.

7. '또는 그렇게 인도된 물품을 조달함' − 여기에 "조달한다"(procure)고 규정한 것은 특히 일차산품거래(commodity trades)에서 일반적인 수차에 걸쳐 연속적으로 이루어지는 매매('연속매매', 'string sales')에 대응하기 위함이다.

8. costs of unloading at destination − If the seller incurs costs under its contract of carriage related to unloading at the named place of destination, the seller is not entitled to recover such cost separately from the buyer unless otherwise agreed between the parties.

8. 목적지의 양하비용 − 매도인이 자신의 운송계약상 지정목적지에서 양하에 관하여 비용이 발생한 경우에 매도인은 당사자간에 달리 합의되지 않은 한 그러한 비용을 매수인으로부터 별도로 상환 받을 권리가 없다.

9. Export/import clearance − CIP requires the seller to clear the goods for export, where applicable.

9. 수출/수입통관 − CIP에서는 해당되는 경우에 매도인이 물품의 수출통관을 하여야 한다.

However, the seller has no obligation to clear the goods for import or for transit through third countries, or to pay any import duty or carry out any import customs formalities.

그러나 매도인은 물품의 수입을 위한 또는 제3국 통과를 위한 통관을 하거나 수입관세를 납부하거나 수입통관절차를 수행할 의무가 없다.

DAP(도착지인도) Delivered at Place

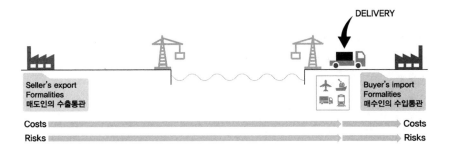

EXPLANATORY NOTE FOR USERS

1. Delivery and risk − "Delivered at Place" means that the seller delivers the goods − and transfers risk − to the buyer

1. 인도와 위험 − "도착지인도"는 다음과 같이 된 때 매도인이 매수인에게 물품을 인도하는 것을 − 그리고 위험을 이전하는 것을 − 의미한다.

   ① when the goods are placed at the disposal of the buyer

   ① 물품이 지정목적지에서 또는

   ② on the arriving means of transport ready for unloading

   ② 지정목적지 내에 어떠한 지점이 합의된 경우에는 그 지점에서

   ③ at the named place of destination or

   ③ 도착운송수단에 실어둔 채 양하준비된 상태로

   ④ at the agreed point within that place, if any such point is agreed.

   ④ 매수인의 처분하에 놓인 때

the seller bears all risk involved in bringing the goods to the named place of destination or to the agreed point within that place.

매도인은 물품을 지정목적지까지 또는 지정목적지 내의 합의된 지점까지 가져가는 데 수반되는 모든 위험을 부담한다.

In this incoterms® rule, therefore, delivery and arrival at destination are the same.

따라서 본 인코텀즈규칙에서 인도와 목적지의 도착은 같은 것이다.

2. Mode of transport－This rule may be used irrespective of the mode of transport selected and may also be used where more than one mode of transport is employed.

2. 운송방식－본 규칙은 어떠한 운송방식이 선택되는지를 불문하고 사용할 수 있고 둘 이상의 운송방식이 이용되는 경우에도 사용할 수 있다.

3. Identifying the place or point of delivery/destination precisely－The parties are well advised to specify the destination place or point as clearly as possible and this for several reasons.

3. 정확한 인동장소/목적지 또는 인도/목적지점 지정－당사자들은 몇가지 이유로 가급적 명확하게 목적지나 목적지점을 명시하는 것이 좋다.

First, risk of loss of or damage to the goods transfers to the buyer at that point of delivery/destination－ and it is best for the seller and the buyer to be clear about the point at which that critical transfer happens.

첫째, 물품의 멸실 또는 훼손의 위험은 그러한 인도/목적지점에서 매수인에게 이전한다－따라서 매도인과 매수인은 그러한 결정적인 이전이 일어나는 지점에 대하여 명확하게 해두는 것이 가장 좋다.

Secondly, the costs before that place or point of delivery/destination are for the account of the buyer.

둘째, 그러한 인도장소/목적지 또는 인도/목적지점 전의 비용은 매도인이 부담하고 그 후의 비용은 매수인이 부담한다.

Thirdly, the seller must contract or arrange for the carriage of the goods to the agreed place or point of delivery/destination.

셋째, 매도인은 물품을 합의된 인도장소/목적지 또는 인도/목적지점까지 운송하는 계약을 체결하거나 그러한 운송을 마련하여야 한다.

If it fails to do so, the seller is in breach of its obligations under the incoterms® DAP rule and will be liable to the buyer for any ensuing loss.

그렇게 하지 않는 경우에 매도인은 인코텀즈 DAP규칙상 그의 의무를 위반한 것이 되고 매수인에 대하여 그에 따른 손해배상책임을 지게 된다.

Thus, for example, the seller would be responsible for any additional costs levied by the carrier to the buyer for any additional on-carriage.

따라서 예컨대 매도인은 추가적인 후속운송(on-carriage)을 위하여 운송인이 매수인에게 부과하는 추가비용에 대하여 책임을 지게 된다.

4. 'or procuring the goods so delivered'-The reference to "procure" here caters for multiple sales down a chain (string sales), particularly common in the commodity trades.

4. '또는 그렇게 인도된 물품을 조달함'-여기에 "조달한다(procure)고 규정한 것은 특히 일차산품거래(commodity trades)에서 일반적인 수차에 걸쳐 연속적으로 이루어지는 매매('연속매매', 'string sales')에 대응하기 위함이다.

5. Unloading costs-The seller is not required to unload the goods from the arriving means of transportation.

5. 양하비용-매도인은 도착운송수단으로부터 물품을 양하(unload)할 필요가 없다.

However, if the seller incurs costs under its contract of carriage related to unloading at the place of delivery/destination, the seller is not entitled to recover such costs separately from the buyer unless otherwise agreed between the parties.

그러나 매도인이 자신의 운송계약상 인도장소/목적지에서 양하에 관하여 비용이 발생한 경우에 매도인은 당사자간에 달리 합의되지 않은 한 그러한 비용을 매수인으로부터 별도로 상환받을 권리가 없다.

6. Export/import clearance-DAP requires the seller to clear the goods for export, where applicable.

6. 수출/수입통관-DAP에서는 해당되는 경우에 매도인이 물품의 수출통관을 하여야 한다.

However, the seller has no obligation to clear to goods for import or for post-delivery transit through third countries, to pay any import duty or to carry out any import customs formalities.

그러나 매도인은 물품의 수입을 위한 또는 인도 후 제3국 통과를 위한 통관을 하거나 수입관세를 납부하거나 수입통관절차를 수행할 의무가 없다.

As a result, if the buyer fails to organise import clearance, the goods will be held up at a port or inland terminal in the destination country.

따라서 매수인이 수입통관을 못하는 경우에 물품은 목적지 국가의 항구나 내륙터미널에 묶이게 될 것이다.

Who bears the risk of any loss that might occur while the goods are thus held up at the port of entry in the destination country?
그렇다면 물품이 목적지 국가의 입국항구(port of entry)에 묶여있는 동안에 발생하는 어떤 멸실의 위험은 누가 부담하는가?

The answer is the buyer : delivery will not have occurred yet, B3(a) ensuring that the risk of loss or damage to the goods is with the buyer until transit to a named inland point can be resumed.
그 답은 매수인이다. 즉 아직 인도가 일어나지 않았고, B3(a)는 내륙의 지정지점으로의 통과가 재개될 때까지 물품의 멸실 또는 훼손의 위험을 매수인이 부담하도록 하기 때문이다.

If, in order to avoid this scenario, the parties intend the seller to clear the goods for import, pay any import duty or tax and carry out any import customs formalities, the parties might consider using DDP.
만일 이러한 시나리오를 피하기 위하여 물품의 수입통관을 하고 수입관세나 세금을 납부하고 수입통관절차를 수행하는 것을 매도인이 하도록 하고자 하는 경우에 당사자들을 ddp를 사용하는 것을 고려할 수 있다.

DPU도착지양하인도 Delivered at place Unloaded

EXPLANATORY NOTE FOR USERS
사용자를 위한 설명문

1. 'Delivery and risk – "Delivered at Place Unloaded" means that the seller delivers the goods – and transfers risk – to the buyer
1. '인도와 위험 – "도착지양하인도"는 다음과 같이 된 때 매도인이 매수인에게 물품을 인도하는 것을 – 그리고 위험을 이전하는 것을 – 의미한다.
   ① when the goods,
   ① 물품이

② at a named place of destination or

② 지정목적지에서 또는

③ at the agreed point within that place, if any such point is agreed.

③ 지정목적지 내에 어떠한 지점이 합의된 경우에는 그 지점에서

④ once unloaded from the arriving means of transport,

④ 도착운송수단으로부터 양하된 상태로

⑤ are placed at the disposal of the buyer

⑤ 매수인의 처분하에 놓인 때.

The seller bears all risks involved in bringing the goods to and unloading them at the named place of destination.

매도인은 물품을 지정목적지까지 가져가서 그곳에서 물품을 양하하는 데 수반되는 모든 위험을 부담한다.

In this incoterms® rule, therefore, the delivery and arrival at destination are the same.

따라서 본 인코텀즈규칙에서 인도와 목적지의 도착은 같은 것이다.

DPU is the only incoterms® rule that requires the seller to unload goods at destination.

DPU는 매도인이 목적지에서 물품을 양하 하도록 하는 유일한 인코텀즈규칙이다.

The seller should therefore ensure that it is in a position to organise unloading at the named place.

따라서 매도인은 자신이 그러한 지정장소에서 양하를 할 수 있는 입장에 있는지를 확실히 하여야 한다.

Should the parties intend the seller not to bear the risk and cost of unloading, the DPU rule should be avoided and DAP should be used instead.

당사자들은 매도인이 양하의 위험과 비용을 부담하기를 원하지 않는 경우에는 DPU를 피하고 그 대신 DAP를 사용하여야 한다.

2. Mode of transport – This rule may be used irrespective of the mode of transport selected and may also be used where more than one mode of transport is employed.

2. 운송방식 – 본 규칙은 어떠한 운송방식이 선택되는지를 불문하고 사용할 수 있고 둘 이상의 운송방식이 이용되는 경우에도 사용할 수 있다.

3. Identifying the Place or point of delivery/destination precisely – The parties are well advised to specify the destination place or point as clearly as possible and this for several reasons.

3. 정확한 인도장소/목적지 또는 인도 목적지점 지정 – 당사자들은 몇 가지 이유로 가급적 명확하게 목적지나 목적지점을 명시하는 것이 좋다.

First, risk of loss of or damage to the goods transfers to the buyer at that point of delivery/destination – and it is best for the seller and the buyer to be clear about the point at which that critical transfer happens.

첫째, 물품의 멸실 또는 훼손의 위험은 그러한 인도/목적지점에서 매수인에게 이전한다. – 따라서 매도인과 매수인은 그러한 결정적인 이전이 일어나는 지점에 대하여 명확하게 해두는 것이 가장 좋다.

Secondly, the costs before that place or point of delivery/destination are for the account of the seller and the costs after that place or point are for the account of the buyer.

둘째, 그러한 인도장소/목적지 또는 인도/목적지점 전의 비용은 매도인이 부담하고 그 후의 비용은 매수인이 부담한다.

Thirdly, the seller must contract or arrange for the carriage of the goods to the agreed place or point of delivery/destination.

셋째, 매도인은 물품을 합의된 인도장소/목적지 또는 인도/목적지점까지 운송하는 계약을 체결하거나 그러한 운송을 마련하여야 한다.

If it fails to do so, the seller is in breach of its obligations under this rule and will be liable to the buyer for any ensuing loss.

그렇게 하지 않는 경우에 매도인은 본 규칙상 그의 의무를 위반한 것이 되고 매수인에 대하여 그에 따른 손해배상책임을 지게 된다.

The seller would, for example, be responsible for any additional costs levied by the carrier to the buyer for any additional on – carriage.

따라서 예컨대 매도인은 추가적인 후속운송(on – carriage)을 위하여 운송인이 매수인에게 부과하는 추가비용에 대하여 책임을 지게 된다.

4. 'or procuring the goods so delivered' – The reference to "procure" here caters for multiple sales down a chain (string sales), particularly common in the commodity trades.

4. '또는 그렇게 인도된 물품을 조달함' – 여기에 "조달한다"(procure)고 규정한 것은 특히 일차산품거래(commodity trades)에서 일반적인 수차에 걸쳐 연속적으로 이루어지는 매매('연속매매', 'string sales')에 대응하기 위함이다.

5. Export/import clearance – DPU requires the seller to clear the goods for export, where applicable.

5. 수출/수입통관 – DPU에서는 해당되는 경우에 매도인이 물품의 수출통관을 하여야 한다.

However, the seller has no obligation to clear the goods for import or for post–delivery transit through third countries, to pay any import duty or to carry out any import customs formalities.

그러나 매도인은 물품의 수입을 위한 또는 인도 후 제3국 통과를 위한 통관을 하거나 수입관세를 납부하거나 수입통관절차를 수행할 의무가 없다.

As a result, if the buyer fails to organise import clearance, the goods will be held up at a port or inland terminal in the destination country.

따라서 매수인이 수입통관을 못하는 경우에 물품은 목적지 국가의 항구나 내륙터미널에 묶이게 될 것이다.

Who bears the risk of any loss that might occur while the goods are thus held up at the port of entry in the destination country?

그렇다면 물품이 목적지 국가의 입국항구(port of entry)나 내륙터미널에 묶여있는 동안에 발생하는 어떤 멸실의 위험은 누가 부담하는가?

The answer is the buyer : delivery will not have occurred yet, B3(a) ensuring that the risk of loss of or damage to the goods is with the buyer until transit to a named inland point can be resumed.

그 답은 매수인이다. 즉 아직 인도가 일어나지 않았고, B3(a)는 내륙의 지정지점으로의 통과가 재개될 때까지 물품의 멸실 또는 훼손의 위험을 매수인이 부담하도록 하기 때문이다.

If, in order to avoid this scenario, the parties intend the seller to clear the goods for import, pay any import duty or tax and carry out any import customs formalities, the parties might consider using DDP.

이러한 시나리오를 피하기 위하여 물품의 수입신고를 하고 수입관세나 세금을 납부하고 수입 통관절차를 수행하는 것을 매도인이 하도록 하는 경우에 당사자들은 DDP를 사용하는 것을 고려할 수 있다.

DDP(관세지급인도) Delivered Duty Paid

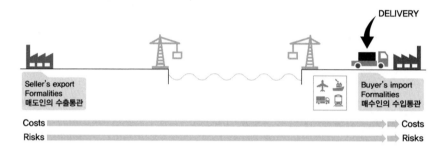

EXPLANATORY NOTE FOR USERS
사용자를 위한 설명문

1. Delivery and risk – "Delivered Duty Paid" means that the seller delivers the goods to the buyer

1. 인도와 위험 – "관세지급인도"는 다음과 같이 된 때 매도인이 매수인에게 물품을 인도하는 것을 의미한다.

① when the goods are placed at the disposal of the buyer,

① 물품이 지정목적지에서 또는 지정목적지 내의 어떠한 지점이 합의된 경우에는 그러한 지점에서

② cleared for import,

② 수입통관 후

③ on the arriving means of transport,

③ 도착운송수단에 실어둔 채

④ ready for unloading,

④ 양하준비된 상태로

⑤ at the named place of destination or at the agreed point within that place. if any such point is agreed.

⑤ 매수인의 처분하에 놓인 때.

The seller bears all risks involved in bringing the goods to the named place of destination or to the agreed point within that place.

매도인은 물품을 지정목적지까지 또는 지정목적지 내의 합의된 지점까지 가져가는 데 수반되는 모든 위험을 부담한다.

In this Incoterms® rule, therefore, delivery and arrival at destination are the same.

따라서 본 인코텀즈규칙에서 인도와 목적지의 도착은 같은 것이다.

2. Mode of transport—This rule may be used irrespective of the mode of transport selected and may also be used where more than one mode of transport is employed.

2. 운송방식—본 규칙은 어떠한 운송방식이 선택되는지를 불문하고 사용할 수 있고 둘 이상의 운송방식이 이용되는 경우에도 사용할 수 있다.

3. A note of caution to seller : maximum responsibility—DDP, with delivery happening at destination and with the seller being responsible for the payment of import duty and applicable taxes is the incoterms® rule imposing on the seller the maximum level of obligation of all eleven incoterms® rules.

3. 매도인을 위한 유의사항 : 최대책임—DDP에서는 인도가 도착지에서 일어나고 매도인이 수입관세와 해당되는 세금의 납부책임을 지므로 DDP는 11개의 모든 인코텀즈규칙중에서 매도인에게 최고수준의 의무를 부과하는 규칙이다.

From the seller's perspective, therefore, the rule should be used with care for different reasons as set out in paragraph 7.

따라서 매도인의 관점에서, 본 규칙은 아래 7번 단락에서 보는 바와 같이 여러 가지 이유로 조심스럽게 사용하여야 한다.

4. Identifying the place or point of delivery/destination precisely—The parties are well advised to specify the destination place or point as clearly as possible and this for several reasons.

4. 정확한 인도장소/목적지 또는 인도/목적지점 지정—당사자들은 몇 가지 이유로 가급적 명확하게 목적지나 목적지점을 명시하는 것이 좋다.

First, risk of loss of or damage to the goods transfers to the buyer at that point of delivery/destination—and it is best for the seller and the buyer to be clear about the point at which that critical transfer happens.

첫째, 물품의 멸실 또는 훼손의 위험은 그러한 인도/목적지점에서 매수인에게 이전한다—따라서 매도인과 매수인은 그러한 결정적인 이전이 일어나는 지점에 대하여 명확하게 해두는 것이 가장 좋다.

Secondly, the costs before that place or point of delivery/destination are for the account of the seller, including the costs of import clearance, and the costs after that place or point, other than the costs of import, are for the account of the buyer.

둘째, 수입통관비용을 포함하여 그러한 인도장소/목적지 또는 인도/목적지점 전의 비용은 매도인이 부담하고 수입비용을 제외한 그 후의 비용은 매수인이 부담한다.

Thirdly, the seller must contract or arrange for the carriage of the goods to the agreed place or point of delivery/destination.

셋째, 매도인은 물품을 합의된 인도장소/목적지 또는 인도/목적지점까지 운송하는 계약을 체결하거나 그러한 운송을 마련하여야 한다.

If it fails to do so, the seller is in breach of its obligations under the incoterms® rule DDP and will be liable to the buyer for any ensuing loss.

그렇게 하지 않는 경우에 매도인은 인코텀즈 DDP 규칙상 그의 의무를 위반한 것이 되고 매수인에 대하여 그에 따른 손해배상책임을 지게 된다.

Thus for example, the seller would be responsible for any additional costs levied by the carrier tho the buyer for any additional on-carriage.

따라서 예컨대 매도인은 추가적인 후속운송(on-carriage)을 위하여 운송인이 매수인에게 부과하는 추가비용에 대하여 책임을 지게 된다.

5. 'or procuring the goods so delivered'—The reference to "procure"here caters for multiple sales down a chain (string sales), particularly common in the commodity trades.

5. '또는 그렇게 인도된 물품을 조달함'—여기에 "조달한다"(procure)고 규정한 것은 특히 일차산품거래(commodity trades)에서 일반적인 수차에 걸쳐 연속적으로 이루어지는 매매('연속매매', 'string sales')에 대응하기 위함이다.

6. Unloading costs — If the seller incurs costs under its contract of carriage related to unloading at the place of delivery/destination, the sellr is not entitled to recover such costs separately from the buyer unless otherwise agreed between the parties.

6. 양하비용 — 매도인은 자신의 운송계약상 인도장소/목적지에서 양하에 관하여 비용이 발생한 경우에 당사자간에 달리 합의되지 않은 한 그러한 비용을 매수인으로부터 별도로 상환받을 권리가 없다.

7. Export/import clearance — As set out in paragraph 3, DDP requires the seller to clear the goods for export, where applicable, as well as for import and to pay any import duty or to carry out any customs formalities.

7. 수출/수입통관 — 위의 3번 단락에서 보듯이, DDP에서는 해당되는 경우에 매도인이 물품의 수출통관 및 수입통관을 하여야 하고 또한 수입관세를 납부하거나 모든 통관절차를 수행하여야 한다.

Thus if the seller is unable to obtain import clearance and would rather leave that side of things in the buyer's hands in the country of import, then the seller should consider choosing DAP or DPU, under which rules delivery still happens at destination, but with import clearance being left to the buyer.

따라서 매도인은 수입통관을 완료할 수 없어서 차라리 이러한 부분을 수입국에 있는 매수인의 손에 맡기고자 하는 경우에 인도는 여전히 목적지에서 일어나지만 수입통관은 매수인이 하도록 되어 있는 DAP나 DPU를 선택하는 것을 고려하여야 한다.

There may be tax implications and this tax may not be recoverable from the buyer : see A9(d).

세금문제가 기재될 수 있는데 이러한 세금은 매수인으로부터 상환받을 수 없다. A9(d)를 보라.

Ⅰ

Ⅱ

Ⅲ

Ⅳ

Memo

Memo

Memo

Memo

최두원 관세사의 국제무역사 1급

———

발 행 일   2021년 07월 20일 초판 발행

저   자   최두원
발 행 인   정용수
발 행 처   예문사
주   소   경기도 파주시 직지길 460(출판도시) 도서출판 예문사
T E L   031) 955 – 0550
F A X   031) 955 – 0660

등 록 번 호   11 – 76호

정   가   40,000원

홈페이지 http://www.yeamoonsa.com

ISBN   978 – 89 – 274 – 4056 – 7   [13320]